Guttentag'sche Sammlung
№ 3. Deutscher Reichsgesetze. № 3.
Text-Ausgabe mit Anmerkungen.

Militär-Strafgesetzbuch

für das Deutsche Reich.

Text-Ausgabe mit Anmerkungen und Sachregister

von

W. L. Solms,
Ober-Auditeur, Hauptmann a. D., Geheimer Justizrath.

Dritte vermehrte und verbesserte Auflage.

Erste Auflage herausgegeben von Dr. Hans Rüdorff.

Berlin.
J. Guttentag, Verlagsbuchhandlung.
1893.

Vorwort
zur dritten Auflage.

Die wohlwollende Aufnahme, deren sich das vorliegende kleine Werk bisher zu erfreuen gehabt, hat den Verleger zu einer neuen Auflage desselben veranlaßt. Dem Zwecke entsprechend, daß es dem untersuchungsführenden Offizier zur Einführung und Anleitung in dem ihm übertragenen Wirkungskreis, gleichzeitig aber jedem anderen Offizier als Handhabe für die Beurtheilung der im Deutschen Heer und in der Kaiserlichen Marine geltenden Vorschriften über die Rechtspflege in Strafsachen dienen soll, ist die Form und der Inhalt des Buches angepaßt. Dem Wortlaut der Gesetze und Verordnungen sind kurze Anmerkungen hinzugefügt, welche den Sinn der Vorschriften erläutern, Begriffsbestimmungen angeben und die im Laufe der Zeit ergangenen Aenderungen und Entscheidungen der zuständigen Behörden ersichtlich machen.

Bei der früheren Auflage sind mehrfach die mit den Strafgesetzen im Zusammenhange stehenden Vorschriften über den Dienstweg und die Behandlung von Beschwerden der Militärpersonen vermißt worden, und um den hierauf bezüglichen Wünschen gerecht zu werden, sind die betreffenden Bestimmungen dieser Auflage beigegeben.

Berlin im Januar 1893.

Inhalt.

Abkürzungen.

Abs. = Absatz.
A.K.O. und K.O. = Allerhöchste Kabinets-Ordre.
A.V. = Allerhöchste Verordnung.
A.V.Bl. = Armee-Verordnungsblatt.
B.G.Bl. = Bundesgesetzblatt.
C.St.P.O. = Civil-Strafprozeßordnung für das Deutsche Reich vom 1. Februar 1877.
Discipl.St.O. = Disciplinar-Straforduung für das Deutsche Heer.
E.d.K.M. und K.M. = Erlaß des Preußischen Kriegs-Ministeriums.
E.G. = Einführungsgesetz zum Militär-Strafgesetzbuch.
Ers.O. = Ersatz-Ordnung.
G. und d.G. = Gesetz und des Gesetzes.
K.A. = Kriegs-Artikel.
K.M., M.O.D. = Kriegs-Ministerium, Militär-Oekonomie-Departement.
M.G.S. = Militär-Gesetz-Sammlung.
M.St.G.B. = Militär-Strafgesetzbuch für das Deutsche Reich vom 20. Juni 1872.
M.St.G.O. = Militär-Strafgerichtsordnung vom 3. April 1845.
M.V.B. = Marine-Verordnungsblatt.
M.W.Bl. = Militär-Wochenblatt.
M.Strf.Vollstr.V. = Militär-Strafvollstreckungs-Vorschrift vom 9. Februar 1888.
Pr.G.S. = Preußische Gesetz-Sammlung.
R.G. = Reichsgesetz.
R.G.Bl. = Reichsgesetz-Blatt.
R.M.G. = Reichs-Militärgesetz vom 2. Mai 1874.
R.S.d.Pr.G.A. = Rundschreiben des Preußischen General-Auditoriats.
R.St.G.B. = Strafgesetzbuch für das Deutsche Reich vom 15. Mai 1871.
V. = Verordnung.

I.

Militär-Strafgesetzbuch

für das Deutsche Reich.

Einführungsgesetz.

Gegeben Schloß Babelsberg den 20. Juni 1872.
Ausgegeben zu Berlin am 25. Juni 1872
Gesetzeskraft mit dem 1. Oktober 1872.
(R.G.Bl. S. 173, 174.)
(G.Bl. für Elſ.-Lothr. S. 473, 474.)

§. 1. Das Militär-Strafgesetzbuch für das Deutsche Reich tritt im ganzen Umfange des Bundesgebietes mit dem 1. Oktober 1872 in Kraft.

Das R.M.St.G.B. ist für Elsaß-Lothringen eingeführt durch Kaiserl. V. v. 8. Juli 1872.

§. 2. Mit diesem Tage treten im ganzen Bundesgebiete alle Militärstrafgesetze, insoweit sie materielles Strafrecht zum Gegenstande haben, außer Kraft.

In Kraft bleiben die Vorschriften über die Bestrafung der von Landgendarmen begangenen strafbaren Handlungen, sowie die Vorschriften über die Bestrafung der Fahnenflüchtigen im Wege des Ungehorsams- (Kontumazial-) Verfahrens.

Dagegen finden die Bestimmungen des Militär-Strafgesetzbuches auch auf die Offiziere à la suite Anwendung, welche nicht zum Soldatenstande gehören, wenn und insolange sie zu vorübergehender Dienstleistung zugelassen sind, sowie in Bezug auf Handlungen gegen die militärische Unterordnung, welche sie begehen, während sie die Militäruniform tragen.

Mit der Einführung dieses Gesetzes sind beseitigt die früheren Militärstrafgesetzbücher für Preußen vom 3. April 1845, für Bayern vom 1. Januar 1870, für Sachsen vom 4. November 1867 und für Württemberg vom 20. Juli 1818, soweit sie materielles Recht enthalten, und diejenigen Strafvorschriften, welche die aufgehobene Verordnung II über die Ehrengerichte vom 21. Juli 1843 betreffend die Bestrafung des Zweikampfes enthielt. Letzterer wird nunmehr, mit Ausnahme des im §. 112 M.St.G.B. vorgesehenen Falles nach Maßgabe der §§. 201 und folg. R.St.G.B. beurtheilt. — Eine einheitliche Militär-Strafprozeß-Ordnung für das gesammte Deutsche Reich ist zur Zeit noch nicht ergangen und gelten daher bis auf Weiteres noch die Vorschriften des formalen Rechts der Einzelstaaten (Preußen, Sachsen, Bayern und Württemberg). Durch die später ergangenen Disciplinarstrafordnungen für das Deutsche Reich und die Kaiserliche Marine vom 31. Oktober 1872 bezw. vom 4. Juni 1891, sowie durch die beiden Verordnungen über die Ehrengerichte im Preußischen Heere und in der Kaiserlichen Marine vom 2. Mai 1874 bezw. 2. November 1875 ist das Militär-Strafgesetzbuch vom 20. Juni 1872 nicht berührt worden.

Die Organisation der Landgendarmerie ist im Deutschen Reich keine einheitliche und zählen die Landgendarmen in den Einzelstaaten theils zu den Militärpersonen, theils gelten sie als Beamte. Mit Rücksicht hierauf war die Ausnahme-Bestimmung des §. 2 Abs. 2 geboten. Für Preußen und diejenigen Bundesstaaten, in denen das Preuß. M.St.G.B. vom 3. April 1845 Gesetzeskraft erlangt hatte, sind bezüglich der Landgendarmen bestehen geblieben die §§. 48 Abs. 2 und 3, 188 Pr.M.St.G.B. vom 3. April 1845, welche lauten:

§. 48. Wo Versetzung in die 2. Klasse des Soldatenstandes oder Degradation Statt findet, ist gegen Landgendarmen stets noch außerdem auf Entlassung aus der Gendarmerie zu erkennen.

Auch muß auf diese Entlassung jederzeit erkannt werden, wenn ein Landgendarm wegen Verletzung seiner Amtspflichten zum dritten Mal gerichtlich mit der ordentlichen gesetzlichen Strafe belegt wird.

§. 188. Wachen oder Landgendarmen, welche in Ausübung des Dienstes sich des Mißbrauchs ihrer Dienstgewalt schuldig machen, sind ebenso zu bestrafen, wie Vorgesetzte, die sich ein solches Verbrechen gegen Untergebene zu Schulden kommen lassen.

Machen sie sich des Mißbrauchs der Dienstgewalt gegen Personen schuldig, welche außer diesem Dienstverhältniß ihre Vorgesetzten sind, so ist dies bei Zumessung der Strafe als ein erschwerender Umstand oder als ein Grund zur Verschärfung der Strafe zu betrachten.

Die Landgendarmen sind Hülfsbeamte der Polizei-Verwaltungen und haben als solche für Aufrechterhaltung der öffentlichen Ruhe, Sicherheit und Ordnung in den ihnen angewiesenen Bezirken zu sorgen. Dort, wo sie zu den Militärpersonen zählen, stehen sie in einem doppelten Unterordnungsverhältnisse und zwar bezüglich ihrer Berufsthätigkeit unter den ihnen vorgesetzten Civilbehörden, im Uebrigen aber unter ihren Militärvorgesetzten. In Preußen bilden sie einen Theil des Preußischen, nicht aber des Reichs-Heeres; sie sind der Militärgerichtsbarkeit unterworfen, die Vorschriften der Disziplinarstrafordnung vom 31. Oktober 1872 finden auf sie Anwendung, außerdem aber ist auf Grund der A.K.O. vom 26. Februar 1823, 16. August 1826 und 4. September 1827 ein auf unfreiwillige Dienstentlassung gerichtetes Disciplinarverfahren gegen sie zulässig. — Als Militärpersonen des Soldatenstandes unterstehen sie ausschließlich den Militärstrafgesetzen, dagegen nicht den für Beamte gegebenen Strafbestimmungen des 20. Abschnittes (§§. 331 bis 359) d.St.G.B.f.d.D.R. — §. 48 Abs. 3 Preuß.M.St.G.B. v. 3. April 1845 ist nur anwendbar, wenn ein Gendarm zum dritten Male wegen Verletzung seiner Berufspflichten gerichtlich bestraft wird, ist aber ausgeschlossen bei vorhergegangenen Bestrafungen wegen militärischer und gemeiner Strafthaten, die mit seinen Dienstobliegenheiten nicht im Zusammenhange stehen und bei stattgehabten

Disciplinarstrafen. Landgendarmen, welche sich in Ausübung des Dienstes gegen Civilpersonen des Mißbrauchs der Dienstgewalt schuldig machen, sind auf Grund des §. 188 Preuß. M.St.G.B. nach den Vorschriften des Abschnitt 7 (§§. 114—124) M.St.G.B. zu bestrafen. Dabei ist der Begriff „in Ausübung des Dienstes" keineswegs Thatbestandsmerkmal, sondern es muß die im §. 55 M.St.G.B. vorgesehene Straferhöhung eintreten. — In denjenigen Bundesstaaten, in welchen die Landgendarmen zu den Militärpersonen des Soldatenstandes gehören, sind sie Vorgesetzte der ihnen im Range nachstehenden Militärpersonen, dagegen sind sie bei Ausübung ihres Dienstes nur der Befehlsbefugniß ihrer eigenen militärischen Vorgesetzten und der zum Gendarmeriekorps kommandirten Offiziere unterworfen; A.K.O. vom 19. Juni 1873 (A.V.Bl. S. 219). Dies schließt jedoch nicht aus, daß jeder Offizier des Deutschen Heeres als im Vorgesetztenverhältniß den Gendarmen gegenüber zu erachten ist, und zwar folgt dies aus dem Dienstverhältniß der Letzteren als Unteroffiziere des Preußischen Heeres. — Die Bestimmungen über Ausübung der Gerichtsbarkeit bei der Landgendarmerie finden sich in §. 11 der V. vom 30. Dezember 1820, §. 15 der V. vom 23. Mai 1867; bezüglich der in Gouvernements-Städten und Festungen stationirten Gendarmen ist in dem Allerhöchsten Erlaß vom 5. Juni 1856 (M.W.Bl. S. 103) das Nähere vorgesehen. — Der §. 2 Abs. 2 M.St.G.B. findet auf Feldgendarmen keine Anwendung.

Diejenigen Vorschriften, welche über die Bestrafung der Fahnenflüchtigen im Wege des Ungehorsams- (Kontumazial-) Verfahrens in Kraft geblieben, sind für Preußen die §§. 108, 109 Theil I. M.St.G.O. vom 3. April 1845 nebst G. vom 11. März 1850, für Sachsen die gleichlautenden §§. 109 und 110 M.St.G.O. vom 4. November 1867, für Württemberg Art. 79 Theil II. M.St.G.B. vom 20. Juli 1818 und für Bayern Art. 166 M.St.G.B. vom 29. April 1869. Die betreffenden Bestimmungen der Preuß. M.St.G.O. vom 3. April 1845 lauten mit der durch das dazu ergangene G. vom 11. März 1850 bedingten Abänderung:

§. 108. Gegen Personen, deren man nach der Entweichung nicht habhaft werden kann, ist nach Vorschrift der Strafgerichtsordnung das Kontumazialverfahren einzuleiten. Findet sich der Abwesende auf die öffentliche Vorladung nicht ein, so ist er durch das Kontumazialurtheil für einen Deserteur zu erklären; auch ist zugleich auf eine Geldbuße von 150—3000 Mark (G. vom 11. März 1850) zu erkennen.

§. 109. Gegen Personen des Soldatenstandes, welche nach einem Gefecht oder Rückzuge vermißt werden und innerhalb eines Jahres nach geschlossenem Frieden und nach Auslieferung der Gefangenen von ihrem Leben und Aufenthalt keine Nachricht geben, tritt, nach fruchtloser Vorladung durch die öffentlichen Blätter die Vermuthung des erfolgten Todes ein und findet gegen sie das Kontumazialverfahren zum Zweck der Auferlegung einer Geldbuße nicht Statt, insofern sich nicht später ermittelt, daß sie des Verbrechens der Desertion sich schuldig gemacht haben.

Diese Vorschriften finden jedoch nur auf abwesende Fahnenflüchtige Anwendung; zurückgekehrte oder ergriffene Deserteure unterliegen den Strafvorschriften der §§. 69—76 M.St G.B.

Nach dem Erlaß d. K.M. vom 29. Januar 1856 sind alle Erkenntnisse gegen abwesende fahnenflüchtige Offiziere sämmtlichen Offizieren des Heeres bekannt zu machen. Dieselbe Vorschrift ist durch Verfügung des K.M. vom 15. April 1878 auf die Mitglieder des Sanitätskorps im Offizierrange ausgedehnt.

Die Bestimmung des Abs. 3 ist aus dem früheren Bayer. M.St.G.B. herübergenommen. Sie ergänzt den §. 1 der Preuß. M.St.P.O. und hat im §. 2 Nr. 2 der Disziplinarstrafordnung für das Heer eine entsprechende Anwendung gefunden.

§. 3. Eine Bestrafung in Gemäßheit des Militär-Strafgesetzbuches kann nur auf Grund eines gerichtlichen Erkenntnisses erfolgen.

In leichteren Fällen können im Disziplinarwege geahndet werden:

1) Vergehen wider die §§. 64, 89 Absatz 1, 90, 91

Absatz 1, 92, 121 Absatz 1, 137, 141 Absatz 1, 146, 151;

2) Vergehen wider §. 114, wenn die strafbare Handlung nur in dem Borgen von Geld oder in der Annahme von Geschenken ohne Vorwissen des gemeinschaftlichen Vorgesetzten besteht.

Jedoch darf im Disziplinarwege keine andere Freiheitsstrafe, als Arrest festgesetzt werden, und die Dauer desselben vier Wochen gelinden Arrestes oder Stubenarrestes, drei Wochen mittleren Arrestes oder vierzehn Tage strengen Arrestes nicht übersteigen.

Das allgemeine Rechtsprinzip, daß strafbare Handlungen, welche sich als Vergehen und Verbrechen darstellen, nur von den zuständigen Gerichten abgeurtheilt werden können, ist hier auch bezüglich der militärisch-strafbaren Handlungen ausdrücklich anerkannt. Die militärische Disziplin bedingt jedoch eine möglichst weite Auffassung des Grundsatzes, daß die Strafe der That auf dem Fuße folge und in diesem Sinne ist den Befehlshabern das Recht eingeräumt, die im Abs. 2 vorgesehenen leichteren Fälle disziplinarisch zu ahnden. Hiernach ist eine disziplinarische Erledigung zulässig bei nachstehenden Vergehen:

§. 64. Unerlaubte Entfernung.

§. 89. Abs. 1. Achtungsverletzung.

§. 90. Belügen eines Vorgesetzten.

§. 91. Abs. 1. Einfache Beleidigung eines Vorgesetzten oder im Dienstrange Höheren.

§. 92. Ungehorsam durch Nichtbefolgung, Abänderung oder Ueberschreitung eines Befehls in Dienstsachen.

§. 114. Mißbrauch der Dienstgewalt durch unerlaubtes Geldborgen oder Annahme von Geschenken von Untergebenen.

§. 121. Vorschriftswidrige Behandlung und einfache Beleidigung eines Untergebenen.

§. 137. **Vorsätzliches und rechtswidriges Beschädigen, Zerstören oder Preisgeben eines Dienstgegenstandes.**

§. 141 Abs. 1. **Pflichtverletzung auf Wache und Posten sowie bei einem Kommando.**

§. 146. **Unerlaubte Entfernung von der Wache, von einem Kommando oder der marschirenden Truppe.**

§. 151. **Trunkenheit im Dienst.**

Die Entscheidung darüber, ob in den vorgesehenen Fällen eine disziplinarische Bestrafung zulässig, steht demjenigen Militär-Vorgesetzten zu, welcher über die Einleitung der gerichtlichen Untersuchung zu befinden hat. Es ist aber dann nicht erforderlich, daß er selbst die Disziplinarstrafe bestimmt, vielmehr kann er diese einem mit Disziplinarstrafgewalt beliehenen Untergebenen überlassen, der jedoch an die Grenzen seiner eigenen Disziplinarstrafgewalt gebunden ist. — Ob der konkrete Fall als ein „leichterer" zu betrachten, ist Sache der subjektiven Auffassung und der Vorgesetzte bei der Beurtheilung vom Gesetz nicht beschränkt. — In allen zulässigen Fällen ist die Verhängung einer Disziplinarstrafe wegen ihrer abschreckenden und gefürchteten Wirkung dem gerichtlichen Verfahren vorzuziehen.

Die auf diese Weise zu verhängenden Disziplinarstrafen dürfen die im §. 3 der Disziplinarstraforduung vorgesehenen und speziell dem strafenden Befehlshaber eingeräumten Grenzen nicht übersteigen und nur in Arrest bestehen. Auch ist derselbe an die im Gesetz vorgesehene Strafart so weit gebunden, daß wenn für das vorliegende Vergehen eine bestimmte Arrestart angedroht ist (vgl. §. 151 M.St.G.B. mittlerer oder strenger Arrest), nur diese gewählt werden darf.

Militär-Strafgesetzbuch
für das Deutsche Reich.

Gegeben Schloß Babelsberg den 20. Juni 1872.
Ausgeben zu Berlin am 25. Juni 1872.
Gesetzeskraft mit dem 1. Oktober 1872.
(R.G.Bl. S. 174—204).
(G.Bl. für Elf.-Lothr. S. 475—505.)

Einleitende Bestimmungen.

§. 1. Eine Handlung, welche dieses Gesetz mit dem Tode, mit Zuchthaus, oder mit Gefängniß oder mit Festungshaft von mehr als fünf Jahren bedroht, ist ein militärisches Verbrechen.

Eine Handlung, welche dieses Gesetz mit Freiheitsstrafe (§. 16) bis zu fünf Jahren bedroht, ist ein militärisches Vergehen.

Die systematische Eintheilung der militärischen strafbaren Handlungen entspricht der Eintheilung des Reichsstrafgesetzbuches; die militärischen Uebertretungen sind der Disziplinarbestrafung zugewiesen. Von Bedeutung wird die Eintheilung beim Versuch, bei der Theilnahme und bei der Verjährung.

Für die Unterscheidung zwischen militärischen Verbrechen und Vergehen ist dasjenige Strafmaß entscheidend, welches als Höchstbetrag angedroht ist. Die Zulässigkeit leichterer oder minder schwerer Fälle ist dabei ohne Einfluß.

§. 2. Diejenigen Bestimmungen, welche nach den Vorschriften des Deutschen Strafgesetzbuches in Beziehung auf Verbrechen und Vergehen allgemein gelten, finden auf militärische Verbrechen und Vergehen entsprechende Anwendung.

Hierher gehören insbesondere die einleitenden Bestimmungen und die Vorschriften des ersten Theils des R.St.G.B. §§. 1—79, welche von den Strafen, dem Versuch, der Theilnahme, den Gründen, welche die Strafe ausschließen oder mildern und von dem Zusammentreffen strafbarer Handlungen handeln, soweit dieselben auf militärischstrafbare Handlungen Anwendung finden können und nicht durch besondere Bestimmungen des M.St.G.B. abgeändert worden sind, wie dies z. B. bei den §§. 8, 14, 15, 16, 17, 21, 30, 46, 47, 48, 49, 50, 51, 54, 76 M.St.G.B. der Fall ist.

§. 3. Strafbare Handlungen der Militärpersonen, welche nicht militärische Verbrechen oder Vergehen sind, werden nach den allgemeinen Strafgesetzen beurtheilt.

Eine entsprechende Vorschrift enthält der §. 10 R.St.G.B. — Der §. 3 ist nicht ohne Ausnahme, insofern einzelne strafbare Handlungen, wie Diebstahl, Unterschlagung, Zerstörung und Beschädigung von Dienstgegenständen, Körperverletzung bei unvorsichtigem oder rechtswidrigem Waffengebrauch, welche unter Mißbrauch eines militärischen Dienstverhältnisses verübt sind (§§. 137, 138, 148, 149 M.St.G.B.), hierdurch militärisch qualifizirt und mit militärischen Strafen bedroht werden, ferner die §§. 7 und 161, 14, 15, 29, 47, 49, 55, 127 M.St.G.B. abweichende Bestimmungen enthalten.

§. 4. Unter Militärpersonen sind die Personen des Soldatenstandes und die Militärbeamten zu verstehen, welche zum Heer oder zur Marine gehören.

Unter Heer ist das Deutsche Heer, unter Marine die Kaiserliche Marine zu verstehen.

Es werden hier diejenigen Personen bezeichnet, welche dem M.St.G.B. unterworfen sind und ist gleichzeitig vorgesehen, daß die Bestimmungen des Gesetzes überall da angewendet werden sollen, wo im Text vom Heere und von der Marine die Rede ist.

Das Gesetz befaßt sich im Wesentlichen nur mit den Personen des aktiven Dienststandes, während die des Beurlaubtenstandes demselben nur in den im §. 6 des Gesetzes vorgesehenen Fällen unterliegen. Für den Beginn und das Aufhören der aktiven Dienstzeit sind die Vorschriften des R.M.G. vom 2. Mai 1874, der Deutschen Wehrordnung, des Gesetzes vom 9. November 1867 über die Verpflichtung zum Kriegsdienst und des Gesetzes vom 6. Mai 1880 betreffend Ergänzungen des R.M.G. vom 2. Mai 1874 und des Gesetzes vom 11. Februar 1888 betreffend Aenderungen der Wehrpflicht (R.G.Bl. S. 11) maßgebend. Darnach beginnt der aktive Dienststand:

1) für Offiziere, Aerzte und Beamte des Friedensstandes vom Tage ihrer Anstellung;
2) für Kapitulanten mit dem in der abgeschlossenen Kapitulation bezeichneten Tage, falls sie nicht schon vorher dem aktiven Heere angehörten;
3) für die freiwilligen und ausgehobenen Rekruten mit dem Tage, an welchem sie in die Verpflegung der Militär-Verwaltung treten, für einjährig Freiwillige mit dem Zeitpunkt ihrer definitiven Einstellung;
4) für die Personen des Beurlaubtenstandes, Offiziere, Aerzte, Militärbeamte und Mannschaften einschließlich der Ersatz-Reserve mit dem Tage, zu welchem sie einberufen sind;
5) für die in Kriegszeiten zum Heeresdienst aufgebotenen oder freiwillig eingetretenen Offiziere, Aerzte, Militärbeamte und Mannschaften, welche zu keiner der vorgenannten Kategorien gehören, mit dem Tage, zu welchem sie einberufen sind, beziehungsweise mit dem Zeitpunkt des freiwilligen Eintritts. §. 38 d. R.M.G. vom 2. Mai 1874;
6) für die Landsturmpflichtigen mit dem Tage, an welchem der Aufruf des Landsturms ergangen ist. §§. 25, 26 d. G. vom 11. Februar 1888.

Derselbe **hört auf**:

ad 1 mit der Entlassung aus dem Dienst;

ad 2 mit dem Ablauf der Kapitulation;

ad 3 mit dem Tage der Entlassung aus dem Dienst und Einhändigung der Entlassungspapiere, sowie vor abgelaufener Dienstzeit mit der Entlassung zur Disposition der Ersatzbehörden;

ad 4 und 5 mit dem Tage der Wiederentlassung;

ad 6 nach Auflösung des Landsturms durch Kaiserliche Verordnung mit Ablauf des Tages der Entlassung. §. 33 d. G. vom 11. Februar 1888.

Wird gegen eine Person des aktiven Dienststandes auf Entfernung aus dem Heer oder Dienstentlassung erkannt, so scheidet dieselbe, falls sie eine Person des Soldatenstandes, mit der stattgehabten Publikation des Erkenntnisses, wenn aber Militärbeamter, mit der Rechtskraft desselben aus.

Was unter Militärbeamten zu verstehen, bestimmt das als Anlage dem M.St.G.B. beigefügte Verzeichniß der zum Heer und der Marine gehörenden Militärpersonen sub B.

§. 5. Die Klasseneintheilung der Militärpersonen ergibt das diesem Gesetze beigefügte Verzeichniß.

Die Mitglieder des Sanitätskorps und des Maschinen-Ingenieurkorps unterliegen den für andere Personen des Soldatenstandes gegebenen Vorschriften nach Maßgabe ihres Militärranges.

Die Rangverhältnisse der Mitglieder des Sanitätskorps regelt die V. vom 6. Februar 1873 über die Organisation des Sanitätskorps. Darnach stehen einjährig-freiwillige Aerzte und Unterärzte im Range von Portepee-Unteroffizieren, Assistenzärzte 2. Kl. in dem von Seconde- und Assistenzärzte 1. Kl. in dem von Premier-Leutnants; Stabsärzte und Oberstabsärzte 2. Kl. haben Hauptmannsrang, Oberstabsärzte 1. Kl., Lazareth-Direktoren und Divisionsärzte den eines Majors, Generalärzte 2. Kl. den eines Oberstleutnants und Generalärzte 1. Kl. den eines Obersten; der Generalstabsarzt der Armee den eines Generalmajors, falls ihm persönlich nicht ein höherer Rang besonders verliehen ist.

Nach der V. vom 7. Mai 1872 haben die Maschinen-Unter-Ingenieure den Rang des Unter-Leutnants zur See, die Maschinen-Ingenieure den der Leutnants zur See und die Maschinen-Ober-Ingenieure den der Kapitän-Leutnants.

§. 6. Personen des Beurlaubtenstandes unterliegen den Strafvorschriften dieses Gesetzes in der Zeit, in welcher sie sich im Dienste befinden; außerhalb dieser Zeit finden auf sie nur diejenigen Vorschriften Anwendung, welche in diesem Gesetze ausdrücklich auf Personen des Beurlaubtenstandes für anwendbar erklärt sind.

Nach §. 56 des R.M.G. vom 2. Mai 1874 und den zusätzlichen Gesetzen vom 6. Mai 1880 und 11. Februar 1888 gehören zu den Personen des Beurlaubtenstandes:

1) die Offiziere, Aerzte, Beamten und Mannschaften der Reserve und Landwehr;
2) die vorläufig in die Heimath beurlaubten Rekruten und Freiwilligen (§. 34 d. G.);
3) die bis zur Entscheidung über ihr ferneres Militärverhältniß zur Disposition der Ersatzbehörden entlassenen Mannschaften (§. 54 d. G.),
4) die vor erfüllter aktiver Dienstzeit zur Disposition der Truppentheile beurlaubten Mannschaften;
5) die Ersatz-Reservisten §. 11 d. G. vom 11. Februar 1888.

Nach §§. 11 und 19 d. G. vom 11. Februar 1888 gehören die Ersatz-Reservisten zu den Personen des Beurlaubtenstandes und sind allen für Reserve und Landwehr gültigen Bestimmungen unterworfen. Die Zugehörigkeit zur Ersatz-Reserve währt 12 Jahre und rechnet vom 1. Oktober des ersten Militärpflichtjahres; Ersatz-Reservisten, welche geübt haben, treten nach Ablauf dieser Zeit zur Landwehr I. Aufgebots, die übrigen zum Landsturm über. §. 15 d. G. vom 11. Februar 1888. Der Landsturm ist, so lange derselbe nicht einberufen ist, militärischen Kontrollen und Uebungen nicht unterworfen; nach erfolgtem Aufruf finden auf die landsturmpflichtigen Mannschaften die für die Land-(See-)wehr gegebenen Bestimmungen Anwendung. §§. 26, 31 d. G. vom 11. Februar 1888.

Der §. 60 des R.M.G. erweitert die Anwendung des M.St.G.B., indem er bestimmt:

§. 60 Nr. 3. Die im §. 56 unter 2—4 (des Ges.) bezeichneten Mannschaften (des Beurlaubtenstandes) sind den Bestimmungen im 3. Abschnitt des M.St.G.B. vom 20. Juni 1872 über unerlaubte Entfernung und Fahnenflucht, und den Bestimmungen im 4. Abschnitt desselben Gesetzbuchs über Selbstbeschädigung und Vorschützung von Gebrechen, in gleicher Weise, wie die Personen des aktiven Dienststandes unterworfen.

Darnach unterliegen Personen des Beurlaubtenstandes nunmehr auch während der Beurlaubung den Militärgesetzen und werden durch Militärgerichte bestraft in folgenden Fällen:

1) Zuwiderhandlung gegen §§. 101, 113, 126 M.St.G.B.
2) Nichtgestellung und Fahnenflucht §§. 68, 69 l. c.; die im §. 56 Nr. 2—4 des R.M.G. aufgeführten Personen auch bei unerlaubter Entfernung §. 64 l. c. und bei Selbstbeschädigung und Simulation §§. 81—83 l. c.
3) Herausforderungen und Zweikämpfe der beurlaubten (Reserve-, Landwehr-) sowie der mit Vorbehalt der Dienstverpflichtung aus dem stehenden Heere ausgeschiedenen Offiziere (jedoch nicht als Kartellträger).
4) in den Fällen des §. 42 Abs. 2 l. c.

R.S.d.Pr.G.A. vom 25. September 1872 und 6. November 1874; G. vom 11. Februar 1888.

Die zu Kontrollversammlungen einberufenen Personen des Beurlaubtenstandes befinden sich den Tag über, zu welchem sie einberufen sind, im militärischen Dienst und unterstehen für die Dauer dieses Tages den Militärgesetzen. Entsch. des Reichsgerichts vom 30. Juni 1885 und 21. September 1886.

§. 7. Strafbare Handlungen, welche von Militärpersonen im Auslande, während sie dort bei den Truppen oder sonst in dienstlicher Stellung sich befinden, begangen

werden, sind ebenso zu bestrafen, als wenn diese Handlungen von ihnen im Bundesgebiete begangen wären.

Unter strafbaren Handlungen sind hier militärische und bürgerliche Verbrechen und Vergehen einschließlich der im 29. Abschnitt des R.St.G.B. enthaltenen Uebertretungen zu verstehen.

Ausland ist jedes nicht zum Deutschen Reiche gehörige Gebiet. §. 8 R.St.G.B.

Der §. 7 findet auch auf die in den §§. 155 ff. M.St.G.B. bezeichneten Personen Anwendung. — Vgl. auch §. 161 d.G.

§. 8. Militärische Verbrechen und Vergehen, welche gegen Militärpersonen verbündeter Staaten in gemeinschaftlichen Dienstverhältnissen begangen werden, sind, wenn Gegenseitigkeit verbürgt ist, ebenso zu bestrafen, als wenn diese Handlungen gegen Militärpersonen des Heeres oder der Marine begangen wären.

Verbündete Staaten sind nichtdeutsche, welche mit dem Deutschen Reich in ein militärisches Bündniß-Verhältniß getreten sind. Die Vorschrift findet nicht nur in Kriegszeiten, sondern auch im Frieden Anwendung bei gemeinschaftlichen Truppen-Uebungen, Besetzung einzelner Orte, Distrikte 2c. — Voraussetzung des §. 5 ist das Vorhandensein eines Bündnisses und die Verbürgung von Gegenseitigkeit.

§. 9. Die in diesem Gesetze für strafbare Handlungen im Felde gegebenen Vorschriften (Kriegsgesetze) gelten:

1) für die Dauer des mobilen Zustandes des Heeres, der Marine oder einzelner Theile derselben;

2) für die Dauer des nach Vorschrift der Gesetze erklärten Kriegszustandes in den davon betroffenen Gebieten;

3) in Ansehung derjenigen Truppen, denen bei einem Aufruhr, einer Meuterei, oder einem kriegerischen

Unternehmen der befehligende Offizier dienstlich bekannt gemacht hat, daß die Kriegsgesetze für sie in Kraft treten, für die Dauer dieser Zustände;

4) in Ansehung derjenigen Kriegsgefangenen, welchen der höchste an ihrem Aufenthaltsorte befehligende Offizier dienstlich bekannt gemacht hat, daß die Kriegsgesetze für sie in Kraft treten.

Als im Felde befindlich ist jede Militärperson zu erachten, welche durch die befohlene Mobilmachung betroffen wird. Inwieweit dies für Personen des aktiven Dienststandes und des Beurlaubtenstandes gilt, bestimmt der §. 10 d. G.

Die Mobilmachung bestimmt der Kaiser, für Bayern der König von Bayern auf Veranlassung des Kaisers Art. 63 der Verf. des Deutschen Reiches und §. 5 III des Vertrages mit Bayern vom 23. November 1870.

Der Fall zu Nr. 3 hat nicht nur militärischen Aufruhr und Meuterei, sondern in Gemäßheit d. G. vom 4. Juni 1851 jede Gefährdung der öffentlichen Sicherheit im Auge. Die Form der dienstlichen Bekanntmachung an die Truppen, daß die Kriegsgesetze in Kraft treten, hängt von dem Ermessen des zuständigen Befehlhabers ab und genügt eine solche bei Parole und Appell. Die Kriegsgesetze bleiben bis zur Aufhebung des betreffenden Befehls in Kraft.

Die Vorschrift zu Nr. 4 bezieht sich auf solche Kriegsgefangene, welche in einem nicht im Kriegszustande befindlichen Theile des Deutschen Reiches internirt sind.

Bezüglich des mobilen Zustandes der Marine vgl. §. 164 d. G.

§. 10. Den Kriegsgesetzen unterworfen sind im Falle des §. 9 Nr. 1:

1) die Personen des aktiven Dienststandes von dem Tage ihrer Mobilmachung bis zu ihrer Demobilmachung;

2) die Personen des Beurlaubtenstandes von dem Tage, zu welchem sie einberufen sind, bis zu ihrer Entlassung.

Der Tag der Mobilmachung ist derjenige, an welchem der Befehl den Truppen in dienstlicher Form (Appell, Parole) bekannt gemacht wird; die Demobilmachung tritt mit dem Tage der Entlassung, oder mit dem dafür befohlenen Tage ein.

§. 11. Im Sinne dieses Gesetzes ist als vor dem Feinde befindlich jede Truppe zu betrachten, bei welcher in Gewärtigung eines Zusammentreffens mit dem Feinde der Sicherheitsdienst gegen denselben begonnen hat.

Die entsprechenden Strafvorschriften sind in den §§. 58, 85, 95, 141 M.St.G.B. enthalten.

Der Begriff „vor dem Feinde" ist nicht blos auf diejenige Truppe anwendbar, welcher speziell der Sicherheitsdienst übertragen worden, wie Vortrupp, Nachhut, Spitze u. s. w., sondern derselbe erstreckt sich auf alle Truppentheile, für welche der Sicherheitsdienst angeordnet ist.

Ein Schiff gilt als vor dem Feinde befindlich, so lange in Gewärtigung eines feindlichen Zusammenstoßes ein oder mehrere Geschütze an Bord geladen sind. §. 165 M.St.G.B.

§. 12. Diejenigen Vorschriften dieses Gesetzes, welche die Strafe mit Rücksicht darauf bestimmen, daß eine Handlung vor versammelter Mannschaft begangen worden ist, finden Anwendung, wenn außer dem Vorgesetzten und dem einzelnen Betheiligten noch mindestens drei andere zu militärischem Dienste versammelte Personen des Soldatenstandes gegenwärtig gewesen sind.

Das Gesetz wendet den Begriff „vor versammelter Mannschaft" nur bei strafbaren Handlungen gegen die militärische Unterordnung an (§§. 89, 95, 97 M.St.G.B.) und hat denselben lediglich zur

Wahrung der Autorität des Vorgesetzten aufgestellt. Es genügt daher auch die bloße Gegenwart von drei, zu militärischem Dienst versammelten Personen des Soldatenstandes (nicht Militärpersonen), und wird eine besondere Sinnes-Wahrnehmung der That von letzteren nicht erfordert. Der Vorgesetzte und der Thäter brauchen nicht im Dienste zu sein. Der Begriff ist vorhanden, wenn bei mehreren Mitthätern außer dem Vorgesetzten und dem einzelnen Betheiligten einschließlich der übrigen Betheiligten drei Personen des Soldatenstandes zum militärischen Dienst versammelt sind. Daß der Dienst bereits begonnen habe, wird nicht erfordert.

Als „militärischer Dienst" im Sinne des §. 12 ist jede auf Grund eines speziellen Befehls oder einer allgemeinen Instruktion ausgeführte dienstliche Verrichtung anzusehen. Zum Begriff „Vorgesetzter" vgl. Anm. zu §. 89 d. G.

§. 13. Wo das Gesetz die Strafe mit Rücksicht auf den Rückfall bestimmt, tritt dieselbe ein, wenn der Thäter, nachdem er wegen eines militärischen Verbrechens oder Vergehens durch ein Deutsches Gericht verurtheilt und bestraft worden ist, dasselbe militärische Verbrechen oder Vergehen abermals begeht.

Diese Bestimmung findet Anwendung, auch wenn die frühere Strafe nur theilweise verbüßt, oder ganz oder theilweise erlassen ist. Sie bleibt jedoch ausgeschlossen, wenn seit der Verbüßung oder dem Erlasse der Strafe bis zur Begehung der neuen strafbaren Handlung fünf Jahre verflossen sind.

Dasselbe gilt bei wiederholtem Rückfalle.

Die gesetzliche Strafschärfung in Folge Rückfalls ist beschränkt bezüglich der Freiheitsstrafen auf §§. 70, 71 M.St.G.B. und bezüglich der Ehrenstrafen auf die §§. 114, 122 l. c. Beim wiederholten Rückfall sind Ehrenstrafen allgemein theils obligatorisch, theils facultativ angedroht in den §§. 31, 34, 37, 40 l. c.

Der Begriff „Thäter" umfaßt auch die Anstiftung, die Theilnahme und die Versuchshandlung. — Die Vorbestrafung muß wegen eines militärischen Verbrechens oder Vergehens durch ein deutsches Gericht erfolgt sein; eine vorhergegangene Disziplinarbestrafung (§. 3 des E.G.z.M.St.G.B.), die Verurtheilung wegen einer Strafthat des R.St.G.B. oder durch ein nicht deutsches Gericht begründet daher den Rückfall nicht. Dasselbe erfordert ferner die abermalige Verübung derselben strafbaren Handlung und diese liegt vor, wenn der gleiche Thatbestand festgestellt ist, ohne Rücksicht auf etwaige erschwerende Umstände z. B. Fahnenflucht im Felde.

Es muß eine Bestrafung und Verbüßung oder Erlaß der Strafe, wenn auch nur theilweise, stattgefunden haben. Die rechtskräftige Verurtheilung genügt nicht. Eine Strafe gilt als theilweise verbüßt, sobald mit der Vollstreckung begonnen ist; hierher zählt auch die Anrechnung der Untersuchungshaft.

Abweichend von der Vorschrift des §. 245 R.St.G.B. fallen die gesetzlichen Strafschärfungen beim Rückfalle fort, wenn seit der Verbüßung oder dem Erlaß der erkannten bezüglichen Strafe 5 Jahre verflossen sind.

Abs. 3 besagt, daß für den wiederholten Rückfall dasselbe gelten soll, wie beim einfachen Rückfall d. h. die für den wiederholten Rückfall gegebenen Strafvorschriften finden Anwendung, wenn innerhalb 5 Jahren, nach Verbüßung oder Erlaß derjenigen Strafe, welche den ersten Rückfall begründete, dasselbe militärische Verbrechen oder Vergehen verübt worden ist. R.S.d.Pr.G.A. vom 28. März 1873, Beschluß Nr. 2.

Wenn gegen denselben Thäter aus mehreren Erkenntnissen mehrfache Freiheitsstrafen in ungetrennter Folge zur Vollstreckung gelangen, so ist auch der Begriff der Bestrafung aus jedem Urtheil durch den Antritt der betreffenden Strafe bedingt. Wird daher ein Verurtheilter aufs Neue wegen einer Strafthat verurtheilt, wegen welcher er vorher bestraft war, deren Strafe er aber noch nicht angetreten hatte, so darf er nicht wegen wiederholten Rückfalls, sondern nur wegen abermaligen ersten Rückfalls verurtheilt werden. R.S.d.Pr.G.A. vom 19. Oktober 1877 Nr. 1.

Erster Theil.

Von der Bestrafung im Allgemeinen.

Erster Abschnitt.

Strafen gegen Personen des Soldatenstandes*).

§. 14. **Die Todesstrafe ist durch Erschießen zu vollstrecken, wenn sie wegen eines militärischen Verbrechens, im Felde auch dann, wenn sie wegen eines nicht militärischen Verbrechens erkannt worden ist.**

Die Todesstrafe ist für militärische Verbrechen im Frieden ausgeschlossen, im Felde (Kriege) in 14 Fällen vorgesehen und zwar

---

*) Das M.St.G.B. hat folgendes Strafsystem:

Hauptstrafen.

I. Tod (§. 14).
II. Zuchthaus (§. 15).
III. Freiheitsstrafen (§. 16 ff.):
1. Gefängniß.
2. Festungshaft.
3. Arrest
 a. strenger,
 b. mittlerer,
 c. gelinder,
 d. Stuben-Arrest (einfacher und geschärfter).

Neben(Ehren-)strafen.

I. Entfernung aus dem Heere oder der Marine (§§. 30—33).
II. Dienst-Entlassung (§§. 30, 34—36).
III. Versetzung in die zweite Klasse des Soldatenstandes (§§. 30, 37 ff.).
IV. Degradation vom Unteroffizier zum Gemeinen (§§. 30, 40 ff.).
V. Amtsverlust (§. 43).
VI. Verlust der bürgerlichen Ehrenrechte (R.St.G.B. §. 32 ff.).

in den §§. 58, 60, 63, 71, 72, 73, 84, 95, 97, 107, 108, 133, 141, 159 M.St.G.B.

Die im Felde erkannte Todesstrafe wird stets, auch bei gemeinen Verbrechen, durch Erschießen vollstreckt. Das Nähere hierüber bestimmen §§. 1 und 2 d. M.Strf.Vollstr.V. vom 9. Februar 1888. — Wenn im Frieden ein Militärgericht wegen eines gemeinen Verbrechens auf Tod erkannt hat, so wird der Verurtheilte dem nächsten Civilgericht, welches Sitz eines Schwurgerichts ist, zur Strafvollstreckung, die dann durch Enthauptung erfolgt, überwiesen. §. 183 Abs. 3 M.St.P.O. Ein Gleiches geschieht, wenn im Felde wegen eines nicht militärischen Verbrechens die Todesstrafe verhängt, aber mit Eintritt der Demobilmachung des Truppentheils, dem der Verurtheilte angehört, noch nicht zur Vollstreckung gelangt ist. — In Gemäßheit des §. 2 M.St.G.B. und des §. 32 R.St.G.B. kann neben der Todesstrafe auf Verlust der bürgerlichen Ehrenrechte erkannt werden. — §. 14 d. G. findet auch auf Militärbeamte Anwendung §. 45 d. G.

§. 15. Hat eine Person des Soldatenstandes vor oder nach ihrem Eintritte in den Dienst eine Freiheitsstrafe verwirkt, so wird diese von den Militärbehörden vollstreckt.

Ist nach den Vorschriften des Deutschen Strafgesetzbuches eine Beschäftigung des Verurtheilten zulässig oder geboten, so findet dieselbe zu militärischen Zwecken und unter militärischer Aufsicht statt. Die zu Gefängniß verurtheilten Unteroffiziere und Gemeine können auch ohne ihre Zustimmung außerhalb der Anstalt beschäftigt werden.

Ist Zuchthaus verwirkt, oder wird auf Entfernung aus dem Heer oder der Marine, oder auf Dienstentlassung erkannt, oder wird das militärische Dienstverhältniß aus einem anderen Grunde aufgelöst, so geht die Vollstreckung der Strafe auf die bürgerlichen Behörden über.

Der Abs. 1 giebt dem Prinzip Ausdruck, daß Freiheitsstrafen, welche gegen Personen des Soldatenstandes rechtskräftig erkannt (verwirkt) sind, von den Militärbehörden vollstreckt werden müssen sobald der Verurtheilte im Militär-Verbande verbleibt. Scheidet er aus irgend einem Grunde, sei es wegen gleichzeitig verhängter Entfernung aus dem Heere, Dienstentlassung, wegen Unfähigkeit zur Fortsetzung des Militärdienstes u. s. w. aus, so geht die Strafvollstreckung auf die bürgerlichen Behörden über. — Damit ist gleichzeitig die in dem früheren Preuß. M.St.G.B. vom 3. April 1845 vorgesehene Umwandlung in militärische Strafarten fortgefallen. Die Vorschrift umfaßt auch solche Freiheitsstrafen, welche vor dem Eintritt in das Heer von Civilgerichten verhängt sind, sobald die Höhe derselben (bis zu 6 Wochen) das Verbleiben im Militär-Verhältniß zuläßt.

Geboten ist die Beschäftigung der Verurtheilten nach dem St.G.B. für das Deutsche Reich nur beim Zuchthaus, das militärisch nicht in Betracht kommt, und beim Gefängniß auf Verlangen des Verurtheilten §. 16 Abs. 2 R.St.G.B. Die Vorschrift, daß die zu Gefängniß verurtheilten Unteroffiziere und Gemeine auch ohne ihre Zustimmung außerhalb der Anstalt beschäftigt werden können, ist eine Ausnahme zu der im §. 16 Abs. 3 R.St.G.B. aufgestellten Regel. Das Nähere über diese Beschäftigung bestimmt §. 11 der M.Strf.Vollstr.V. vom 9. Februar 1888.

Die nach Maßgabe des §. 15 Abs. 3 auf die bürgerlichen Behörden übergehende Strafvollstreckung erfolgt durch die des Heimathsstaates, wenn entweder die Strafthat außerhalb des Bundesgebiets verübt ist, oder der Verurtheilte im Heimathsstaate sich aufhält, in anderen Fällen durch die bürgerlichen Behörden des Bundesstaates, in dessen Gebiet die Strafthat verübt worden. Beschl. des Bundesrathes vom 19 Februar 1875 mitgetheilt durch d. K.M. am 22. März 1875. (A.V.Bl. S. 73.) Die Ueberweisung verurtheilter Militärpersonen an die Civilbehörden behufs Strafvollstreckung erfolgt nach Maßgabe des §. 5 M.Strf.Vollstr.V. — Dabei ist zur Berechnung der Strafzeit die Stunde des Beginns derselben anzugeben Preuß. K.M. vom 3. Juli 1881 (A.V.Bl. S. 161).

§. 16. Freiheitsstrafe im Sinne dieses Gesetzes ist Gefängniß, Festungshaft oder Arrest.

Die Freiheitsstrafe ist eine lebenslängliche oder eine zeitige. Der Höchstbetrag der zeitigen Freiheitsstrafe ist funfzehn Jahre, ihr Mindestbetrag Ein Tag.

Wo dieses Gesetz die Freiheitsstrafe nicht ausdrücklich als eine lebenslängliche androht, ist dieselbe eine zeitige.

Die Vorschrift dieses Paragraphen bezieht sich nur auf die in diesem Gesetz angedrohten Strafen vgl. §. 21 d. G.

Abs. 2 weicht insofern von den §§. 16, 17 des R.St.G.B. ab, als die militärische Gefängnißstrafe eine lebenslängliche sein kann und als zeitige bei einem Mindestbetrage von 6 Wochen und 1 Tag den Höchstbetrag von 15 Jahren erreicht, und ebenso der Mindestbetrag der militärischen Festungshaft 6 Wochen und 1 Tag beträgt §. 17 d. G. Die Vorschrift, daß der Mindestbetrag der Freiheitsstrafe 1 Tag sei, bezieht sich nur auf die Arreststrafe.

Die Zuchthausstrafe ist in den Begriff der Freiheitsstrafen nicht aufgenommen, obwohl sie in das System der militärischen Strafen fällt. Bezüglich derselben gelten die Bestimmungen des §. 14 R.St.G.B. d. h. sie ist eine lebenslängliche oder zeitige und letztere bewegt sich in den Grenzen von 1 bis zu 15 Jahren.

Wenn Militärgerichte wegen nicht militärischer Strafthaten Strafen verhängen, so kommt das Strafsystem des R.St.G.B. mit den dort vorgeschriebenen Grenzen zur Anwendung.

§. 17. Die Freiheitsstrafe ist, wenn ihre Dauer mehr als sechs Wochen beträgt, Gefängniß oder Festungshaft, bei kürzerer Dauer Arrest.

Ist eine angedrohte Zuchthausstrafe auf eine kürzere als einjährige Dauer zu ermäßigen, so tritt an deren Stelle Gefängniß von gleicher Dauer.

Vgl. hierzu die Anmerkung zu §. 16. — Der Höchstbetrag des Arrestes ist 6 Wochen mit Ausnahme des strengen Arrestes, der nur bis 4 Wochen verhängt werden darf. §. 24 d. G.

Abs. 2 ist eine Ausnahme von der im §. 44 Abs. 4 R.St.G.B. aufgestellten Regel, nach welcher eine unter 1 Jahr verwirkte Zuchthausstrafe nach dem im §. 21 aufgestellten Verhältniß (2 : 3) in Gefängniß umgewandelt werden soll. Bei militärischen Verbrechen findet diese Umwandlung nicht statt und wird, wenn Zuchthaus unter 1 Jahr verwirkt ist, auf Gefängniß von gleicher Dauer erkannt. Die hier in das Auge gefaßten Ermäßigungen können eintreten beim Versuch, bei der Theilnahme an einem militärischen Verbrechen, sowie in den Fällen der §§. 88, 99 des M.St.G.B.

Ueber die Vollstreckung der Freiheitsstrafen bestimmt das Nähere die M.Strf.Vollstr.V. — Hat ein Offizier Gefängniß oder Festungshaft verwirkt, und ist Allerhöchsten Orts nicht besonders bestimmt, wo die Strafe zu verbüßen, so erfolgt die Ueberweisung des Verurtheilten nach Maßgabe der M.Strf.Vollstr.V. in den in der Anl. 4 Uebersicht A bestimmten Strafanstalten.

Wenn auf eine Gefängnißstrafe über 6 Wochen erkannt ist, so ist die Strafe auch dann in einem Festungs-Gefängniß zu vollstrecken, wenn wegen Anrechnung der Untersuchungshaft oder aus einem anderen Grunde die zu verbüßende Strafe weniger als 6 Wochen beträgt. R.S.d.Pr.G.A. vom 6. November 1874 Nr. 1.

§. 18. Die Zeit einer Freiheitsstrafe von mehr als sechs Wochen wird auf die gesetzliche Dienstzeit im stehenden Heer oder in der Flotte nicht angerechnet.

Die „gesetzliche Dienstzeit“ ist diejenige, welche der Soldat aktiv bei der Fahne zuzubringen hat, also die drei- oder einjährige.

Der Begriff „Freiheitsstrafe“ ist hier im weiteren Sinne zu nehmen und umfaßt sämmtliche Freiheitsstrafen des Militär- und bürgerlichen Strafgesetzbuchs mit Ausschluß der Zuchthausstrafe aber einschließlich der Haft, wenn diese gemäß §. 77 Abs. 2 R.St.G.B. die Dauer von 6 Wochen überschreitet. — Die ganze Strafe und nicht nur der Theil, welcher über 6 Wochen verbüßt ist, wird von der Dienstzeit abgerechnet, ebenso die Strafzeit, welche als durch Untersuchungshaft verbüßt auf die Strafe angerechnet ist. — Auf Offiziere, Unteroffiziere, welche ihrer gesetzlichen Dienstpflicht bereits genügt haben und auf Kapitulanten findet §. 18 keine Anwendung.

Nur solche Freiheitsstrafen über 6 Wochen, welche durch ein Erkenntniß gegen den Thäter verhängt sind, werden auf die Dienstzeit nicht angerechnet; ein Zusammenrechnen mehrerer kürzeren Freiheitsstrafen, welche aus verschiedenen Erkenntnissen hervorgegangen sind, ist ausgeschlossen, selbst wenn die Strafverbüßung im Zusammenhange erfolgt.

§. 19. Der Arrest zerfällt in Stubenarrest, gelinden Arrest, mittleren Arrest, strengen Arrest.

Die Armee braucht zur Aufrechterhaltung der Disziplin kurze aber strenge Strafen, es ist daher der Arrest in seiner Drei-Theilung, wie sich derselbe bei dem Preuß. Heere bewährt, als besondere Strafart beibehalten worden.

Der Mindestbetrag des Arrestes ist 1 Tag, die Dauer desselben darf beim strengen Arrest 4 Wochen (§. 24 d. G.), bei den übrigen Arrestarten 6 Wochen nicht übersteigen.

Kasernen- und Quartier-Arrest ist keine Freiheitsstrafe im Sinne dieses Gesetzes und kann nur disziplinarisch verhängt werden. Es ist unzulässig, diese Arrestart da zur Anwendung zu bringen, wo nach §. 3 des E.G. die disziplinarische Bestrafung einzelner militärischer Vergehen gestattet ist.

§. 20. Der Stubenarrest findet gegen Offiziere statt, der gelinde Arrest gegen Unteroffiziere und Gemeine, der mittlere Arrest gegen Unteroffiziere ohne Portepee und gegen Gemeine, der strenge Arrest nur gegen Gemeine.

Mit Rücksicht auf die militärische Autorität ist die Verhängung des Arrestes in seinen verschiedenen Graden an die einzelnen Chargen geknüpft. So ist gegen Offiziere nur einfacher und geschärfter (§. 23 d. G.) Stubenarrest, gegen Portepee-Unteroffiziere nur gelinder, gegen Unteroffiziere ohne Portepee mittlerer und gelinder und gegen Gefreite und Gemeine einschließlich der Obergefreiten strenger, mittlerer und gelinder Arrest zulässig. — Obere Militär-Beamte erleiden nur Stuben-, untere gelinden Arrest. §. 44 d. G. In der Marine entspricht dem Stubenarrest der Kammerarrest. §. 162 d. G.

Ueber die Vollstreckung der Arreststrafen im Frieden wie im Felde ist das Nähere in den §§. 11—22 der M.Strf.Vollstr.V. vom 9. Februar 1888 vorgesehen.

§. 21. Ist in diesem Gesetze Freiheitsstrafe angedroht, so sind darunter, je nach der Zeitdauer des Strafmaßes, Gefängniß, Festungshaft und Arrest als wahlweise angedroht zu erachten.

Die wahlweise Strafandrohung verpflichtet den Richter, der Natur der That und der Individualität des Thäters Rechnung zu tragen und darnach eine angemessene Strafart eintreten zu lassen. Gefängniß und Festungshaft dürfen nicht unter 6 Wochen und 1 Tag verhängt werden. — Die Festungshaft entspricht dem Festungsarrest des früheren Preuß. M.St.G.B. und soll daher in der Regel nur gegen Offiziere, Portepee-Unteroffiziere, einjährig Freiwillige und solche junge Leute, welche auf Beförderung zum Offizier dienen, nicht aber gegen andere Unteroffiziere und Gemeine zur Anwendung kommen. R.S.d.Pr.G.A. vom 22. Juli 1873. — Zur Aburtheilung derjenigen Vergehen, welche allgemein mit Freiheitsstrafe bedroht, sind die Standgerichte zuständig, es sei denn, daß erschwerende oder in der Person des Thäters liegende Umstände die Ausschließung der Arreststrafe erfordern.

§. 22. Ist in diesem Gesetze Arrest angedroht, so kann auf jede der nach dem Militärrange des Thäters statthaften Arten des Arrestes erkannt werden.

Ist in diesem Gesetze eine bestimmte Arrestart angedroht und dieselbe gegen den Thäter nach seinem Militär-

3*

range nicht statthaft, so ist auf die nächstfolgende nach seinem Range statthafte Arrestart zu erkennen.

Strenger Arrest ist, wo das Gesetz ihn nicht in einzelnen Fällen ausdrücklich androht, nur gegen denjenigen zulässig, welcher wegen militärischer Verbrechen oder Vergehen bereits mit einer Freiheitsstrafe bestraft worden ist.

Der Thäter ist hier nicht blos derjenige, der die strafbare Handlung verübt hat, der physische Urheber, sondern auch jeder Theilnehmer an derselben, der Anstifter, Gehülfe.

Abs. 2 hat nur Offiziere und Unteroffiziere im Auge. Androhungen bestimmter Arrestarten und zwar des strengen und mittleren kennt das Gesetz in den §§. 89, 93, 94, 99, 102, 138, 139, 141, 144, 146, 151. Ist in einem dieser Fälle gegen einen Unteroffizier auf eine seiner Charge nach nicht zulässige Arrestart (vgl. Anm. zu § 20 b, G.) zu erkennen, z. B. gegen einen Portepee-Unteroffizier auf mittleren Arrest, so tritt an deren Stelle die nächste zulässige Form, also gelinder Arrest. Eine besondere Schärfung der substituirten gelinderen Strafe ist nicht vorgesehen.

Abs. 3 beschränkt die Anwendung des strengen Arrestes. „Ausdrücklich" ist der strenge Arrest nur da angedroht, wo der Ausdruck „strenger Arrest" entweder ausschließlich oder alternativ mit mittlerem Arrest im Gesetz vorgesehen ist. Auch eine im Disziplinarwege auf Grund des §. 3 d. E.G. zum M.St.G.B. verhängte Arreststrafe begründet die Anwendung des strengen Arrestes. R.S.d.Pr.G.A. vom 28. März 1873, Beschl. Nr. 4; dagegen nicht eine anderweitig verfügte Disziplinarstrafe und eine gerichtliche Vorbestrafung wegen einer Strafthat des bürgerlichen Strafgesetzbuchs. — Auch hier ist die stattgehabte Verbüßung oder der Erlaß der Vorstrafe nach Analogie des §. 13 d. G. erforderlich.

Die Einschränkung des Abs. 3 findet auf Disziplinarstrafen, welche auf Grund des §. 1 Ziffer 1 des Diszipl.St.O. vom 31. Oktober 1872 verhängt werden, keine Anwendung und kann der mit Disziplinarstrafgewalt versehene Vorgesetzte dieserhalb in jedem

Verübungsfall strengen Arrest innerhalb seiner Strafbefugniß anordnen.

§. 23. Der Stubenarrest wird von dem Verurtheilten in seiner Wohnung verbüßt. Der Verurtheilte darf während der Dauer des Stubenarrestes seine Wohnung nicht verlassen, auch Besuche nicht annehmen. Gegen Hauptleute, Rittmeister und Subaltern-Offiziere kann durch Richterspruch die Strafvollstreckung in einem besonderen Offizier-Arrestzimmer angeordnet werden (geschärfter Stubenarrest).

Unter „Wohnung" sind die geschlossenen Räume zu verstehen, welche der Verurtheilte allein oder mit seiner Familie benutzt. Falls Zweifel über den Begriff „Wohnung" entstehen, so entscheidet darüber der nächste mit mindestens der Disziplinarstrafgewalt eines detachirten Stabsoffiziers, Hauptmanns oder Rittmeisters beliehene Vorgesetzte §. 16 Ziffer 3 M.Strf.Vollstr.V. — Jeder zu einfachem Stubenarrest verurtheilte Offizier ist bei dem Strafantritt durch den vorgedachten Vorgesetzten auf §. 80 M St.G.B. (Verbot des Verlassens der Wohnung und der Annahme von Besuchen) hinzuweisen Derselbe Vorgesetzte ist auch befugt, einzelnen Personen den Zutritt zu dem Verurtheilten in dringenden Fällen zu gestatten. §. 16 Ziffer 4 M.Strf.Vollstr.V.

Der geschärfte Stubenarrest wird in einem besonderen Offizier-Arrestzimmer, wie sich solche meist nur in größeren Garnisonen befinden, vollstreckt. Der Verurtheilte wird eingeschlossen, aber in der Regel nicht besonders bewacht. Ist eine Reise zum Strafverbüßungsort erforderlich, so muß der Offizier die Kosten derselben selbst tragen, wenn er nicht den Nachweis der Unvermögenheit führen kann. In diesem Falle erhält er die im §. 128 M.Strf.Vollstr.V. vorgesehenen Kompetenzen. §. 17 l. c. Der geschärfte Stubenarrest kann nur gerichtlich, niemals disziplinarisch verhängt werden, und ist nur gegen Hauptleute, Rittmeister und Subaltern-Offiziere zulässig.

Eine Kürzung der Gehaltsgebührnisse findet weder beim einfachen noch beim geschärften Stubenarrest statt.

Gegen Offiziere des Sanitätskorps und des Maschinen-Ingenieurkorps ist nach Maßgabe ihres Militärranges geschärfter Stubenarrest zulässig. Obere Militärbeamte dürfen nur mit einfachem Stubenarrest bestraft werden.

§. 24. Der gelinde, der mittlere und strenge Arrest werden in Einzelhaft verbüßt. Der Höchstbetrag des strengen Arrestes ist vier Wochen.

Die hier gedachten Arrestarten müssen in Einzelhaft, d. h. einsam in einer Arrestzelle vollstreckt werden. Die Einsamkeit befördert nach den gemachten Erfahrungen den Strafzweck. Ueber die Vollstreckung des gelinden, mittleren und strengen Arrestes enthalten die §§. 18, 19, 20 d. M.Strf.Vollstr.V. das Nähere. — Beim gelinden Arrest findet eine Kürzung der Löhnung nicht statt.

§. 25. Der mittlere Arrest wird in der Art vollstreckt, daß der Verurtheilte eine harte Lagerstätte und als Nahrung Wasser und Brot erhält. Diese Schärfungen kommen am vierten, achten, zwölften und demnächst an jedem dritten Tage in Fortfall.

An denjenigen Tagen, an welchen die Schärfungen fortfallen, wird die Strafe in der Form des gelinden Arrestes vollstreckt. — Für die Dauer der erkannten Mittelarreststrafe wird keine Löhnung, sondern nur Arrestanten-Verpflegung gewährt. §. 18 M.Strf.Vollstr.V. — Vgl. auch §. 27 d. G.

§. 26. Der strenge Arrest wird in einer dunkelen Arrestzelle, im Uebrigen wie der mittlere Arrest vollstreckt. Die Schärfungen kommen am vierten, achten und demnächst an jedem dritten Tage in Fortfall.

Vgl. hierzu die Anm. zu §. 25 d. G., welche analoge Anwendung findet.

§. 27. Läßt der körperliche Zustand des Verurtheilten die Verbüßung des strengen oder mittleren Arrestes nicht zu, so tritt eine gelindere Arrestart ein.

Der Fall des §. 27 kann eintreten: vor der Verurtheilung, nach stattgehabter Verurtheilung aber vor Beginn der Strafvollstreckung und während des Strafvollzuges. — Hat der Richter im Laufe der Untersuchung Bedenken, ob der körperliche Zustand des Angeschuldigten die Verbüßung der im Gesetze angedrohten strengeren Arrestart zuläßt, so hat er dies durch ein ärztliches Attest festzustellen und ist dann gleich auf die für zulässig erachtete Arrestart zu erkennen. Werden dergleichen Bedenken nach gefälltem Spruch, aber vor der begonnenen Vollstreckung erhoben, so verfügt der Gerichtsherr auf erfolgte Meldung und nach stattgehabter ärztlicher Untersuchung die Vollstreckung in der nächsten gelinderen und vom Arzt für zulässig erachteten Arrestart. Dasselbe gilt, wenn der Fall während der Strafverbüßung eintritt. §§. 18, 19 M.Strf.Vollstr.V. In beiden letzteren Fällen bedarf es weder einer Umwandlung noch eines besonderen Resoluts, da beides im Gesetz nicht vorgesehen ist.

§. 28. Die Abweichungen, welche bei Vollstreckung von Arreststrafen dadurch bedingt werden, daß sie während eines Krieges oder auf den in Dienst gestellten Schiffen oder anderen Fahrzeugen der Marine zu vollziehen sind, werden durch Kaiserliche Anordnung bestimmt.

Die hier in Bezug genommenen Abweichungen sind vorgesehen für die Kaiserliche Marine in §. 7 der Ausführungsbestimmung zu der A.V. vom 22. Januar 1889, für das Deutsche Heer in den §§. 21, 22 M.Strf.Vollstr.V. vom 9. Februar 1888. Nach letzterer soll, wenn im Felde lokale Verhältnisse die Vollstreckung der gegen Unteroffiziere und Gemeine erkannten Arreststrafen nicht zulassen, dem Verurtheilten für die Dauer der Strafe während seiner dienstfreien Zeit der Aufenthalt auf einer Wache als Arrestant ohne Entziehung der Kompetenzen angewiesen werden, und beim mittleren

Arrest die Heranziehung zu beschwerlichen Dienstverrichtungen außer der Reihe, beim strengen Arrest aber Anbinden 2 Stunden täglich hinzutreten. — Das Anbinden geschieht auf eine der Gesundheit nicht nachtheilige Weise in aufrechter Stellung, den Rücken nach einer Wand oder einen Baum gekehrt, dergestalt, daß der Verurtheilte sich weder setzen noch legen kann. Zweistündiges Anbinden mit dem Aufenthalt auf der Wache, steht einem 1tägigen strengen Arrest gleich. Die Schärfungen fallen auch hier in derselben Weise wie bei strengem Arrest am 4., 8. und dann an jedem dritten Tage fort. Die Strafvollstreckung erfolgt unter militärischer Aufsicht an einem vor den Augen des Publikums möglichst geschützten Ort.

§. 29. Wo die allgemeinen Strafgesetze Geldstrafe und Freiheitsstrafe wahlweise androhen, darf, wenn durch die strafbare Handlung zugleich eine militärische Dienstpflicht verletzt worden ist, auf Geldstrafe nicht erkannt werden.

Die Vorschrift dieses Paragraphen bezieht sich nur auf solche Fälle, in denen ein bürgerliches Strafgesetz dem Richter die Wahl läßt zwischen einer Freiheitsstrafe und einer Geldbuße. Es sind somit diejenigen Fälle ausgeschlossen, in denen ausschließlich eine Geldstrafe angedroht oder eine solche neben der angedrohten Freiheitsstrafe zulässig ist, wie z. B. beim Betrug. §. 263 R.St.G.B.

Die Verletzung einer militärischen Dienstpflicht liegt vor, wenn vorsätzlich oder fahrlässig gegen eine allgemeine oder spezielle Dienstvorschrift oder einen Dienstbefehl verstoßen ist.

Die im Bereich der Militär-Verwaltung aufkommenden Geldstrafen fließen, soweit nicht durch besondere Gesetze (§. 34 des Forstdiebstahlgesetzes, §. 70 des Personenstandgesetzes) anderweitige Bestimmungen ergangen sind, dem Reichsfonds als eigene Einnahmen zu. §. 28 M.-Strf.Vollstr.V.

In jedem Strafurtheil, in welchem auf Geldbuße erkannt wird, ist zugleich auszusprechen, welche Freiheitsstrafe für den Fall, daß die Geldbuße nicht beigetrieben werden kann, an deren Stelle treten soll. Ist dies gleichwohl nicht geschehen und kann die Geldstrafe nicht erlegt werden, so hat das Militärgericht, welches vorher erkannt hat, dieselbe unter Berücksichtigung des §. 29 R.St.G.B. in eine verhältnißmäßige Freiheitsstrafe umzuwandeln. Art. 132 d. G. vom 3. Mai 1852.

§. 30. Die besonderen Ehrenstrafen gegen Personen des Soldatenstandes sind:

1) Entfernung aus dem Heer oder der Marine;

2) gegen Offiziere: Dienstentlassung;

3) gegen Unteroffiziere und Gemeine: Versetzung in die zweite Klasse des Soldatenstandes;

4) gegen Unteroffiziere: Degradation.

Ehrenstrafen sind Nebenstrafen, welche nur in Verbindung mit einer Hauptstrafe (Lebens-, Freiheits- und Geldstrafe) vorkommen können. — Die Entfernung aus dem Heere oder der Marine ist gegen alle Personen des Soldatenstandes ohne Rücksicht auf die Rangverhältnisse zulässig. Nähere Bestimmungen über die militärischen Ehrenstrafen enthalten: bezüglich der Entfernung aus dem Heere die §§. 31—33 d. G., hinsichtlich der Dienstentlassung die §§. 34, 36 l. c., betreffend die Versetzung in die 2. Klasse des Soldatenstandes die §§. 37—39 l. c, die Degradation §§. 40 und 41 und endlich in Betreff der Personen des Beurlaubtenstandes §. 42 l. c. — Bezüglich der pensionirten Offiziere vgl. §. 33 d. G. und Anm. dazu, und betreffs der Militärbeamten §§. 43—45, 153 d. G. — Neben den militärischen sind auch die bürgerlichen Ehrenstrafen gegen Personen des Soldatenstandes da zulässig, wo das Gesetz sie vorschreibt. Neben der Zuchthausstrafe kann auf Verlust der bürgerlichen Ehrenrechte erkannt werden, neben Gefängnißstrafe ist derselbe für militärische strafbare Handlungen angedroht in den Fällen der §§. 134 und 138 M.St.G.B.; doch ist auch hier die Vorschrift des §. 32 R.St.G.B. festzuhalten, nach welcher der Ehrverlust nur neben einer Gefängnißstrafe von 3 Monaten und darüber eintreten darf.

§. 31. Auf Entfernung aus dem Heer oder der Marine muß gegen Unteroffiziere und Gemeine neben Zuchthaus stets, neben dem Verluste der bürgerlichen Ehrenrechte dann erkannt werden, wenn die Dauer dieses Verlustes drei Jahre übersteigt.

Gegen Offiziere muß auf diese Entfernung erkannt werden:

1) neben Zuchthaus oder dem Verluste der bürgerlichen Ehrenrechte ohne Rücksicht auf die Dauer derselben;
2) wo gegen Unteroffiziere oder Gemeine die Versetzung in die zweite Klasse des Soldatenstandes geboten ist.

Auf Entfernung aus dem Heer oder der Marine kann erkannt werden neben Gefängniß von längerer als fünfjähriger Dauer, außerdem gegen Offiziere, in allen Fällen, in denen gegen Unteroffiziere oder Gemeine die Versetzung in die zweite Klasse des Soldatenstandes zulässig ist.

Die Entfernung aus dem Heere ist eine Nebenstrafe für solche Handlungen, welche die Waffenunwürdigkeit nach sich ziehen, sie tritt aber im militärischen Interesse obligatorisch oder fakultativ auch dann ein, wenn von einem Militärgericht auf Verlust der bürgerlichen Ehrenrechte auf mehr als 3 Jahre oder auf Gefängnißstrafe über 5 Jahre erkannt wird. Hinsichtlich der Offiziere mußte die Wahrung der militärischen Autorität eine Erweiterung dieser Prinzipien zur Folge haben. Darnach ist diese Ehrenstrafe

1. gegen Offiziere

a) geboten: neben Zuchthausstrafe, dem Verlust der bürgerlichen Ehrenrechte ohne Rücksicht auf die Dauer und in allen Fällen, in welchen gegen Unteroffiziere oder Gemeine die Versetzung in die 2. Kl. des Soldatenstandes geboten ist.

b. zulässig: neben Gefängnißstrafe von mehr als 5 Jahren und in allen Fällen, in denen gegen Unteroffiziere und Gemeine die Versetzung in die 2. Kl. des Soldatenstandes zulässig ist.

2. gegen Unteroffiziere und Gemeine

a. geboten: neben Zuchthaus, Verlust der bürgerlichen Ehrenrechte von mehr als 3 Jahren und im Falle des §. 81 Abs. 2 M.St.G.B.

b. zulässig: neben Gefängniß von mehr als 5 Jahren.

Die Entfernung aus dem Heere ist in dem Urtheil jedesmal ausdrücklich auszusprechen.

Nach einer Entsch. des Pr.G.A. vom 19. Oktober 1877 ist im Falle realer Konkurrenz auf Entfernung aus dem Heere bei Gefängnißstrafe nur neben einer Einzelstrafe von mehr als 5 jähriger Dauer, nicht aber neben einer Gesammtstrafe, die sich aus mehreren Einzelstrafen zusammensetzt, zu erkennen.

Auf Militärbeamte findet §. 31 nicht Anwendung. Vgl. §. 43 d. G.

§. 32. Die Entfernung aus dem Heer oder der Marine hat

1) den Verlust der Dienststelle und der damit verbundenen Auszeichnungen, sowie aller durch den Militärdienst erworbenen Ansprüche, soweit dieselben durch Richterspruch aberkannt werden können,

2) den dauernden Verlust der Orden und Ehrenzeichen,

3) die Unfähigkeit zum Wiedereintritte in das Heer und in die Marine

von Rechtswegen zur Folge.

Der Verlust der Dienststelle und der damit verbundenen Auszeichnungen ist der der Charge, des damit verbundenen Einkommens, des Titels und des Rechts, die Militär-Uniform zu tragen. Bei

Personen des aktiven Dienststandes treten diese Folgen von Rechtswegen ein, so daß bei Offizieren der Verlust des Titels und bei Unteroffizieren die Degradation nicht besonders im Erkenntniß ausgedrückt zu werden braucht. Bezüglich der nichtaktiven Offiziere vgl. §. 33 d. G. — Militärpersonen des aktiven Dienststandes verlieren durch die gedachte Ehrenstrafe den Anspruch auf Pension und Civilversorgung, dagegen nicht den in den §§. 12 und 13 des Mil.-Pens.Ges. vom 27. Juni 1871 vorgesehenen Anspruch auf Pensionserhöhung, weil dieser nach §. 32 l. c. durch richterliches Erkenntniß nicht entzogen werden kann.

Der Verlust der Orden und Ehrenzeichen umfaßt alle solche Auszeichnungen, sowohl inländische wie ausländische.

Die Unfähigkeit zum Wiedereintritt in das Heer ist eine dauernde und kann nur im Wege der Gnade aufgehoben werden.

Bezüglich der Vollstreckung der Nebenstrafe der Entfernung aus dem Heer bestimmt §. 23 der M.Strf.Vollstr.V. vom 9. Februar 1888, daß dem Verurtheilten durch einen Offizier die Patente und Bestallungen, die in- und ausländischen Orden und Ehrenzeichen nebst Besitzzeugnissen und die etwa in seinem Gewahrsam befindlichen Dienstpapiere abzunehmen, die Patente auf dem Dienstwege an die Geheime Kriegskanzlei des Kriegsministeriums, Orden und Ehrenzeichen sowie die Besitzzeugnisse darüber aber auf demselben Wege an die General-Ordens-Kommission einzusenden sind. Derjenige Truppentheil oder diejenige Behörde, welcher der Verurtheilte zur Zeit seiner Verurtheilung angehört, hat unter Mittheilung der Erkenntniß- und der Bestätigungs-Formel dem Landwehr-Bezirks-Kommando, aus dessen Bezirk derselbe in die Armee getreten ist, Kenntniß zu geben und letztere hat ihn in den Listen zu löschen. Dem Verurtheilten ist bei seiner Entlassung ein Militärpaß zu behändigen, aus welchem die Ausstoßung aus dem Heere ersichtlich sein muß.

Beim Versuch ist die Ehrenstrafe zulässig aber nicht geboten. §. 46 d. G.

§. 33. Gegen pensionirte Offiziere ist statt auf Entfernung aus dem Heer oder der Marine auf Verlust des Offiziertitels zu erkennen. Mit diesem Verluste treten zugleich die im §. 32 Nr. 2 und 3 bezeichneten Folgen, sowie die Verwirkung des Rechts, die Offizieruniform zu tragen, von Rechtswegen ein.

Nach dem G. vom 3. Mai 1890 (A.V.Bl. S. 141, R.G.Bl. S. 63) sind die verabschiedeten Offiziere der Militärgerichtsbarkeit nicht unterworfen und bezieht sich der §. 33 nur auf die mit Pension zur Disposition gestellten Offiziere. — Auf den Verlust des Offiziertitels muß ausdrücklich erkannt werden. Ueber die Vollstreckung der Ehrenstrafe vgl. Anm. zu §. 32 d. G.

§. 34. Auf Dienstentlassung muß erkannt werden:

1) Neben Erkennung auf Unfähigkeit zur Bekleidung öffentlicher Aemter;
2) wo gegen Unteroffiziere Degradation geboten ist.

Auf Dienstentlassung kann erkannt werden:

1) neben Freiheitsstrafe von längerer als einjähriger Dauer;
2) wo gegen Unteroffiziere Degradation zulässig ist.

Die Dienstentlassung darf nur gegen Offiziere ausgesprochen werden; dieselbe setzt eine strafbare Handlung voraus, welche im Interesse der dienstlichen Autorität und der Kameradschaftlichkeit das Verbleiben im Offizierstande nicht zuläßt. Gleich der Entfernung aus dem Heer muß diese Nebenstrafe im entscheidenden Theil des Erkenntnisses ausdrücklich ausgesprochen werden.

Abs. 1 Ziffer 1. Die Unfähigkeit zur Bekleidung öffentlicher Aemter ist eine Nebenstrafe des bürgerlichen Strafgesetzbuches und angedroht in den §§. 35, 128, 129, 331, 339 - 341, 352—355, 357, 358 R.St.G.B.

Abs. 1 Ziffer 2. Degradation ist geboten:

a. in den Fällen des §. 40 Abs. 1 Ziffer 1—3 d. G.;
b. bei der Fahnenflucht §. 75 und der Mißhandlung Untergebener im wiederholten Rückfall §. 122 d. G.

Bei Abs. 2 Ziffer 1 kann unter Freiheitsstrafe nur Festungshaft verstanden sein, da die Gefängnißstrafe von längerer als einjähriger Dauer die Dienstentlassung nach §. 40 Abs. 1 Ziffer 1 obligatorisch macht.

Die Degradation ist zulässig:

a. in den Fällen des §. 40 Abs. 2 Ziffer 1—3;

b. speziell angedroht in den §§. 114, 117, 119, 122 d. G., in denen jedoch auch die Dienstentlassung schon für zulässig erklärt ist.

Außer den im §. 34 vorgesehenen generellen Fällen ist die Dienstentlassung nach dem Gesetze selbst:

1) geboten §§. 80, 97, 112, 122;

2) zulässig §§. 101, 114, 117, 118, 119, 122, 142, 147, 150, 151.

Ueber die Vollstreckung der Strafe der Dienstentlassung bestimmt §. 24 der M.Strf.Vollstr.V., daß der Verurtheilte im Besitz der Patente, Orden, Ehrenzeichen ꝛc. bleibt, aber dem Landwehrbezirks-Kommando, aus dessen Bezirk er in die Armee getreten, von der Dienstentlassung Kenntniß gegeben werden soll und zwar unter Mittheilung der Erkenntnißformel und Bestätigungsordre.

Beim Versuch ist die Nebenstrafe der Dienstentlassung nur zulässig, wenn sie auch bei der vollendeten Strafthat geboten war. §. 46 d. G.

§. 35. Die Dienstentlassung hat den Verlust der Dienststelle und aller durch den Dienst als Offizier erworbenen Ansprüche, soweit dieselben durch Richterspruch aberkannt werden können, ingleichen die Verwirkung des Rechts, die Offizieruniform zu tragen, von Rechtswegen zur Folge. Der Verlust des Diensttitels ist mit dieser Strafe nicht verbunden.

Der zur Dienstentlassung verurtheilte Offizier verliert die Dienststelle und das Recht die Offizieruniform zu tragen, behält aber Titel, Orden und Ehrenzeichen bei. Desgleichen geht er aller Ansprüche, welche er im Dienst als Offizier erworben, verlustig, und sind hier die Pensionsansprüche mit einbegriffen.

Der mit Dienstentlassung bestrafte Offizier kann als solcher im Heer bezw. in der Kaiserlichen Marine keine Verwendung finden, dagegen ist es zulässig, daß er als Gemeiner wieder eintritt und seine frühere Charge wiedererwirbt.

§. 36. Gegen pensionirte Offiziere, welche das Recht zum Tragen der Offizieruniform haben, ist statt auf Dienstentlassung auf Verlust dieses Rechts zu erkennen.

Nach dem Gesetz vom 3. Mai 1890 (A.V.Bl. S. 141, R.G.Bl. S. 63) sind die verabschiedeten Offiziere der Militärgerichtsbarkeit nicht unterworfen, es bezieht sich daher der § 36 d. G. nur auf solche Offiziere, welche mit Pension zur Disposition gestellt sind.

§. 37. Auf Versetzung in die zweite Klasse des Soldatenstandes muß erkannt werden neben dem Verluste der bürgerlichen Ehrenrechte, wenn die Dauer dieses Verlustes nicht drei Jahre übersteigt.

Auf Versetzung in die zweite Klasse des Soldatenstandes kann erkannt werden:

1) in wiederholtem Rückfalle,
2) wenn die Verurtheilung wegen Diebstahls, Unterschlagung, Raubes, Erpressung, Hehlerei, Betruges oder Urkundenfälschung erfolgt, auch wenn der Verlust der burgerlichen Ehrenrechte nicht eintritt.

Die Versetzung in die 2. Klasse des Soldatenstandes war in der Preußischen Armee schon durch die A.V. vom 3. August 1808 eingeführt, in Bayern als Versetzung in die Strafklasse bekannt. Sie ist nur zulässig gegen Unteroffiziere neben Degradation und Gemeine, darf niemals auf Zeit verhängt und kann daher nur im Wege der Gnade (Rehabilitirung) aufgehoben werden. Es ist stets auf diese Strafe ausdrücklich zu erkennen und muß dies auch dann geschehen, wenn das dadurch betroffene Individuum sich schon in

Folge einer früheren Verurtheilung in der 2. Klasse des Soldatenstandes befindet. Die Urtheilsformel ist in solchen Fällen dahin zu fassen: daß der p. p. mit erneuerter Versetzung in die 2. Klasse des Soldatenstandes und mit p. p. zu bestrafen. R.S.d.Pr.G.A. vom 6. November 1874 Nr. 11. — Gegen Militärbeamte ist im Felde statt auf Versetzung in die 2. Klasse des Soldatenstandes auf Amtsverlust zu erkennen. § 153 d. G.

Neben dem Verlust der bürgerlichen Ehrenrechte muß die Versetzung in die 2. Kl. des Soldatenstandes stets ausgesprochen werden, es sei denn, daß dieser Verlust über 3 Jahre verhängt wird, in welchem Falle Entfernung aus dem Heer eintritt.

Der Rückfall bezieht sich hier nur auf militärisch strafbare Handlungen und schließt sich an die Bestimmung des §. 13 d. G. an.

Auch bei der Verurtheilung wegen Versuchs oder Theilnahme an den im Abs. 2 Ziff. 2 genannten gemeinen Vergehen und Verbrechen ist die Versetzung in die 2. Kl. des Soldatenstandes zulässig.

Neben den hier generell aufgeführten Fällen ist die Versetzung in die 2. Klasse des Soldatenstandes im M.St.G.B. speziell

a. geboten, in den §§ 74, 81, 98, 106, 131, 132, 133, 134, 149;
b. zulässig, in den Fällen der §§. 38, 62, 75, 78, 82, 83, 87, 128, 135, 137, 140, 144.

Ueber die Vollstreckung dieser Ehrenstrafe bestimmt §. 25 der M.Strf.Vollstr.V. das Nähere.

§. 38. Wer wegen militärischer Vergehen bereits zweimal gerichtlich verurtheilt und bestraft worden ist, kann, wenn er zum dritten Male wegen eines militärischen Vergehens verurtheilt wird, neben der Freiheitsstrafe in die zweite Klasse des Soldatenstandes versetzt werden.

Dasselbe kann geschehen, wenn außer einer gerichtlichen Strafe mehrmalige Disziplinarstrafen des höchsten Grades vollstreckt worden sind und zum zweiten Male wegen eines militärischen Vergehens eine Verurtheilung erfolgt.

Die Strafschärfung bleibt jedoch ausgeschlossen, wenn seit der zuletzt bestraften Handlung bis zur Begehung des Vergehens sechs Monate verflossen sind.

Der Begriff „Vergehen" umfaßt alle militärischen strafbaren Handlungen. Es muß eine zweimalige Aburtheilung vorhergegangen sein, die Verurtheilung wegen mehrerer militärischer Strafthaten in einem Erkenntniß genügt nicht. Ebenso muß die erkannte Strafe verbüßt oder erlassen sein; vgl. §. 13 d. G.

Die gerichtliche Strafe im Abs. 2 setzt eine Verurtheilung wegen einer militärisch strafbaren Handlung voraus. Mehrmalige Disziplinarstrafen sind schon zwei. Nach dem R.G.d.Pr.G.A. vom 28. März 1873 Nr. 7 ist unter Disziplinarstrafen des höchsten Grades die schwerste Arrestart zu verstehen, welche der Bestrafte nach seiner Charge erleiden konnte.

Die Strafschärfung des Abs. 3 ist die vorerwähnte Versetzung in die 2. Klasse des Soldatenstandes; sie ist nicht mehr zulässig, wenn zwischen der zuletzt — gerichtlich oder disziplinarisch — bestraften Handlung und dem neuen Vergehen eine Frist von mehr als 6 Monaten liegt. Diese Frist zählt vom Tage der beendigten Strafvollstreckung der letzten gerichtlichen bezw. disziplinarischen Bestrafung. R.G.d.Pr.G.A. vom 19. Oktober 1877 Nr. 4.

§. 39. Die Versetzung in die zweite Klasse des Soldatenstandes hat den dauernden Verlust der Orden und Ehrenzeichen von Rechtswegen zur Folge, auch darf der zu dieser Strafe Verurtheilte die Militärkokarde nicht tragen und Versorgungsansprüche, soweit dieselben durch Richterspruch aberrannt werden können, nicht geltend machen.

Militärpersonen des aktiven Dienststandes sind wegen unbefugten Tragens der Militärkokarde auf Grund des §. 1 Nr. 1 der Diszipl.St.O. disziplinarisch, oder falls ein besonderes Verbot vorausgegangen ist, wegen Ungehorsams gemäß §. 92 d. G. in leichteren

Fällen disziplinarisch, sonst gerichtlich zu bestrafen. R.-S.d.Pr.G.A. vom 18. März 1882. — Anderweit greift §. 300 Ziff. 8 R.St.G.B. Platz. — Die Vorschrift, daß ein mit Versetzung in die 2. Kl. des Soldatenstandes bestrafter Soldat Versorgungsansprüche, soweit dieselben durch Richterspruch aberkannt werden können, nicht geltend machen darf, ist als ein dauernder Verlust dieser Ansprüche aufzufassen. Ausnahmen hiervon sind im §. 80 des M.Pens.G. vom 27. Juni 1871 vorgesehen.

Werden einjährig Freiwillige mit der gedachten Ehrenstrafe belegt, so verlieren sie die Berechtigung zum einjährigen Dienst und den Anspruch auf Entlassung nach einjähriger Dienstzeit. §. 50 R.M.G. vom 2. Mai 1874. — Soldaten, welche sich in der 2. Kl. des Soldatenstandes befinden, sollen als Ehren- und Fahnenposten, sowie zu wichtigeren Posten vor den Kasernen, in Gefängnissen und als Patrouilleure nicht verwendet werden, auch sind sie von Pulver- und Munitions-Arbeiten auszuschließen. Pr.K.M. vom 28. Januar 1873 (A.V.Bl. S. 30). — Mannschaften des Gardekorps, gegen welche auf Versetzung in die 2. Kl. erkannt ist, treten nach Verbüßung der Hauptstrafe bis zu ihrer Rehabilitirung in eine Disziplinar-Abtheilung des Gardekorps (Spandau, Koblenz).

Die Wirkungen der Versetzung in die 2. Kl. des Soldatenstandes können theilweise aufgehoben werden durch Rehabilitirung. Bezüglich dieser bestimmt die auf Grund der ergangenen Erlasse des Pr.K.M. zusammengestellte Anlage 1 zu §. 14 der Landwehr-Ordnung S. 149 und die dazu ergangene A.K.O. vom 16. August 1883 (A.V.Bl. S. 155).

Es darf nachgesucht werden:

A. die erste Rehabilitirung, wenn die Strafe, neben welcher auf Versetzung in die 2. Kl. des Soldatenstandes rechtskräftig erkannt worden ist, in Geldstrafe besteht, nach Ablauf eines Jahres seit Verbüßung der Strafe, im Uebrigen erst nach Ablauf eines der Hälfte der verbüßten Strafe gleichkommenden Zeitabschnittes, jedoch nicht vor Ablauf eines Jahres seit Verbüßung der Strafe und nicht bevor der Verurtheilte die bürgerlichen Ehrenrechte wieder erlangt hat. A.K.O. vom 16. August 1883;

B. die zweite Rehabilitirung nicht vor Ablauf zweier Jahre nach verbüßter Strafe unter Beobachtung der sub A. gegebenen Bestimmungen;

C. die dritte Rehabilitirung überhaupt nur ausnahmsweise unter ganz besonderen Umständen und keinesfalls vor Ablauf dreier Jahre nach verbüßter Strafe.

Rehabilitirungs-Vorschläge für Mannschaften des Beurlaubtenstandes werden von den Landwehr-Bezirks-Kommandos event. mit den Gesuchslisten im Monat März, Juni, September und Dezember nach dem gegebenen Schema an die vorgesetzten Infanterie-Brigade-Kommandos eingereicht. Das Nähere hierüber vgl. Anl. 1 zu §. 14 der Landwehr-Ordnung S. 149.

Die Rehabilitirung verleiht das Recht die Militärkokarde wieder zu tragen; die verlorenen Kriegsdenkmünzen und Dienstauszeichnungen werden dadurch nicht wieder erlangt, vielmehr ist hierzu die ausdrückliche Allerhöchste Wiederverleihung erforderlich. Orden und diesen gleichgestellte Ehrenzeichen gelten als dauernd aberkannt und dürfen Anträge auf Wiederverleihung derselben nicht gestellt werden.

Die Rehabilitirung steht nur dem Souverain zu, von dessen Gerichten die Verurtheilung erfolgt war, und sind daher Rehabilitirungsvorschläge Preuß. Militär-Behörden, soweit es sich um Bestrafungen durch Nicht-Preuß. Gerichte handelt, dem Preuß. Kriegs-Ministerium zur weiteren Veranlassung einzureichen. Pr.K.M. vom 3. Februar 1883.

§. 40. Auf Degradation muß erkannt werden:

1) neben Gefängniß von längerer als einjähriger Dauer;

2) neben Versetzung in die zweite Klasse des Soldatenstandes;

3) neben Aberkennung der Befähigung zur Bekleidung öffentlicher Aemter.

Auf Degradation kann erkannt werden:

1) **neben Gefängniß von einjähriger oder kürzerer Dauer;**
2) **wegen wiederholten Rückfalls;**
3) **wegen einer strafbaren Handlung der im §. 37 Absatz 2 Nr. 2 bezeichneten Art.**

Die Degradation ist die Folge einer strafbaren Handlung, welche die persönliche Würdigkeit mindert und im Interesse der Disziplin ein Verbleiben im Vorgesetztenverhältniß nicht zuläßt. Sie kann nur gegen Unteroffiziere, nicht aber gegen Ober-Gefreite und Gefreite verhängt, und es muß besonders darauf erkannt werden.

Nur Gefängniß von längerer als einjähriger Dauer, nicht auch Festungshaft zieht die Degradation nach sich. Die Anrechnung der Untersuchungshaft auf die Strafe ändert nichts, wenn nur die Strafe selbst auf mehr als 1 Jahr bemessen ist.

Die Versetzung in die 2. Klasse des Soldatenstandes und die Aberkennung der Fähigkeit zur Bekleidung öffentlicher Aemter muß im Erkenntniß ausgesprochen sein, um daneben die Degradation obligatorisch zu machen.

Durch Abs. 2 Ziff. 1 ist Gelegenheit geboten, Unteroffiziere, deren Autorität geschädigt ist, auch bei einjähriger und kürzerer Gefängnißstrafe aus dem Vorgesetztenverhältniß zu entfernen.

Der wiederholte Rückfall bezieht sich nur auf vorhergegangene Verurtheilungen wegen militärisch strafbarer Handlungen. Vgl. hierzu Anm. zu §. 13 d. G.

Zu Abs. 2 Ziff. 3 ist durch Erlaß des Pr.K.M. vom 20. Februar 1873 angeordnet, daß der Präses eines Kriegs- oder Standgerichts das Richterpersonal vor Abgabe des Spruches darauf hinweisen soll, daß bei den in Rede stehenden strafbaren Handlungen selbst unter strafmildernden Umständen aus dienstlichen Rücksichten auf Degradation zu erkennen sei. In gleichem Sinne sprechen sich die Rundschreiben des Pr.G.A. vom 2. Februar und vom 6. November 1874 aus.

Durch die A.K.O. vom 5. Oktober 1872 zu §. 172 der Preuß. M.St.G.O. vom 3. April 1845 ist dem bestätigenden Befehlshaber die Befugniß beigelegt, in den Fällen des §. 40 Abs. 2 Ziff. 1 und 2 die erkannte Degradation bei der Bestätigung wegzulassen.

Neben den im §. 40 generell aufgeführten Fällen ist die Degradation im Gesetz selbst speziell geboten in den §§. 75 und 122, zulässig in den §§. 114, 117, 119, 122.

Ueber die Vollstreckung der Strafe der Degradation bestimmt §. 26 der M.Strafvollstr.V., daß dieselbe ohne Förmlichkeiten vorzunehmen. Dem Verurtheilten wird gleich nach stattgehabter Publikation des Erkenntnisses der mit den Vorgesetzten-Abzeichen versehene Rock abgenommen und ihm der eines Gemeinen gegeben.

§. 41. Die Degradation hat den Rücktritt in den Stand der Gemeinen und den Verlust der durch den Dienst als Unteroffizier erworbenen Ansprüche, soweit dieselben durch Richterspruch aberkannt werden können, von Rechtswegen zur Folge.

Der degradirte Unteroffizier verliert die Versorgungsansprüche, welche er als Unteroffizier erworben, behält aber, falls nicht gleichzeitig auf Versetzung in die 2. Klasse des Soldatenstandes erkannt ist, diejenigen eines Gemeinen. Im Uebrigen vgl. Anm. zu §. 32 d. G.

Für den degradirten Unteroffizier ist ein neues Avancement nicht ausgeschlossen, wenn die Verurtheilung wegen eines militärischen nicht entehrenden Vergehens erfolgt ist.

§. 42. Wird gegen eine Person des Beurlaubtenstandes während der Beurlaubung auf Zuchthaus, auf Verlust der bürgerlichen Ehrenrechte oder auf Unfähigkeit zur Bekleidung öffentlicher Aemter erkannt, so treten diejenigen militärischen Ehrenstrafen, auf welche bei einer solchen Verurtheilung nach den Bestimmungen der §§. 30 bis 40 erkannt werden muß, von Rechtswegen ein.

Erfolgt die Verurtheilung einer Person des Beurlaubtenstandes während der Beurlaubung wegen einer strafbaren Handlung der im §. 37 Absatz 2 Nr. 2 bezeichneten Art, so kann ein besonderes Verfahren des Militärgerichts zur Entscheidung darüber angeordnet werden, ob auf Dienstentlassung oder auf Degradation zu erkennen ist.

Dieser Paragraph sieht den Fall vor, daß ein Offizier oder Unteroffizier des Beurlaubtenstandes während der Beurlaubung von einem Civilgerichte mit einer Strafe belegt wird, welche sein Verbleiben im Vorgesetztenverhältniß für den Fall seiner Einberufung zur Fahne ausschließt.

Ueber die Frage, welche Personen zum Beurlaubtenstande gehören, vgl. Anm. zu §. 6 d. G.

In den im Abs. 1 erwähnten Fällen treten die entsprechenden militärischen Ehrenstrafen und deren Folgen von Rechtswegen ein.

Abs. 2 setzt voraus, daß vom Civilgericht eine Verurtheilung erfolgt und nur auf die Hauptstrafe ohne Ehrenstrafe erkannt ist. In solchen Fällen tritt das vorgesehene besondere Verfahren des Militärgerichts ein, in welchem gegen Offiziere auf Dienstentlassung, gegen Unteroffiziere auf Degradation erkannt werden kann. Andere Ehrenstrafen, namentlich Entfernung aus dem Heer und Versetzung in die 2. Klasse des Soldatenstandes sind ausgeschlossen.

Darüber, welches Militärgericht den Spruch zu fällen hat, hat das Gesetz keine Bestimmung getroffen. Ueber Offiziere und Portepee-Unteroffiziere darf nur ein Kriegsgericht entscheiden, ebenso wenn die Hauptstrafe mehr als 6 Wochen beträgt. Im Uebrigen ist auch ein Standgericht zuständig.

Die Entscheidung darüber, ob das in Abs. 2 des §. 42 vorgesehene Verfahren eintreten soll, hat der Landwehrbezirks-Kommandeur, bezw. der Divisions-Kommandeur zu treffen.

Zweiter Abschnitt.

Strafen gegen Militärbeamte.

§. 43. Auf Amtsverlust kann gegen Militärbeamte erkannt werden:

1) neben Freiheitsstrafe von mehr als einjähriger Dauer;
2) wenn die Verurtheilung wegen einer strafbaren Handlung der in §. 37 Absatz 2 Nr. 2 bezeichneten Art erfolgt.

Die Militärbeamten unterliegen im Wesentlichen den Strafvorschriften des bürgerlichen Strafgesetzbuches und der 2. Abschnitt d. G. behandelt nur die hiervon abweichenden Bestimmungen. Außerdem sieht aber der §. 153 d. G. noch andere Ausnahmen für die Zeit des Krieges vor.

Welche Personen zu den Militärbeamten zu rechnen, ergiebt sich aus dem dem M.St.G.B. beigefügten Verzeichnisse der zum Deutschen Heer oder der Kaiserlichen Marine gehörenden Militärpersonen. Alle Beamten, welche nicht unter die dort unter B aufgeführte Kategorie fallen, sind Civilbeamte der Militärverwaltung und haben den Militärgerichtsstand nicht.

Der Amtsverlust tritt mit der Rechtskraft des Erkenntnisses ein, ist ein dauernder, schließt aber die Wiedererlangung eines öffentlichen Amtes nicht aus. Mit demselben wird das militärische Dienstverhältniß, unabhängig von den sonstigen persönlichen Eigenschaften des Verurtheilten gelöst.

§. 44. Der Arrest findet gegen obere Militärbeamte als Stubenarrest, gegen untere Militärbeamte als gelinder Arrest statt.

Auf geschärften Stubenarrest darf gegen obere Militärbeamte nicht erkannt werden, da diese Strafart nur speziell gegen Hauptleute, Rittmeister und Subaltern-Offiziere vorgesehen ist. §. 23 d. G. Den Unterschied zwischen oberen und unteren Militärbeamten bestimmt das dem Gesetze beigefügte Verzeichniß unter B Abs. 2.

§. 45. Die Vorschriften der §§. 14 und 15 finden auch auf Militärbeamte Anwendung.

Die hier in Bezug genommenen §§. 14 und 15 d. G. handeln von der Vollstreckung der Todes- und Freiheitsstrafen.

Dritter Abschnitt.

Versuch.

§. 46. Wenn neben der Strafe des vollendeten Verbrechens oder Vergehens militärische Ehrenstrafen (§. 30) zulässig oder geboten sind, so sind dieselben neben der Versuchsstrafe zulässig.

Beim Mangel besonderer Vorschriften über die Bestrafung des Versuchs bei militärischen strafbaren Handlungen müssen auf Grund des §. 2 d. G. die allgemeinen strafrechtlichen Bestimmungen über diese Materie zur Anwendung kommen. Es sind dies die §§. 43, 44, 46 R.St.G.B., während der §. 45 l. c. durch die Ausnahme-Bestimmung des §. 46 d. G. ersetzt ist.*) Darnach ist sowohl der Begriff einer Versuchshandlung derselbe, wie auch der Grund-

*) Die betreffenden Paragraphen des R.St.G.B. lauten:

Versuch.

§. 43. Wer den Entschluß, ein Verbrechen oder Vergehen zu verüben, durch Handlungen, welche einen Anfang der Ausführung dieses Verbrechens oder Vergehens enthalten, bethätigt hat, ist, wenn das beabsichtigte Verbrechen oder Vergehen nicht zur Vollendung gekommen ist, wegen Versuches zu bestrafen.

Der Versuch eines Vergehens wird jedoch nur in den Fällen bestraft, in welchen das Gesetz dies ausdrücklich bestimmt.

satz, daß der Versuch eines Verbrechens stets, der eines Vergehens aber nur dann zu bestrafen ist, wenn derselbe im Gesetz ausdrücklich als strafbar bezeichnet ist. Letzteres ist in dem Gesetz nur in 4 Fällen vorgesehen und zwar bei der Fahnenflucht §. 70, Verleitung dazu §. 78, Selbstbeschädigung §. 81, Unterdrückung einer Beschwerde §. 117. — Da, wo das Gesetz eine strafbare Handlung mit dem Ausdruck „Wer es unternimmt" (§§. 58 Nr. 8, 96, 102 106, 116) oder „sucht" (§. 117) kennzeichnet, handelt es sich nicht um Versuchs-, sondern um selbständige strafbare Handlungen, es sind daher auf sie die in den §§. 44, 46 R.St.G.B. aufgestellten Grundsätze nicht anwendbar. R.G.d.Pr.G.A. vom 27. November 1876. — Das R.St.G.B. kennt kein lebenslängliches Gefängniß, hat daher auch keine bezügliche Strafandrohung für den Versuch eines mit dieser Strafe bedrohten Verbrechens (§§. 95, 97, 100, 141 d. G.). In Ermangelung einer bezüglichen Vorschrift ist §. 44 Abs. 3 R.St.G.B. anzuwenden.

Der §. 46 d. G. gilt sowohl für militärische, wie für bürgerliche Strafthaten. Derselbe unterscheidet sich dadurch wesentlich von §. 45 des R.St.G.B., daß nach letzterem die beim vollendeten Verbrechen oder Vergehen gebotene Aberkennung der bürgerlichen Ehrenrechte auch beim Versuch geboten ist, während nach §. 46 d. G. die militärischen Ehrenstrafen bei letzterem nur zulässig sind.

---

§. 44. Das versuchte Verbrechen oder Vergehen ist milder zu bestrafen, als das vollendete.

Ist das vollendete Verbrechen mit dem Tode oder mit lebenslänglichem Zuchthaus bedroht, so tritt Zuchthausstrafe nicht unter drei Jahren ein, neben welcher auf Zulässigkeit von Polizei-Aufsicht erkannt werden kann.

Ist das vollendete Verbrechen mit lebenslänglicher Festungshaft bedroht, so tritt Festungshaft nicht unter drei Jahren ein.

In den übrigen Fällen kann die Strafe bis auf ein Viertheil des Mindestbetrages der auf das vollendete Verbrechen oder Vergehen angedrohten Freiheits- und Geldstrafe ermäßigt werden. Ist hiernach Zuchthausstrafe unter einem Jahre verwirkt, so ist dieselbe nach Maßgabe des § 21 in Gefängniß zu verwandeln.

Vierter Abschnitt.

Theilnahme.

§. 47. Wird durch die Ausführung eines Befehls in Dienstsachen ein Strafgesetz verletzt, so ist dafür der befehlende Vorgesetzte allein verantwortlich. Es trifft jedoch den gehorchenden Untergebenen die Strafe des Theilnehmers:

1) wenn er den ihm ertheilten Befehl überschritten hat, oder

2) wenn ihm bekannt gewesen, daß der Befehl des Vorgesetzten eine Handlung betraf, welche ein bürgerliches oder militärisches Verbrechen oder Vergehen bezweckte.

Für die Beurtheilung der Theilnahme an militärischen strafbaren Handlungen sind die Vorschriften des R.St.G.B. (§§. 47, 48, 49, 49a, 50**) mit der im § 47 d. G. vorgesehenen Ausnahme maßgebend.

---

§. 46. Der Versuch als solcher bleibt straflos, wenn der Thäter

1) die Ausführung der beabsichtigten Handlung aufgegeben hat, ohne daß er an dieser Ausführung durch Umstände gehindert worden ist, welche von seinem Willen unabhängig waren, oder

2) zu einer Zeit, zu welcher die Handlung noch nicht entdeckt war, den Eintritt des zur Vollendung des Verbrechens oder Vergehens gehörigen Erfolges durch eigene Thätigkeit abgewendet hat.

**) Dieselben lauten:

Theilnahme.

§. 47. Wenn Mehrere eine strafbare Handlung gemeinschaftlich ausführen, so wird Jeder als Thäter bestraft.

Zu den Theilnehmern an einer strafbaren Handlung gehören die Mitthäter, Anstifter und Gehülfen, aber nicht die Hehler und Begünstiger. — Nach §. 49 Abs. 1 R.St.G.B. soll der Gehülfe

---

§. 48. Als Anstifter wird bestraft, wer einen Anderen zu der von demselben begangenen strafbaren Handlung durch Geschenke oder Versprechen, durch Drohung, durch Mißbrauch des Ansehens oder der Gewalt, durch absichtliche Herbeiführung oder Beförderung eines Irrthums oder durch andere Mittel vorsätzlich bestimmt hat.

Die Strafe des Anstifters ist nach demjenigen Gesetze festzusetzen, welches auf die Handlung Anwendung findet, zu welcher er wissentlich angestiftet hat.

§. 49. Als Gehülfe wird bestraft, wer dem Thäter zur Begehung des Verbrechens oder Vergehens durch Rath oder That wissentlich Hülfe geleistet hat.

Die Strafe des Gehülfen ist nach demjenigen Gesetze festzusetzen, welches auf die Handlung Anwendung findet, zu welcher er wissentlich Hülfe geleistet hat, jedoch nach den über die Bestrafung des Versuches aufgestellten Grundsätzen zu ermäßigen.

§. 49 a. Wer einen Anderen zur Begehung eines Verbrechens oder zur Theilnahme an einem Verbrechen auffordert, oder wer eine solche Aufforderung annimmt, wird, soweit nicht das Gesetz eine andere Strafe androht, wenn das Verbrechen mit dem Tode oder mit lebenslänglicher Zuchthausstrafe bedroht ist, mit Gefängniß nicht unter drei Monaten, wenn das Verbrechen mit einer geringeren Strafe bedroht ist, mit Gefängniß bis zu zwei Jahren oder mit Festungshaft von gleicher Dauer bestraft.

Die gleiche Strafe trifft denjenigen, welcher sich zur Begehung eines Verbrechens oder zur Theilnahme an einem Verbrechen erbietet, sowie denjenigen, welcher ein solches Erbieten annimmt.

Es wird jedoch das lediglich mündlich ausgedrückte Auffordern oder Erbieten, sowie die Annahme eines solchen nur dann bestraft, wenn die Aufforderung oder das Erbieten an die Gewährung von Vortheilen irgend welcher Art geknüpft worden ist.

Neben der Gefängnißstrafe kann auf Verlust der bürgerlichen Ehrenrechte und auf Zulässigkeit von Polizei-Aufsicht erkannt werden.

nach den über die Bestrafung des Versuchs (§. 44 R.St.G.B.) aufgestellten Grundsätzen bestraft werden. Ist nun im M.St.G.B. eine Handlung mit Gefängniß oder Festungshaft ohne Strafminimum bedroht, so entsteht die Frage, wie der Gehülfe zu strafen, wenn der Thäter mit der niedrigsten Strafe belegt ist, da auf militärisches Gefängniß und Festungshaft nicht unter 43 Tagen erkannt werden darf, der Gehülfe aber milder bestraft werden soll. In diesem Falle muß das Gesetz zu Gunsten des zu Bestrafenden interpretirt, von der vorgeschriebenen Strafart abgegangen und auf eine dem Range desselben entsprechende Arrestart erkannt werden.

Der §. 47 d. G. verdankt seine Entstehung der für eine jede Armee nothwendigen Voraussetzung, daß der Untergebene den Befehlen des Vorgesetzten unbedingt gehorchen muß und sich jeder Kritik über die Rechtmäßigkeit und die Folgen der Ausführung zu enthalten hat. Die Konsequenzen dieser Voraussetzung sind jedoch durch Ziff. 2 zu Gunsten der Aufrechterhaltung allgemeiner Strafrechtsprinzipien beeinträchtigt.

„Befehl in Dienstsachen" ist der mündlich oder schriftlich ertheilte Befehl eines dienstlich Vorgesetzten, welcher die Ausführung oder Unterlassung einer bestimmten Diensthandlung bezweckt, oder der auf allgemeinen dienstlichen Anordnungen und Instruktionen beruht (Pr.G.A. vom 20. Januar 1887), im Gegensatz zum Dienstbefehl, unter welchen Begriff jeder andere Befehl eines militärischen Vorgesetzten fällt, der in Beziehung zu dem militärischen Dienst steht.

„Vorgesetzter" im Sinne d. G. ist Jeder, der nach allgemein gültigen Bestimmungen oder unter bestimmten Voraussetzungen Befehle zu geben befugt ist.

---

§. 50. Wenn das Gesetz die Strafbarkeit einer Handlung nach den persönlichen Eigenschaften oder Verhältnissen desjenigen, welcher dieselbe begangen hat, erhöht oder vermindert, so sind diese besonderen Thatumstände dem Thäter oder demjenigen Theilnehmer (Mitthäter, Anstifter, Gehülfe) zuzurechnen, bei welchem sie vorliegen.

Für die Anwendbarkeit der Ziff. 2 bedarf es der thatsächlichen Feststellung, daß dem Thäter bekannt gewesen, daß der Befehl des Vorgesetzten ein militärisches oder bürgerliches Verbrechen oder Vergehen bezweckte. — Die Vorschrift findet auf Uebertretungen keine Anwendung und bleibt für diese der befehlende Vorgesetzte allein verantwortlich.

Die Theilnahme des Untergebenen trägt im Falle des §. 47 d. G. den Charakter der Beihülfe, wenn derselbe lediglich in Ausführung des Befehls gehandelt und nur als Werkzeug zu betrachten ist; dagegen wird sie zur Mitthäterschaft, wenn sie, obwohl durch den Befehl des Vorgesetzten veranlaßt, doch zugleich als selbstgewollte Handlung des Untergebenen anzusehen ist. In solchen Fällen trifft letzteren z. B. nicht die Strafe aus §§. 122, 123 ff. d. G., sondern nur die aus §§. 223 ff. R.St.G.B., weil bei ihm die straferhöhende Vorgesetzten-Eigenschaft fortfällt, und kann eine strafrechtliche Verfolgung desselben nur eintreten, wenn der nach §. 232 R.St.G.B. erforderliche Strafantrag gestellt worden ist. R.E. des Pr.G.A. vom 12. Januar 1886 Ziff. 1.

Fünfter Abschnitt.

Gründe, welche die Strafe ausschließen, mildern oder erhöhen.

§. 48. Die Strafbarkeit einer Handlung oder Unterlassung ist dadurch nicht ausgeschlossen, daß der Thäter nach seinem Gewissen oder den Vorschriften seiner Religion sein Verhalten für geboten erachtet hat.

Nach §. 2 d. G. finden die im ersten Theil Abschn. 4 und 5 des R.St.G.B. enthaltenen Vorschriften über die Gründe, welche die Strafe ausschließen oder mildern, sowie über das Zusammentreffen mehrerer strafbarer Handlungen auch auf militärische Delikte soweit Anwendung, als nicht im 5. Abschnitt d. M.St.G.B. (§§. 49 bis 55) Ausnahmen vorgesehen sind.

§. 49. **Die Verletzung einer Dienstpflicht aus Furcht vor persönlicher Gefahr ist ebenso zu bestrafen, wie die Verletzung der Dienstpflicht aus Vorsatz.**

Bei strafbaren Handlungen gegen die Pflichten der militärischen Unterordnung, sowie bei allen in Ausübung des Dienstes begangenen strafbaren Handlungen bildet die selbstverschuldete Trunkenheit des Thäters keinen Strafmilderungsgrund.

Die Pflicht des Gehorsams geht beim Soldaten bis zur Aufopferung des Lebens, es darf daher der sonst so menschliche Trieb der Selbsterhaltung nicht zur Geltung kommen; in diesem Sinne ist die Verletzung einer militärischen Dienstpflicht aus Furcht vor persönlicher Gefahr der vorsätzlichen gleichgestellt.

Strafvorschriften, welche auf Abs. 1 des §. 49 Bezug haben, sind in den §§. 84 bis 88 d. G. vorgesehen.

Unter „Dienstpflicht" ist jede Handlung oder Unterlassung zu verstehen, welche auf Grund von Befehlen, Instruktionen oder sonstigen allgemeinen bezw. speziellen Vorschriften zum Zwecke der Erfüllung der militärischen Aufgaben erfordert wird.

Daß Trunkenheit *kein* Strafmilderungsgrund sein soll, bezieht sich nur auf diejenigen Fälle, in denen das Gesetz für „minder schwere Fälle" eine mildere Strafe festsetzt. Dagegen ist es nicht verboten, im Allgemeinen Trunkenheit als Strafzumessungsgrund (erhöhend oder mildernd) zu berücksichtigen und deshalb innerhalb des ordentlichen Strafrahmens *geeignetenfalls* das niedrigste Strafmaß zu wählen. — *Sinnlose* Trunkenheit begründet Unzurechnungsfähigkeit und ist ein Strafausschließungsgrund. — Selbstverschuldet ist die Trunkenheit, wenn sie sich als Folge einer vorhergegangenen entsprechenden, aus freiem Willen hervorgegangenen Handlung (Genuß berauschender Getränke), wie sie naturgemäß vorausgesehen werden konnte, darstellt. War die Trunkenheit durch einen dem Thäter nicht bekannten Umstand herbeigeführt, so ist sie unverschuldet und der Abs. 2 des §. 49 findet keine Anwendung.

Wegen Bestrafung der Trunkenheit als selbstständiges Vergehen vgl. §. 151 d. G.

Der Begriff „in Ausübung des Dienstes" ist nicht gleichbedeutend mit „im Dienst". Der Soldat auf Wache befindet sich im Dienst, er übt den Dienst aber erst aus, wenn er auf Posten gezogen ist.

§. 50. Bei Bestrafung militärischer Verbrechen oder Vergehen ist die Erkennung der angedrohten Strafe unabhängig von dem Alter des Thäters.

Nach §. 10 des R.G. betr. die Verpflichtung zum Kriegsdienst vom 9. November 1867 giebt das vollendete 17. Lebensjahr die Reife zum Militärdienst. Das Alter unter 18 Jahren bildet deshalb nicht, wie in §§. 56, 57 R.St.G.B., einen Strafausschließungs- oder Milderungsgrund. Dies gilt jedoch nur für militärische Vergehen und Verbrechen, so daß ein Soldat unter 18 Jahren bei strafbaren Handlungen des bürgerlichen St.G.B. nach den cit. §§. 56, 57 R.St.G.B. zu beurtheilen ist und diese Scheidung auch bei der Konkurrenz gemeiner und militärischer Strafthaten aufrechterhalten werden muß.

Als Thäter gelten hier auch Anstifter und Theilnehmer (Gehülfen).

§. 51. Die Verfolgung eines militärischen Verbrechens oder Vergehens ist unabhängig von dem Antrage des Verletzten oder einer anderen zum Antrage berechtigten Person.

Die militärischen Verbrechen oder Vergehen werden ohne Antrag bestraft und bezieht sich dies auch auf die sogenannten militärisch qualifizirten, wie Beleidigung von Vorgesetzten und Untergebenen §§. 91, 121, Mißhandlung Untergebener §. 122, Selbstbeschädigung §. 137, Kameradendiebstahl und Unterschlagung §. 138 d. G. Wenn sich bei letzteren im Laufe der Untersuchung herausstellt, daß die militärische Qualifikation nicht vorliegt und ein Strafantrag nicht gestellt war, so wird das Verfahren eingestellt, sobald die förmliche Untersuchung noch nicht eröffnet ist. War diese jedoch schon eingeleitet, so darf nicht auf Freisprechung erkannt, sondern es muß der Angeschuldigte für „nicht verfolgbar" erachtet werden. — Strafbare Handlungen des bürgerlichen Strafrechts, welche nur auf Antrag verfolgt werden, erfordern auch Militärpersonen gegenüber einen Strafantrag. Daß letzterer von den Militär-Gerichten oder -Behörden provozirt wird, ist nicht erforderlich.

Die Entwendung von Nahrungs- oder Genußmitteln, strafbar nach §. 370 Nr. 5 R.St.G.B., bleibt eine Uebertretung des bürgerlichen Strafrechts, auch wenn sie gegen einen Kameraden oder Vorgesetzten verübt worden, und darf daher nie ohne Antrag gerichtlich verfolgt werden.

Vgl. hierzu auch §. 127 d. G., nach welchem im Felde auch die dort vorgesehenen strafbaren Handlungen ohne Antrag verfolgt und bestraft werden.

§. 52. Bei Berechnung der Verjährungsfrist einer Strafverfolgung oder Strafvollstreckung ist der Arrest der Haft gleich zu achten.

Die Vorschriften über Verjährung der Strafverfolgung und Strafvollstreckung des R.St G.B. (§§. 66—72)*) finden, soweit nicht

---

*) Diese Vorschriften des R.St.G.B. lauten:

§. 66. Durch Verjährung wird die Strafverfolgung und die Strafvollstreckung ausgeschlossen.

§. 67. Die Strafverfolgung von Verbrechen verjährt,
- wenn sie mit dem Tode oder mit lebenslänglichem Zuchthaus bedroht sind, in zwanzig Jahren;
- wenn sie im Höchstbetrage mit einer Freiheitsstrafe von einer längeren als zehnjährigen Dauer bedroht sind, in funfzehn Jahren;
- wenn sie mit einer geringeren Freiheitsstrafe bedroht sind, in zehn Jahren.

Die Strafverfolgung von Vergehen, die im Höchstbetrage mit einer längeren als dreimonatlichen Gefängnißstrafe bedroht sind verjährt in fünf Jahren, von anderen Vergehen in drei Jahren.

besondere Ausnahmen vorgesehen sind (wie in §. 76 d. G.) auf die militärischen Strafthaten unverändert Anwendung. Da der Arrest als spezielle militärische Strafart dem R.St.G.B. fremd ist, mußte

---

Die Strafverfolgung von Uebertretungen verjährt in drei Monaten.

Die Verjährung beginnt mit dem Tage, an welchem die Handlung begangen ist, ohne Rücksicht auf den Zeitpunkt des eingetretenen Erfolges.

§. 68. Jede Handlung des Richters, welche wegen der begangenen That gegen den Thäter gerichtet ist, unterbricht die Verjährung.

Die Unterbrechung findet nur rücksichtlich desjenigen statt, auf welchen die Handlung sich bezieht.

Nach der Unterbrechung beginnt eine neue Verjährung.

§. 69. Ist der Beginn oder die Fortsetzung eines Strafverfahrens von einer Vorfrage abhängig, deren Entscheidung in einem anderen Verfahren erfolgen muß, so ruht die Verjährung bis zu dessen Beendigung.

§. 70. Die Vollstreckung rechtskräftig erkannter Strafen verjährt, wenn

1) auf Tod oder auf lebenslängliches Zuchthaus oder auf lebenslängliche Festungshaft erkannt ist, in dreißig Jahren;
2) auf Zuchthaus oder Festungshaft von mehr als zehn Jahren erkannt ist, in zwanzig Jahren;
3) auf Zuchthaus bis zu zehn Jahren oder auf Festungshaft von fünf bis zu zehn Jahren oder Gefängniß von mehr als fünf Jahren erkannt ist, in funfzehn Jahren;
4) auf Festungshaft oder Gefängniß von zwei bis zu fünf Jahren oder auf Geldstrafe von mehr als sechstausend Mark erkannt ist, in zehn Jahren;
5) auf Festungshaft oder Gefängniß bis zu zwei Jahren oder auf Geldstrafe von mehr als einhundertfunfzig bis zu sechstausend Mark erkannt ist, in fünf Jahren;
6) auf Haft oder auf Geldstrafe bis zu einhundertfunfzig Mark erkannt ist, in zwei Jahren.

dieserhalb besondere Bestimmung getroffen werden und ist die Verjährung der Strafverfolgung und Strafvollstreckung der mit Arrest bedrohten bezw. bestraften Handlungen der Haft gleich gestellt. Dabei ist wohl an eine kürzere Verjährungsfrist, nicht aber an eine Durchbrechung des Grundsatzes über Verjährung der Strafverfolgung und Strafvollstreckung von Vergehen gedacht worden, da das M.St.G.B. Uebertretungen nicht kennt. Der §. 52 ist dahin aufzufassen, daß die Strafverfolgung der lediglich mit Arrest bedrohten militärischen Vergehen gemäß Schlußpassus im Abs. 2 §. 67 R.St.G.B. in 3 Jahren, die Strafvollstreckung aller mit Arrest bestraften Vergehen nach §. 70 Ziff. 6 a. a. O. in 2 Jahren verjährt. Entsch. d. Pr.G.A. vom 4. Juli 1882.

Mit der Verjährung einer erkannten Hauptstrafe verjähren nicht gleichzeitig die Neben- (Ehren-) Strafen. Ist daher neben einer Arreststrafe z. B. auf Versetzung in die 2. Kl. des Soldatenstandes erkannt und erstere vor der Vollstreckung verjährt, so bleibt die Ehrenstrafe bestehen und kann erst durch Rehabilitirung aufgehoben werden.

§. 53. Wo dieses Gesetz eine erhöhte Freiheitsstrafe androht, kann dieselbe das Doppelte der für das betreffende Verbrechen oder Vergehen angedrohten Freiheitsstrafe erreichen; sie darf jedoch den gesetzlich zulässigen

---

Die Verjährung beginnt mit dem Tage, an welchem das Urtheil rechtskräftig geworden ist.

§. 71. Die Vollstreckung einer wegen derselben Handlung neben einer Freiheitsstrafe erkannten Geldstrafe verjährt nicht früher, als die Vollstreckung der Freiheitsstrafe.

§. 72. Jede auf Vollstreckung der Strafe gerichtete Handlung derjenigen Behörde, welcher die Vollstreckung obliegt, sowie die zum Zwecke der Vollstreckung erfolgende Festnahme des Verurtheilten unterbricht die Verjährung.

Nach der Unterbrechung der Vollstreckung der Strafe beginnt eine neue Verjährung.

Höchstbetrag der zu verhängenden Strafart nicht übersteigen (§§. 16, 17, 24).

Die Vorschrift des §. 53 findet auf militärische und gemeine Verbrechen und Vergehen, nicht aber auf Uebertretungen Anwendung. Die Straferhöhung kann das Doppelte der speziell im Gesetz angedrohten — nicht der verwirkten — Strafe erreichen, darf aber den Höchstbetrag der vorgesehenen Strafart niemals übersteigen, also bei Zuchthaus, Festungshaft und militärischem Gefängniß nicht über 15 Jahre, bei Gefängniß des R.St.G.B. nicht über 5 Jahre und bei Arrest nicht über 6 beziehungsweise (strengen Arrest) 4 Wochen hinausgehen.

Ist im Gesetz eine erhöhte Freiheitsstrafe angedroht, so muß das niedrigste gesetzliche Strafmaß überschritten werden; die Erhöhung auf das Doppelte ist nur zulässig, aber nicht geboten.

Ist nach den Vorschriften des M.St.G.B. auf eine erhöhte Strafe zu erkennen, so muß das angedrohte Strafminium auch dann überschritten werden, wenn ein minder schwerer Fall angenommen ist. R.S.d.Pr.G.A. vom 6. November 1874 Ziff. 4.

§. 54. Wenn mehrere zeitige Freiheitsstrafen zusammentreffen, so ist auf eine Gesammtstrafe nach den Vorschriften des Deutschen Strafgesetzbuches zu erkennen. Dieselbe darf in keinem Falle den gesetzlich zulässigen Höchstbetrag der zu verhängenden Strafart übersteigen. Ist die Gesammtstrafe wegen Zusammentreffens militärischer Verbrechen und Vergehen mit bürgerlichen Verbrechen und Vergehen zu erkennen, so ist der Höchstbetrag der Strafe wegen letzterer durch die Vorschriften des Deutschen Strafgesetzbuches bestimmt.

Bestehen die zusammentreffenden Freiheitsstrafen nur in Arreststrafen, so darf auch die Gesammtstrafe nur in Arrest bestehen. Sind die Arreststrafen ungleichartige, so gilt Ein Tag strengen Arrestes gleich zwei Tagen mittleren Arrestes, Ein Tag mittleren Arrestes gleich zwei Tagen gelinden Arrestes.

Die Verurtheilung zu einer Gesammtstrafe schließt die Verurtheilung zu einer Ehrenstrafe nicht aus, wenn diese auch nur neben einer der verwirkten Einzelstrafen zulässig oder geboten ist.

Der §. 54 bezieht sich nur auf Fälle der realen Konkurrenz (§. 74 R.St.G.B.); für solche der idealen Konkurrenz bleibt §. 73 R.St.G.B. maßgebend.

Nach den Beschlüssen des Pr.G.A. vom 28. März 1873 Nr. 8 und vom 6. November 1874 Ziff. 4 bezieht sich §. 54 d. G. nicht auf die Haft und ist auf diese Strafe gesondert zu erkennen. Dasselbe wird gemäß §. 75*) R.St.G.B. geschehen müssen, wenn Festungshaft nur mit Gefängniß zusammentrifft.

---

*) Die betreffenden Paragraphen des R.St.G.B. lauten:

Zusammentreffen mehrerer strafbarer Handlungen.

§. 73. Wenn eine und dieselbe Handlung mehrere Strafgesetze verletzt, so kommt nur dasjenige Gesetz, welches die schwerste Strafe, und bei ungleichen Strafarten dasjenige Gesetz, welches die schwerste Strafart androht, zur Anwendung.

§. 74. Gegen denjenigen, welcher durch mehrere selbstständige Handlungen mehrere Verbrechen oder Vergehen, oder dasselbe Verbrechen oder Vergehen mehrmals begangen und dadurch mehrere zeitige Freiheitsstrafen verwirkt hat, ist auf eine Gesammtstrafe zu erkennen, welche in einer Erhöhung der verwirkten schwersten Strafe besteht.

Bei dem Zusammentreffen ungleichartiger Freiheitsstrafen tritt diese Erhöhung bei der ihrer Art nach schwersten Strafe ein.

Das Maß der Gesammtstrafe darf den Betrag der verwirkten Einzelstrafen nicht erreichen und funfzehnjähriges Zuchthaus, zehnjähriges Gefängniß oder funfzehnjährige Festungshaft nicht übersteigen.

Abs. 2 schreibt vor, daß wenn die erkannten Einzelstrafen in Arrest bestehen, auch als Gesammtstrafe nur Arrest verhängt werden darf. Die Wahl einer anderen Strafart, wie z. B. Gefängniß, ist dabei ausgeschlossen, ebenso eine Erhöhung des Arrestes über die im Gesetz für die einzelne Arrestart vorgesehene Dauer. — Das R.St.G.B. kennt den Arrest nicht und entbehrt daher einer Vor-

---

§. 75. Trifft Festungshaft nur mit Gefängniß zusammen, so ist auf jede dieser Strafarten gesondert zu erkennen.

Ist Festungshaft oder Gefängniß mehrfach verwirkt, so ist hinsichtlich der mehreren Strafen gleicher Art so zu verfahren, als wenn dieselben allein verwirkt wären.

Die Gesammtdauer der Strafen darf in diesen Fällen funfzehn Jahre nicht übersteigen.

§. 76. Die Verurtheilung zu einer Gesammtstrafe schließt die Aberkennung der bürgerlichen Ehrenrechte nicht aus, wenn diese auch nur neben einer der verwirkten Einzelstrafen zulässig oder geboten ist.

Ingleichen kann neben der Gesammtstrafe auf Zulässigkeit von Polizei-Aufsicht erkannt werden, wenn dieses auch nur wegen einer der mehreren strafbaren Handlungen statthaft ist.

§. 77. Trifft Haft mit einer anderen Freiheitsstrafe zusammen, so ist auf die erstere gesondert zu erkennen.

Auf eine mehrfach verwirkte Haft ist ihrem Gesammtbetrage nach, jedoch nicht über die Dauer von drei Monaten zu erkennen.

§. 78. Auf Geldstrafen, welche wegen mehrerer strafbarer Handlungen allein oder neben einer Freiheitsstrafe verwirkt sind ist ihrem vollen Betrage nach zu erkennen.

Bei Umwandlung mehrerer Geldstrafen ist der Höchstbetrag der an die Stelle derselben tretenden Freiheitsstrafe zwei Jahre Gefängniß und, wenn die mehreren Geldstrafen nur wegen Uebertretungen erkannt worden sind, drei Monate Haft.

§. 79. Die Vorschriften der §§. 74 bis 78 finden auch Anwendung, wenn, bevor eine erkannte Strafe verbüßt, verjährt oder erlassen ist, die Verurtheilung wegen einer strafbaren Handlung erfolgt, welche vor der früheren Verurtheilung begangen war.

schrift für das Zusammentreffen dieser Strafart mit anderen Freiheitsstrafen. Eine bezügliche Vorschrift ist auch im M.St.G.B. nicht vorgesehen. Nach Beschluß 8 des Pr.G.A. vom 28. März 1873 sollen mittlerer und strenger Arrest dem Gefängniß gleich zu achten sein, und beim Zusammentreffen der gedachten Arrestarten mit Gefängniß unter 6 Wochen sei zu prüfen, ob nicht ein militärisches Vergehen das überwiegende und deshalb bei der dieserhalb verwirkten Arreststrafe die Straferhöhung zu veranlassen sei.

Abs. 3 entspricht dem §. 76 R.St.G.B. und gilt sowohl für die militärischen wie für die bürgerlichen Ehrenstrafen. Die Vorbedingungen für die Verhängung der Ehrenstrafen müssen bei den Einzelstrafen vorliegen, so daß z. B. der Verlust der bürgerlichen Ehrenrechte neben Gefängnißstrafe nur dann ausgesprochen werden darf, wenn diese als Einzelstrafe von mindestens 3 Monaten verhängt ist, §. 32 R.St.G.B.

Wird in einem Straferkenntniß über mehrere Strafthaten gleichzeitig entschieden, so muß im entscheidenden Theil (Straftenor) jede strafbare Einzelhandlung speziell aufgeführt werden (z. B. wegen zweier einfacher Diebstähle und wegen Unterschlagung rc.); in den Gründen des Erkenntnisses ist dann die Theilstrafe für jede Einzelhandlung einschließlich der etwaigen Ehrenstrafe hervorzuheben. Es ist dies erforderlich, um erkennen zu lassen, ob der §. 74 des R.St.G.B. richtig angewendet ist und etwaige Ehrenstrafen gesetzlich gerechtfertigt sind, ferner, weil die Einzelstrafen maßgebend werden bei gnadenweisem Erlaß einzelner Strafen und bei einer Amnestie.

§. 55. Auf erhöhte Strafe (§. 53) ist, sofern in diesem Gesetze nicht besondere Bestimmungen getroffen sind, zu erkennen:

1) gegen Vorgesetzte, welche gemeinschaftlich mit Untergebenen eine strafbare Handlung ausführen oder sich sonst an einer strafbaren Handlung Untergebener betheiligen;

2) wenn strafbare Handlungen unter Mißbrauch der Waffen oder der dienstlichen Befugnisse oder während der Ausübung des Dienstes ausgeführt werden;

3) wenn Mehrere unter Zusammenrottung oder vor einer Menschenmenge strafbare Handlungen gemeinschaftlich ausführen.

Der §. 55 findet auf militärische wie auf bürgerliche strafbare Handlungen Anwendung; derselbe ist jedoch überall da nicht anwendbar, wo die spezielle Strafvorschrift einen der hier aufgeführten erschwerenden Umstände als Thatbestand einer besonderen Strafhandlung aufführt, oder beim Vorhandensein einer der in Ziff. 1—3 vorgesehenen Strafzumessungsgründe selbst eine erhöhte Strafe vorsieht. — Die Straferhöhung muß auch dann eintreten, wenn ein minder schwerer Fall für vorliegend erachtet wird. R.S. des Pr.G.A. vom 6. November 1874 Nr. 4.

Zu Ziff. 1. Ueber den Begriff „Vorgesetzter" vgl. Anm. zu §. 47 d. G. Sind mehrere Vorgesetzte betheiligt, so trifft jeden derselben die Straferhöhung.

Zu Ziff. 2. Unter „Waffen" sind diejenigen Dienstwaffen zu verstehen, welche der Soldat im Dienst und außer Dienst zu tragen verpflichtet oder berechtigt ist. Es gehören daher andere Waffen, wie Messer, Dolche u. s. w., wie solche im §. 223a R.St.G.B. vorgesehen sind, nicht hierher. R.S.d.Pr.G.A. vom 9. Januar 1891.

Ein Mißbrauch der Waffe liegt vor, wenn dieselbe der Natur ihres Zweckes entsprechend, gegen Personen oder zu Zwecken, für welche sie nicht bestimmt sind, gegen Personen oder Sachen zur Anwendung gebracht werden, z. B. Schlagen mit der flachen Klinge, oder dem Säbel in der Scheide, Stoßen mit dem Gewehr u. s. w.

Mißbrauch der dienstlichen Befugnisse ist als vorliegend zu erachten, wenn diese Befugnisse zur Ungebühr angewendet oder vorsätzlich unterlassen werden.

Die „Ausübung des Dienstes" begreift die Erfüllung einer speziellen Dienstleistung. Der Begriff ist nicht identisch mit „im

Dienst". Der Soldat auf Wache befindet sich „im Dienst", der Soldat auf Posten in „Ausübung des Dienstes".

Zu Ziff. 3. Mehrere sind hier schon 2 Personen des Soldatenstandes. — Man versteht unter „Zusammenrotten" ein Zusammentreten von mehr als 2 Personen zu gemeinschaftlichem unerlaubten Handeln; vergl. Note zu §. 106 d. G. Ob der Begriff „Menschenmenge" im Einzelfalle als vorliegend zu erachten, ist Sache der thatsächlichen Feststellung.

Zweiter Theil.

Von den einzelnen Verbrechen und Vergehen und deren Bestrafung.

Erster Titel.

Militärische Verbrechen und Vergehen der Personen des Soldatenstandes.

Erster Abschnitt.

Hochverrath, Landesverrath, Kriegsverrath.

§. 56. Auf eine Person des Soldatenstandes, welche sich eines Hochverraths oder eines Landesverraths schuldig macht, finden die Vorschriften des Deutschen Strafgesetzbuches (§§. 80—93) Anwendung.

Nach Vorschrift des §. 56 werden Personen des Soldatenstandes, wenn sie Hochverrath und im Frieden Landesverrath verüben, nach dem bürgerlichen Strafgesetzbuch bestraft. Von den angezogenen §§. 80—93 R.St.G.B handeln die §§. 80—86 vom Hochverrath, die §§. 87—93 vom Landesverrath. Landesverrath im Felde wird zum Kriegsverrath und finden auf diesen §§. 57 ff. d. G. Anwendung.

Werden in einer Untersuchung wegen Landesverraths Gutachten einer Behörde oder einer Privatperson erforderlich, so sind diese von den Militärgerichten stets durch Vermittelung des Kriegs-Ministeriums einzuholen. R.S.d.Pr.G.A. vom 24. November 1885.

Den Vorschriften dieses Abschnittes (sowie der beiden folgenden) sind auch die Militärbeamten und das Gefolge des kriegführenden Heeres unterworfen. §§. 153, 155—157 d. G.

§. 57. Wer im Felde einen Landesverrath begeht, wird wegen Kriegsverraths mit Zuchthaus nicht unter zehn Jahren oder mit lebenslänglichem Zuchthaus bestraft.

Ueber den Begriff des Landesverraths vgl. die §§. 87—90 und 92 R.St.G.B. Zu „im Felde“ siehe §. 9 d. G.

Nur der im Felde begangene Landesverrath wird „Kriegsverrath“; auf den Hochverrath bezieht sich §. 57 nicht.

§. 58. Wegen Kriegsverraths (§. 57) wird mit dem Tode bestraft, wer mit dem Vorsatze, einer feindlichen Macht Vorschub zu leisten oder den deutschen oder verbündeten Truppen Nachtheil zuzufügen,

1) eine der im §. 90 des Deutschen Strafgesetzbuches bezeichneten strafbaren Handlungen begeht,
2) Wege oder Telegraphenanstalten zerstört oder unbrauchbar macht,
3) das Geheimniß des Postens, das Feldgeschrei oder die Losung verräth,
4) vor dem Feinde Meldungen oder dienstliche Mittheilungen falsch macht, oder richtige zu machen unterläßt,
5) dem Feinde als Wegweiser zu einer militärischen Unternehmung gegen deutsche oder verbündete

Truppen dient, oder als Wegweiser kriegführende deutsche oder verbündete Truppen irre leitet,

6) vor dem Feinde, in einer Weise, welche geeignet ist, die Truppen zu beunruhigen oder irre zu leiten, militärische Signale oder andere Zeichen gibt, zur Flucht auffordert oder das Sammeln zerstreuter Mannschaften verhindert,

7) einen Dienstbefehl ganz oder theilweise unausgeführt läßt oder eigenmächtig abändert,

8) es unternimmt, mit Personen im feindlichen Heer, in der feindlichen Marine oder im feindlichen Lande über Dinge, welche die Kriegführung betreffen, mündlich oder schriftlich Verkehr zu pflegen oder einen solchen Verkehr zu vermitteln,

9) feindliche Aufrufe oder Bekanntmachungen im Heer verbreitet,

10) die pflichtmäßige Fürsorge für die Verpflegung der Truppen unterläßt,

11) feindliche Kriegsgefangene freiläßt, oder

12) dem Feinde ein Signalbuch oder einen Auszug aus einem solchen mittheilt.

In minder schweren Fällen tritt Zuchthaus nicht unter zehn Jahren oder lebenslängliches Zuchthaus ein.

Die Bezugnahme auf §. 57 deutet an, daß die hier vorgesehenen Strafthaten nur im Felde (§. 9 b. G.) begangen werden können. Die Todesstrafe gilt auch nur dann angedroht, wenn die betreffenden Handlungen mit dem im Abs. 1 angeführten Vorsatz verübt sind. Zur Anwendbarkeit der Ziff. 1—8 genügt die Vornahme der äußeren Handlung in dem Bewußtsein den Feinden zu nützen oder den eigenen resp. verbündeten Truppen zu schaden. Daß einer dieser Zwecke wirklich erreicht worden, ist nicht erforderlich.

Unter „feindlicher Macht“ sind nicht blos militärische Streitkräfte einschließlich der Freischaaren, sondern auch Behörden des Feindes zu verstehen. — Vorschub leisten ist jede Förderung der feindlichen Pläne und Zwecke. — Der Nachtheil braucht die deutschen oder verbündeten Truppen nicht direkt zu treffen, auch eine indirekte Schädigung bildet den Thatbestand des Verbrechens. Der Ausdruck „Truppen“ ist hier nicht in dem engeren Sinne einer größeren organisirten Streitmacht aufzufassen, derselbe umfaßt vielmehr auch Behörden und Angehörige des deutschen und verbündeten Heeres.

Zu Ziff. 1. §. 90 R.St.G.B. bedroht die dort aufgeführten Handlungen mit lebenslänglichem Zuchthaus.*) Operationspläne

---

*) Dieser Paragraph lautet:

§. 90. Lebenslängliche Zuchthausstrafe trifft einen Deutschen, welcher vorsätzlich während eines gegen das Deutsche Reich ausgebrochenen Krieges:

1) Festungen, Pässe, besetzte Plätze oder andere Vertheidigungsposten, ingleichen Deutsche oder verbündete Truppen oder einzelne Offiziere oder Soldaten in feindliche Gewalt bringt;
2) Festungswerke, Schiffe oder andere Fahrzeuge der Kriegsmarine, Kassen, Zeughäuser, Magazine oder andere Vorräthe von Waffen, Schießbedarf oder anderen Kriegsbedürfnissen in feindliche Gewalt bringt oder dieselben, sowie Brücken und Eisenbahnen zum Vortheile des Feindes zerstört oder unbrauchbar macht;
3) dem Feinde Mannschaften zuführt oder Soldaten des Deutschen oder verbündeten Heeres verleitet, zum Feinde überzugehen;
4) Operationspläne oder Pläne von Festungen oder festen Stellungen dem Feinde mittheilt;
5) dem Feinde als Spion dient oder feindliche Spione aufnimmt, verbirgt oder ihnen Beistand leistet, oder
6) einen Aufstand unter den Deutschen oder verbündeten Truppen erregt.

sind allgemeine oder spezielle, schriftlich oder mündlich ertheilte, die Leitung der kriegführenden Armee betreffenden Anordnungen. — Der Begriff „Spion" ist im Gesetz nicht erläutert. Nach einem R.S.d.Pr.G.A. vom 25. Juli 1870 ist als Spion zu erachten derjenige, welcher zur Begünstigung des Feindes heimlicher Weise den Zustand der Truppen, des Lagers, der Befestigungen oder der Magazine, die Stärke, Stellung, Bewegungen des deutschen oder verbündeten Heeres oder der Marine, oder sonstige Umstände, welche sich auf den Angriff oder die Vertheidigung beziehen, zu erspähen sucht. Soldaten und Angehörige des feindlichen Heeres, welche sich unter Verleugnung und Verbergung ihrer militärischen Eigenschaft zu gleichen Zwecken in die Reihen des deutschen Heeres einschleichen, werden als Spione behandelt und wie diese nach Kriegsgebrauch erschossen. — Das Beistandleisten bezieht sich nicht blos auf die verbrecherische Thätigkeit des Spions, sondern auch auf die Sicherung seiner Person.

Zu Ziff. 3. Das Geheimniß des Postens ist die besondere geheime Instruktion über Zweck und Aufgabe des Postens. Losung und Feldgeschrei sind die im Kriege üblichen, geheim ausgegebenen Erkennungszeichen.

Zu Ziff. 4. Ueber den Begriff „vor dem Feinde" vgl. §. 11 d. G.

Zu Ziff. 5. Auf einen Angehörigen des deutschen Heeres, welcher gezwungen dem Feinde als Wegweiser dient, kann die Strafbestimmung keine Anwendung finden, weil die Voraussetzungen des §. 58 fehlen.

Zu Ziff. 8. Die bloße Versuchshandlung ist hier schon das vollendete Verbrechen, dies will der Ausdruck „wer es unternimmt" besagen.

Zu Ziff. 10. Die Strafvorschrift ist in erster Reihe gegen die Verpflegungsbeamten gerichtet, sie kann aber auch gegen Militärbefehlshaber Anwendung finden.

Sind mildernde Umstände vorhanden, so tritt Festungshaft nicht unter fünf Jahren ein.

Neben der Festungshaft kann auf Verlust der bekleideten öffentlichen Aemter, sowie der aus öffentlichen Wahlen hervorgegangenen Rechte erkannt werden.

Zu Ziff. 11. Der Thatbestand der strafbaren Handlung ist schon gegeben, wenn ein feindlicher Kriegsgefangener rechtswidrig freigelassen wird, eine Mehrheit ist dazu nicht erforderlich.

Zu Ziff. 12. Diese Vorschrift bezieht sich auf die Marine, welche reglementsmäßig Signalbücher führt; es ist dabei aber nicht ausgeschlossen, daß wenn auch für das Heer in besonderen Fällen Signalbücher eingeführt werden, die Mittheilung derselben mit der hier vorgesehenen Strafe belegt wird.

Die zu 1—12 aufgeführten Fälle sind erschöpfend, Analogien daher ausgeschlossen.

Das Gesetz bedient sich hier zum ersten Male des Ausdrucks „minder schwerer Fall" und hat man zwischen „minder schweren Fällen" und „mildernden Umständen" in der Weise unterscheiden wollen, daß erstere nur objektiv, letztere aber subjektiv und objektiv leichtere Fälle umfassen. Die Gerichtspraxis hat sich diese Auffassung nicht angeeignet und läßt den minder schweren Fall sowohl durch objektive, wie durch subjektive Eigenschaften begründen. Das Vorhandensein eines solchen Falles muß thatsächlich festgestellt werden und darf diese Feststellung nur durch das zuständige erkennende Gericht erfolgen. Auch müssen die Thatsachen angeführt werden, welche den minder schweren Fall begründen sollen. R.G. des Pr.G.A. vom 28. März 1873, Beschluß 14.

§. 59. **Haben Mehrere einen Kriegsverrath verabredet, ohne daß es zur Ausführung oder zu einem strafbaren Versuche desselben gekommen ist, so tritt Zuchthaus nicht unter fünf Jahren ein.**

Mehrere sind schon 2. — „Verabreden" ist die Einigung der Betheiligten über einen auszuführenden Entschluß. Das bloße Besprechen allein genügt noch nicht, ebenso wie es andererseits auch nicht eines Planes zur Ausführung bedarf. Der bloße freiwillige Rücktritt macht nicht straffrei, es muß die im §. 61 vorgesehene Thätigkeit hinzutreten.

§. 60. **Wer von dem Vorhaben eines Kriegsverraths (§§. 57 bis 59) zu einer Zeit, in welcher die Verhütung**

des Verbrechens möglich ist, glaubhafte Kenntniß erhält und es unterläßt, hiervon rechtzeitig Anzeige zu machen, ist, wenn das Verbrechen oder ein strafbarer Versuch desselben begangen worden, mit der Strafe des Mitthäters zu belegen.

„Vorhaben" ist die geplante aber nicht zur Ausführung oder zu einem strafbaren Versuch gelangte That; „glaubhaft" dasjenige, was unter den obwaltenden Umständen Glauben verdient. Das Wort „rechtzeitig" bezieht sich auf den Vordersatz: zu einer Zeit, in welcher u. s. w. Die Anzeigepflicht liegt jeder Militärperson ob, nahe Verwandtschaft entbindet nicht. Der Vorsatz, den geplanten Kriegsverrath zur Ausführung kommen zu lassen, ist zum Thatbestand des §. 60 nicht erforderlich, die fahrlässig unterlassene Anzeige giebt ebenfalls das Verbrechen. — Das Gesetz sieht nicht vor, an wen die Anzeige erstattet werden soll. Dieselbe wird in der Regel dem nächsten Vorgesetzten zu machen sein, es dürfte aber auch genügen, wenn dieselbe bei einer Behörde oder Person angebracht wird, welche in der Lage ist, die Ausführung des Verbrechens rechtzeitig zu verhüten.

§. 61. Straflosigkeit tritt für den an dem Vorhaben eines Kriegsverraths Betheiligten ein, wenn er von demselben zu einer Zeit, wo die Dienstbehörde nicht schon anderweit davon unterrichtet ist, in einer Weise Anzeige macht, daß die Verhütung des Verbrechens möglich ist.

Für die Anwendbarkeit dieses Paragraphen muß der Kriegsverrath noch im Stadium des „Vorhabens" sein; hat die Ausführung bereits begonnen, so giebt die thätige Reue den Strafschutz nicht. — Betheiligte sind Thäter (Mitthäter) und Theilnehmer (Anstifter, Gehülfen). — Dienstbehörde ist jede bei der Sache interessirte Militärbehörde.

Zweiter Abschnitt.

Gefährdung der Kriegsmacht im Felde.

§. 62. Wer im Felde eine Dienstpflicht vorsätzlich verletzt und dadurch bewirkt, daß die Unternehmungen des Feindes befördert werden oder den kriegführenden deutschen oder verbündeten Truppen Gefahr oder Nachtheil bereitet wird, ist mit Zuchthaus bis zu zehn Jahren oder mit Gefängniß oder Festungshaft bis zu zehn Jahren zu bestrafen. In minder schweren Fällen, ingleichen wenn die Verletzung der Dienstpflicht nicht vorsätzlich geschehen ist, tritt Freiheitsstrafe bis zu drei Jahren ein.

Auch kann neben Gefängniß auf Versetzung in die zweite Klasse des Soldatenstandes erkannt werden.

Zu dem Begriffe „im Felde" vgl. §§. 9, 10 d. G. — Der Vorsatz bezieht sich hier nur auf die Verletzung der Dienstpflicht, welche sowohl in Handlungen wie in Unterlassungen bestehen kann. — Zwischen der Verletzung der Dienstpflicht und der Wirkung, daß die feindlichen Unternehmungen gefördert oder den deutschen Truppen Gefahr oder Nachtheil bereitet worden, muß ein ursächlicher Zusammenhang bestehen.

Die Verletzung der Dienstpflicht aus Fahrlässigkeit wird wie ein minder schwerer Fall nach dem Schlußsatz des Abs. 1 bestraft. Zu „minder schwerem Fall" vgl. Note zu §. 58 d. G. Die Versetzung in die zweite Klasse des Soldatenstandes ist nur neben Gefängniß, nicht aber neben Arrest und Festungshaft zulässig.

§. 63. Mit dem Tode wird bestraft

1) der Kommandant eines festen Platzes, welcher denselben dem Feinde übergiebt, ohne zuvor alle

Mittel zur Vertheidigung des Platzes erschöpft zu haben;

2) der Befehlshaber, welcher im Felde mit Vernachlässigung der ihm zu Gebote stehenden Vertheidigungsmittel den ihm anvertrauten Posten verläßt oder dem Feinde übergiebt;

3) der Befehlshaber, welcher auf freiem Felde kapitulirt, wenn dies das Strecken der Waffen für die ihm untergebenen Truppen zur Folge gehabt und er nicht zuvor Alles gethan hat, was die Pflicht von ihm erfordert;

4) der Befehlshaber eines Schiffes der Marine, welcher dasselbe oder dessen Bemannung dem Feinde übergiebt, ohne zuvor zur Vermeidung dieser Uebergabe Alles gethan zu haben, was die Pflicht von ihm erfordert.

In minder schweren Fällen der Nummern 2 und 3 tritt Festungshaft nicht unter fünf Jahren oder lebenslängliche Festungshaft ein.

Die hier vorgesehenen Strafvorschriften setzen voraus, daß die bedrohten Handlungen „im Felde" verübt sind.

Zu Ziff. 1 Ein fester Platz ist jede Festung und jedes permanente fortifikatorische Werk (Brückenkopf 2c.) Erst wenn die Uebergabe stattgefunden hat, ist die verbrecherische Handlung konsumirt. Der Eintritt in Verhandlungen mit dem Feinde, in der Absicht Zeit zu gewinnen und den Entsatz abzuwarten, giebt den Thatbestand des strafbaren Versuches nicht.

Zu Ziff. 2. Posten ist hier jede, auch provisorisch befestigte Stellung im Felde im Gegensatz zum festen Platz. Der Posten muß anvertraut sein, d. h. dem Befehlshaber mit der Verpflichtung ihn aufs Aeußerste zu halten, übergeben sein.

Zu Ziff. 3. Freies Feld ist jedes durch fortifikatorische Werke nicht geschützte Terrain. Die Kapitulation (Uebergabe) muß das Strecken der Waffen zur Folge haben; daß auch die Gefangenschaft der Truppe eintritt, ist nicht Erforderniß.

Zu Ziff. 4. Zu den hier gemeinten Schiffen der Marine gehören auch solche Fahrzeuge, welche ursprünglich nicht der Flotte angehören, aber zu Kriegszwecken von der Handelsmarine gechartert (gemiethet) sind.

Die Fragen, ob alle Mittel erschöpft, ob dieselben vernachlässigt und ob Alles geschehen, was die Pflicht erfordert, sind thatsächlicher Natur. Zur Beurtheilung derselben werden in der Regel Gutachten von Sachverständigen, Behörden 2c. erforderlich sein. — Minder schwere Fälle (vgl. §§. 9–10 d. G.) sind nur bei Ziffer 2 und 3 zulässig und muß dann ausschließlich auf Festungshaft erkannt werden.

Zu „minder schweren Fällen" vgl. Note zu §. 58 d. G.

Dritter Abschnitt.

Unerlaubte Entfernung und Fahnenflucht

§. 64. Wer von seiner Truppe oder von seiner Dienststellung sich eigenmächtig entfernt oder vorsätzlich fern bleibt, oder wer den ihm ertheilten Urlaub eigenmächtig überschreitet, wird wegen unerlaubter Entfernung mit Freiheitsstrafe bis zu sechs Monaten bestraft.

Die Bestimmungen dieses Abschnittes finden nach §§. 56, 60 Ziff. 3 R.M.G. vom 2. Mai 1874 in gleicher Weise Anwendung auf:

die vorläufig in die Heimath beurlaubten Rekruten und Freiwilligen,

die bis zur Entscheidung über ihr ferneres Militärverhältniß zur Disposition der Ersatzbehörden entlassenen Mannschaften und die vor erfüllter aktiver Dienstpflicht zur Disposition der Truppentheile beurlaubten Mannschaften.

Militärbeamte und das Gefolge des kriegführenden Heeres sind denselben Vorschriften im Felde unterworfen; auch Kriegsgefangene können sich der unerlaubten Entfernung schuldig machen. §§. 153, 155, 158 d. G.

„Dienststellung" bezieht sich auf nichtregimentirte Militärs und Beamte. „Eigenmächtig" ist jede gegen ein erlassenes Gebot oder Verbot unternommene Entfernung; das vorsätzliche Fernbleiben setzt eine vorangegangene berechtigte Entfernung voraus; der Urlaub gilt als eigenmächtig überschritten, sobald der Beurlaubte mit der Stunde des Ablaufs nicht bei der Truppe eintrifft." Ein zu spät angebrachtes Gesuch um Nachurlaub schützt nicht vor der Strafe des §. 64, ebenso wenig der Einwand der mangelnden Mittel zur Rückkehr, des Verpassens eines Eisenbahnzuges u. s. w.

Das unerlaubte Ausbleiben über Zapfenstreich fällt nicht unter die Strafbestimmung des §. 64, sondern unterliegt der Disziplinarbestrafung.

Eine vorhergegangene Bestrafung wegen Fahnenflucht begründet bei der unerlaubten Entfernung keinen Rückfall, ebenso wenig im umgekehrten Falle. Beides sind besondere Strafthaten, bei denen der strafbare dolus verschiedene Ziele verfolgt.

In leichteren Fällen kann die unerlaubte Entfernung disziplinarisch geahndet werden; vgl. §. 3 E.G.

§. 65. Der unerlaubten Entfernung wird es gleich geachtet, wenn eine Person des Soldatenstandes im Felde es unterläßt,

1) der Truppe, von welcher sie abgekommen ist, oder der nächsten Truppe sich wieder anzuschließen, oder

2) nach beendigter Kriegsgefangenschaft sich unverzüglich bei einem Truppentheile zu melden.

Dasselbe gilt, wenn eine Person der Marine, welche außerhalb der heimischen Gewässer von einem Schiffe abgekommen ist, es unterläßt, sich bei demselben oder einem anderen Deutschen Kriegsschiffe oder dem nächsten Deutschen Konsulate unverzüglich zu melden.

Zu dem Begriff „im Felde" vgl. §. 9, 10 d. G. — Unter „nächste" Truppe ist hier eine deutsche oder verbündete zu verstehen. — „Unverzüglich" heißt, so schnell es die obwaltenden Umstände gestatten. — Heimische Gewässer sind die Ostsee und die an die deutsche Küste anstoßenden Theile der Nordsee.

§. 66. Dauert durch Verschulden des Abwesenden die Abwesenheit länger als sieben Tage, im Felde länger als drei Tage, so tritt Gefängniß oder Festungshaft bis zu zwei Jahren ein.

Der §. 66 steht in unmittelbarem Zusammenhange mit den §§. 64 und 65 und erfordert dieselben Voraussetzungen. Das „Verschulden" begreift hier sowohl Vorsatz wie Fahrlässigkeit. Die Frist beginnt mit dem Tage, an welchem der Abwesende bei der Truppe hätte eintreffen sollen, bezw. sich unter den obwaltenden Umständen hätte melden können.

§. 67. Freiheitsstrafe von sechs Monaten bis zu fünf Jahren tritt ein, wenn die Abwesenheit im Felde länger als sieben Tage dauert.

Zu „im Felde" vergl. §. 9, 10 d. G.

§. 68. Gleiche Strafe (§. 67) trifft eine Person des Beurlaubtenstandes, welche nach bekannt gemachter Kriegsbereitschaft oder nach angeordneter Mobilmachung ihrer Einberufung zum Dienste oder einer öffentlichen Aufforderung zur Stellung nicht binnen drei Tagen nach Ablauf der bestimmten Frist Folge leistet.

Ueber Personen des Beurlaubtenstandes vergl. Note zu §. 6 d. G.

Voraussetzung für §. 68 ist, daß die Kriegsbereitschaft bekannt gemacht oder die Mobilmachung angeordnet und die Einberufung zum Dienst entweder persönlich oder durch eine allgemeine öffentliche Aufforderung zur Stellung erfolgt ist. Dies muß in jedem Falle thatsächlich festgestellt werden. R.S.d.Pr.G.A. vom 28. März 1873 Nr. 10. — Die Nichtgestellung zu kleineren Uebungen und militärischen Dienstleistungen im Frieden wird nur als Ungehorsam bestraft.

§. 69. Wer sich einer unerlaubten Entfernung (§§. 64, 65, 68) in der Absicht, sich seiner gesetzlichen oder von ihm übernommenen Verpflichtung zum Dienste dauernd zu entziehen, schuldig macht, ist wegen Fahnenflucht (Desertion) zu bestrafen.

Die Fahnenflucht unterscheidet sich von der unerlaubten Entfernung durch das Hinzutreten der Absicht sich dem Militärdienst dauernd zu entziehen. Der Beweis dieser Absicht wird nicht blos durch Zugeständniß und direkt darauf abzielende Thatsachen geführt, sondern kann auch aus anderen die That begleitenden Umständen gefolgert werden. R.S.d.Pr.G.A. vom 2. Februar 1874.

Die gesetzliche Verpflichtung zum Dienst ist die aus der allgemeinen Wehrpflicht entspringende ohne Rücksicht darauf, ob dieselbe auf der Aushebung oder dem freiwillig erfolgten Eintritt beruht, im Gegensatz zur übernommenen, d. h. durch ein Vertragsverhältniß hergestellten (Kapitulation, Uebernahme einer Beamtenstelle). — Die Absicht muß dahin gehen, zum Dienst nicht wieder zurückzukehren und kann dieselbe im Augenblicke der Entfernung vorhanden sein, aber auch erst später hinzutreten (dolus superveniens). Der Einwand der Entfernung &c. aus Furcht vor einer erwarteten Strafe, oder des Fernbleibens aus Scham, Furcht &c. schließt den Thatbestand der Fahnenflucht nicht aus. Diese ist nicht mehr wie früher an eine gewisse Zeit geknüpft, sie kann vollendet sein mit dem Augenblicke der Entfernung, der Urlaubsüberschreitung u. s. w. Das Verlassen der Garnison ist kein nothwendiges Erforderniß.

Der §. 69 findet Anwendung auf Personen des aktiven Dienststandes und auf die unter Ziff. 2—4 des §. 56 R.M.G. vom 2. Mai 1874 aufgeführten des Beurlaubtenstandes, auf die übrigen Personen dieser letzteren Kategorie nur im Falle des §. 68. Militärbeamte können sich der Fahnenflucht nur im Felde schuldig machen, Kriegsgefangene niemals.

Die unerlaubte Auswanderung wird bei Personen des aktiven Dienststandes und denjenigen des Beurlaubtenstandes, welche diesen nach §. 56 Ziff. 2—4 R.M.G. vom 2. Mai 1874 ausdrücklich gleichgestellt sind, als Fahnenflucht bestraft: Offiziere und im Offizierrang stehende Aerzte des Beurlaubtenstandes werden dieserhalb von den Civilgerichten verfolgt und aus §. 140 Nr. 2 R.St.G.B. (§. 60 Nr. 2 R.M.G. vom 2. Mai 1874) bestraft, die Militärgerichte sind nicht zuständig. (Erlaß des preuß. Kriegsministeriums vom 18. Juni 1875 und des preuß. Justizministeriums vom 1. Februar 1875.) Mannschaften der Reserve-, Land- und Seewehr, sowie Ersatzreservisten, welche ohne Erlaubniß auswandern, machen sich der nach §. 360 Nr. 3 R.St.G.B. strafbaren Uebertretung schuldig. Diese Personen des Beurlaubtenstandes (mit Ausnahme der im §. 56 Ziff. 2—4 G. vom 2. Mai 1874 aufgeführten) können nur dann durch die Militärgerichte und zwar auch im Ungehorsam (Kontumazial-) Verfahren wegen Fahnenflucht verfolgt und bestraft werden, wenn sie nach bekannt gemachter Kriegsbereitschaft oder angeordneter Mobilmachung zum Dienst einberufen worden sind und sich dann der Dienstpflicht durch unerlaubte Auswanderung entziehen.

§. 70. Die Fahnenflucht wird mit Gefängniß von sechs Monaten bis zu zwei Jahren, im ersten Rückfalle mit Gefängniß von Einem Jahre bis zu fünf Jahren, im wiederholten Rückfalle mit Zuchthaus von fünf bis zu zehn Jahren bestraft.

Der Versuch ist strafbar.

Neben Gefängniß ist die Versetzung in die 2. Klasse obligatorisch. §. 74 d. G. Ueber die Strafminderung bei freiwilliger Rückkehr innerhalb 6 Wochen vergl. §. 75. — Bezüglich des Rückfalls und wiederholten Rückfalls vergl. Note zu §. 13 d. G.

Da das Vergehen mit der Entfernung, Fernbleiben u. s. w. vollendet ist, wird sich der strafbare Versuch auf die seltenen Fälle beschränken, in denen die Vorbereitungshandlungen den Thatbestand des §. 43 R.St.G.B. enthalten.

§. 71. Die Fahnenflucht im Felde wird mit Gefängniß von fünf bis zu zehn Jahren bestraft; im Rückfalle tritt, wenn die frühere Fahnenflucht nicht im Felde begangen ist, Zuchthaus nicht unter fünf Jahren und, wenn die frühere Fahnenflucht im Felde begangen ist, Todesstrafe ein.

Ueber den Begriff „im Felde" vergl. §§. 9, 10 d. G.; zu Rückfall, der auch den wiederholten Rückfall einschließt, vergl. Note zu §. 13. — „Frühere" Fahnenflucht heißt hier die vorhergegangene rechtskräftige Verurtheilung wegen Fahnenflucht.

§. 72. Haben Mehrere eine Fahnenflucht verabredet und gemeinschaftlich ausgeführt, so wird die an sich verwirkte Zuchthausstrafe oder Gefängnißstrafe um die Dauer von Einem Jahre bis zu fünf Jahren erhöht.

Ist die Handlung im Felde begangen, so tritt statt des Gefängnisses Zuchthaus von gleicher Dauer, gegen den Rädelsführer und gegen den Anstifter Todesstrafe ein.

Mehrere sind schon 2; zu „verabreden" vgl. Note zu §. 59 d. G. Zur Verabredung muß die gemeinschaftliche Ausführung der Fahnenflucht treten, um den Thatbestand des §. 72 zu geben, sonst ist §. 78 zu prüfen. — Die an sich verwirkte Strafe ist die vom Richter für den vorliegenden Straffall bemessene: diese muß um 1 bis 5 Jahre erhöht werden. Es muß daher die erstere ausgedrückt werden, um die Erhöhung kenntlich zu machen. — Befindet sich unter den „Mehreren" ein Vorgesetzter, so bedarf es gegen diesen nach §. 55 Ziff. 1. d. G. einer weiteren Straferhöhung.

Zu „im Felde“ vgl. §§. 9, 10 d. G. Die Zuchthausstrafe wird in gleicher Weise wie Gefängniß in Abs. 1 um 1 bis 5 Jahre erhöht. — „Rädelsführer“ ist derjenige, welcher den Plan der gemeinsamen Fahnenflucht entworfen und die Ausführung geleitet hat; als „Anstifter“ gilt der, welcher die Anregung zur That gegeben und auf den Entschluß der Theilnehmer bestimmend eingewirkt hat. Bei der gemeinschaftlich ausgeführten Fahnenflucht Mehrerer im Frieden ist für Rädelsführer und Anstifter eine besondere Straferhöhung nicht vorgeschrieben, aber auch nicht ausgeschlossen, und kann sie dann nur in einer Erhöhung der verwirkten Strafe innerhalb des gesetzlichen Strafrahmens des Abs. 1 bestehen.

§. 73. Die Fahnenflucht vom Posten vor dem Feinde oder aus einer belagerten Festung wird mit dem Tode bestraft.

Dieselbe Strafe trifft den Fahnenflüchtigen, welcher zum Feinde übergeht.

Zum Begriff „vor dem Feinde“ vergl. §§. 11 und 165 d. G. Als Posten im Sinne d. G. gilt nicht blos ein einzelner Mann, dem ein Posten anvertraut ist, sondern es fallen unter diesen Begriff alle im Sicherheitsdienst getroffenen bezüglichen Vorkehrungen, also auch Feldwachen mit ihren vorgeschobenen Posten, Pikets, Gros der Vorposten u. s. w.

Eine Festung gilt als belagert, sobald der Feind zum Zwecke der Einnahme oder Cernirung dieselbe ganz oder theilweise eingeschlossen hat. Die bloße Erklärung einer Festung in den Belagerungszustand giebt den Begriff „belagert“ nicht. — Die Strafe des Abs. 2 trifft nur solche Fahnenflüchtige, welche während der Dauer eines Krieges zum Feinde übergehen, nicht aber solche, welche vor Ausbruch des Krieges fahnenflüchtig geworden und in die Dienste des späteren Feindes getreten sind.

Auch ein Militärbeamter, welcher aus einer belagerten Festung desertirt oder zum Feinde übergeht, wird aus §. 73 gestraft; vergl. §. 153 d. G.

§. 74. Neben dem wegen Fahnenflucht verwirkten Gefängniß ist auf Versetzung in die zweite Klasse des Soldatenstandes zu erkennen.

Gegen Offiziere ist auf Entfernung aus dem Heere und gegen Beamte auf Amtsverlust zu erkennen; vgl. §§. 31 Abs. 2 Ziff. 2, 153 d. G. Bei fahnenflüchtigen Unteroffizieren ist neben der Versetzung in die zweite Klasse des Soldatenstandes auf Degradation zu erkennen, und muß letztere Ehrenstrafe auch dann verhängt werden, wenn im Falle des §. 75 d. G. von der Versetzung in die zweite Klasse des Soldatenstandes abgesehen worden ist. §. 75 d. G. am Schluß. — Beim Versuch ist die Versetzung in die zweite Klasse des Soldatenstandes zulässig aber nicht geboten (§. 46).

§. 75. Stellt sich ein Fahnenflüchtiger innerhalb sechs Wochen nach erfolgter Fahnenflucht, so kann, wenn dieselbe nicht im Felde begangen ist, die an sich verwirkte Zuchthausstrafe oder Gefängnißstrafe bis auf die Hälfte ermäßigt, auch kann, wenn kein Rückfall vorliegt, von der Versetzung in die zweite Klasse des Soldatenstandes abgesehen werden. Gegen Unteroffiziere muß jedoch auf Degradation erkannt werden.

Die Vorschrift dieses Paragraphen findet nur bei der Fahnenflucht im Frieden Anwendung. Die 6wöchentliche Frist geht von Stunde zu Stunde, und wenn der Anfang nicht genau festzustellen ist, vom Tage nach der ermittelten Entfernung ꝛc. — Eine „Stellung" im Sinne d. G findet nur dann statt, wenn der Fahnenflüchtige sich freiwillig und in Person bei seinem oder einem andern Truppentheil oder einer zuständigen militärischen oder Polizei-Behörde meldet oder einer solchen mit seiner Zustimmung durch Verwandte, den Vormund u. s. w. zugeführt wird. Eine stattgehabte Ergreifung und Verhaftung schließt die freiwillige Stellung aus, der Einwand, daß der Fahnenflüchtige sich habe stellen wollen, ist in solchen Fällen wirkungslos. — Die an sich verwirkte Strafe ist diejenige, welche der Thäter einschließlich der strafmildernden und strafschärfenden Umstände im konkreten Falle verwirkt haben würde, wenn er sich nicht innerhalb 6 Wochen freiwillig gestellt hätte. Diese Strafe kann bis auf die Hälfte ermäßigt werden.

Nach der A.K.O. vom 5. Oktober 1872 zu §. 172 der Preuß. M.St.G.O. kann der bestätigende Befehlshaber im Falle des §. 75 die erkannte Strafe der Versetzung in die zweite Klasse des Soldatenstandes weglassen.

§. 76. Die Verjährung der Strafverfolgung wegen Fahnenflucht beginnt mit dem Tage, an welchem der Fahnenflüchtige, wenn er die Handlung nicht begangen hätte, seine gesetzliche oder von ihm übernommene Verpflichtung zum Dienste erfüllt haben würde.

Diese Vorschrift bezieht sich nur auf die Verjährung der Strafverfolgung, nicht auf die der Strafvollstreckung; auch sind die in den §§. 67 und 70 R.St.G.B. bestimmten Fristen nicht abgeändert, sondern es ist für den Beginn der Verjährung der Strafverfolgung nur ein besonderer Termin vorgesehen. Als solcher ist derjenige Tag bezeichnet, an welchem der Fahnenflüchtige, wenn er nicht entwichen wäre, die durch das Gesetz vom 11. Februar 1888, betr. Aenderung der Wehrpflicht (A.V.Bl. S. 27, R.G.Bl. S. 11) bestimmte (gesetzliche), oder die durch Vertrag (Kapitulation ꝛc.) übernommene Dienstpflicht erfüllt haben würde. Nach dem alleg. Gesetz vom 11. Februar 1888 dauert die gesetzliche Dienstpflicht bis zum 31. März desjenigen Kalenderjahres, in welchem der Wehrpflichtige das 39. Lebensjahr vollendet.

In Folge des Gesetzes vom 11. Februar 1888, welches das Kriegsdienstgesetz vom 9. November 1867 wesentlich geändert hat, ist für die Verjährung der Strafverfolgung zu unterscheiden: War bei dem Inkrafttreten des ersteren Gesetzes die Verjährung mit Rücksicht auf die frühere Dauer der Wehrpflicht bereits vollendet, so behält es hierbei sein Bewenden, andernfalls, d. h. wenn die Verjährung noch nicht begonnen hatte oder nicht vollendet war, greift das citirte Gesetz vom 11. Februar 1888 Platz und es bleibt die durch dasselbe festgesetzte Dauer der gesetzlichen Wehrpflicht maßgebend. R.G.d.Pr.G.A. vom 25. Mai 1889. Vergl. auch §. 3 Abs. 2 d. G. vom 11. Februar 1888.

Die Strafverfolgung der Fahnenflucht verjährt, je nachdem dieselbe im konkreten Falle mit dem Tode oder zeitiger Freiheitsstrafe bedroht ist, in 20, 15, 10 oder 5 Jahren. §. 67 R.St.G.B.

§. 77. Wer von dem Vorhaben einer Fahnenflucht zu einer Zeit, in welcher deren Verhütung möglich ist, glaubhafte Kenntniß erhält und es unterläßt, hiervon seinem Vorgesetzten rechtzeitig Anzeige zu machen, ist, wenn die Fahnenflucht begangen worden, mit Freiheitsstrafe bis zu sechs Monaten und, wenn die Fahnenflucht im Felde begangen worden, mit Freiheitsstrafe von Einem Jahre bis zu drei Jahren zu bestrafen.

Bezüglich des „Vorhabens" und der „glaubhaften Kenntniß" vergl. Note zu §. 60 d. G. — Unter „Vorgesetzten" ist hier der des zur Anzeige Verpflichteten zu verstehen, indeß dürfte der Begriff nicht allzu eng aufzufassen und der Pflicht Genüge geschehen sein, wenn die Anzeige an einer Stelle gemacht worden, die in der Lage ist, die beabsichtigte Fahnenflucht zu verhüten. — Zu „im Felde" vergl. §§. 9, 10 d. G.

§. 78. Wer einen Anderen zur Fahnenflucht vorsätzlich verleitet oder die Fahnenflucht desselben vorsätzlich befördert, wird, wenn die Fahnenflucht erfolgt ist, mit Gefängniß von sechs Monaten bis zu zwei Jahren, im Felde mit Gefängniß von fünf bis zu zehn Jahren bestraft; zugleich kann auf Versetzung in die zweite Klasse des Soldatenstandes erkannt werden.

Der Versuch ist strafbar.

„Verleiten" ist gleichbedeutend mit Anstiften; unter „Befördern" sind die verschiedenen Formen der Beihülfe zu verstehen. Der Begriff „vorsätzlich" setzt voraus, daß der Wille des Thäters auf Verleitung zur oder Beförderung der Fahnenflucht des Andern gerichtet gewesen. — Wird der Verleitende ꝛc. selbst fahnenflüchtig, so tritt §. 72 d. G. ein, oder es liegt ein Fall realer Konkurrenz vor. — Zu „im Felde" vergl. §§. 9, 10 d. G. — Die Strafbarkeit des Versuchs ist unabhängig von dem eingetretenen Erfolge.

Die Vorschrift des §. 78 findet auch auf die im §. 56 Ziff. 2—4 des R.M.G. vom 2. Mai 1874 gedachten Personen des Beurlaubtenstandes Anwendung. §. 60 Ziff. 3 l. c.

§. 79. **Ein Gefangener, welcher sich selbst befreit, wird, wenn nicht die härtere Strafe der Fahnenflucht verwirkt ist, mit Freiheitsstrafe bis zu sechs Monaten bestraft.**

Gefangener im Sinne dieses Paragraphen ist jede Militärperson, welche durch einen Vorgesetzten oder eine Militärbehörde in Ausübung dienstlicher Befugnisse auf längere oder kürzere Zeit der Freiheit beraubt ist; es fallen daher unter diesen Begriff sowohl der vorläufig Ergriffene, wie der Untersuchungs- und Straf-, auch der auf dem Transport befindliche Gefangene. Auf Militärs, welche durch Civilbeamte verhaftet oder in einer Civilstrafanstalt detinirt sind, findet §. 79 keine Anwendung. Deshalb kann auch eine Selbstbefreiung bei der den Civilbehörden nach §. 7 des Kontroll.Ges. vom 15. Februar 1875 übertragenen Strafvollstreckung nicht aus §. 79 d. G. geahndet werden. — Geschieht die Selbstbefreiung in der Absicht, sich der Dienstpflicht dauernd zu entziehen, so tritt Bestrafung wegen Fahnenflucht ein; in diesem Fall ist die Selbstbefreiung nur Strafzumessungsgrund. — Zu Freiheitsstrafe vergl. §. 16 d. G.

§. 80. **Ein Offizier, welcher während der Verbüßung des Stubenarrestes eigenmächtig seine Wohnung verläßt, wird mit Freiheitsstrafe bis zu sechs Monaten bestraft; zugleich ist auf Dienstentlassung zu erkennen.**

Ein Offizier, welcher während der Verbüßung des Stubenarrestes dem Verbot des §. 23 zuwider Besuche annimmt, wird mit Freiheitsstrafe bis zu sechs Monaten bestraft; in schweren Fällen ist zugleich auf Dienstentlassung zu erkennen.

Diese Vorschrift bezieht sich nur auf den einfachen, nicht aber auf den geschärften Stubenarrest, der im Gefängniß verbüßt wird. Das Verlassen des letzteren ist aus §. 79 d. G. strafbar. — „Eigenmächtig" ist das Verlassen der Wohnung, wenn dasselbe ohne Erlaubniß des mit der Strafvollstreckung betrauten Vorgesetzten erfolgt. Besondere zwingende Gründe zum Verlassen der Wohnung, wie z. B. Feuersgefahr, plötzliche heftige Erkrankung des Gefangenen oder eines nahen Angehörigen begründen einen Nothstand (§. 52 R.St.G.B.) und sichern Straflosigkeit. — Im Uebrigen vergl. Note zu §. 23 d. G. Was unter „schweren Fällen" zu verstehen, ist im Gesetz nicht gesagt; als Gegensatz zu den „leichteren oder minder schweren Fällen" werden solche darunter zu begreifen sein, bei denen sich, objektiv oder subjektiv, Umstände herausstellen, welche die Strafbarkeit des Thäters erhöhen.

Die Nebenstrafe der Dienstentlassung ist in Fällen des Abs. 1 und bei schweren Fällen des Abs. 2 geboten.

Vierter Abschnitt.

Selbstbeschädigung und Vorschützung von Gebrechen.

§. 81. Wer sich vorsätzlich durch Selbstverstümmelung oder auf andere Weise zur Erfüllung seiner gesetzlichen oder von ihm übernommenen Verpflichtung zum Dienste untauglich macht oder durch einen Anderen untauglich machen läßt, wird mit Gefängniß von Einem Jahre bis zu fünf Jahren bestraft; zugleich ist auf Versetzung in die zweite Klasse des Soldatenstandes zu erkennen.

Wird durch die Handlung die Unfähigkeit zu Arbeiten für militärische Zwecke verursacht, so ist die an sich verwirkte Gefängnißstrafe um die Dauer von drei Monaten bis zu Einem Jahre zu erhöhen; zugleich ist auf Entfernung aus dem Heer oder der Marine zu erkennen.

Der Versuch ist strafbar.

Die Vorschriften dieses Abschnittes finden Anwendung auf die Militärpersonen des aktiven Dienststandes und die im §. 56 Ziff. 2–4 d. R.M.G. vom 2. Mai 1874 genannten Personen des Beurlaubtenstandes (§. 60 Nr. 3 dess. G.) Die übrigen Personen der letzteren Kategorie werden nach den analogen §§. 142, 143 R.St.G.B. bestraft; vergl. auch §. 6 d. G.

Selbstverstümmelung ist die vorsätzliche Trennung eines organischen Gliedes vom menschlichen Körper. — Zu „gesetzlicher oder übernommener Verpflichtung zum Dienst" vergl. Note zu §. 69 d. G. — Die Unbrauchbarkeit zum Militärdienst muß erreicht sein, sonst liegt nur ein strafbarer Versuch vor. — Arbeiten für militärische Zwecke sind hier solche, wie sie von Arbeitssoldaten (Arbeiter-Abtheilungen) und Militär-Gefangenen in Festungsgefängnissen erfordert werden. Die verwirkte Gefängnißstrafe ist diejenige, welche im konkreten Falle für die Selbstverstümmelung u. s. w. bemessen worden wäre, und ist diese dann zu erhöhen. Die stattgehabte Erhöhung ist im Urtheil kenntlich zu machen.

Der zu Arbeiten für militärische Zwecke fähige Verstümmelte genügt seiner Dienstpflicht in einer Arbeiter-Abtheilung. A.K.O. vom 3. November 1824, Pr.K.M. vom 26. Oktober 1829, Dienstvorschrift über die Arbeiter-Abtheilungen vom 31. August 1881.

Ueber Versuch vergl. §. 46 d. G. und Note dazu.

§. 82. Dieselben Freiheitsstrafen (§. 81) treffen denjenigen, welcher einen Anderen auf dessen Verlangen zur

Erfüllung seiner gesetzlichen oder von ihm übernommenen Verpflichtung zum Dienste untauglich macht; zugleich kann auf Versetzung in die zweite Klasse des Soldatenstandes erkannt werden.

Nur Militärpersonen (vergl. Note zu §. 81) können sich dieses Vergehens schuldig machen, Civilpersonen werden aus §. 142 Abs. 2 R.St.G.B. bestraft. Zum „Verlangen" gehört auch die Bitte, das Ansuchen, die Aufforderung u. s. w. — Der Vorsatz des Thäters muß darauf gerichtet sein, den Andern zur Erfüllung seiner Dienstpflicht u. s. w. untauglich zu machen.

§. 83. Wer in der Absicht, sich der Erfüllung seiner gesetzlichen oder von ihm übernommenen Verpflichtung zum Dienste ganz oder theilweise zu entziehen, ein auf Täuschung berechnetes Mittel anwendet, wird mit Freiheitsstrafe bis zu fünf Jahren bestraft; zugleich kann auf Versetzung in die zweite Klasse des Soldatenstandes erkannt werden.

Dieselbe Strafvorschrift findet auf den Theilnehmer Anwendung.

Zur „Erfüllung der gesetzlichen rc. Verpflichtung zum Dienst" vergl. Note zu §. 69 d. G. — Auf Täuschung berechnet im Sinne d. G. ist jedes Mittel, welches in heimlicher Weise und zu dem Zweck der Dienstentziehung innerlich oder äußerlich angewendet, zeitweilige Störungen des menschlichen Organismus zur Folge hat, so z. B. das Einnehmen von Arzneimitteln, welche einen Ausschlag hervorrufen, die künstliche Erzeugung einer wunden Stelle und das Auflegen von Bleiknöpfen, um die Wunde offen zu erhalten u. s. w. — Auch die Absicht, sich dadurch gewissen Dienstverrichtungen z. B. dem Turnen, Schwimmen u. s. w. zu entziehen, fällt unter diese Strafvorschrift; hierfür spricht der nicht ohne Absicht eingeschobene Passus „oder theilweise", durch welchen die fühlbar gewordene Lücke des §. 115 des früheren Preuß. M.St.G.B. vom 3. April 1845 ausgefüllt werden sollte. — Das Mittel muß auf Täuschung berechnet gewesen sein; daß eine solche selbst stattgefunden hat, wird nicht erfordert. — Theilnehmer ist der Mitthäter, Anstifter, Gehülfe. Abs. 2 dieses Paragraphen bildet eine Ausnahme zu der Regel des §. 49 Abs. 2 des R.St.G.B.

Fünfter Abschnitt.

Feigheit.

§. 84. Wer während des Gefechts aus Feigheit die Flucht ergreift und die Kameraden durch Worte oder Zeichen zur Flucht verleitet, wird mit dem Tode bestraft.

Die Vorschriften dieses Abschnittes finden nur auf Personen des Soldatenstandes Anwendung. — Feigheit ist Furcht vor persönlicher Gefahr. — Das Fliehen aus Feigheit und die Verleitung der Kameraden zur Flucht ist kopulativ zu nehmen, das Eine ohne das Andere giebt den Thatbestand des §. 84 nicht. — Der Soldat, welcher aus Feigheit während des Gefechts die Flucht ergreift, ohne Kameraden durch Worte oder Zeichen zur Flucht zu verleiten, wird aus §. 85 d. G. bestraft. — Der Begriff „während des Gefechts" erfordert nicht die persönliche Theilnahme des Thäters am Gefecht, es genügt, daß die Truppe, zu der er gehört, sich in der Nähe des Gefechtsplatzes befindet und bestimmt ist, eventuell in das Gefecht in irgend einer Weise einzugreifen — Die Verleitung der Kameraden muß durch Worte oder Zeichen (Winken, Signale) erfolgt sein. Es genügt die so erfolgte Verleitung eines Kameraden. War letztere erfolglos geblieben, so liegt strafbarer Versuch vor.

§. 85. Mit Zuchthaus bis zu fünf Jahren wird bestraft, wer aus Feigheit

1) bei dem Vormarsche zum Gefecht, während des Gefechts oder auf dem Rückzuge von seinem

Truppentheile heimlich zurückbleibt, von demselben sich wegschleicht oder sich versteckt hält, die Flucht ergreift, seine Waffen oder Munition wegwirft oder im Stiche läßt, oder sein Pferd oder seine Waffen unbrauchbar macht, oder

2) durch Vorschützung einer Verwundung oder eines Leidens, oder durch absichtlich veranlaßte Trunkenheit sich dem Gefechte oder vor dem Feinde einer sonstigen, mit Gefahr für seine Person verbundenen Dienstleistung zu entziehen sucht.

In minder schweren Fällen tritt Gefängniß von Einem Jahre bis zu fünf Jahren und Versetzung in die zweite Klasse des Soldatenstandes ein.

Zu Ziff. 1. Eine Truppe befindet sich auf dem Vormarsch zum Gefecht, sobald sie nach befohlener Gefechtsbereitschaft eine taktische Bewegung gegen den Feind macht. — „Während des Gefechts" vergl. Note zu §. 84 d. G. — Beim „Rückzuge" ist es einflußlos, ob derselbe ein bloßes Manöver zur Täuschung des Feindes, oder die Aufgabe einer Stellung in Folge der feindlichen Bewegungen, beziehungsweise eines stattgehabten Kampfes ist. — Das heimliche Zurückbleiben, Sich-Wegschleichen und Versteckthalten bezieht sich sowohl auf den Vormarsch zum Gefecht wie auf den Rückzug; das Motiv muß Furcht vor persönlicher Gefahr sein und ist jeder konkrete Fall auf die Kriterien des Gesetzes hin zu prüfen. — Das Ergreifen der Flucht bedingt die eigenmächtige Entfernung vom Orte der Gefahr zum Zweck der Selbsterhaltung. — Das „im Stichlassen" bezieht sich auf Geschütze, Protzen und Munitionswagen.

Zu Ziff. 2. Der Begriff des Vorschützens enthält die Absicht zu täuschen; derselbe unterscheidet sich von der Vorschrift des §. 83 d. G. dadurch, daß es der Anwendung besonderer Mittel nicht bedarf und daß die Absicht lediglich darauf gerichtet ist, sich dem Gefecht oder einer einzelnen mit persönlicher Gefahr verbundenen Dienstleistung zu entziehen; vergl. auch §. 87 d. G. Daß eine Selbstbeschädigung in gleicher Absicht nach §. 85 zu bestrafen, ist nicht vorgesehen, dürfte aber im Sinne der Gesetzgebung liegen. — Die Trunkenheit muß in der Absicht, sich dem Gefecht u. s. w. zu entziehen, bewirkt sein. — Zu „vor dem Feinde" vergl. §. 11 d. G. — Die Versuchshandlung ist hier die vollendete Strafthat.

Die aufgeführten Handlungen sind erschöpfend und Analogien ausgeschlossen. — Zu „minder schweren Fällen" vergl. Note zu §. 58 d. G. — Siehe auch §. 88 d. G.

§. 86. Ist in den Fällen des §. 85 durch die Feigheit ein erheblicher Nachtheil verursacht worden, so tritt Zuchthaus nicht unter fünf Jahren, und wenn der Tod eines Menschen verursacht worden, Zuchthaus nicht unter zehn Jahren oder lebenslängliches Zuchthaus ein.

Der §. 86 steht im Zusammenhange mit §. 85 d. G. und ist für die gleichen Voraussetzungen gegeben. — Der Nachtheil muß mit einem Falle der Feigheit des §. 85 zusammenhängen und ein erheblicher sein. Letzteres ist thatsächlich festzustellen und zwar, falls sich die Feststellung der richterlichen Würdigung entzieht, durch Gutachten. Vergl. hierzu auch §. 88 d. G.

§. 87. Wer in anderen, als den in den §§. 84 und 85 benannten Fällen aus Besorgniß vor persönlicher Gefahr eine militärische Dienstpflicht verletzt, wird mit Freiheitsstrafe bis zu drei Jahren bestraft; zugleich kann auf Versetzung in die zweite Klasse des Soldatenstandes erkannt werden.

Hierher gehören alle übrigen in den §§. 84 und 85 nicht vorgesehenen Fälle der Feigheit, ohne Rücksicht darauf, ob sie im Kriege oder Frieden verübt werden. — Unter „Dienstpflicht" ist jede durch den militärischen Dienst gebotene Handlung oder Unterlassung.

welche auf bestimmten Anordnungen oder allgemeinen Vorschriften und Instruktionen beruht, zu verstehen. — Der Versuch ist hier nicht strafbar. Vergl. §. 88 d. G.

§. 88. Hat der Thäter in den Fällen der §§. 85 und 86 nach der That hervorragende Beweise von Muth abgelegt, so kann die Strafe unter den Mindestbetrag der angedrohten Freiheitsstrafe ermäßigt und in den Fällen der §§. 85 und 87 von der Bestrafung gänzlich abgesehen werden.

Die hervorragenden Beweise von Muth müssen nach der That, aber vor der Verurtheilung, abgelegt sein, weil sonst nur Gnade eintreten kann. Die Beweise von Muth müssen hervorragende sein; ob dies der Fall, ist Thatfrage. — Die Strafermäßigung und der Straferlaß darf nur durch Richterspruch erfolgen, der militärische Vorgesetzte ist hierzu nicht berechtigt. — Die Strafermäßigung unter den Mindestbetrag der angedrohten Freiheitsstrafe läßt die Substituirung einer anderen Freiheitsstrafe zu, es ist daher auch Arrest als Strafart nicht ausgeschlossen.

Wird in Fällen der §§. 85, 87 d. G. von der Bestrafung abgesehen, so darf nicht auf Freisprechung erkannt werden, sondern der Straftenor ist dahin zu fassen, daß der Thäter zwar der ihm zur Last gelegten Strafthat schuldig, aber mit Strafe zu verschonen.

Sechster Abschnitt.

Strafbare Handlungen gegen die Pflichten der militärischen Unterordnung.

§. 89. Wer im Dienste oder in Beziehung auf eine Diensthandlung die dem Vorgesetzten schuldige Achtung verletzt, insbesondere laut Beschwerde oder gegen einen Verweis Widerrede führt, wird mit Arrest bestraft.

Wird die Achtungsverletzung unter dem Gewehr oder vor versammelter Mannschaft begangen, oder stellt sich dieselbe als eine Drohung dar, so ist auf strengen Arrest nicht unter vierzehn Tagen, oder auf Gefängniß oder Festungshaft bis zu drei Jahren zu erkennen.

Personen des Beurlaubtenstandes unterliegen den Vorschriften dieses Abschnittes nur nach Maßgabe des §. 113 d. G., Militärbeamte nur im Felde. Dieselben finden Anwendung auf das Gefolge des kriegführenden Heeres und die Kriegsgefangenen. §§. 155, 157, 158 d. G.

Die militärische Disziplin erfordert, daß der Untergebene dem Vorgesetzten Achtung und Ehrerbietung zollt und ihm die vorgeschriebene Ehrenbezeigung erweist. Die Verletzung dieser Pflicht durch Handlung oder Unterlassung giebt den Begriff der Achtungsverletzung, soweit nicht ein Verstoß gegen besondere Strafgesetze, wie z. B. Beleidigung eines Vorgesetzten, Gehorsamsverweigerung u. s. w. vorliegt. Nur solche Achtungsverletzungen, welche im Dienst oder in Beziehung auf eine Diensthandlung verübt werden, sind nach §. 89 d.G. zu bestrafen, andere unterliegen der Disziplinarbestrafung. — „Im Dienst" befindet sich der Soldat, sobald er auf Grund einer speziellen oder allgemeinen Vorschrift (Befehl, Instruktion 2c.) in der Ausübung einer militärischen Verrichtung begriffen ist. Nur der Untergebene muß sich im Dienst befunden haben; beim Vorgesetzten, gegen welchen die Handlung gerichtet war, ist dies nicht erforderlich. Das „Beschwerde- und Widerrede-Führen" sind bloße Exemplifikationen. — Vorgesetzter ist Jeder, welcher auf Grund militärischer Anordnungen einem Anderen Befehle zu ertheilen berechtigt ist; so ist der Unteroffizier Vorgesetzter des Gemeinen, der Offizier der des Unteroffiziers und Gemeinen u. s. w. Es kann aber auch der Gefreite und Gemeine Vorgesetzter von Kameraden sein, über welche ihm ein bestimmtes Kommando übertragen ist, so z. B. bei Wachen, Patrouillen, als Stubenältester bezüglich der Aufrechterhaltung der Stubenordnung. Im Allgemeinen findet bei gleichen Chargen ein Vorgesetzten-Verhältniß nicht statt, doch ist der Feldwebel Vorgesetzter der sämmtlichen zu derselben Kompagnie (Eskadron, Batterie) gehörigen Unteroffiziere, nicht aber anderen Unteroffizieren gegenüber. Preuß. Kriegs-Minist. vom 12. April 1858.

Gefreite, welche Unteroffizierdienste thun, haben die Vorgesetzteneigenschaft ihren Untergebenen gegenüber nur für die Dauer und den Bereich der ihnen zugewiesenen Unteroffizierfunktionen. Ebenso sind dieselben als Korporalschafts- (Geschütz-, Beritt-) Führer nur Vorgesetzte der zu ihrer Korporalschaft ꝛc. gehörigen, nicht aber anderen Mannschaften gegenüber. K.M. vom 18. März 1874. — Stabshoboisten, Stabstrompeter und Stabshornisten stehen den Feldwebeln (Wachtmeistern) gegenüber in einem koordinirten Verhältniß. A.K.O. vom 27. Mai 1884 (A.V.Bl. S. 109). — Ueber das Unterordnungsverhältniß der Unteroffiziere zu einander ist in der A.K.O. vom 17. November 1887 (A.V.Bl. S. 332) das Nähere bestimmt. Das Verhältniß der Offiziere zu einander ist in den §§. 13, 14 d. A.V. vom 30. Oktober 1865 (M.W.Bl. S. 421) vorgesehen.

„Unter dem Gewehr" befindet sich der Soldat, sobald er in der befohlenen Ausrüstung, wenn auch nur mit Seitengewehr, zum Dienst unter das Kommando eines Vorgesetzten getreten ist. Es kann sich auch ein Mann „unter dem Gewehr" befinden. — Zu „vor versammelter Mannschaft" vergl. §. 12 d. G. — „Drohung" ist die ausgesprochene oder durch Handlungen an den Tag gelegte Absicht, Jemand ein Uebel zuzufügen. Eine unmittelbare Gefahr für Leib, Leben und Ehre des Bedrohten braucht nicht damit verbunden zu sein. — Vergl. §. 98 d. G. — Leichtere Fälle des §. 89 d. G. können disziplinarisch erledigt werden. §. 3 d. E.G. zum M.St.G.B.

§. 90. Wer auf Befragen in dienstlichen Angelegenheiten dem Vorgesetzten wissentlich die Unwahrheit sagt, wird mit Arrest bestraft.

Nur dann, wenn der Untergebene vom Vorgesetzten befragt ist und die Frage eine Dienstangelegenheit betraf, darf bei wissentlich falscher Antwort der §. 90 d. G. angewendet werden, sonst tritt

Disziplinarbestrafung ein. Vergl. §. 98 d. G. — In leichteren Fällen des §. 90 d. G. ist Disziplinarbestrafung zulässig. §. 3 des E.G. z. M.St.G.B.

§. 91. Wer einen Vorgesetzten oder im Dienstrange Höheren beleidigt, wird mit Freiheitsstrafe bis zu zwei Jahren und, wenn die Beleidigung im Dienste oder in Beziehung auf eine Diensthandlung begangen, mit Freiheitsstrafe bis zu drei Jahren bestraft.

Ist die Beleidigung durch Verbreitung von Schriften, Darstellungen oder Abbildungen begangen, so ist auf Gefängniß oder Festungshaft bis zu fünf Jahren zu erkennen.

Ist die Beleidigung eine verleumderische, so tritt Gefängniß bis zu fünf Jahren ein.

Zu „Vorgesetzten" vergl. Note zu §. 89 d. G. Dem Vorgesetzten ist hier der im Dienstrange Höhere, dem gegenüber ein Vorgesetztenverhältniß nicht stattfindet, gleich gestellt. — Zu „im Dienst" vergl. Note zu §. 89 d. G.

Beleidigung ist jede vorsätzliche, rechtswidrige Kundgebung, durch welche die allgemein menschliche oder bürgerliche Ehre eines Andern gekränkt wird (Oppenhoff Note zu §. 185 R.St.G.B.). Die Absicht zu beleidigen ist nicht erforderlich, es genügt die erfolgte Kundgebung und das Bewußtsein, daß dieselbe objektiv beleidigend ist. — Für die verleumderische Beleidigung ist der Thatbestand des §. 187 R.St.G.B. erforderlich.

Der §. 91 schließt sich eng an die Vorschriften der §§. 185 ff. des R.St.G.B. an, nur bedarf es keines Strafantrages, auch ist ein Verzicht auf Bestrafung wirkungslos.

Beleidigungen unter Militärpersonen von gleichem Dienstrange, welche in keinem Vorgesetztenverhältniß stehen, werden nur auf Antrag verfolgt und nach §§. 185 ff. R.St.G.B. bestraft.

Vergl. §. 98 d. G. — Leichtere Fälle des §. 91 können disziplinarisch bestraft werden. §. 3 des E.G. z. M.St.G.B.

§. 92. Ungehorsam gegen einen Befehl in Dienstsachen durch Nichtbefolgung oder durch eigenmächtige Abänderung oder Ueberschreitung desselben wird mit Arrest bestraft.

Der Gehorsam ist das Fundament der militärischen Disziplin und die Aufrechterhaltung desselben im Heere durch alle Mittel geboten und unter gesetzlichen Schutz gestellt. Eine Kritik, ein Raisonnement, jede Gegenvorstellung, selbst in bescheidener Form, gegen einen Befehl in Dienstsachen ist unstatthaft und strafbar. Nur der spätere Befehl eines höheren Vorgesetzten vermag den früheren aufzuheben.

Der §. 92 straft nur den Ungehorsam gegen Befehle in Dienstsachen; über den Unterschied dieser und der Dienstbefehle vgl. Note zu §. 47 d. G. Die Vorsätzlichkeit der Handlung oder Unterlassung ist nicht Erforderniß, auch der fahrlässige Ungehorsam fällt unter die gleiche Strafbestimmung. Leichtere Fälle können im Disziplinarwege geahndet werden. Vgl. §. 3 des E.G. z. M St G B.

Zuwiderhandlungen gegen die Kriegsartikel gehören zu den im §. 1 der Discipl.St.O. bezeichneten Handlungen, welche lediglich der Disciplinarbestrafung unterliegen; sie können aber aus §. 92 d.G. bestraft werden, sobald ein besonderes bezügliches Gebot oder Verbot ergangen und dadurch ein Befehl in Dienstsachen geschaffen ist. Wr G E vom 20. Januar 1887.

Vergl. auch §. 98 d. G.

§. 93. Wird durch den Ungehorsam ein erheblicher Nachtheil verursacht, so tritt strenger Arrest nicht unter vierzehn Tagen oder Gefängniß oder Festungshaft bis zu zehn Jahren, im Felde Freiheitsstrafe nicht unter Einem Jahre oder lebenslängliche Freiheitsstrafe ein.

Wird durch den Ungehorsam die Gefahr eines erheblichen Nachtheils herbeigeführt, so tritt Freiheitsstrafe bis zu zwei Jahren, im Felde Freiheitsstrafe von drei Monaten bis zu drei Jahren ein.

Ob ein erheblicher Nachtheil eingetreten, ist Thatfrage. Der Nachtheil muß mit dem Ungehorsam in einem ursächlichen Zusammenhange stehen. Nicht jeder Nachtheil begründet die Anwendung des §. 93, sondern nur der erhebliche. — Zum Begriff „im Felde" vergl. §§. 9 und 10 d. G. und Note dazu. — Die im Abs. 1 des Paragraphen angedrohte Strafe wird ermäßigt, wenn durch den Ungehorsam nur die Gefahr eines erheblichen Nachtheils herbeigeführt, dieser selbst aber nicht eingetreten ist.

Vergl. §. 98 d. G.

§. 94. Wer den Gehorsam ausdrücklich verweigert oder seinen Ungehorsam sonst durch Worte, Geberden oder andere Handlungen zu erkennen giebt, ingleichen wer den Vorgesetzten über einen von ihm erhaltenen Dienstbefehl oder Verweis zur Rede stellt, oder auf wiederholt erhaltenen Befehl in Dienstsachen im Ungehorsam beharrt, wird mit strengem Arrest nicht unter vierzehn Tagen oder mit Gefängniß oder Festungshaft bis zu drei Jahren bestraft.

Unter ausdrücklicher Verweigerung des Gehorsams versteht man jede durch Worte oder Handlungen an den Tag gelegte Willensäußerung, welche die Absicht, einen Befehl in Dienstsachen nicht zu befolgen, erkennen läßt. Die Handlungen können dabei auch als Unterlassungen in die äußere Erscheinung treten. — Es ist hier die die Disziplin in hohem Grade gefährdende, demonstrative Art des Ungehorsams, welche die höhere Strafe bedingt. — Der ausdrücklichen Gehorsamsverweigerung ist gleichgestellt das Zurrebestellen eines Vorgesetzten über einen erhaltenen Dienstbefehl — hier nicht blos „Befehl in Dienstsachen" — oder Verweis und das Beharren im Ungehorsam auf wiederholt erhaltenen Befehl in Dienstsachen, d. h. das lediglich passive Verhalten einem solchen Befehle gegenüber. Im letzteren Falle ist aber die stattgehabte Wiederholung des Befehls nothwendige Voraussetzung; die Nichtbefolgung eines einmaligen Befehls ist Ungehorsam. Das bloße Raisonniren über einen Befehl, sowie die Widerrede bei einem Verweise fällt nicht hierher, sondern ist nach §. 89 d. G. strafbar.

Der Begriff „Verweis" ist hier nicht im engeren Sinne zu nehmen, vielmehr fällt hierher auch eine Rüge, ein ausgesprochener Tadel u. s. w.

Vergl. §. 98 d. G.

§. 95. Wird eine der in dem §. 94 bezeichneten Handlungen vor versammelter Mannschaft oder gegen den Befehl, unter das Gewehr zu treten, oder unter dem Gewehr begangen, so tritt Gefängniß oder Festungshaft bis zu fünf Jahren, im Felde Gefängniß oder Festungshaft nicht unter Einem Jahre ein.

Ist eine solche Handlung vor dem Feinde begangen, so tritt Freiheitsstrafe nicht unter zehn Jahren ein. Besteht die Handlung darin, daß der Gehorsam gegen einen vor dem Feinde ertheilten Befehl durch Wort oder That ausdrücklich verweigert wird, so tritt Todesstrafe, in minder schweren Fällen Freiheitsstrafe nicht unter zehn Jahren oder lebenslängliche Freiheitsstrafe ein.

Der §. 95 bezieht sich auf §. 94 d. G. und bedroht die dort aufgeführten Handlungen unter gewissen Voraussetzungen mit härteren Strafen. — Vergl. zu den Begriffen „vor versammelter Mannschaft" §. 12, „unter dem Gewehr" Note zu §. 89, „vor dem Feind" §. 11 u. Note dazu. Im Abs. 2 ist unter „solcher Handlung" jede der im §. 94 bedrohten Strafthaten zu verstehen. — Zu minder schweren Fällen vergl. Note zu §. 58 d. G. Vergl. auch §. 98 d. G.

§. 96. Wer es unternimmt, einen Vorgesetzten mittels Gewalt oder Drohung an der Ausführung eines Dienstbefehls zu hindern oder zur Vornahme oder Unterlassung einer Diensthandlung zu nöthigen, wird wegen Widersetzung mit Freiheitsstrafe von sechs Monaten bis zu zehn Jahren, im Felde mit Gefängniß nicht unter zwei Jahren bestraft.

Dieselbe Strafe tritt ein, wenn die Handlung gegen die zur Unterstützung des Vorgesetzten befehligten oder zugezogenen Mannschaften begangen wird.

Der Begriff „unternehmen" umfaßt sowohl den Versuch wie die Vollendung der gewollten That und ist für die Anwendung des §. 96 gleichgültig, ob der Thäter beim Versuch stehen geblieben oder die Vollendung erfolgt und ein Erfolg eingetreten ist oder nicht. Der Versuch ist also dem vollendeten Verbrechen gleichgestellt, ein besonderer Versuch des letzteren ist daher nicht mehr denkbar. Die geringere Strafbarkeit des Versuches (§. 44 R.St.G.B.) fällt fort und der freiwillige Rücktritt (§. 46 R.St.G.B.) sichert keine Straflosigkeit.

Zu dem Begriff „Vorgesetzter" vergl. Note zu §. 89. — „Gewalt" ist die Anwendung körperlicher, resp. physischer Kraft, welche eine entsprechende Gegenwirkung erfordert. Sie darf nicht in eine thätliche Einwirkung auf die Person des Vorgesetzten ausarten, da sonst der §. 97 zur Anwendung gelangt. „Drohung" ist die Ankündigung eines zuzufügenden Uebels, Gewalt u. s. w. Drohungen müssen in der Absicht angewendet sein, den Vorgesetzten an der Ausführung eines Dienstbefehls zu hindern oder zur Vornahme oder Unterlassung einer Diensthandlung zu nöthigen. Ein anderer Zweck giebt den Begriff der Widersetzung nicht.

Nur solche Mannschaften, welche zur Unterstützung eines Vorgesetzten zugezogen, oder von diesem beziehungsweise einem andern Vorgesetzten zu gleichem Zweck kommandirt worden sind, nicht aber solche, welche freiwillig für den Vorgesetzten Partei ergreifen, sind gleich dem Vorgesetzten geschützt.

Vergl. auch §. 98.

§. 97. Wer sich an einem Vorgesetzten thätlich vergreift oder einen thätlichen Angriff gegen denselben unternimmt, wird mit Freiheitsstrafe nicht unter drei Jahren, in minder schweren Fällen mit Freiheitsstrafe nicht unter Einem Jahre bestraft. Wird die Handlung unter dem Gewehr oder sonst im Dienste, oder vor versammelter Mannschaft, oder mit einer Waffe oder einem anderen gefährlichen Werkzeuge ausgeführt, so tritt Freiheitsstrafe nicht unter fünf Jahren, in minder schweren Fällen Freiheitsstrafe nicht unter zwei Jahren ein.

Statt auf Gefängniß oder Festungshaft ist auf Zuchthaus von gleicher Dauer zu erkennen, wenn die Thätlichkeit eine schwere Körperverletzung oder den Tod des Vorgesetzten verursacht hat.

Ist die Thätlichkeit im Felde begangen, so tritt Todesstrafe, in minder schweren Fällen oder wenn die Thätlichkeit außer dem Dienste begangen ist, Freiheitsstrafe nicht unter zehn Jahren oder lebenslängliche Freiheitsstrafe ein.

Neben Gefängniß und neben Festungshaft ist auf Dienstentlassung zu erkennen.

Unter „thätlichem Vergreifen" versteht man jede unberechtigte unmittelbare Einwirkung auf den Körper eines Vorgesetzten, ohne Rücksicht darauf, ob dadurch eine Verletzung, Schmerz, Unbehagen u. dgl. m. hervorgebracht worden oder nicht. Es fallen daher hierher das Schlagen, Stoßen, Anfassen, Festhalten, Zurückdrängen, Bewerfen, Begießen, aber auch die thätliche Abwehr. Die Einwirkung muß von Körper zu Körper gehen, wobei selbstredend jeder Schlag oder Stoß, welcher ein Kleidungs- oder Ausrüstungsstück des Vorgesetzten, z. B. den Helm trifft, dem Körper gilt. Dagegen liegt ein thätliches Vergreifen nicht vor, wenn der Untergebene, den der Vorgesetzte mit Ueberreiten bedroht, in der Ausführung dem Pferde in die Zügel greift.

Dem thätlichen Vergreifen gleichgestellt ist das Unternehmen eines thätlichen Angriffs gegen einen Vorgesetzten. Zu „Unternehmen" vergl Note zu §. 96. Es ist auch hier die Versuchshandlung der vollendeten That gleichgestellt und gilt dasselbe wie in Abs. 1 der Note zu §. 96. — Zum „Unternehmen" gehört der Anfang zur Ausführung, z. B. Schlagen, Stoßen und Werfen nach dem Vorgesetzten, ohne ihn zu treffen, Ziehen des Säbels, Fällen des Gewehrs gegen denselben; es fallen aber nicht hierher jene vorbereitenden Handlungen, welche den Vorgesetzten noch nicht unmittelbar bedrohen, wie z. B. das Legen der Hand an den Säbelgriff.

Das Bewußtsein, daß man es mit einem Vorgesetzten zu thun hat, und die Vorsätzlichkeit der Handlung sind nothwendige Erfordernisse für die Anwendbarkeit des §. 97.

Vergl. zu den Begriffen „unter dem Gewehr" Note zu §. 89, „vor versammelter Mannschaft", §. 12. — Unter „Waffe" sind nicht blos Dienstwaffen, sondern Alles, was nach dem gemeinen Sprachgebrauch unter diesen Begriff fällt, zu verstehen. „Gefährliche Werkzeuge" im Sinne d. G. sind solche, welche geeignet sind, schwere oder erhebliche Körperverletzungen hervorzubringen, z. B. Messer, Bierglas, Stuhlbein, Flasche u. s. w. — Den Begriff der „schweren Körperverletzung" giebt §. 224 R.St.G.B.; zu „im Felde" vergl. §§. 9, 10 d. G. — Abs. 4 bezieht sich nur auf Offiziere.

Vergl. hierzu auch §§. 98 und 111 d. G.

§. 98. Ist ein Untergebener dadurch, daß der Vorgesetzte ihn vorschriftswidrig behandelt oder die Grenzen seiner Dienstgewalt überschritten hat, gereizt und auf der Stelle zu einer der in den §§. 89 bis 97 bezeichneten strafbaren Handlungen hingerissen worden, so ist, wenn die Handlung mit dem Tode oder mit lebenslänglicher Freiheitsstrafe bedroht ist, auf Freiheitsstrafe nicht unter drei Jahren zu erkennen; ist zeitige Freiheitsstrafe angedroht, so kann die Strafe bis zur Hälfte des Mindestbetrages der angedrohten Freiheitsstrafe, und wenn diese Hälfte mehr als Ein Jahr beträgt, bis auf die Dauer eines Jahres ermäßigt, gegen Offiziere auch von der Dienstentlassung abgesehen werden.

Stellt sich die Handlungsweise des Vorgesetzten als eine Mißhandlung oder sonst als herabwürdigende Behandlung des Untergebenen dar, so kann die Strafe, wo die Hälfte des Mindestbetrages der angedrohten Strafe mehr als sechs Monate beträgt, auf die Dauer von sechs Monaten ermäßigt werden; die Strafe darf nicht den dritten Theil des Höchstbetrages der angedrohten Strafe übersteigen.

Die hier vorgesehene Strafminderung greift nur in den Fällen der §§. 89—97, nicht aber bei anderen strafbaren Handlungen gegen die militärische Unterordnung Platz.

Zu „Vorgesetzter" vergl. Note zu §. 89. „Vorschriftswidrig" ist jede Behandlung, welche den gegebenen Bestimmungen über die Behandlung Untergebener zuwiderläuft (K.A. 47). Es gehören hierher auch rohe, verletzende Redensarten, hämische und spöttische Bemerkungen, Nörgeleien u. s. w. — Zu „Ueberschreitung der Grenzen der Dienstgewalt" vergl. §. 114. — Zwischen der Reizung durch vorschriftswidrige Behandlung 2c. und der Handlung des Thäters muß nicht nur ein Kausal-Zusammenhang, sondern auch Kontinuität vorhanden sein; letzteres ist durch die Fassung „auf der Stelle" 2c. angedeutet. Der Ausdruck „Stelle" ist dabei keineswegs räumlich aufzufassen, auch ist eine unmittelbare Aufeinanderfolge nicht verlangt. Ob ein „Hinreißen auf der Stelle" stattgehabt, ist Sache der thatsächlichen Feststellung.

Eine weitere Strafminderung ist für den Fall der vorhergegangenen Mißhandlung oder herabwürdigenden Behandlung vorgesehen. Beide Begriffe decken sich nicht, und während die Mißhandlung die körperliche, physische Einwirkung, z. B. das Schlagen, Stoßen (§. 122 d. G.) auf den Untergebenen im Auge hat, ist unter herabwürdigender Behandlung jedes Verhalten der Vorgesetzten zu verstehen, durch welches nach allgemeiner Anschauung das militärische oder persönliche Ehrgefühl des Untergebenen verletzt wird.

Nur die hier vorgesehenen Anreizungen, also vorschriftswidrige und herabwürdigende Behandlung, Mißhandlung und Ueberschreiten der Grenzen der Dienstgewalt, nicht aber andere Beweggründe, gewähren Anspruch auf die Strafminderung.

Die Herabsetzung der Strafe ist, wenn Todes- oder lebenslängliche Freiheitsstrafe angedroht ist, obligatorisch, sonst fakultativ, d. h. der Richter kann herabgehen, ist dazu aber nicht verpflichtet. Dagegen findet sich im Abs. 2 die obligatorische Bestimmung, daß die zu verhängende Strafe den dritten Theil des Höchstbetrages der angedrohten Strafe nicht übersteigen darf.

§. 99. Wer eine Person des Soldatenstandes zur Verweigerung des Gehorsams, zur Widersetzung oder zu einer Thätlichkeit gegen den Vorgesetzten auffordert oder anreizt, ist gleich dem Anstifter zu bestrafen, wenn die Aufforderung oder Anreizung die strafbare Handlung oder einen strafbaren Versuch derselben zur Folge gehabt hat.

Ist die Aufforderung oder Anreizung ohne Erfolg geblieben, so ist auf Freiheitsstrafe bis zu zwei Jahren, im Felde auf mittleren oder strengen Arrest oder auf Gefängniß oder Festungshaft bis zu fünf Jahren zu erkennen. Die Strafe darf jedoch, der Art oder dem Maße nach, keine schwerere sein, als die auf die Handlung selbst angedrohte.

Im §. 99 wird die Aufforderung oder Anreizung einer Person des Soldatenstandes zu den vorgesehenen Handlungen gegen die militärische Unterordnung mit Strafe bedroht, während §. 100 d. G.

diejenigen Fälle vorsieht, in denen mehrere Personen des Soldatenstandes zur gemeinschaftlichen Verübung der fraglichen Strafthaten verleitet worden sind.

Die Versuchshandlung ist auch hier der vollendeten That gleichgestellt und die Höhe der Strafe von dem erzielten oder nicht eingetretenen Erfolge abhängig gemacht.

Unter „Auffordern" versteht man eine an eine (oder mehrere) Person gerichtete Kundgebung, welche bestimmt ist, in dieser den Willen zu einer Handlung hervorzurufen. Es kann dies sowohl durch Worte wie durch Zeichen und andere Handlungen geschehen. „Anreizung" ist jede Einwirkung, welche darauf abzielt, etwas Gebotenes zu unterlassen oder Verbotenes zu thun. — Die Aufforderung oder Anreizung muß einer Person des Soldatenstandes gegenüber stattgefunden haben; war sie an eine andere Militärperson gerichtet, so liegt der Thatbestand des §. 99 (100) nicht vor. Nur die Aufforderung der Anreizung zur Gehorsamsverweigerung (§§. 94, 95), zur Widersetzung (§. 96) und zur Thätlichkeit gegen einen Vorgesetzten (§. 97), nicht die zu anderen strafbaren Handlungen gegen die militärische Unterordnung wird aus §. 99 gestraft.

Zu dem Begriff „im Felde" vergl. §§. 9, 10 d. G.

§. 100. Wer mehrere Personen des Soldatenstandes auffordert oder anreizt, gemeinschaftlich entweder dem Vorgesetzten den Gehorsam zu verweigern oder sich ihm zuwidersetzen oder eine Thätlichkeit gegen denselben zu begehen, wird ohne Rücksicht darauf, ob ein Erfolg eingetreten ist, wegen Aufwiegelung mit Gefängniß nicht unter fünf Jahren bestraft.

Ist durch die Handlung ein erheblicher Nachtheil für den Dienst verursacht worden, so tritt Gefängniß nicht unter zehn Jahren ein; im Felde kann auf lebenslängliches Gefängniß erkannt werden.

Der Thatbestand der Aufwiegelung fällt im Wesentlichen mit dem des §. 99 zusammen und giebt die Aufforderung oder Anreizung mehrerer Personen des Soldatenstandes zur gemeinschaftlichen Gehorsamsverweigerung, Widersetzung oder zu einer Thätlichkeit gegen den Vorgesetzten den Begriff der militärischen Aufwiegelung. — Der nicht erzielte oder eingetretene Erfolg ist auf die Strafbarkeit ohne Einfluß, wird aber immer ein erheblicher Strafzumessungsgrund bleiben. — Nur der wirklich verursachte erhebliche Nachtheil für den Dienst, nicht die bloße Gefahr eines solchen begründet die Strafschärfung des Abs. 2; vergl. hierzu die Note des §. 93. Im „Felde" vergl. §§. 9, 10 d. G. Der Schlußpassus bezieht sich nur auf den erschwerenden Umstand des Abs. 2.

§. 101. Wer unbefugt eine Versammlung von Personen des Soldatenstandes behufs Berathung über militärische Angelegenheiten oder Einrichtungen veranstaltet, oder zu einer gemeinsamen Vorstellung oder Beschwerde über solche Angelegenheiten oder Einrichtungen Unterschriften sammelt, wird mit Freiheitsstrafe bis zu drei Jahren bestraft; zugleich kann auf Dienstentlassung erkannt werden.

Die an einer solchen Versammlung, Vorstellung oder Beschwerde Betheiligten werden mit Freiheitsstrafe bis zu sechs Monaten bestraft.

Die Aufnahme dieser Strafvorschrift, welche der Landesgesetzgebung (§. 22 d. G. vom 11. März 1850, Art. 38 der Verf.-Urk. für den Preuß. Staat vom 31. Juni 1850, Art. 27 des Bayr. G. vom 26. Februar 1850) entspricht, ist durch die große Gefahr bedingt, welche aus dem Versammlungsrecht der Disziplin droht. Mit Rücksicht hierauf unterliegen auch Personen des Beurlaubtenstandes, selbst wenn sie sich nicht im Dienst befinden, den Bestimmungen des §. 101; vergl. §. 113 d. G. — „Unbefugt" ist jede Handlung, welche ohne höhere Genehmigung oder mit Verletzung gegebener Dienstvorschriften unternommen wird. — Zum Begriff einer Versammlung genügen nach bisherigen Entscheidungen 3 Personen und zwar der Veranstalter und zwei Personen, welche der Aufforderung Folge geleistet haben. — Voraussetzung des §. 101 ist daß eine Aufforderung an Personen des Soldatenstandes zum Zweck der Berathung über militärische Angelegenheiten und Einrichtungen u. s. w. ergangen ist. Ist dies nicht der Fall, so greift §. 101 nicht Platz; es ist aber den Soldaten allgemein verboten, an Versammlungen Theil zu nehmen, welche andere als gesellige Zwecke verfolgen. Die militärischen Angelegenheiten oder Einrichtungen umfassen alle Materien, welche sich auf Dienst- oder Standesverhältnisse beziehen. Nur der Urheber der unbefugten Versammlung und der, welcher zu dem angegebenen Zweck Unterschriften sammelt, unterliegt der Strafbestimmung in Abs. 1; die übrigen Betheiligten werden nach Abs. 2 bestraft.

§. 102. Wer es unternimmt, Mißvergnügen in Beziehung auf den Dienst unter seinen Kameraden zu erregen, wird, wenn dies durch mündliche Aeußerungen geschieht, mit Freiheitsstrafe bis zu drei Jahren bestraft.

Ist die Handlung durch Verbreitung von Schriften, Darstellungen oder Abbildungen oder ist sie im Felde begangen, so ist auf mittleren oder strengen Arrest nicht unter vierzehn Tagen oder auf Gefängniß oder Festungshaft bis zu fünf Jahren zu erkennen.

Zu dem Begriffe „unternehmen" vergl. Note zu §. 96. Der dolus muß darauf gerichtet sein, die dienstlichen Verhältnisse und Einrichtungen herabzusetzen und dadurch Unzufriedenheit (Mißvergnügen) mit denselben hervorzurufen. Geschieht dies durch Verbreitung von Schriften, Darstellungen oder Abbildungen, so tritt die härtere Strafe des Abs. 2 ein. Dasselbe gilt, wenn die Handlung „im Felde" verübt wird; über den Begriff vergl. §§. 9, 10 d. G.

Der Thatbestand des Vergehens ist gegeben, sobald das Unternehmen einem Kameraden gegenüber stattgefunden hat. Daß abgewartet werden soll, bis „Mehrere" mißvergnügt sind, liegt nicht im Gesetz, würde sich auch mit der dadurch hervorgerufenen Gefahr für die Disziplin nicht vereinigen lassen.

§. 103. Verabreden Mehrere eine gemeinschaftliche Verweigerung des Gehorsams oder eine gemeinschaftliche Widersetzung oder Thätlichkeit gegen den Vorgesetzten, so werden dieselben wegen Meuterei bestraft. Die Strafe ist nach demjenigen Gesetze festzusetzen, welches auf die Handlung Anwendung findet, deren Begehung verabredet worden ist, und zugleich um die Dauer von drei Monaten bis zu zwei Jahren zu erhöhen.

Ist in Folge der Verabredung die strafbare Handlung begangen worden, so ist die Strafe, mit welcher die Handlung bedroht ist, nach §. 53 zu erhöhen, wenn die hiernach zulässige Strafe höher ist, als die nach den Bestimmungen des ersten Absatzes verwirkte Strafe.

Die bloße Verabredung mehrerer Personen des Soldatenstandes zu einer gemeinschaftlichen Verübung der im Gesetz vorgesehenen strafbaren Handlungen giebt den Thatbestand der Meuterei; bei eingetretenem Erfolge tritt die Strafschärfung des Abs. 2 ein.

Mehrere sind schon zwei; die Abrede muß auf ein gemeinschaftliches Handeln gehen. Ein Verabreden liegt vor, wenn die Betheiligten zu dem Entschluß gelangt sind, die beabsichtigte That auszuführen. Die Strafe ist diejenige, welche für die verabredete Strafthat (Gehorsamsverweigerung, Widersetzung, Thätlichkeit gegen einen Vorgesetzten) gesetzlich angedroht ist, geschärft um die Dauer von 3 Monaten bis zu zwei Jahren. Ist die verabredete That ausgeführt, so soll nach Abs. 2 die nach Abs. 1 bereits verwirkte Strafe, d. h. die auf das Vergehen, bezw. Verbrechen einschließlich der Zusatzstrafe angedrohte noch weiter nach §. 53 erhöht werden. Es muß daher erst die Strafe für die verübte Strafthat (Gehorsamsverweigerung rc.) gefunden, diese nach Abs. 1 geschärft und die so ermittelte Strafe gemäß §. 53 erhöht werden.

§. 104. Wer von einer Meuterei zu einer Zeit, in welcher die Verhütung der verabredeten strafbaren Handlung möglich ist, glaubhafte Kenntniß erhält und es unterläßt, hiervon rechtzeitig Anzeige zu machen, wird, wenn die verabredete strafbare Handlung begangen worden ist, mit Freiheitsstrafe bis zu drei Jahren bestraft.

Der §. 104 betrifft Militärpersonen, welche an der Meuterei nicht betheiligt sind, für Betheiligte gilt §. 105 d. G. — Zu „glaubhafte Kenntniß" vergl. §. 60 und Note dazu. „Rechtzeitig" heißt unmittelbar nach erlangter Kenntniß, oder zu einer Zeit, zu welcher die Verhütung der Ausführung der That noch möglich war. — Die Strafe tritt ein, wenn die Meuterei begangen ist oder ein strafbarer Versuch derselben vorliegt.

§. 105. Straflosigkeit tritt für den an der Meuterei Betheiligten ein, welcher von der Meuterei zu einer Zeit, wo die Dienstbehörde nicht schon anderweit davon unterrichtet ist, in einer Weise Anzeige macht, daß die Verhütung der verabredeten Handlung möglich ist.

Vergl. hierzu §. 61 d. G. und Note dazu.

§. 106. Wenn Mehrere sich zusammenrotten und mit vereinten Kräften es unternehmen, dem Vorgesetzten den Gehorsam zu verweigern, sich ihm zu widersetzen oder eine Thätlichkeit gegen denselben zu begehen, so wird jeder, welcher an der Zusammenrottung theilnimmt, wegen militärischen Aufruhrs mit Gefängniß nicht unter fünf Jahren, im Felde mit Gefängniß nicht unter zehn Jahren bestraft; zugleich ist auf Versetzung in die zweite Klasse des Soldatenstandes zu erkennen.

Unter „Zusammenrotten" versteht man die bewußte, auch äußerlich erkennbare Verbindung von zwei oder mehreren Personen zu einem gemeinsamen, unerlaubten, gewaltthätigen Handeln. Der Begriff ist gegeben, wenn Personen, die sich vorher zu einem anderen Zweck zusammengefunden hatten, sich plötzlich zu einem gemeinschaftlichen bezüglichen Handeln verbinden. Die bloße Verabredung genügt nicht, das gemeinsame Handeln muß in die äußere Erscheinung getreten sein. — Mehrere sind schon 2 Personen. — „Vereinte Kräfte" sind vorhanden, wenn die einzelnen Betheiligten durch ihr Verhalten die Absicht kundgeben, daß sie den Zweck der Zusammenrottung billigen; weitere Handlungen der Theilnehmer werden nicht erfordert. — Zu „unternehmen" vergl. Note zu §. 96; es ist auch hier die Versuchshandlung der vollendeten That gleichgestellt. — Zu „Vorgesetzten" vergl. Note zu §. 89. Ueber die Begriffe der Gehorsamsverweigerung, Widersetzung und Thätlichkeit gegen Vorgesetzte vergl. §§. 94, 95, 96, 97. Zu „im Felde" vergl. §. 9, 10. — Wegen Militärbeamten vergl. §. 153 d. G.

§. 107. Die Rädelsführer und Anstifter eines militärischen Aufruhrs, sowie diejenigen Aufrührer, welche eine Gewaltthätigkeit gegen den Vorgesetzten begehen, werden mit Zuchthaus nicht unter fünf Jahren oder mit lebenslänglichem Zuchthaus, und wenn der Aufruhr im Felde begangen wird, mit dem Tode bestraft.

„Rädelsführer" ist derjenige, welcher die Vereinigung (Zusammenrottung) zu dem verbrecherischen Handeln zu Stande gebracht hat und die gemeinschaftliche That leitet. — „Anstifter" ist jeder, der auf die Anwesenden einwirkt. um sie zum gemeinsamen Handeln zu bestimmen. — Unter „Aufrührer" sind alle diejenigen zu verstehen, welche sich an der gemeinschaftlichen Strafthat in irgend einer Weise betheiligt haben. — Als „Gewaltthätigkeit" stellt sich jede Anwendung körperlicher und physischer Kraft dar. — Ueber den Begriff „Vorgesetzter" vergl. Note zu §. 89. Zu „im Felde" vergl. §§. 9, 10 d. G.

§. 108. Wird der militärische Aufruhr vor dem Feinde begangen, so tritt gegen sämmtliche Betheiligte die Todesstrafe ein.

Zu „vor dem Feinde" vergl. §. 11 und Note dazu.

§. 109. Die an einem militärischen Aufruhr Betheiligten, welche zur Ordnung zurückkehren, bevor es zu einer Gewaltthätigkeit gegen den Vorgesetzten gekommen, werden mit Gefängniß oder Festungshaft bis zu zwei Jahren bestraft, wenn sie nicht Anstifter oder Rädelsführer sind.

Ist in einem solchen Falle die Rückkehr zur Ordnung von allen an dem Aufruhr Betheiligten erfolgt, so ist gegen Anstifter und Rädelsführer auf Gefängniß oder Festungshaft von zwei bis zu fünf Jahren zu erkennen.

Die „Rückkehr zur Ordnung", welche die Strafermäßigung des §. 109 zur Folge haben soll, muß äußerlich erkennbar sein, sei es durch Entfernung vom Orte der That, räumliche Trennung von den Aufrührern, Parteinahme für den Vorgesetzten u. s. w. und erfolgt sein, bevor es zu Gewaltthätigkeiten gegen den Vorgesetzten gekommen ist. Haben bereits Thätlichkeiten der letztgedachten Art stattgefunden, so hat keiner der Betheiligten Anspruch auf die mildere Beurtheilung aus §. 109.

Zu „Vorgesetzten" vergl. Note zu §. 89; über Rädelsführer und Anstifter siehe Note zu §. 107.

§. 110. Dem Anstifter eines militärischen Aufruhrs gleich zu bestrafen ist derjenige an dem Aufruhr Betheiligte, welcher

1) persönlich von dem Vorgesetzten zum Gehorsam aufgefordert, diesen durch Wort oder That ausdrücklich verweigert,
2) durch Mißbrauch militärischer Signale oder durch Aufruhrzeichen den Aufruhr befördert, oder
3) unter den Aufrührern den höchsten Dienstrang einnimmt.

Zu „Anstifter" vergl. §. 107 und Note dazu. — Als „persönlich" erfolgt ist die Aufforderung des Vorgesetzten anzusehen, wenn sie entweder mit Namensnennung oder in einer Weise stattgehabt hat, daß der Aufgeforderte darüber nicht im Zweifel sein konnte, daß die Aufforderung ihm gegolten. Der Gehorsam ist durch Wort oder That verweigert, wenn der Betroffene entweder eine bezügliche ablehnende Erklärung abgegeben, oder die Absicht der Aufforderung nicht Folge zu leisten durch Verbleiben bei den Aufrührern an den Tag gelegt hat. — Die Signale müssen mißbraucht, d. h. für Zwecke des Aufruhrs dienstwidrig gebraucht sein. Ein Hornist, welcher in der Absicht, den Aufruhr zu dämpfen, ein entsprechendes Signal bläst, kann nicht aus §. 110 gestraft werden. Aufruhrzeichen sind besondere, unter den Aufrührern verabredete und den Aufruhr fördernde Zeichen irgend welcher Art. Ziff. 3 bezieht sich auf Vorgesetzte, welche an dem Aufruhr Theil genommen. Ist nur einer betheiligt, so trifft ihn die Strafe aus §. 110 Ziff. 3, haben sich mehrere betheiligt, so verfällt der im höchsten Dienstrange dieser Strafe, während gegen die übrigen §. 55 Ziff. 1 Platz greift.

§. 111. Wer gegen eine militärische Wache die ihr schuldige Achtung verletzt oder sich einer Beleidigung, eines Ungehorsams, einer Widersetzung oder einer Thätlichkeit schuldig macht, wird ebenso bestraft, als wenn er die Handlung gegen einen Vorgesetzten begangen hätte.

Als militärische Wache, im Sinne dieses Gesetzes, sind anzusehen alle zum Wacht- oder militärischen Sicherheitsdienste befehligten Personen des Soldatenstandes, mit Einschluß der Feldgendarmen und des Personals der Stabswache der Marine, welche in Ausübung dieses Dienstes begriffen und als solche äußerlich erkennbar sind.

Was unter den Begriff „militärische Wache" fällt, ist im Abs. 2 vorgesehen. Es gehören daher hierher alle Schild-, Sicherheits-, Ehren-, Stall-, Kasernen-, Feld- und Lagerwachen, Patrouillen,

Eskorten, Vedetten, Pikets, Vorposten u. s. w. einschließlich der Feldgendarmen. Voraussetzung des §. 111 ist, daß die Wache in Ausübung des Dienstes begriffen und als solche äußerlich kenntlich ist. — Als Stallwache im Sinne dieser Vorschrift ist nur der Soldat anzusehen, welcher zur Bewachung und Beaufsichtigung eines Stalles bestimmt ist und seinen Dienst in vorgeschriebener Kleidung und Bewaffnung verrichtet. Pr.G.A. vom 10. November 1868.

Wachtmannschaften, welche sich zum Zweck späterer Dienstverrichtungen auf der Wache aufhalten, genießen den gesetzlichen Schutz nicht. Werden solche von einem Arrestanten oder Kameraden thätlich angegriffen, so liegt ein Verbrechen gegen die militärische Unterordnung nicht vor. Der Wachthabende gehört zur Wache und ist stets im Dienst. Die Wachen müssen äußerlich erkennbar sein und dies geschieht durch die vorgeschriebene dienstmäßige Kleidung und Ausrüstung. Letztere richtet sich nach den allgemeinen und speziellen Vorschriften und Instruktionen.

Nach der A.K.O. vom 20. Dezember 1862 sollen die Unteroffiziere vom Tagesdienst bei Revision der Kompagnie-Reviere rc. nicht als Wachen gelten, wohl aber sobald sie auf Befehl der Kommandantur, des Garnison-Aeltesten, Truppenbefehlshabers rc. zur Revision von Wirthshäusern u. s. w. außerhalb ihres Reviers verwendet werden und sich dabei im Ordonnanz-Anzuge mit Patrontasche oder Cartouche befinden. Dasselbe gilt auch für andere Unteroffiziere und Gefreite, welche für gleiche Zwecke kommandirt werden.

Alle Personen des Soldatenstandes einschließlich der Offiziere können sich der bezeichneten strafbaren Handlungen gegen Wachen schuldig machen. Vorgesetzte der Wachen sind nach der Instruktion vom 13. September 1888 betreff. Garnisondienst der kommandirende General des Armee-Korps, der Gouverneur, Kommandant oder Garnison-Aelteste, der Offizier vom Tagesdienst und der Wachtbefehlshaber. Der Ronde-Offizier tritt den Wachen und Posten gegenüber erst dann in ein Vorgesetzten-Verhältniß, wenn er sich der Wachtinstruktion gemäß als „Ronde" legitimirt hat. A.K.O. vom 10. Juli 1862.

§. 112. Wer einen Vorgesetzten oder einen im Dienstrange Höheren aus dienstlicher Veranlassung zum Zweikampfe herausfordert, wird mit Freiheitsstrafe nicht unter Einem Jahre, und, wenn der Zweikampf vollzogen wird, mit Freiheitsstrafe nicht unter drei Jahren bestraft; zugleich ist auf Dienstentlassung zu erkennen.

Gleiche Strafen treffen den Vorgesetzten, welcher die Herausforderung annimmt oder den Zweikampf vollzieht.

Die Herausforderung zum Zweikampf und die Vollziehung eines solchen aus nicht dienstlicher Veranlassung wird auch gegen Personen des Soldatenstandes nach §§. 201 ff. R.St.G.B. bestraft. — Zu „Vorgesetzten" vergl. Note zu §. 89. — „Im Dienstrange höher" ist derjenige, welcher ohne direkt Vorgesetzter zu sein, einen höheren militärischen Rang einnimmt, oder bei gleichem Range älter im Dienst ist. — „Dienstliche Veranlassung" liegt vor, wenn irgend eine Diensthandlung des Vorgesetzten oder im Dienstrange Höheren den Grund für die Herausforderung abgegeben hat. Es kann dies sowohl ein Befehl, wie auch eine persönliche Aeußerung in irgend einer Form sein.

Die Dienstentlassung ist in Abs. 1 und 2 geboten, tritt jedoch selbstredend nur bei Offizieren ein.

§. 113. Eine Person des Beurlaubtenstandes wird, auch während sie sich nicht im Dienst befindet, nach den Vorschriften dieses Abschnitts bestraft, wenn sie dem §. 101 zuwiderhandelt, oder eine andere der in diesem Abschnitte vorgesehenen strafbaren Handlungen im dienstlichen Verkehr mit dem Vorgesetzten oder in der Militäruniform begeht, oder wenn sie sich des Ungehorsams oder der Widersetzung gegen einen rechtmäßigen Befehl in dienstlichen Angelegenheiten schuldig macht.

Ueber „Personen des Beurlaubtenstandes" vergl. Note zu §. 6; zu „Vorgesetzte" vergl. Note zu §. 89. Der „dienstliche Verkehr mit dem Vorgesetzten" kann ein mündlicher oder schriftlicher sein, nur muß er Dienst-Angelegenheiten betreffen. Hierher gehören insbesondere Gesuche, Meldungen, Beschwerden. Unter Militäruniform ist die Bekleidung mit Waffenrock, entsprechendem Beinkleid und Kopfbedeckung (Helm, Käppi, Mütze) zu verstehen; Waffe (Seitengewehr) ist nicht erforderlich. — „Rechtmäßig" ist der Befehl, sobald der Vorgesetzte seiner Stellung nach befugt war, den Befehl mit rechtlicher Wirkung zu erlassen.

Disziplinarbestrafung gemäß §. 3 d. E.G. zum M.St.G.B. ist in geeigneten Fällen zulässig. Vergl. auch Kontroll.Ges. vom 15. Februar 1875.

Siebenter Abschnitt.

Mißbrauch der Dienstgewalt.

§. 114. Wer seine Dienstgewalt über einen Untergebenen zu Befehlen oder Forderungen, die in keiner Beziehung zum Dienste stehen, oder zu Privatzwecken mißbraucht, ingleichen wer von dem Untergebenen Geschenke fordert, von ihm, ohne Vorwissen des gemeinschaftlichen Vorgesetzten, Geld borgt oder Geschenke annimmt, oder den Untergebenen sonst durch seine dienstliche Stellung veranlaßt, gegen ihn Verbindlichkeiten einzugehen, die demselben nachtheilig sind oder auf das gegenseitige Dienstverhältniß von nachtheiligem Einflusse sein können, wird mit Gefängniß oder Festungshaft bis zu zwei Jahren, in minder schweren Fällen mit Arrest bestraft.

In schwereren Fällen, insbesondere im Rückfalle, kann zugleich auf Dienstentlassung oder Degradation erkannt werden.

Personen des Beurlaubtenstandes unterliegen den Strafbestimmungen dieses Abschnitts, auch wenn sie sich nicht im Dienste befinden, sobald sie eine der vorgesehenen strafbaren Handlungen im dienstlichen Verkehr mit den Untergebenen oder in Militär-Uniform begehen. §. 126 d. G.

„Dienstgewalt" ist das aus der Stellung eines Vorgesetzten herrührende Recht, dem Untergebenen Dienstbefehle zu ertheilen. Zu „Vorgesetzter" vergl. Note zu §. 89. Privatzwecke sind solche, welche mit den militärischen Dienstverhältnissen außer Zusammenhang, lediglich das persönliche Interesse des Vorgesetzten betreffen. — Es ist nicht erforderlich, daß die Verbindlichkeiten, die der Vorgesetzte dem Untergebenen gegenüber eingeht, durch Befehle oder Forderungen hervorgerufen werden, vielmehr genügt jede moralische Einwirkung durch Geltendmachung der dienstlichen Autorität. Schon die Möglichkeit, daß derartige Verbindlichkeiten auf das gegenseitige Dienstverhältniß von nachtheiligem Einfluß sein können, genügt zur Anwendung des Gesetzes.

Zu schweren Fällen vergl. Note zu §. 80, zu Rückfall §. 13 d. G. — Nach §. 3 d. E.G. kann das bloße Borgen von Geld und die Annahme von Geschenken ohne Vorwissen des gemeinschaftlichen Vorgesetzten disziplinarisch geahndet werden. Dies bezieht sich aber nur auf die gedachten beiden Handlungen, sobald andere nachtheilige Folgen nicht eingetreten. Ist letzteres der Fall oder liegt eine der anderen im Gesetz vorgesehenen Handlungen vor, so ist die disziplinarische Erledigung ausgeschlossen und es muß gerichtliche Bestrafung eintreten.

§. 115. Wer durch Mißbrauch seiner Dienstgewalt oder seiner dienstlichen Stellung einen Untergebenen zu einer von demselben begangenen, mit Strafe bedrohten Handlung vorsätzlich bestimmt hat, wird als Thäter oder als Anstifter mit erhöhter Strafe belegt.

Zwischen dem Mißbrauch der Dienstgewalt ꝛc. und der von dem Untergebenen verübten Strafthat muß ein ursächlicher Zusammenhang sein. Die strafbare Handlung muß vollendet sein oder wenigstens ein strafbarer Versuch derselben vorliegen. Die Strafe des Thäters kann den Vorgesetzten nur insofern treffen, als er selbst bei der Strafthat mitgewirkt hat, §. 47 R.St.G.B., sonst ist er als Anstifter nach §. 48 R.St.G.B. zu strafen. In beiden Fällen jedoch ist die ihn treffende Strafe nach §. 53 d. G. zu erhöhen.

§. 115 umfaßt die strafbaren Handlungen des Milit.- wie des bürgerl. Strafges.B.

§. 116. Wer es unternimmt, durch Mißbrauch seiner Dienstgewalt oder seiner dienstlichen Stellung einen Untergebenen zur Begehung einer mit Strafe bedrohten Handlung zu bestimmen, wird mit Freiheitsstrafe bis zu Einem Jahre bestraft.

Es wird hier die Versuchshandlung des §. 115 als selbstständiges Vergehen mit Strafe bedroht. — Zu „unternehmen" vergl. Note zu §. 96 d. G.

§. 117. Ein Vorgesetzter, welcher einen oder mehrere Untergebene mit Androhung nachtheiliger Folgen oder durch andere widerrechtliche Mittel von dem Führen oder Verfolgen von Beschwerden abzuhalten sucht, oder eine an ihn vorschriftsmäßig gelangte Beschwerde, zu deren Weiterbeförderung oder Untersuchung er verpflichtet ist, unterdrückt oder zu unterdrücken versucht, wird mit Freiheitsstrafe bis zu fünf Jahren bestraft; zugleich kann auf Dienstentlassung oder Degradation erkannt werden.

§. 117 soll das Beschwerderecht des Untergebenen sicherstellen. — Unter Beschwerde im Sinne dieser Vorschrift ist jede Meldung oder Anzeige der Handlung eines Vorgesetzten zu verstehen, durch welche der Anzeigende sich persönlich benachtheiligt, oder in seinem berechtigten Standesbewußtsein, in seinen dienstlichen Befugnissen und Gerechtsamen verletzt fühlt. Der Begriff der Beschwerde ist daher hier nicht in den engen Grenzen der A.K.O. vom 6. März

1873 betreff. den Dienstweg und die Behandlung von Beschwerden aufzufassen. Zu „Vorgesetzter" vergl. Note zu §. 89. — Bei der „Androhung nachtheiliger Folgen" ist es nicht nothwendig, daß bestimmte Folgen bezeichnet sind, auch allgemeine Drohungen genügen. — „Widerrechtliche" sind unerlaubte Mittel; daher fällt nicht hierher das jedem Offizier zustehende Recht, den Untergebenen auf die Folgen einer unbegründeten Beschwerdeführung aufmerksam zu machen. — Der Ausdruck „abzuhalten sucht" soll andeuten, daß schon die Versuchshandlung mit der Strafe des §. 117 zu belegen ist. — „Unterdrücken" bezeichnet jede Thätigkeit, welche darauf gerichtet ist, den gesetzlichen Austrag der Beschwerde zu hintertreiben. Auch hier ist die Versuchshandlung der vollendeten That strafrechtlich gleichgestellt.

Ueber diejenigen Beschwerden, welche in der A.K.O. vom 6. März 1873 (A.V.Bl. S. 63 ff.) vorgesehen sind und bezüglich deren der §. 117 gleichfalls Anwendung findet, ist in der qu. A.K.O. bestimmt: Eine jede Beschwerde darf nicht früher als am nächsten Morgen nach dem Vorfall, welcher zu der Beschwerde Veranlassung gegeben hat, und muß bei Verlust des Beschwerderechts innerhalb dreier Tage, — bei vorhergegangener Disziplinarstrafe von Verbüßung derselben ab gerechnet, — angebracht werden. Von jeder beabsichtigten Beschwerde ist dem direkten Vorgesetzten Meldung zu machen. — Offiziere müssen, bevor sie eine Beschwerde an zuständiger Stelle anbringen, den Weg der dienstlichen Vermittelung einschlagen. Als Vermittler hat dabei ein Offizier und zwar in erster Reihe ein solcher, welcher im Range nahe unter dem zu verklagenden Vorgesetzten steht und möglichst demselben Truppentheil angehört, zu fungiren. Die Uebernahme der Vermittelung darf nur dann abgelehnt werden, wenn der Angerufene die Beschwerde für durchaus unbegründet hält und davon abräth, oder die Verletzung für so schwer erachtet, daß er eine Remedur im Wege der Vermittelung für unausführbar ansieht und aus diesem Grunde die direkte Einreichung der Beschwerde für geboten hält. Der Vermittler kann die Beschwerde mündlich oder schriftlich entgegennehmen, im ersteren Falle schriftliche Auseinandersetzung einzelner Punkte und jede weitere ihm nöthig erscheinende Aufklärung verlangen. Er bringt dann die Beschwerde mündlich zur Kenntniß des Beklagten, sagt ihm dabei offen seine Ansicht über die Sachlage und dieser entscheidet dann, ob er den Grund zur Beschwerde aufheben, oder letztere weiter gereicht wissen will. Diese Entscheidung theilt der Vermittler dem Beschwerdeführer mit. — Ist die Beschwerde nicht beigelegt, so bringt der Beschwerdeführer dieselbe mündlich oder schriftlich bei dem zur Entscheidung kompetenten Vorgesetzten an und meldet zugleich, daß die Vermittelung ohne Erfolg stattgehabt, oder weßhalb eine solche überhaupt nicht erfolgt ist. — Unteroffiziere und Gemeine, welche sich über einen Vorgesetzten beschweren wollen, haben ihrem Feldwebel oder Wachtmeister hiervon mündlich Meldung zu machen; dieser theilt dem betreffenden Korporalschaftsführer mit, daß einer seiner Untergebenen eine Beschwerde angebracht, und meldet letztere sodann dem Kompagnie- (Eskadron-, Batterie-) Chef, der beide Theile persönlich zu hören hat. Beschwerden über den Feldwebel werden direkt bei dem Kompagnie-Chef, die des Feldwebels über den eigenen Kompagnie-Chef bei dem ältesten Offizier der Kompagnie angebracht. — Mannschaften des Beurlaubtenstandes müssen ihre Beschwerden in dienstlichen Angelegenheiten bei dem Bezirksfeldwebel und, wenn die Beschwerde gegen diesen gerichtet ist, ihrem Landwehr-Bezirks-Kommandeur mündlich oder schriftlich vorbringen. — Wollen sich Mehrere aus gleicher Veranlassung beschweren, so dürfen nur die beiden Rang- und Dienst-Aeltesten und wenn nur Gemeine betheiligt sind, zwei derselben die Beschwerde im Namen aller Betheiligten vorbringen. — Abweichungen von dem vorgeschriebenen Beschwerdewege werden nach §. 152 M.St.G.B. gerichtlich bestraft, doch ist eine solche Bestrafung auf die Erledigung der Beschwerde selbst ohne Einfluß. (Vergl. auch die am Schlusse dieses Buches abgedruckte A.K.O. vom 6. März 1873.)

§. 118. Wer vorsätzlich seine Strafbefugnisse überschreitet, insbesondere wer wissentlich unverdiente oder unerlaubte Strafen verhängt, wird mit Gefängniß bis zu fünf Jahren bestraft; zugleich kann auf Dienstentlassung erkannt werden.

Der §. 118 findet nur auf Offiziere Anwendung, denen Disziplinarstrafgewalt verliehen ist. — Eine Ueberschreitung der Strafbefugnisse findet statt, wenn der Vorgesetzte bei Verhängung einer Strafe vorsätzlich über die ihm in seiner Stellung gezogenen Grenzen der Disziplinarstrafen hinausgeht, z. B. der Kompagnie-Chef einen Offizier mit einem strengen Verweise oder Arrest bestraft. — „Unverdient" ist eine Strafe, wenn sie von dem Untergebenen nicht verschuldet war; und als „unerlaubt" ist diejenige zu erachten, welche ihrer Art oder Dauer nach nicht vorgesehen über die gesetzlich bestimmten Grenzen hinausgeht, oder durch Befehle höherer Vorgesetzten verboten ist. — Die Strafe der Dienstentlassung ist zulässig aber nicht geboten.

§. 119. Wer vorsätzlich einen gesetzwidrigen Einfluß auf die Rechtspflege ausübt, wird mit Gefängniß bis zu fünf Jahren bestraft; zugleich kann auf Dienstentlassung oder Degradation erkannt werden.

In minder schweren Fällen ist auf Festungshaft bis zu fünf Jahren zu erkennen.

Während §. 118 den Mißbrauch der Disziplinarstrafgewalt behandelt, bedroht §. 119 diejenigen Verstöße mit Strafe, welche gegen die über die Militärrechtspflege ergangenen Vorschriften verübt werden. Unter „Rechtspflege" ist das gesammte Verfahren in Rechtssachen einschließlich derjenigen Bestimmungen zu verstehen, welche die Mitwirkung von Militärpersonen bei Materien des bürgerlichen Rechts (z. B. Exekutions-Sachen, Testamenten ꝛc.) bedingen. Das ehrengerichtliche Verfahren auszuschließen liegt ein Grund nicht vor.

„Gesetzwidrig" ist jeder unbefugte Eingriff in die Rechtspflege, derselbe ist „vorsätzlich", sobald der Thäter in dem Bewußtsein gehandelt hat, eine ihm nicht zustehende Befugniß auszuüben. Ein solcher gesetzwidriger Einfluß kann sowohl von Personen ausgehen, welche berufen sind, an der Rechtspflege Theil zu nehmen, wie von solchen, bei denen dies nicht der Fall ist.

Zu „minder schweren Fällen" vergl. Note zu §. 58. Wird ein olcher Fall angenommen, so darf nach Abs. 2 nur auf Festungshaft erkannt werden.

§. 120. Wer unbefugt eine Handlung vornimmt, die nur kraft einer Befehlsbefugniß oder Strafgewalt vorgenommen werden darf, wird mit Freiheitsstrafe bis zu Einem Jahre bestraft.

Die nach §. 120 strafbare Anmaßung einer Befehlsbefugniß setzt voraus, daß der Thäter gewußt, wie ihm die fragliche Gewalt nicht zustand. Ein Zuwiderhandeln aus Irrthum hat nur eine disziplinarische Rüge zur Folge.

§. 121. Wer einen Untergebenen beleidigt oder einer vorschriftswidrigen Behandlung desselben sich schuldig macht, wird mit Freiheitsstrafe bis zu zwei Jahren bestraft.

Ist die Beleidigung eine verleumderische, so tritt Gefängniß bis zu fünf Jahren ein.

Beleidigung ist jede vorsätzliche und rechtswidrige Kundgebung, durch welche die allgemein menschliche oder bürgerliche (Standes-) Ehre eines Andern gekränkt wird (Oppenhoff zu §. 185 R.St.G.B.). Unter den Begriff der Beleidigungen können auch geringfügige Thätlichkeiten fallen. Als „vorschriftswidrig" gilt jede Behandlung eines Untergebenen, welche den hierüber gegebenen Dienstvorschriften zuwiderläuft. Ob eine solche vorliegt, ist Thatfrage. Es werden dahin z. B. gehören: Vexationen im Dienst, Verweise und Zurechtweisungen in kränkender Form. Jedoch ist nicht jeder derbere Ausdruck, oder jede unerhebliche thätliche Berührung des Untergebenen als Beleidigung, vorschriftswidrige Behandlung oder gar als Mißhandlung aufzufassen. A.K.O. vom 31. Juli 1877.

Was unter verleumderischer Beleidigung zu verstehen, ergiebt §. 187 R.St.G.B

Zur Verfolgung der Strafthat bedarf es weder eines Antrages, noch ist ein Strafverzicht zulässig. — Abs. 1 kann in leichteren Fällen disziplinarisch erledigt werden; vergl. §. 3 des E.G.

§. 122. Wer vorsätzlich einen Untergebenen stößt oder schlägt, oder auf andere Weise körperlich mißhandelt oder an der Gesundheit beschädigt, wird mit Gefängniß oder Festungshaft bis zu drei Jahren bestraft; in minder schweren Fällen kann die Strafe bis auf Eine Woche Arrest ermäßigt werden.

Auch kann, im wiederholten Rückfalle muß neben Gefängniß oder Festungshaft, auf Dienstentlassung oder Degradation erkannt werden.

Das vorsätzliche Stoßen oder Schlagen ist nur dann aus §. 122 zu bestrafen, wenn die Handlung den Charakter einer beabsichtigten Mißhandlung trug. Nicht jede unerhebliche Thätlichkeit ist als solche aufzufassen, wie aus der autentischen Deklaration vom 31. Juli 1877 hervorgeht. — „Mißhandlung" ist jede vorsätzliche unberechtigte Einwirkung auf den Körper eines Anderen, durch welche in diesem eine Störung des körperlichen Wohlbefindens hervorgerufen wird (Oppenhoff zu §. 223 R.St.G.B.). Unter „Beschädigung der Gesundheit" ist eine längere oder kürzere Krankheit bezw. Arbeitsunfähigkeit ohne weitere nachtheilige Folgen zu verstehen, die ursächlich auf die vorhergegangene Thätlichkeit zurückzuführen ist.

Zu „minder schweren Fällen" vergl. Note zu §. 58. — Rückfall siehe §. 13 und Note dazu. Vergl. auch §§. 55, 149 d. G.

Ueber das Verhältniß des durch die Novelle vom 26. Februar 1876 dem R.St.G.B. eingefügten §. 223 a. zu den bezüglichen Strafvorschriften des M.St.G.B. vergl. Note zu §. 149 d. G.

§. 123. Ist durch die Handlung eine schwere Körperverletzung des Untergebenen verursacht worden, so tritt Zuchthaus bis zu fünf Jahren, in minder schweren Fällen

Gefängniß oder Festungshaft von sechs Monaten bis zu fünf Jahren ein.

War die schwere Körperverletzung beabsichtigt und eingetreten, so ist auf Zuchthaus von zwei bis zu zehn Jahren zu erkennen.

Ist durch die Körperverletzung (§. 122) der Tod des Untergebenen verursacht worden, so tritt Zuchthaus nicht unter drei Jahren, in minder schweren Fällen Gefängniß oder Festungshaft nicht unter Einem Jahre ein.

Der §. 123 steht im Zusammenhange mit dem vorhergehenden §. 122 d. G. — Den Begriff der „schweren Körperverletzung" ergiebt §. 224 R.St.G.B. — Zu „minder schweren Fällen" vergl. Note zu §. 58 d. G. — Im Abs. 2 des §. 123 ist die Annahme eines minder schweren Falles ausgeschlossen.

§. 124. Diejenigen Handlungen, welche der Vorgesetzte begeht, um einen thätlichen Angriff des Untergebenen abzuwehren, oder um seinen Befehlen im Fall der äußersten Noth und dringendsten Gefahr Gehorsam zu verschaffen, sind nicht als Mißbrauch der Dienstgewalt anzusehen.

Dies gilt namentlich auch für den Fall, wenn ein Offizier, in Ermangelung anderer Mittel, den durchaus nothwendigen Gehorsam zu erhalten, sich in der Lage befunden hat, gegen den thätlich sich ihm widersetzenden Untergebenen von der Waffe Gebrauch zu machen.

Durch die Vorschrift des §. 124 sollen dem Vorgesetzten die Mittel geboten werden, die gefährdete Disziplin aufrecht zu erhalten. Daher ist es auch weniger die persönliche Gefahr, welche durch ein Nothrecht geschützt werden soll, als die Disziplin, welche sich in Noth befindet, zu deren Beseitigung das Gesetz dem Vorgesetzten gestattet, auch ohne persönliche Gefährdung, gegen den Untergebenen Gewalt zu gebrauchen, die bis zur Anwendung der Waffe und Tödtung desselben gesteigert werden kann.

§. 124 findet nur auf Personen des Soldatenstandes in Vorgesetzten-Stellungen, einschließlich der Wachen und Feldgendarmen, Abs. 2 lediglich auf Offiziere Anwendung.

Zu „thätlicher Angriff" vergl. §. 97 und Note dazu.

§. 125. Eine militärische Wache, welche eine der in den §§. 114 bis 116, 118 bis 123 bezeichneten Handlungen begeht, wird ebenso bestraft, als wenn ein Vorgesetzter diese Handlung begangen hätte. Ist die Handlung gegen eine solche Person begangen, die außer dem Dienstverhältnisse der Wache deren Vorgesetzter ist, so tritt erhöhte Strafe ein.

Die in dem §. 124 enthaltene Vorschrift findet auch hier Anwendung.

Ueber „militärische Wachen" vergl. Note zu §. 111. Zu dem Begriff „Vorgesetzter" vergl. Note zu §. 89, „Erhöhte Strafe" siehe §. 53.

§. 126. Eine Person des Beurlaubtenstandes wird, auch während sie sich nicht im Dienste befindet, nach den Vorschriften dieses Abschnitts bestraft, wenn sie eine der in demselben vorgesehenen strafbaren Handlungen im dienstlichen Verkehre mit dem Untergebenen oder in der Militäruniform begeht.

Wer zu den Personen des Beurlaubtenstandes gehört, ist in der Note zu §. 6 ausgeführt. Zu „im dienstlichen Verkehr mit den Untergebenen" und „in der Militär-Uniform" vergl. Note zu §. 113 d. G.

Achter Abschnitt.

Widerrechtliche Handlungen im Felde gegen Personen oder Eigenthum.

§. 127. Begeht eine Person des Soldatenstandes im Felde einen Diebstahl, eine Unterschlagung, eine Körperverletzung oder ein Verbrechen oder Vergehen wider die Sittlichkeit, so ist die Verfolgung der strafbaren Handlung unabhängig von dem Antrage des Verletzten oder einer anderen zum Antrage berechtigten Person.

Die Vorschriften dieses Abschnittes finden auch auf Militärbeamte (§. 153), die bei dem kriegführenden Heere in einem Dienst- oder Vertragsverhältniß stehenden Personen (§. 155), fremdländische Offiziere und deren Gefolge (§. 157), sowie auf diejenigen Kriegsgefangenen Anwendung, die unter den Kriegsgesetzen stehen, (§§. 158, 9 Ziff. 4).

Während eines Krieges wird die Stellung eines Strafantrages sich in vielen Fällen als unausführbar erweisen, sei es, daß derselbe aus Furcht unterbleibt, sei es, daß die Wechselfälle des Krieges es nicht gestatten. Um nun einerseits den Landesbewohnern einen wirksamen Schutz zu gewähren, andererseits Nachtheilen für die Disziplin vorzubeugen, sind hier eine Reihe von strafbaren Handlungen, welche sonst nur auf Antrag verfolgt werden, als ohne solchen strafbar hingestellt. Es sind dies die in den §§. 172, 179, 182, 223, 230 (232), 247 R.St.G.B. bedrohten Handlungen. — Die Strafthat muß „im Felde" verübt sein; war sie vorher begangen, so bedarf es zur Strafverfolgung des erforderlichen Antrages.

Zu „im Felde" vergl. §§. 9, 10 d.G.

§. 128. Wer im Felde, um Beute zu machen, sich von der Truppe eigenmächtig entfernt, oder Sachen, welche an sich dem Beuterecht unterworfen sind, eigenmächtig zur Beute macht, wird mit Freiheitsstrafe bis zu drei Jahren bestraft; zugleich kann auf Versetzung in die zweite Klasse des Soldatenstandes erkannt werden.

Gleiche Strafe trifft denjenigen, welcher rechtmäßig von ihm erbeutetes Gut, das er abzuliefern verpflichtet ist, sich rechtswidrig zueignet.

Im „Felde" vergl. §§. 9, 10. — Der Begriff „Beute" ist nicht definirt, hauptsächlich deshalb, weil das Objekt nach Zeiten und Umständen wechselt. Gegenstand der Beute kann bewegliches Staats- und Privat-Eigenthum sein. Das Beuterecht ist Regal, d. h. der Staat hat sich die Ausübung desselben ausschließlich vorbehalten. Der Staat kann sich dieses Rechtes bezüglich gewisser Objekte und zu Gunsten gewisser Personen begeben. Die Erlaubniß, Beute zu machen, richtet sich nach besonderen Instruktionen und diese wieder sind in der Regel abhängig von dem bei der feindlichen Armee üblichen Rechtsgebrauch. So lange der oberste Kriegsherr keine besonderen Vorschriften über das Beutemachen erlassen, gelten die Landesgesetze. Nach dem Preuß. Landrecht (Thl. I Tit. 9 §§. 193—219) fallen erbeutete Waffen, Kriegs- und Mund-Vorräthe dem Staate zu und müssen abgeliefert werden. Dagegen können andere Objekte, namentlich bewegliches Eigenthum der feindlichen Soldaten und des feindlichen Heergefolges nach ertheilter Erlaubniß Gegenstand der Beute werden. Aus dem Recht des Staates zur Beute folgt das weitere Strafbestimmungen zu erlassen. Mit Rücksicht darauf, daß die Ausübung des Beuterechtes die Disziplin gefährdet, ist schon die eigenmächtige Entfernung von der Truppe in der Absicht Beute zu machen bedroht. Ebenso wird derjenige bestraft, welcher als Objekte der Beute bezeichnete Sachen eigenmächtig, d. h. ohne die Erlaubniß des Befehlshabers abzuwarten, sich aneignet, und derjenige, welcher ein rechtmäßig erbeutetes Stück, das er abliefern sollte, sich rechtswidrig zueignet. Die Ehrenstrafe ist zulässig aber nicht geboten. Vergl. auch §. 134 des Gesetzes.

§. 129. Der Plünderung macht sich schuldig, wer im Felde unter Benutzung des Kriegsschreckens oder unter Mißbrauch seiner militärischen Ueberlegenheit

1) in der Absicht rechtswidriger Zueignung eine Sache der Landeseinwohner offen wegnimmt oder denselben abnöthigt, oder

2) unbefugt Kriegsschatzungen oder Zwangslieferungen erhebt oder das Maß der von ihm vorzunehmenden Requisitionen überschreitet, wenn dies des eigenen Vortheils wegen geschieht.

Im „Felde“ vergl. §§. 9, 10. — Die Plünderung unterscheidet sich vom eigenmächtigen Beutemachen hauptsächlich nach den Personen, gegen welche sie gerichtet ist. Während letzteres an feindlichen Soldaten und Heeresgefolge stattfindet, trifft die Plünderung in der Regel Einwohner des feindlichen oder befreundeten Landes. Sie erfolgt in der Form des Raubes, des Diebstahls und der Erpressung und unter der Einwirkung, welche jede kriegerische Aktion bei den Landeseinwohnern, beziehungsweise der Mißbrauch der militärischen Ueberlegenheit ausübt. — Unter „Wegnehmen“ versteht man das eigenmächtige Besitzergreifen einer in dem Besitz oder der Gewahrsam eines Andern befindlichen fremden beweglichen Sache. Die Absicht rechtswidriger Zueignung liegt vor, wenn der Thäter in dem Bewußtsein, daß die Sache eine fremde, die er zu nehmen nicht berechtigt, sie in sein Vermögen und sich in die Lage bringt, darüber wie ein Eigenthum zu verfügen. Die Wegnahme muß „offen“ erfolgen, geschieht sie heimlich, so liegt Diebstahl vor, wird Gewalt dabei angewendet, so greift §. 133 Platz. — Das „Abnöthigen“ erfordert keine Gewalt oder Bedrohung.

„Kriegsschatzungen“ oder Kriegskontributionen sind Geldsummen, welche einzelnen feindlichen Ortschaften oder Landestheilen auferlegt werden, sei es, um zu den Lasten des Krieges beizutragen, sei es, um die Bewohner für unberechtigtes feindseliges Verhalten zu strafen. Unter „Zwangslieferung“ versteht man eine durch den

Krieg nothwendig gewordene Enteignung von verzehrbaren und zur Truppenverpflegung erforderlichen Gegenständen. „Requisitionen" sind Beitreibungen von Bedürfnissen für Verpflegung und Ausrüstung einzelner Truppentheile; dieselben erfolgen gegen Empfangsbescheinigung, Zahlung oder schriftliches Zahlungsversprechen.

§. 130. Als eine Plünderung ist es nicht anzusehen, wenn die Aneignung nur auf Lebensmittel, Heilmittel, Bekleidungsgegenstände, Feuerungsmittel, Fourrage oder Transportmittel sich erstreckt und nicht außer Verhältniß zu dem vorhandenen Bedürfnisse steht.

Der §. 130 enthält eine Ausnahme-Vorschrift, durch welche einem im Kriege unvermeidlichen augenblicklichen Nothstande Rechnung getragen wird. Die Aneignung der gedachten Gegenstände muß dem vorhandenen Bedürfniß ensprechen; über dies Maß hinaus wird sie zum Diebstahl oder zur Plünderung.

Unter Lebensmittel sind auch Genußmittel, wie Tabak, Wein 2c. zu verstehen.

§. 131. Die Plünderung wird mit Gefängniß bis zu fünf Jahren und mit Versetzung in die zweite Klasse des Soldatenstandes bestraft.

Vergl. hierzu §. 136 d. G.

§. 132. Boshafte oder muthwillige Verheerung oder Verwüstung fremder Sachen im Felde wird mit Freiheitsstrafe bis zu zwei Jahren, in schweren Fällen der Plünderung gleich bestraft.

„Verheerung" und „Verwüstung" ist die Zerstörung oder Unbrauchbarmachung beweglicher oder unbeweglicher Gegenstände in größerem Maßstabe. „Boshaft" oder „muthwillig" bezeichnet die

Rechtswidrigkeit und Vorsätzlichkeit der Handlung, zugleich auch das rein persönliche Motiv. Eine durch die kriegerischen Operationen gebotene und befohlene Verheerung oder Verwüstung ist daher nicht strafbar.

Zu „schweren Fällen" vergl. Note zu §. 80; s. auch §. 136 d. G.

§. 133. Wird die Plünderung oder eine ihr gleich zu bestrafende Handlung unter Gewaltthätigkeit gegen eine Person begangen, so ist auf Zuchthaus bis zu zehn Jahren zu erkennen. Ist durch die Gewaltthätigkeit eine schwere Körperverletzung verursacht worden, so tritt Zuchthaus nicht unter zehn Jahren und, wenn der Tod eines Menschen verursacht worden ist, Todesstrafe, in minder schweren Fällen lebenslängliches Zuchthaus ein.

In gleicher Weise werden die Rädelsführer bestraft, wenn die That von Mehreren begangen wird. Diejenigen, welche sich an einer solchen That betheiligen, ohne selbst eine Gewaltthätigkeit gegen eine Person zu begehen, trifft Gefängniß bis zu zehn Jahren; zugleich ist auf Versetzung in die zweite Klasse des Soldatenstandes zu erkennen.

Diese Vorschrift umfaßt die Fälle des §. 129 und die schweren des §. 132. — Unter „Gewaltthätigkeit" ist jede Anwendung physischer, körperlicher Kraft zur Ueberwindung eines entgegenstehenden Hindernisses zu verstehen. Nur wenn diese gegen Personen angewendet wird (nicht gegen Sachen), tritt die schwere Strafe des §. 133 ein. — Vergl. zu „schwere Körperverletzung" Note zu §. 123, zu „minder schweren" Fällen Note zu §. 58, zu „Rädelsführer" Note zu §. 107. — Mehrere sind schon 2. — Vergl. auch §. 136 d. G.

§. 134. Wer im Felde in der Absicht rechtswidriger Zueignung einem auf dem Kampfplatze gebliebenen Angehörigen der deutschen oder verbündeten Truppen eine Sache abnimmt, oder einem Kranken oder Verwundeten auf dem Kampfplatze, auf dem Marsche, auf dem Transporte oder im Lazaret, oder einem seinem Schutze anvertrauten Kriegsgefangenen eine Sache wegnimmt oder abnöthigt, wird mit Zuchthaus bis zu zehn Jahren, in minder schweren Fällen mit Gefängniß bis zu fünf Jahren und Versetzung in die zweite Klasse des Soldatenstandes bestraft; zugleich kann auf Verlust der bürgerlichen Ehrenrechte erkannt werden.

Zu „im Felde" vergl. §§. 9, 10; „Rechtswidrige Zueignung" siehe Note zu §. 129. — Durch §. 134 soll das Eigenthum der auf dem Kampfplatz gebliebenen Soldaten des deutschen oder verbündeten Heeres, der Kranken oder Verwundeten, sowie der Kriegsgefangenen geschützt werden. Dieser Schutz wird nur den gefallenen Angehörigen des deutschen oder verbündeten Heeres, dagegen auch den Kranken und Verwundeten des Feindes zu Theil.

Vergl. zu „im Felde" §§. 9, 10, zu „rechtswidrige Zueignung" und „abnöthigen" Note zu §. 129 und zu „minder schweren Fällen" Note zu §. 58 d. G. Der Verlust der bürgerlichen Ehrenrechte kann auch hier nur neben Gefängniß von mindestens 3 Monaten ausgesprochen werden. §. 32 R.St.G.B. Vergl. ferner §. 160 d. G.

§. 135. Wer im Felde als Nachzügler Bedrückungen gegen die Landeseinwohner begeht, wird wegen Marodirens mit Gefängniß von sechs Monaten bis zu fünf Jahren bestraft; zugleich kann auf Versetzung in die zweite Klasse des Soldatenstandes erkannt werden.

Wird die Handlung von Mehreren begangen, die sich zur fortgesetzten Bedrückung der Landeseinwohner verbunden haben, oder artet dieselbe in eine Plünderung oder in eine derselben gleich zu bestrafende Handlung aus, so tritt gegen jeden Betheiligten Zuchthaus bis zu zehn Jahren ein.

„Landeseinwohner" sind hier solche des feindlichen Landes; wird die Handlung gegen Deutsche oder Angehörige eines verbündeten Staates begangen, so findet §. 136 d. G. Anwendung.

Zu „im Felde" vergl. §§. 9, 10. — „Nachzügler" sind Personen des Soldatenstandes, welche ohne besonderes Kommando hinter ihren Truppentheilen zurückbleiben. — Unter „Bedrückungen" sind unberechtigte Forderungen jeder Art zu verstehen. — Mehrere sind schon zwei. Zu „Plünderung und derselben gleich zu strafender Handlung" vergl. §§. 129 und 132 d. G.

§. 136. Wird eine nach den §§. 129 bis 133 und 135 strafbare Handlung gegen einen Deutschen oder einen Angehörigen eines verbündeten Staats begangen, so ist auf erhöhte Strafe und, wenn in den allgemeinen Strafgesetzen eine härtere Strafe angedroht ist, auf diese letztere zu erkennen.

Zu „erhöhte Strafe" vgl. §. 53 und Note dazu. — Die in Bezug genommenen Strafandrohungen des R.St.G.B. werden sich auf Raub, schweren Diebstahl und Erpressung beschränken: sie können nur dann zur Anwendung kommen, wenn dieselben einschließlich der Straferhöhung nach §. 53 d. G. der Art und dem Maße nach härtere Strafen zulassen.

Neunter Abschnitt.

Andere widerrechtliche Handlungen gegen das Eigenthum.

§. 137. Wer vorsätzlich und rechtswidrig einen Dienstgegenstand beschädigt, zerstört oder preisgibt, wird mit

Freiheitsstrafe bis zu zwei Jahren bestraft; in besonders schweren Fällen kann zugleich auf Versetzung in die zweite Klasse des Soldatenstandes erkannt werden.

Die Vorschriften dieses Abschnittes finden nur auf Personen des Soldatenstandes, des Heeresgefolges und die Kriegsgefangenen, nicht aber auf die Militärbeamten Anwendung. §§. 155—157, 158 d. G.

„Vorsätzlich" im strafrechtlichen Sinne ist eine Handlung, sobald sie im Bewußtsein einer Rechtsverletzung, „rechtswidrig" wenn sie im Widerspruch mit bestehenden Gesetzen und Vorschriften vorgenommen wird. — „Beschädigt" wird eine Sache, deren Brauchbarkeit durch Veränderung der Substanz vermindert, „zerstört" wenn ihre Brauchbarkeit für den gemeinen Zweck gänzlich aufgehoben wird. Unter „Preis geben" ist die unerlaubte Entäußerung einer beweglichen Sache ohne eigennützige Absicht (derelictio) zu verstehen. Ein Soldat, welcher seine zum dienstlichen Gebrauch erhaltenen Waffen, Kleider, Wäsche 2c. fortwirft, giebt dieselben preis, wenn er sie aber verkauft, vertauscht oder verschenkt, macht er sich einer nach §. 138 M.St.G.B. strafbaren Unterschlagung schuldig.

Leichtere Fälle des §. 137 können nach §. 3 Abs. 1 Ziffer 1 des E.G. zum M.St.G.B. disziplinarisch bestraft werden. — „Besonders schwere Fälle" sind solche, deren nähere Umstände die Strafbarkeit erheblich steigern, wie z. B. Beschädigungen 2c. aus Rache oder Bosheit. Im §. 137 d. G. ist der Versuch nicht mit Strafe bedroht und mußte dieser gemäß §. 2 M.St.G.B. in Verbindung mit §. 43 Abs. 1 R.St.G.B. straflos bleiben. Da aber der §. 137 M.St.G.B. dem §. 303 R.St.G.B. entspricht, welcher nur militärisch qualifizirt und mit militärischen Strafen bedroht ist, und bei letzterem der Versuch strafbar ist, so muß angenommen werden, daß auch der Versuch der im §. 157 M.St.G.B. vorgesehenen Handlungen gestraft werden soll und zwar unter Anwendung militärischer Strafarten.

§. 138. **Wer bei Ausübung des Dienstes oder unter Verletzung eines militärischen Dienstverhältnisses sich eines Diebstahls oder einer Unterschlagung an Sachen schuldig**

macht, welche ihm vermöge des Dienstes oder jenes Verhältnisses zugänglich oder anvertraut sind, wird mit mittlerem oder strengem Arrest nicht unter vierzehn Tagen oder mit Gefängniß bis zu fünf Jahren bestraft; zugleich kann auf Verlust der bürgerlichen Ehrenrechte erkannt werden. Gleiche Strafe trifft denjenigen, welcher einen Diebstahl oder eine Unterschlagung gegen einen Vorgesetzten oder einen Kameraden, gegen seinen Quartierwirth oder eine zu dessen Hausstand gehörige Person begeht.

Ist die Handlung ein Verbrechen im Sinne der allgemeinen Strafgesetze, so ist auf die in diesen Gesetzen angedrohte Strafe zu erkennen.

Im §. 138 werden einzelne Arten des Diebstahls und der Unterschlagung militärisch qualifizirt, die Begriffsbestimmungen beider Vergehen aber nicht geändert. Dieselben unterscheiden sich nur durch den Besitz. Während der Diebstahl an einer fremden, nicht im Besitz des Thäters befindlichen, beweglichen Sache stattfindet, befindet sich derjenige, welcher eine Unterschlagung begeht, bereits im Besitz der fremden Sache.

In „Ausübung des Dienstes" ist der Soldat, der in der Verrichtung eines ihm durch speziellen Befehl oder auf Grund einer allgemeinen Vorschrift auferlegten militärischen Dienstes begriffen ist, z. B. der Soldat auf Posten, während der Kammerarbeit u. s. w. „Zugänglich" bezieht sich auf Diebstahl, „anvertraut" auf Unterschlagung. — Strenger Arrest ist, weil im Gesetz angedroht, nach dem Militärrange des Thäters zuläßig, §. 22 d. G. — Zu „Vorgesetzte" vergl. Note zu §. 89 d. G. — Der Verlust der bürgerlichen Ehrenrechte darf nur neben einer Gefängnißstrafe von mindestens 3 Monaten ausgesprochen werden, §. 2 M.St.G.B. in Verbindung mit §. 32 R.St.G.B.

Der Versuch der im §. 138 mit Strafe bedrohten Handlungen ist, wenngleich im Gesetz nicht vorgeschrieben, strafbar; vgl. die bezügliche Note zu §. 137 d. G.

Zehnter Abschnitt.

Verletzung von Dienstpflichten bei Ausführung besonderer Dienstverrichtungen.

§. 139. Wer vorsätzlich unrichtige Dienstatteste ausstellt oder Rapporte, dienstliche Meldungen oder dienstliche Berichte unrichtig abstattet, oder solche wissentlich weiter befördert, wird mit Gefängniß von sechs Monaten bis zu drei Jahren und mit Versetzung in die zweite Klasse des Soldatenstandes bestraft. In minder schweren Fällen tritt mittlerer oder strenger Arrest oder Gefängniß oder Festungshaft bis zu sechs Monaten ein.

Zu „vorsätzlich" vgl. Note zu §. 137 d. G.

„Dienstatteste" sind Beurkundungen jeder Art, welche Personen des Soldatenstandes kraft ihrer dienstlichen Stellung oder beigelegten Befugniß auszustellen befugt oder verpflichtet sind. „Rapporte" sind regelmäßige, vorgeschriebene schriftliche Berichterstattungen über einzelne Dienstzweige; „Meldungen" schriftliche oder mündliche Anzeigen über ausgeführte Dienstbefehle oder ungewöhnliche Vorfälle; „Berichte" von Offizieren, Behörden zc. schriftlich und detaillirt abgefaßte Sachdarstellungen und Beurtheilungen.

Die Dienstatteste zc. müssen ihrem materiellen Inhalte nach unrichtig sein und der Thäter muß im Bewußtsein der Unrichtigkeit gehandelt haben. Das „wissentlich" bezieht sich darauf, daß der betreffende Vorgesetzte die Unrichtigkeit des Attestes zc. gekannt und doch die Weiterbeförderung veranlaßt hat.

Nach einer Verfügung des Pr.K.M. vom 27. August 1871 ist unrichtiges Markiren und Aufschreiben beim Scheibenschießen der Truppe, in so fern dasselbe wissentlich geschehen, grundsätzlich als vorsätzlich unrichtige dienstliche Meldung nach §. 139 gerichtlich zu bestrafen.

Die Anfertigung falscher und die Fälschung richtiger Erlaubnißkarten zum Ausbleiben über Zapfenstreich sind disziplinarisch zu bestrafen. In wie weit die Benutzung einer solchen gefälschten Urlaubskarte einem Vorgesetzten gegenüber den Thatbestand des §. 139 M.St.G.B. enthält, ist Sache der thatsächlichen Feststellung. R.G.d.Pr.G.A. vom 6. November 1874 Ziff. 8.

Zu „minder schweren Fällen" vgl. Note zu §. 58 d. G.

§. 140. Wer für eine Handlung, die eine Verletzung einer Dienstpflicht enthält, Geschenke oder andere Vortheile annimmt, fordert oder sich versprechen läßt, wird wegen Bestechung mit Zuchthaus bis zu fünf Jahren bestraft. In minder schweren Fällen tritt Freiheitsstrafe bis zu drei Jahren ein; auch kann neben dem Gefängniß auf Versetzung in die zweite Klasse des Soldatenstandes erkannt werden.

§. 140 M.St.G.B. entspricht dem §. 332 R.St.G.B. und behandelt den Fall der passiven Bestechung von Personen des Soldatenstandes; die aktive Bestechung wird auch gegen letztere aus §. 333 R.St.G.B. bestraft.

Der Ausdruck „Handlung" begreift auch Unterlassungen. Nur die Annahme von Geschenken ꝛc. für Handlungen, welche eine Verletzung einer Dienstpflicht enthalten, sind hier bedroht. Erfolgt dieselbe für eine an sich nicht pflichtwidrige Handlung, so greift §. 114 d. G. Platz. — Vgl. R.G.d.Pr.G.A. vom 25. Januar 1890.

Zu „minder schweren Fällen" vgl. Note zu §. 58.

§. 141. Wer als Befehlshaber einer militärischen Wache, eines Kommandos oder einer Abtheilung, oder wer als Schildwache oder als Posten in schuldhafter Weise sich außer Stand setzt, den ihm obliegenden Dienst zu versehen, oder eigenmächtig seinen Posten verläßt oder sonst den ihm in Bezug auf jenen Dienst ertheilten Vorschriften entgegenhandelt, wird mit mittlerem oder strengem Arrest nicht unter vierzehn Tagen, im Felde mit mittlerem oder strengem Arrest nicht unter drei Wochen oder mit Gefängniß oder Festungshaft bis zu zwei Jahren bestraft.

Wird durch die Pflichtverletzung ein Nachtheil verursacht, so tritt Gefängniß oder Festungshaft bis zu drei Jahren, im Felde Gefängniß oder Festungshaft nicht unter drei Jahren, und wenn dieselbe vor dem Feinde begangen ist, Todesstrafe, in minder schweren Fällen Freiheitsstrafe nicht unter zehn Jahren oder lebenslängliche Freiheitsstrafe ein.

Wird durch die Pflichtverletzung im Felde die Gefahr eines erheblichen Nachtheils herbeigeführt, so tritt Freiheitsstrafe nicht unter Einem Jahre, und wenn die Pflichtverletzung vor dem Feinde begangen ist, Freiheitsstrafe nicht unter zehn Jahren ein.

Befehlshaber ist der Kommandirende der Wache; vgl. hierzu Note zu §. 111. — Als Schildwachen sind nur diejenige Mannschaften anzusehen, welche in dienstmäßiger Kleidung und Bewaffnung mit der Verpflichtung, die Waffe nicht aus der Hand zu legen, auf einen bestimmten Posten angewiesen sind. Dasselbe gilt von „Posten", welcher Begriff als identisch mit Schildwache aufzufassen ist. (Vgl. Pr. Instruktion für den Wachtdienst vom 13. September 1888). — Stallwachen, denen lediglich die Pflege der Pferde und die Ordnung und Reinlichkeit im Stalle zufällt, sind als Schildwachen oder Posten nicht zu erachten. — „Schuldhaft" umfaßt sowohl die vorsätzliche wie die fahrlässige Thätigkeit. „Außer Stand setzen" ist nicht blos die absolute Unfähigkeit, sondern schon die Gefahr, daß die Dienstverrichtung nicht mit der erforderlichen Zuverlässigkeit bewirkt werden kann. „Eigenmächtig" ist ohne Erlaubniß.

„Im Felde" vgl. §. 9, 10; „vor dem Feind" §. 11 d. G. „Zu Nachtheil" und „Gefahr eines erheblichen Nachtheils" vgl. Note zu §. 93; zu „minder schweren Fällen" Note zu §. 58 d. G.

Leichtere Fälle des Abs. 1 können disziplinarisch geahndet werden; §. 3 Abs. 1. E.G. zum M.St.G.B.

§. 142. Wer durch Fahrlässigkeit in der Wahrnehmung seines Dienstes eine erhebliche Beschädigung eines Schiffes oder dessen Zubehörs herbeiführt, wird mit Freiheitsstrafe bis zu drei Jahren bestraft; in schwereren Fällen kann zugleich auf Dienstentlassung erkannt werden.

Die Vorschrift dieses Paragraphen findet nur auf die Marine Anwendung. — Unter Fahrlässigkeit ist die Unterlassung der im gewöhnlichen Leben erforderlichen Aufmerksamkeit zu verstehen.

Die „Erheblichkeit" der Beschädigung ist Thatfrage.

Zu „schweren Fällen" vgl. Note zu §. 80 d. G.

§. 143. Wer als Befehlshaber einer militärischen Wache, eines Kommandos oder einer Abtheilung, oder wer als Schildwache oder als Posten eine strafbare Handlung wissentlich begehen läßt, welche er verhindern konnte und zu verhindern dienstlich verpflichtet war, wird ebenso bestraft, als ob die Handlung von ihm selbst begangen wäre.

Zu „Befehlshaber einer militärischen Wache", „Schildwache" und „Posten" vgl. Note zu §. 141. — Unter „strafbare Handlung" sind Verbrechen, Vergehen und Uebertretungen des bürgerlichen und militärischen Strafrechts zu verstehen. Der Befehlshaber bezw. die Schildwache ꝛc. läßt „wissentlich" begehen, wenn ihm bekannt war, daß die fragliche Handlung verboten und mit Strafe bedroht war. Es muß eine „dienstliche Verpflichtung die That zu hindern" vorgelegen haben, ist dies nicht der Fall, so kann auch §. 143 nicht angewendet werden.

„Wird ebenso bestraft, als ob die Handlung von ihm selbst begangen wäre" heißt: es trifft ihn die Strafe, welche ihn getroffen haben würde, wenn er selbst als Wachhabender die bezügliche strafbare Handlung verübt hätte. — Eines Strafantrages bedarf es hierbei nicht.

§. 144. Wer einen Gefangenen, dessen Beaufsichtigung, Begleitung oder Bewachung ihm anvertraut ist, vorsätzlich entweichen läßt, oder dessen Befreiung vorsätzlich bewirkt oder befördert, ingleichen wer eine von seinem Vorgesetzten ihm befohlene oder eine ihm dienstlich obliegende Verhaftung vorsätzlich nicht zur Ausführung bringt, wird mit mittlerem oder strengem Arrest nicht unter vierzehn Tagen oder mit Gefängniß oder Festungshaft bis zu fünf Jahren bestraft; auch kann neben Gefängniß auf Versetzung in die zweite Klasse des Soldatenstandes erkannt werden.

Ist die Entweichung des Gefangenen nur durch Fahrlässigkeit befördert und erleichtert worden, oder ist die Verhaftung nur aus Fahrlässigkeit unterblieben, so tritt Freiheitsstrafe bis zu sechs Monaten ein.

Als Gefangene gelten Personen des Militär- oder Civilstandes, welche durch Organe der Obrigkeit oder durch die bewaffnete Macht in Haft genommen sind; es gehören hierher auch die vorläufig Ergriffenen und die Kriegsgefangenen. Unter „Beaufsichtigung", „Begleitung", „Bewachung" sind die verschiedenen Modalitäten der dienstlichen Verrichtung dem Gefangenen gegenüber zu verstehen. „Anvertraut" ist gleichbedeutend mit übertragen. „Entweichen lassen" ist das Nichtverhindern der widerrechtlichen Befreiung, ein passives Verhalten; „befördern" heißt hier „Vorschub leisten".

Während Abs. 1 die vorsätzliche Handlung mit Strafe bedroht, enthält Abs. 2 Strafbestimmungen für die Verübung aus Fahrlässigkeit.

§. 145. Ein Person des Soldatenstandes, welche bei einem ihr übertragenen Geschäfte der Heeres- oder Marineverwaltung eine Handlung begeht, welche im Sinne der allgemeinen Strafgesetze ein Verbrechen oder Vergehen im

Amte darstellt, ist nach den in jenen Gesetzen für Beamte gegebenen Bestimmungen zu bestrafen.

Die Geschäfte der Heeres- oder Marineverwaltung umfassen nicht blos Materien des Verwaltungsrechts, sondern auch die Militär-Justiz, den Sanitätsdienst, das Rechnungswesen bei den Truppen u. s. w.

Die Vorschrift des §. 145 bezieht sich nur auf solche Geschäfte, welche einer Person des Soldatenstandes an Stelle eines Militärbeamten zur selbstständigen Besorgung übertragen sind. R.S.d.Pr.G.A. vom 28. März 1873 Beschl. 16.

In den hier vorgesehenen strafbaren Handlungen sind solche nicht einbegriffen, welche sich im Sinne dieses Gesetzes als militärische Vergehen und Verbrechen charakterisiren.

Von den Verbrechen und Vergehen im Amte handeln die §§. 331—359 R.St.G.B.

Elfter Abschnitt.

Sonstige Handlungen gegen die militärische Ordnung.

§. 146. Wer ohne Erlaubniß die Wache oder bei einem Kommando oder auf dem Marsche seinen Platz verläßt, wird mit Arrest bestraft; im Felde tritt mittlerer oder strenger Arrest oder Gefängniß oder Festungshaft bis zu sechs Monaten ein.

Die Vorschriften dieses Abschnittes gelten nur für Personen des Soldatenstandes.

Die Voraussetzungen des §. 64 M.St.G.B. (unerlaubte Entfernung) sind hier nicht erforderlich, es genügt für den Thatbestand des §. 146 das eigenmächtige Austreten von Wache, oder aus Reih' und Glied, ohne die Absicht, sich für längere Zeit zu entfernen.

Nach dieser Vorschrift sind auch diejenigen zu bestrafen, welche mit Erlaubniß die Wache oder ihren Platz bei der Truppe verlassen, oder die ihnen gewährte Frist überschreiten, weil dann sich die Handlung schon als eine eigenmächtige gestaltet. — Zu „im Felde" vgl. §§. 9 und 10 d. G.

Leichtere Fälle können disziplinarisch bestraft werden, §. 3 Abs. 1 E.G. zum M.St.G.B.

§. 147. Wer die ihm obliegende Beaufsichtigung seiner Untergebenen in schuldhafter Weise verabsäumt, oder wer die ihm obliegende Meldung oder Verfolgung strafbarer Handlungen seiner Untergebenen vorsätzlich unterläßt, wird mit Freiheitsstrafe bis zu sechs Monaten bestraft; gegen Offiziere kann zugleich auf Dienstentlassung erkannt werden.

Die Beaufsichtigung der Untergebenen richtet sich nach den darüber bestehenden allgemeinen oder speziellen Instruktionen und Vorschriften. — Die strafbare Handlung muß einen unmittelbaren Untergebenen des Thäters betreffen. Der Begriff „schuldhaft" umfaßt sowohl die vorsätzliche wie die fahrlässige Handlung oder Unterlassung. Unter „Verfolgung" ist nicht nur die Weitermeldung, sondern auch die nähere Untersuchung und beziehungsweise Bestrafung der verübten Strafthat zu verstehen, falls diese dem Vorgesetzten obliegt. — „Strafbare Handlungen" sind hier alle nach dem militärischen und bürgerlichen Strafgesetzbuch mit Strafe bedrohten Handlungen einschließlich der Uebertretungen.

§ 148. Wer durch unvorsichtige Behandlung von Waffen oder Munition einen Menschen körperlich verletzt, wird mit Freiheitsstrafe bis zu drei Jahren und, wenn der Tod eines Menschen verursacht worden ist, mit Gefängniß oder Festungshaft bis zu fünf Jahren bestraft.

Unter „Waffen“ sind hier nur solche Dienstwaffen zu verstehen, über deren Gebrauch der Soldat dienstlich belehrt und unterwiesen ist. R.G.d.Pr.G.A. vom 9. Januar 1891. Dasselbe gilt von Munition. — „Unvorsichtig“ ist im Sinne von fahrlässig zu nehmen, Mangel an der erforderlichen Aufmerksamkeit. „Körperliche Verletzung“ ist jede Schädigung der Gesundheit. Zwischen dieser beziehungsweise dem erfolgten Tod und der Handhabung der Waffe 2c. wird ein Kausalzusammenhang erfordert. — Für die Anwendung des §. 148 ist nicht erforderlich, daß der Thäter sich im Dienste befunden hat, wohl aber, daß die strafbare Handlung selbst mit seinen militärischen Dienstobliegenheiten in irgend einem Zusammenhange steht. R.G.d.Pr.G.A. vom 9. Januar 1891.

§. 149. Wer rechtswidrig von seiner Waffe Gebrauch macht, oder einen Untergebenen zum rechtswidrigen Waffengebrauche auffordert, wird vorbehaltlich der verwirkten höheren Strafe mit Gefängniß oder Festungshaft bis zu Einem Jahre bestraft.

Durch §. 149 ist der rechtswidrige Gebrauch der Dienstwaffen gegen Personen mit Strafe bedroht. Derselbe findet Anwendung, wenn die Waffe dabei zu dem ihrer Natur nach bestimmten Zweck (Schießen, Hauen, Stechen) benutzt wird, wogegen der Gebrauch der Waffe in einem anderen Sinne, wie z. B. Schlagen mit der Waffe in der Scheide, Beschädigen und Zerstören von Sachen 2c. als Mißbrauch der Waffe anzusehen ist und nur einen Strafzumessungsgrund nach §. 55 Ziff. 2 M.St.G.B. abgiebt. R.G.d.Pr.G.A. vom 28. März 1873 Beschl. 17. Wenn auch der §. 149 den rechtswidrigen Waffengebrauch als eine Handlung gegen die militärische Ordnung mit besonderer Strafe bedroht, so sind doch, wenn der eingetretene Erfolg Gegenstand eines Strafverfahrens geworden ist, die Grundsätze über das Zusammentreffen strafbarer Handlungen nicht zur Anwendung zu bringen, vielmehr ist in solchen Fällen §. 149 auch nur Strafzumessungsgrund und bedarf es im entscheidenden Theile des Erkenntnisses nicht der Erwähnung des rechtswidrigen Waffengebrauchs. Als besondere Strafthat kommt §. 149 nur dann in Betracht, wenn der eingetretene Erfolg wegen Mangels eines entsprechenden Strafantrages nicht Gegenstand der richterlichen Beurtheilung werden kann und sich dabei der rechtswidrige Waffengebrauch als selbstständige strafbare Handlung darstellt. R.G.d.Pr.O.A. vom 16. Juni 1874. — Bei diesen Entscheidungen war der durch Ges. vom 26. Februar 1876 dem R.St.G.B. eingefügte §. 223a noch nicht berücksichtigt, dem ein Einfluß auf die Vorschriften der §§. 122, 149 M.St.G.B. nicht zu versagen war. Das Verhältniß des §. 223a R.St.G.B. zu den zuletzt gedachten Strafandrohungen des M.St.G.B. ist dahin zusammen zu fassen: Verübt eine Person des Soldatenstandes eine Körperletzung unter rechtswidrigem Waffengebrauch, so erfolgt seine Bestrafung aus §. 223a R.St.G.B. und §. 149 M.St.G.B. ist Strafzumessungsgrund; der Mindestbetrag der Strafe muß daher 2 Monate Gefängniß übersteigen. Bei der Annahme mildernder Umstände scheidet die im §. 228 R.St.G.B. vorgesehene Geldstrafe aus, weil der Thäter als Soldat eine militärische Dienstpflicht verletzt hat und es darf nur auf Gefängniß erkannt werden, für dessen Zumessung aber nicht §. 223a R.St.G.B., sondern §. 149 M.St.G.B. maßgebend bleibt, so daß der Mindestbetrag der Strafe auf 43 Tage Gefängniß bemessen werden muß. R.G.d.Pr.O.A. v. 28. Dezember 1887. — Eine Körperverletzung mit einer anderen Waffe, einem gefährlichen Werkzeug oder unter einem anderen erschwerenden Umstande des §. 223a R.St.G.B zieht Bestrafung aus diesem Paragraphen nach sich und findet bei mildernden Umständen auch §. 228 R.St.G.B. Anwendung.

Nach einer autentischen Interpretation vom 9. Juni 1877 sollen Mißhandlungen Untergebener mit dem Säbel, sobald dieser nur als stumpfwirkendes Instrument benutzt wird, nicht aus §. 149 M.St.G.B., sondern nur nach §. 122 in Verbindung mit §. 55 Ziff. 2 M.St.G.B. bestraft werden.

„Seine Waffe" bezeichnet die Dienstwaffe.

Zu „rechtswidrig" vgl. Note zu §. 137 d. G.

Zur Bestrafung des Vorgesetzten genügt die bloße Aufforderung ohne Rücksicht darauf, ob derselben Folge gegeben ist oder nicht.

§. 150. Wer ohne die erforderliche dienstliche Genehmigung sich verheirathet, wird mit Festungshaft bis

zu drei Monaten bestraft; zugleich kann auf Dienstentlassung erkannt werden.

Auf die Rechtsgültigkeit der geschlossenen Ehe ist der Mangel der dienstlichen Genehmigung ohne Einfluß.

Militärpersonen des Friedensstandes bedürfen zu ihrer Verheirathung der Genehmigung ihrer Vorgesetzten; §. 40 R.M.G. vom 2. Mai 1874. Ebenso dürfen sich die vorläufig in die Heimath beurlaubten Rekruten und Freiwilligen nicht ohne Genehmigung der Militärbehörden verheirathen; §. 60 Ziff. 4 l. c.

§. 151. Wer im Dienste oder, nachdem er zum Dienste befehligt worden, sich durch Trunkenheit zur Ausführung seiner Dienstverrichtung untauglich macht, wird mit mittlerem oder strengem Arrest oder mit Gefängniß oder Festungshaft bis zu Einem Jahre bestraft; zugleich kann auf Dienstentlassung erkannt werden.

Nur die Trunkenheit im Dienst soll nach diesem Paragraphen bestraft werden und ist damit die Auffassung der Gesetzgebung zum Ausdruck gebracht, daß die Trunkenheit außer Dienst nicht Gegenstand der gerichtlichen Verfolgung sein soll. Vgl. hierzu Note zu §. 92. —

Die „Untauglichkeit" braucht keine absolute zu sein, es genügt der Mangel an derjenigen Zuverlässigkeit, welche für die militärischen Dienstverrichtungen erfordert wird.

Disziplinarbestrafung ist zulässig, vgl. §. 3 E.G. zum M.St.G.B.

§. 152. Wer wider besseres Wissen eine auf unwahre Behauptungen gestützte Beschwerde anbringt, wird mit Freiheitsstrafe bis zu Einem Jahre bestraft.

Wer wiederholt und leichtfertig auf unwahre Behauptungen gestützte Beschwerden oder wer eine Beschwerde

unter Abweichung von dem vorgeschriebenen Dienstwege einbringt, wird mit Arrest bestraft.

„Wider besseres Wissen" ist eine Beschwerde angebracht, wenn der Thäter sich bewußt war, daß derselben unwahre Behauptungen zu Grunde lagen; daß letzteres der Fall, muß thatsächlich festgestellt sein, der Mangel des Beweises der behaupteten Thatsachen macht dieselben noch nicht zu unwahren. — Wiederholt und leichtfertig ist copulativ zu nehmen, andernfalls ist nur Disziplinarbestrafung zulässig.

Ueber den vorgeschriebenen Dienstweg bei Beschwerden vgl. Note zu §. 117 d. G.

Zweiter Titel.

Militärische Verbrechen und Vergehen der Militärbeamten.

§. 153. Ein Militärbeamter, welcher sich im Felde einer der in dem ersten bis dritten, dem sechsten und achten Abschnitt des ersten Titels bezeichneten strafbaren Handlungen schuldig macht, wird nach den daselbst für Personen des Soldatenstandes gegebenen Bestimmungen bestraft; statt auf Versetzung in die zweite Klasse des Soldatenstandes ist auf Amtsverlust zu erkennen.

Was unter Militärbeamten zu verstehen, ist in dem diesem Gesetz beigefügten Verzeichniß der Militärpersonen zu B. gesagt.

§. 154. Andere Verpflichtungen der Militärbeamten sind nach den allgemeinen, für Beamte geltenden Vorschriften zu beurtheilen.

Die hier in Bezug genommenen Vorschriften sind enthalten in den §§. 331—359 R.St.G.B., in dem R.G. vom 31. März 1873 und in den Disziplinargesetzen für richterliche und nichtrichterliche Beamte.

Dritter Titel.

Strafbestimmungen für Personen, welche den Militärgesetzen nur in Kriegszeiten unterworfen sind.

§. 155. Während eines gegen das Deutsche Reich ausgebrochenen Krieges sind alle Personen, welche sich in irgend einem Dienst- oder Vertragsverhältnisse bei dem kriegführenden Heere befinden, oder sonst sich bei demselben aufhalten oder ihm folgen, den Strafvorschriften dieses Gesetzes, insbesondere den Kriegsgesetzen unterworfen.

Dieser Paragraph findet gegen alle Civilpersonen Anwendung, welche sich in einem Dienst- oder Vertragsverhältniß bei dem kriegführenden Heere befinden, wie Marketender, Fuhrwerks- und Kolonnen-Kutscher, sowie auch gegen solche, die dem Heere folgen oder sich unter irgend einer Form bei demselben aufhalten, wie freiwillige Krankenpfleger, Zeitungs-Korrespondenten, Handelsleute rc. Bezüglich der anzuwendenden Strafarten wird in jedem einzelnen Falle die bürgerliche Stellung des Angeschuldigten in Erwägung zu ziehen, und maßgebend sein müssen.

Diese Personen sind auch der Disziplinarstrafgewalt der Truppenbefehlshaber unterworfen. §§. 23, 38 der Diszipl.St.O.

Zu „Kriegsgesetze" vgl. §§. 9, 10 und Noten dazu.

§. 156. Neben einer jeden Freiheitsstrafe, welche gegen eine Person verhängt wird, die sich zu den Truppen in einem Dienst- oder Vertragsverhältnisse befindet, kann zugleich auf Aufhebung dieses Verhältnisses erkannt werden.

Die Aufhebung des Dienst- oder Vertragsverhältnisses ist fakultativ, um die Truppe nicht durch obligatorische Androhung zu schädigen, und um den Thäter nicht die Handhabe zu bieten, daß er sich einem ihm lästig gewordenen Verhältniß durch Verübung einer geringfügigen Strafthat entziehen kann. Wird die Lösung des Verhältnisses ausgesprochen, so geht die Vollstreckung der Hauptstrafe auf die bürgerlichen Behörden über; §. 15 Abs. 3.

§. 157. Ausländische Offiziere, welche zu dem kriegführenden Heere zugelassen sind, werden, wenn der Kaiser nicht etwa besondere Bestimmungen getroffen hat, nach den für Deutsche Offiziere geltenden Vorschriften beurtheilt.

Auf das Gefolge solcher Offiziere findet die Vorschrift des §. 155 Anwendung.

Das Gefolge ausländischer Offiziere zählt nicht zu den Militärpersonen, daher die Bezugnahme auf §. 155.

§. 158. Auf strafbare Handlungen eines Kriegsgefangenen finden nach Maßgabe seines Militärranges die Vorschriften dieses Gesetzes entsprechende Anwendung.

Unter „Kriegsgefangenen" sind hier nur in Gefangenschaft gerathene feindliche Kombattanten, nicht aber Geiseln und in Haft genommene Civilpersonen zu verstehen. Daß das Gesetz auf Kriegsgefangene nur „entsprechend" Anwendung finden soll, beruht auf der Erwägung, daß viele der darin vorgesehenen und mit Strafe bedrohten Handlungen von Kriegsgefangenen nicht verübt werden können, wie z. B. Fahnenflucht, Feigheit u. s. w. — Auf militärische Ehrenstrafen darf gegen Kriegsgefangene nicht erkannt werden, dagegen sind eintretenden Falls die bürgerlichen Ehrenstrafen gegen dieselben wie gegen jeden Ausländer zu verhängen.

§. 159. Ein Kriegsgefangener, welcher unter Bruch des gegebenen Ehrenwortes entweicht, oder, auf Ehrenwort entlassen, die gegebene Zusage bricht, wird mit dem Tode bestraft.

Dieselbe Strafe trifft denjenigen, welcher den Bedingungen, unter denen er aus der Kriegsgefangenschaft entlassen, vor Beendigung des Krieges entgegenhandelt.

Diese Vorschrift bezieht sich nur auf feindliche Offiziere, die in Kriegsgefangenschaft gerathen sind.

„Entweichen" ist hier die unerlaubte Entfernung in der Absicht, sich der Gefangenschaft zu entziehen (Ranzioniren). Dem Entweichen ist der Bruch der gegebenen Zusage gleichgestellt.

In Abs. 2 fehlt die Voraussetzung eines gegebenen Ehrenworts, dagegen ist angenommen, daß der Kriegsgefangene unter einer gewissen Bedingung, wie z. B. während der Dauer des Krieges, sich persönlich nicht mehr an demselben zu betheiligen, seine Heimath nicht zu verlassen u. s. w. aus der Gefangenschaft entlassen worden ist. Bricht derselbe vor beendigtem Kriege diese Bedingung und fällt er abermals in die Hände des deutschen oder verbündeten Heeres, so hat er die Todesstrafe verwirkt.

Der Krieg gilt mit dem Friedensschluß als beendigt.

§. 160. Ein Ausländer oder Deutscher, welcher während eines gegen das Deutsche Reich ausgebrochenen Krieges auf dem Kriegsschauplatz sich einer der in den §§. 57 bis 59 und 134 vorgesehenen Handlungen schuldig macht, ist nach den in diesen Paragraphen gegebenen Bestimmungen zu bestrafen.

„Ausländer" ist hier nicht bloß der feindliche Unterthan, sondern jeder Nicht-Deutsche. Unter den Begriff „Deutscher" fallen hier alle deutsche Unterthanen, welche in keiner Beziehung zu dem kriegführenden Heere stehen. (§. 155 d. G.)

Als „Kriegsschauplatz" gilt der gesammte Flächenraum, auf welchem kriegerische Operationen stattfinden.

§. 161. Ein Ausländer oder Deutscher, welcher in einem von Deutschen Truppen besetzten ausländischen

Gebiete gegen Deutsche Truppen oder Angehörige derselben oder gegen eine auf Anordnung des Kaisers eingesetzte Behörde eine nach den Gesetzen des Deutschen Reichs strafbare Handlung begeht, ist ebenso zu bestrafen, als wenn diese Handlung von ihm im Bundesgebiete begangen wäre.

Diese Vorschrift erweitert den §. 4 R.St.G.B. und bestimmt, daß die deutschen Strafgesetze unter den gegebenen Voraussetzungen gegen Ausländer und Deutsche im Auslande gleichmäßig zur Anwendung kommen sollen. Dabei dürfte es in der Billigkeit liegen, die Bewohner des occupirten feindlichen Landes wenigstens allgemein auf die entsprechenden Strafbestimmungen hinzuweisen, weil von ihnen eine Kenntniß deutscher Gesetze nicht vorausgesetzt werden kann, und geschieht dies zweckmäßig durch eine Proklamation oder einen behördlichen Erlaß.

Vierter Titel.

Zusatzbestimmungen für die Marine.

§. 162. Von den in diesem Gesetze den Verhältnissen des Heeres entlehnten Ausdrücken sind für die Marine als gleichbedeutend zu betrachten:

Heer als gleichbedeutend mit Marine oder Flotte;
Truppe als gleichbedeutend mit Schiff;
Befehlshaber einer militärischen Wache als gleichbedeutend mit Offizier der Wache;
Militärische Kokarde als gleichbedeutend mit dem entsprechenden Abzeichen in der Marine;
Stubenarrest als gleichbedeutend mit Kammerarrest;
Wohnung als gleichbedeutend mit Kammer.

§. 163. Unter Schiff im Sinne dieses Gesetzes ist jedes Fahrzeug der Marine zu verstehen, auf welchem ein militärischer Befehlshaber nebst Besatzung eingeschifft ist.

§. 164. Als mobiler Zustand gilt in der Marine der Kriegszustand eines Schiffes. Als im Kriegszustande befindlich ist jedes Schiff der Marine zu betrachten, welches außerhalb der heimischen Gewässer allein fährt.

Für die am Lande befindlichen Militärpersonen der Marine tritt im Sinne dieses Gesetzes die Mobilmachung unter denselben Voraussetzungen ein, wie für die Militärpersonen des Heeres.

Heimische Gewässer sind die Ostsee und ein Theil der Nordsee; alle übrigen Gewässer sind ausländische.

§. 165. Als vor dem Feinde befindlich zu betrachten ist ein Schiff, so lange in Gewärtigung eines Zusammentreffens mit dem Feinde ein oder mehrere Geschütze des Schiffes scharf geladen sind.

Zu „vor dem Feinde" vgl. §. 11 d. G.

§. 166. Außer den Militärpersonen sind die Angestellten des Schiffes den Militärstrafgesetzen unterworfen.

Andere am Borde des Schiffes dienstlich eingeschiffte Personen unterliegen den Kriegsgesetzen, so lange das Schiff sich im Kriegszustande befindet.

Zu „Kriegsgesetzen" vgl. §§. 9 und 164 d. G.

Anlage.

Verzeichniß
der zum Deutschen Heer und zur Kaiserlichen Marine gehörenden Militärpersonen.

Die zum Deutschen Heer und zur Kaiserlichen Marine gehörenden Militärpersonen bestehen aus Personen des Soldatenstandes und aus Militärbeamten.

A. Personen des Soldatenstandes sind:

I. Die Offiziere.

Die Offiziere zerfallen in vier Hauptklassen:

im Heer:	in der Marine:
1. Generalität,	1. Flaggoffiziere oder Admirale,
2. Stabsoffiziere,	2. Stabsoffiziere,
3. Hauptleute u. Rittmeister,	3. Kapitänleutenants,
4. Subalternoffiziere (Premier- und Sekond-Leutenants).	4. Subalternoffiziere (Leutenants und Unterleutenants zur See).

II. Die Unteroffiziere

sind eingetheilt im Heer und in der Marine: in

1. solche, welche das Offizier-Portepee tragen (Portepee-Unteroffiziere),
2. solche, welche das Offizier-Portepee nicht tragen (Unteroffiziere ohne Portepee).

III. **Die Gemeinen**
mit Einschluß der Obergefreiten und Gefreiten.

IV. **Die Mitglieder des Sanitäts-Korps**, sowie
V. **Die Mitglieder des Maschinen-Ingenieur-Korps**
gehören nach Maßgabe ihres Militärranges zu den unter Nr. I., II. und III. aufgeführten Kategorien.

B. **Militärbeamte** *)

sind alle im Heer und in der Marine für das Bedürfniß des Heeres oder der Marine dauernd oder auf Zeit angestellten, nicht zum Soldatenstande gehörenden und unter dem Kriegsminister oder Chef der Admiralität als Verwaltungschef stehenden Beamten, welche einen Militärrang haben. Es macht dabei keinen Unterschied, ob sie einen Diensteid geleistet haben oder nicht.

Militärbeamte, die im Offizierrange stehen, sind obere Militärbeamte, alle anderen Militärbeamten sind untere Militärbeamte.

---

*) Siehe hierzu die Verordnung betreffend die Klasseneintheilung der Militärbeamten des Reichsheeres und der Marine vom 29. Juni 1880 (R.G.B. S. 169).

II.

Militär-Strafgerichts-Ordnung

für Preußen

vom 3. April 1845.

Inhalts-Verzeichniß.

Erster Titel.

Von den Militär-Gerichten.

Zweiter Titel.

Von dem Verfahren.

Beilage A.

Beilage B.

Beilage C.

Strafgerichts-Ordnung

für das Preußische Heer und die kaiserliche Marine vom 3. April 1845.

Eingeführt im Gebiet des ehemaligen Norddeutschen Bundes durch Verordnung vom 29. Dezember 1867 (B.G.Bl. S. 185), in Hessen südlich des Mains durch die Militär-Konvention von 4. April 1867, in Baden durch Kaiserliche Verordnung vom 24. November 1871 (R.G.Bl. S. 401), in Elsaß-Lothringen durch Gesetz vom 6. Dezember 1873.

In Bayern gilt die Bayerische M.St.G.O. vom 29. April 1869 mit den Zusatzgesetzen vom 28. April und 27. September 1872; in Württemberg die M.St.G.O. vom 20. Juli 1818.

Erster Titel.

Von den Militärgerichten.

Erster Abschnitt.

Von dem Gerichtsstande.

I. Der Militärpersonen überhaupt.

§. 1. Der Militärgerichtsbarkeit sind unterworfen:

1) sämmtliche zum Soldatenstande gehörende Personen ohne Unterschied;

2) die Beamten der Militärverwaltung, welche in dem diesem Gesetzbuch unter Littr. A. beigefügten Verzeichniß als Militärbeamte aufgeführt sind;
3) alle mit Inaktivitätsgehalt entlassene, alle zur Disposition gestellte und alle mit Pension verabschiedete Offiziere;
4) die Militärlehrer und Zöglinge der militärischen Bildungsanstalten, soweit darüber durch besondere Vorschriften nichts anderes bestimmt ist.

Die Vorschrift dieses Paragraphen ist durch das M.St.G.B. vom 20. Juni 1872 und spätere Reichsgesetze erweitert und sind nunmehr außer den ad. 1—4 aufgeführten Personen der Militärgerichtsbarkeit noch unterworfen:

5) die Offiziere à la suite in den im §. 2 Abs. 3 des E.G. zum M.St.G.B. vorgesehenen Fällen;
6) die Landgendarmen, sofern die Landesgesetze nichts Anderes bestimmen; §. 2 des E.G. zum M.St.G.B.
7) die dem Militärstande nicht angehörigen Personen, welche auf einem Schiff der Kaiserlichen Marine angestellt sind; §. 166 Abs. 1 M.St.G.B.

Es unterstehen ferner zeitweise beziehungsweise bezüglich gewisser militärischer Vergehen und Verbrechen der Militärgerichtsbarkeit:

a. die vorläufig in die Heimath beurlaubten Rekruten und Freiwilligen;

die bis zur Entscheidung über ihr ferneres Militärverhältniß zur Disposition der Ersatzbehörden entlassenen Mannschaften;

die vor erfüllter Dienstzeit zur Disposition der Truppentheile beurlaubten Mannschaften;

bezüglich der Bestimmungen des 3. Abschn. des M.St.G.B. über unerlaubte Entfernung und Fahnenflucht sowie der Strafvorschriften im 4. Abschnitt über Selbstbeschädigung und Vorschützen von Gebrechen in gleicher Weise wie die Personen des aktiven Dienststandes; §§. 56, 60 R.M.G. vom 2. Mai 1874;

b. die Personen des Beurlaubtenstandes einschließlich der Ersatzreservisten (§. 11 d. G. vom 11. Februar 1888) in den Fällen der §§. 113, 126 M.St.G.B., auch wenn sie sich nicht im Dienst befinden;

c. die Reservisten, Wehrleute und Ersatzreservisten während des Tages der Kontrollversammlung, zu welcher sie einberufen sind. R.S.d.Pr.G.A. vom 20. November 1886.

Zu Ziff. 3. Die mit Pension verabschiedeten Offiziere haben den Militärgerichtsstand nicht mehr. G. vom 3. Mai 1890; vgl. auch §. 33 M St.G.B. und Note dazu.

§. 2. Die Militärgerichtsbarkeit umfaßt die Strafsachen, mit Einschluß der Injurien, so weit letztere der gerichtlichen Bestrafung unterliegen.

Der Schlußsatz dieses Paragraphen ist nach Aufhebung der A.V. II über die Ehrengerichte vom 20. Juni 1843 hinfällig geworden.

§. 3. Den Civilbehörden bleibt die Untersuchung und Entscheidung der Kontraventionen gegen Finanz- und Polizeigesetze, und gegen Jagd- und Fischerei-Verordnungen in dem Fall überlassen, wenn die Kontravention im Gesetz nur mit Geldbuße oder Konfiskation bedroht ist.

Ist dagegen im Gesetz die Kontravention nur oder alternativ mit Freiheitsstrafe bedroht, oder trifft mit der Kontravention ein anderes Verbrechen zusammen, so steht die Untersuchung und Entscheidung ausschließlich den Militärgerichten zu.

Kontraventionen sind Vergehen und Uebertretungen. Die Zuständigkeit der Civilbehörden ist nicht ausgeschlossen, wenn im Gesetz für den Unvermögensfall eine Freiheitsstrafe angedroht ist.

Der Ausdruck „Verbrechen" umfaßt alle durch Gesetz mit Strafe bedrohten Handlungen.

II. Insbesondere:

1. Der zum Dienststande gehörenden Personen des Soldatenstandes, der Militärbeamten, imgleichen der aktiven und pensionirten Offiziere.

§. 4. Durch Beurlaubung auf bestimmte Zeit oder durch einstweilige Beschäftigung im Civil-Staatsdienst oder im Kommunaldienst wird der Militärgerichtsstand der im §. 1 gedachten Personen nicht geändert.

Betrifft jedoch die Anschuldigung lediglich ein Amtsverbrechen oder Vergehen im Civil-Staats- oder Kommunaldienst, und gehört der Angeschuldigte nicht dem Offizierstande an, so steht es den Militärgerichten frei, die Untersuchung und Bestrafung den Civilbehörden zu überlassen, welchen letzteren in jedem Fall das Disziplinarverfahren wegen kleiner Dienstvergehen verbleibt.

Die Vollstreckung der Strafen erfolgt aber durch die Militärgerichte, welche sie im geeigneten Fall zuvor in militärische Strafen umzuwandeln haben.

Eine Umwandlung in militärische Strafen findet nicht mehr statt. — Die im Interesse ihrer Civilversorgung zu Civilbehörden abkommandirten oder beurlaubten Militärpersonen bleiben rücksichtlich militärischer Disziplinarvergehen (§. 1 Ziff. 1 und 2 Diszipl. St.O.) der Disziplinarstrafgewalt der Militärbehörden, denen auch die Strafvollstreckung zufällt, unterworfen. Pr.K.M. vom 10. Oktober 1891 (A.V.Bl. S. 233).

§. 5. Der Militärgerichtsstand beginnt für die Personen des Soldatenstandes

1) wenn sie zur Ergänzung des Heeres aus der militärpflichtigen Mannschaft ausgehoben werden,
   a. mit dem Zeitpunkt, wo sie zur Einstellung in einen bestimmten Truppentheil von Seiten der Ersatzbehörde dem zu ihrem Empfang beauftragten Kommando übergeben werden, und
   b. bei denen, welche nicht durch ein Militärkommando den Truppentheilen zugeführt werden, mit dem Tage, wo ihre Verpflegung durch die Militärverwaltung beginnt;
2) wenn sie freiwillig, sei es zur Ablösung ihrer gesetzlichen Militärverpflichtung oder zum dauernden Militärdienst eintreten, mit dem Zeitpunkt ihrer Einstellung in den Truppentheil.

Für die Militärbeamten beginnt derselbe mit ihrer definitiven Anstellung oder vertragsmäßigen Annahme.

Vgl. hierzu die Note zu §. 1 unter a M.St.G.O., durch welche die vorstehende Bestimmung abgeändert ist.

2. Der zum Beurlaubtenstande gehörenden Personen des Soldatenstandes.

§. 6. Alle zum Beurlaubtenstande gehörende Personen des Soldatenstandes sind, während der Beurlaubung, in Strafsachen den Civilgerichten unterworfen. Von diesen Strafsachen sind ausgenommen und gehören vor die Militärgerichte:

1) Ungehorsam und Widersetzung gegen Befehle die den Beurlaubten von ihren Vorgesetzten in Gemäßheit der Dienstordnung ertheilt werden;
2) Desertion (Fahnenflucht);
3) wenn Beurlaubte in der Militäruniform
   a. bei dem Zusammentreffen mit höheren gleichfalls in Uniform befindlichen, oder mit den in Ausübung des Dienstes begriffenen Personen des Soldatenstandes sich eines Verbrechens schuldig machen, wodurch die Achtung gegen diese verletzt wird,
   b. an einem von Personen des Soldatenstandes verübten militärischen Verbrechen Theil nehmen, oder
   c. sich eines Mißbrauchs militärdienstlicher Autorität schuldig machen;
4) Insubordinaton bei Anbringung von Gesuchen und Beschwerden in militärischen Dienstangelegenheiten;
5) Herausforderungen und Zweikämpfe beurlaubter Landwehroffiziere und der mit Vorbehalt der Dienstverpflichtung aus dem stehenden Heere ausgeschiedenen Offiziere.

Trifft ein Verbrechen der zu 1. bis 5. bezeichneten Art mit einem gemeinen Verbrechen zusammen, so ist der Militärgerichtsstand auch wegen des letzteren begründet.

Welche Personen zum Beurlaubtenstande gehören, ist in der Anm. zu §. 6 M.St.G.B. näher ausgeführt; vgl. dieselbe. Der Inhalt dieses Paragraphen ist durch das M.St.G.B. vom 20. Juni 1872 des R.M.G. vom 2. Mai 1874 und das R.G. vom 11. Februar 1888, betreffend Abänderung der Wehrpflicht, wesentlich abgeändert und werden Personen des Beurlaubtenstandes, auch wenn sie sich nicht im Dienst befinden, durch Militärgerichte bestraft in den Fällen der §§. 42 Abs. 2, 101, 113, 126 M.St.G.B.; ferner bei Nichtgestellung und Fahnenflucht §§. 68, 69 l. c. R.S.d.Pr.G.A. vom 25. September 1872 und 6. November 1874. — Vgl. hierzu auch Note zu §. 1 M.St.G.O.

In Betreff der Verfolgung der Personen des Beurlaubtenstandes wegen Fahnenflucht und unerlaubter Auswanderung vgl. Note zu §. 69 M.St.G.B.

Zu Ziff. 5 ist zu bemerken, daß nur der Herausfordernde und der Geforderte, nicht aber die Kartellträger den Militär-Gerichtsstand haben. R.S.d.Pr.G.A. vom 6. November 1874 Ziff. 7.

§. 7. Wenn die zum Beurlaubtenstande gehörenden Personen des Soldatenstandes zu dienstlichen Zwecken einberufen werden, so haben sie während dieser Einberufung den Militärgerichtsstand. Derselbe beginnt:

1) wenn die Einberufung zum Kriege oder wegen außerordentlicher Zusammenziehung der Reserve oder der Landwehr erfolgt, mit dem Empfang der Einberufungsorder;

2) wenn die Einberufung zu den größeren Uebungen stattfindet, mit dem Anfang des in der Einberufungsorder bezeichneten Gestellungstages.

In beiden Fällen hört dieser Gerichtsstand mit dem Ablauf des Tages der Wiederentlassung auf.

Erfolgt dagegen

3) die Einberufung zu den kleineren Uebungen oder zu anderen dienstlichen Zwecken, so findet der Militärgerichtsstand nur für die Dauer der An-

wesenheit des Beurlaubten im dienstlichen Verhältniß statt.

Die Einberufung erfolgt durch öffentliche Aufforderung oder Ausstellung von Gestellungs-Orders oder Listen; Landwehr-Ordnung §. 19 Ziff. 5.

Kleinere Uebungen im Sinne der Nr. 3 finden nicht mehr statt.

§. 8. Die Militärgerichte dürfen jedoch in den Fällen des §. 7 zu 2. und 3. das Verfahren den Civilgerichten überlassen und den Angeschuldigten dazu ausliefern, wenn ein gemeines Verbrechen vorliegt und damit kein militärisches Verbrechen zusammentrifft.

Unter „gemeinen Verbrechen" sind Verbrechen, Vergehen und Uebertretungen des R.St.G.B., unter „militärischen Verbrechen" Verbrechen und Vergehen des M.St.G.B. zu verstehen. R.S.d.Pr.G.A. vom 25. September 1872.

III. Gerichtsstand der Personen des Soldatenstandes wegen Verbrechen, welche

A. vor dem Eintritt in den Dienststand begangen sind.

§. 9. Kommen Verbrechen, welche Personen des Soldatenstandes vor dem Eintritt in den Dienststand verübt haben, erst nach deren Eintritt zur Sprache, so steht die Untersuchung dem Militärgericht nur in dem Falle zu, wenn die wahrscheinlich zu erwartende Strafe eine dreimonatliche (sechswöchentliche) Gefängnißstrafe nicht übersteigt. Ist eine längere Freiheitsstrafe zu erwarten, so muß der Angeschuldigte entlassen und die Untersuchung dem kompetenten Civilgericht überwiesen werden.

Die im Text vorgesehene dreimonatliche Gefängnißstrafe ist durch die spätere Gesetzgebung (§. 28 Ziff. 1 der Ers.O. vom 28. September 1875) auf sechswöchentliches Gefängniß herabgesetzt. — Im Falle des §. 9 ist die Zuständigkeit der Militärgerichte nicht abhängig von der abstracten gesetzlichen Strafandrohung, sondern von der nach der Beschaffenheit des Falles in concreto zu erwartenden Strafe, wobei das Vorhandensein mildernder Umstände mit in Betracht zu ziehen ist. Pr.G.A. vom 19. Februar 1881. Es sind daher bezügliche Anträge der Truppentheile auf Entlassung eingestellter Mannschaften wegen vor ihrer Einstellung verübter strafbarer Handlungen zunächst von dem nächsten mit der höheren Gerichtsbarkeit beliehenen Vorgesetzten zu prüfen und nur dann dem General-Kommando zur Entscheidung vorzulegen, wenn die wahrscheinlich zu erwartende Strafe 6 Wochen übersteigt. Wird die Entlassung abgelehnt, so hat das Militärgericht das Urtheil zu fällen ohne Rücksicht darauf, ob dasselbe die in §. 9 erwähnte Strafzeit übersteigt oder nicht. Pr.G.A. vom 1. Oktober 1884.

Unter „Verbrechen" sind hier Vergehen und Verbrechen des bürgerlichen Strafrechts zu verstehen.

§. 10. Dieses Verfahren (§. 9) findet auch statt, wenn die Untersuchung bei dem Civilgericht eingeleitet und das Erkenntniß erster Instanz dem Angeschuldigten vor dem Eintritt in den Dienststand noch nicht publicirt ist.

Der §. 10 hat noch das Verfahren der aufgehobenen Preuß. Kriminal-Ordnung im Auge und ist nach der heutigen Gesetzgebung als aufgehoben zu erachten. Im bestehenden bürgerlichen Strafverfahren wird der ergangene Spruch gleich in der Hauptverhandlung eröffnet.

§. 11. War das Erkenntniß erster Instanz dem Angeschuldigten vor dem Eintritt in den Dienststand bereits publicirt, so verbleibt die fernere Verhandlung und die Entscheidung in zweiter Instanz dem Civilgericht, von

welchem das Urtheil, sobald es die Rechtskraft erlangt hat, dem Militärgericht zuzufertigen ist.

Ist gegen einen eingestellten Soldaten ein nicht rechtskräftiges Strafurtheil eines Civilgerichts ergangen, so ist die Rechtskraft desselben abzuwarten. Lautet dann das Erkenntniß auf eine Freiheitsstrafe von 6 Wochen und weniger, so wird die Strafe von der Militärbehörde vollstreckt, andernfalls muß die Entlassung des Mannes zur Disposition der Ersatzbehörden erfolgen; vgl. auch §. 12 d. G.

§. 12. Ist von dem Civilgericht rechtskräftig erkannt und übersteigt die erkannte Freiheitsstrafe nicht eine Gefängnißstrafe von drei Monaten (sechs Wochen), so ist dieselbe durch das Militärgericht in eine verhältnißmäßige Militärstrafe umzuwandeln und zur Vollstreckung zu bringen; übersteigt aber die Freiheitsstrafe eine dreimonatliche (sechswöchentliche) Gefängnißstrafe, so muß der Angeschuldigte zur Disposition der Aushebungsbehörde entlassen und an das Civilgericht zur Vollstreckung der Strafe abgeliefert werden.

Im Text ist auch hier zu lesen wie im §. 9 M.St.G.O., statt Gefängnißstrafe von 3 Monaten und dreimonatliche solche von „sechs Wochen" und „sechswöchentliche." Vgl. hierzu Note zu §. 9 l. c.

Die Umwandlung in eine Militärstrafe findet nicht mehr statt und wird die Strafe, wie erkannt ist, vollstreckt. — Wenn gegen Trainsoldaten mit sechsmonatlicher Dienstzeit vom Civilgericht Strafen wegen vor ihrer Einstellung verübter strafbarer Handlungen verhängt sind, so sind dieselben bei der Truppe nur dann zu vollstrecken, wenn sie von ganz geringer Dauer sind; die Vollstreckung härterer Strafen ist auszusetzen und den Civilbehörden nach beendigter Dienstzeit zu überlassen. Pr.K.M. vom 31. Dezember 1865. Nr. 282. 12. A. 1.

§. 13. Gegen Personen des Beurlaubtenstandes, welche zum Kriege, zu einer außerordentlichen Zusammenziehung der Truppen, oder zur größeren Uebung (§. 7 Nr. 1 und 2) einberufen werden, müssen die bei den Civilgerichten einzuleitenden oder bereits eingeleiteten Untersuchungen, sowie die Strafvollstreckung, für die Dauer dieser militärischen Dienstleistung des Einberufenen in den Fällen suspendirt bleiben, wo nicht die Verhaftung entweder bereits erfolgt ist, oder bei der Untersuchung gesetzlich eintreten muß.

Zu Personen des Beurlaubtenstandes vgl. Note zu §. 6 M.-St.G.B.

B. vor dem Uebertritt in den Beurlaubtenstand begangen sind.

§. 14. Die Fortsetzung einer Untersuchung, welche beim Eintritt des Termins der Entlassung aus dem Dienststande noch schwebt, kann, wenn dieselbe ein gemeines Verbrechen zum Gegenstande hat, und kein gerichtlich zu bestrafendes militärisches Verbrechen damit zusammentrifft, in sofern der Angeschuldigte nicht verhaftet ist, dem Civilgericht überlassen werden.

Gemeine Verbrechen sind Verbrechen, Vergehen und Uebertretungen des bürgerlichen Strafrechts.

§. 15. Kommt ein während des Dienststandes begangenes Verbrechen erst nach dem Uebertritt in den Beurlaubtenstand zur Sprache, so steht dessen Untersuchung und Bestrafung nur dann den Civilgerichten zu, wenn das Verbrechen zu den gemeinen gehört und mit keinem gerichtlich zu bestrafenden militärischen Verbrechen zusammentrifft.

Unter Verbrechen sind hier strafbare Handlungen jeder Art, also auch Vergehen und Uebertretungen des bürgerlichen Strafrechts zu verstehen. Trifft mit einer nach letzterem strafbaren Handlung (gemeines Verbrechen) ein militärisches Vergehen zusammen, welches nach §. 3 des E.G. zum M.St.G.B. disziplinarisch geahndet werden kann, so kann nach vollstreckter Disziplinarstrafe die Bestrafung des Ersteren dem Civilgericht überlassen werden.

IV. Gänzliches Aufhören des Militärgerichtsstandes.

§. 16. Der Militärgerichtsstand hört auf

1) bei Offizieren:

a. durch Verabschiedung ohne Pension, mit der Beschränkung, daß diejenigen ohne Pension verabschiedeten Offiziere, denen die Erlaubniß ertheilt worden ist, Militäruniform zu tragen, bei den nach der Verordnung vom 20. Juli 1843 zu bestrafenden Herausforderungen und Duellen den Militärgerichtsstand behalten;

b. durch Kassation, Entfernung aus dem Offizierstande und Dienstentlassung;

2) bei Unteroffizieren und Gemeinen: mit dem Ausscheiden aus den Militärverhältnissen durch Verabschiedung, Entlassung oder Ausstoßung aus dem Soldatenstande (bei Gendarmen: mit Entlassung oder Ausstoßung aus der Gendarmerie);

3) bei Militärbeamten: durch Verabschiedung, Entlassung, Kassation und Amtsentsetzung;

4) wenn Militärpersonen im Civil-Staatsdienst oder im Kommunaldienst definitiv angestellt werden.

Die V. U. vom 20. Juli 1843 ist aufgehoben. — Offiziere, welche ohne Pension entlassen sind, haben den Militärgerichtsstand nicht; ebenso die mit Pension verabschiedeten Offiziere. Ges. vom 3. Mai 1890. — An die Stelle der fortgefallenen Strafen der Kassation, Entfernung aus dem Offizierstande und Ausstoßung aus dem Soldatenstande ist die „Entfernung aus dem Heer oder der Marine" getreten. — Auf Ausstoßung aus der Gendarmerie ist nicht mehr zu erkennen. — Offiziere, welche nach ihrem Ausscheiden aus dem Civil-, Staats- oder Kommunaldienst wieder in den Genuß der Militärpension treten, erlangen den Militärgerichtsstand nicht wieder.

§. 17. Kommt ein von einer Militärperson begangenes militärisches oder gemeines Verbrechen erst nach dem gänzlichen Ausscheiden aus den Militärverhältnissen zur Sprache, so gehört die Sache ausschließlich vor die Civilgerichte.

Wegen Fortsetzung einer vor diesem Ausscheiden bei den Militärgerichten begonnenen Untersuchung kommen die Bestimmungen des §. 14 zur Anwendung.

V. Außerordentlicher Militärgerichtsstand in Kriegszeiten.

§. 18. In Kriegszeiten haben außer den im §. 1 bezeichneten Personen den Militärgerichtsstand:

1) alle Personen, welche den kriegführenden Truppen zugetheilt sind oder zu deren Gefolge gehören;
2) die zu den kriegführenden Truppen des Preußischen Heeres zugelassenen fremden Offiziere und deren Gefolge,
3) die Kriegsgefangenen;
4) alle Unterthanen des Preußischen Staats, oder Fremde, welche auf dem Kriegsschauplatze den

Preußischen Truppen durch eine verrätherische Handlung Gefahr oder Nachtheil bereiten.

In dem unter Nr. 4 angegebenen Fall tritt dieser außerordentliche Gerichtsstand nur von dem Zeitpunkt ein, wo der König oder in dessen Namen der Feldherr solches verordnet und öffentlich bekannt macht.

Nach dem M.St.G.B. haben jetzt in Kriegszeiten den Militärgerichtsstand:

a. Alle Personen, welche sich in einem Dienst- oder Vertragsverhältniß bei dem kriegführenden Heere befinden oder sich sonst bei demselben aufhalten oder ihm folgen. §. 155 M.St.G.B.;

b) ausländische Offiziere, welche zu dem kriegführenden Heere zugelassen sind, sofern der Kaiser nicht ein Anderes bestimmt hat, und deren Gefolge. §. 157 l. c.;

c. die Kriegsgefangenen. §. 158 l. c.;

d. Ausländer oder Deutsche in den in den §§. 160, 161 l. c. vorgesehenen Fällen;

e. die im §. 166 Abs. 2 l. c. gedachten Personen.

Zweiter Abschnitt.

Von der Gerichtsbarkeit.

I. Höhere und niedere Gerichtsbarkeit.

§. 19. Die Militärgerichtsbarkeit ist entweder die höhere oder die niedere.

§. 20. Vor die höhere Gerichtsbarkeit gehören alle Straffälle:

1) der Offiziere und der oberen Militärbeamten;

2) der Portepee-Unteroffiziere, wenn eine härtere Strafe als Arrest im Gesetz angedroht ist;

3) der Unteroffiziere ohne Portepee und der Gemeinen, wenn im Gesetz eine härtere Strafe angedroht ist als Arrest, Degradation, Versetzung in die zweite Klasse des Soldatenstandes oder Züchtigung;

4) der unteren Militärbeamten, wenn im Gesetz eine härtere Strafe angedroht ist, als Gefängniß oder Arrest;

5) wenn gegen Landgendarmen, oder gegen Invaliden auf Entlassung zu erkennen ist.

Arrest im Sinne der Ziff. 2, 3 und 4 ist gleichbedeutend mit jeder in einer Militär-Arrestanstalt vollstreckbaren Freiheitsstrafe, umfaßt also auch das bürgerliche Gefängniß bis zu 6 Wochen; R.S.d.Pr.G.A. vom 25. September 1872.

Gegen Invaliden darf nicht mehr auf Entlassung erkannt werden. — Die Strafe der körperlichen Züchtigung ist aufgehoben. — Gegen Landgendarmen kann auch ein Standgericht auf Entlassung aus der Gendarmerie erkennen, nur muß alsdann die Bestätigung des Erkenntnisses durch den Chef der Landgendarmerie erfolgen; §. 9 d. V. vom 23. Mai 1867 betreff. Org. d. Landgend.

Durch Aenderung des Strafsystems in dem zur Zeit geltenden bürgerlichen und militärischen Strafrecht sind die Strafandrohungen des §. 20 für die Zuständigkeit der Militärgerichte höherer und niederer Ordnung nur noch theilweise maßgebend. Für die Aburtheilung militärischer Vergehen, welche ausschließlich mit Arrest oder allgemein mit Freiheitsstrafen ohne einen Mindestbetrag derselben bedroht werden, sind, falls bei letzteren nicht erschwerende Umstände vorliegen, die Standgerichte, im Uebrigen bezüglich der weiteren Vergehen und Verbrechen nur die Kriegsgerichte zuständig. Bei den durch die bürgerlichen Strafgesetze bedrohten Handlungen entfallen die Uebertretungen den Standgerichten, ebenso die leichteren Fälle derjenigen Vergehen, bei denen ein Mindestbetrag der Strafe von weniger als 6 Wochen Gefängniß oder Haft oder Geldstrafe vorgesehen ist. Dabei kommen die militärischen Ehrenstrafen der Degradation und Versetzung in die 2. Klasse des Soldatenstandes nicht in Betracht.

§. 21. Der niederen Gerichtsbarkeit verbleiben alle Straffälle, welche nicht vor die höhere Gerichtsbarkeit gehören.

Vgl. hierzu die Note zu §. 20 d. G.

Die Standgerichte sind zuständig neben einer in Arrest und bürgerlichem Gefängniß bis zu 6 Wochen bestehenden Hauptstrafe zugleich auf Degradation und Versetzung in die 2. Klasse des Soldatenstandes zu erkennen.

II. Verwaltung der Gerichtsbarkeit.

§. 22. Die Militärgerichtsbarkeit wird verwaltet:

1) durch das General-Auditoriat;
2) durch die Korps-, Divisions- und Regimentsgerichte;
3) durch die Garnisongerichte;
4) bei dem medicinisch-chirurgischen Friedrich-Wilhelms-Institut nebst der damit in Verbindung stehenden medicinisch-chirurgischen Akademie: durch das für diese Anstalten bestehende besondere Gericht, bei dessen jetziger Organisation es sein Bewenden behält.

Zu den Regimentsgerichten gehören auch die der sebstständigen Bataillone, wie Jäger-, Pionier-, Train-Bataillone ꝛc.

Gerichtsherr zu Ziff. 4 ist der jeweilige Direktor des Allgem. Kriegs-Departements. A.K.O. vom 17. Dezember 1863.

Außer den hier angegebenen Behörden wird die Militärgerichtsbarkeit noch durch eine Reihe von Kommandostellen und Behörden des Heeres und der Marine ausgeübt, denen dieselbe auf Grund Allerh. Bestimmungen verliehen ist.

§. 23. Die Korpsgerichte bestehen:

aus dem kommandirenden General des Armeekorps als Gerichtsherrn und dem Korpsauditeur;

die Divisionsgerichte:

aus dem Kommandeur der Division als Gerichtsherrn und den Divisionsauditeuren;

die Regimentsgerichte:

aus dem Kommandeur des Regiments als Gerichtsherrn und dem untersuchungsführenden Offizier;

die Garnisongerichte:

aus dem Gouverneur oder Kommandanten als Gerichtsherrn und dem Gouvernements- oder Garnisonauditeur.

Den Befehlshabern, welche gegenwärtig, außer den hier benannten, gerichtsherrliche Befugnisse ausüben, verbleiben diese Befugnisse in dem bisherigen Umfang.

§. 24. Für jeden Untersuchungsfall ist das Untersuchungs- und das Spruchgericht besonders zu bestellen.

§. 25. In Kriegszeiten bleiben:

a) die nöthigen Modifikationen bei Organisation und Verwaltung der Militärgerichte und
b) die dem Heerführer und den Kommandanten belagerter Festungen danach zu ertheilenden Instruktionen,

der Bestimmung des Königs vorbehalten.

III. Kompetenz.

§. 26. Die Gerichtsbarkeit der Korps-, Divisions- und Regimentsgerichte erstreckt sich auf alle Personen und Straffälle, über welche die Gerichtsbarkeit den im §. 22 unter Nr. 3 und 4 genannten Gerichten nicht ausschließlich beigelegt ist.

1. der Regimentsgerichte.

§. 27. Die Gerichtsbarkeit der Regimentsgerichte ist auf die niedere beschränkt, und erstreckt sich über die zum Etat des Regiments gehörenden Unteroffiziere, Gemeine und Militär-Unterbeamten. Der Regimentskommandeur ist jedoch befugt, in Fällen die zur höheren Gerichtsbarkeit gehören, wenn weder das kompetente oder ein anderes mit höherer Gerichtsbarkeit versehenes Militärgericht, noch ein Civilgericht am Orte ist, Verhandlungen, die zur Feststellung des Thatbestandes dienen, und keinen Aufschub leiden, durch den untersuchungsführenden Offizier unter Zuziehung eines zweiten Offiziers aufnehmen zu lassen. Die aufgenommenen Verhandlungen müssen aber unverzüglich an das kompetente Militärgericht abgegeben werden.

Gleich den Regimentsgerichten ist die niedere Gerichtsbarkeit verliehen

a im Heer:

den Jäger-, Schützen-, Pionier- und Train-Bataillonen; A.K.O. vom 27. Dezember 1860 (M.W.Bl. von 1861 S. 35),

den Landwehr- und Ersatz-Bataillonen,

den Unteroffizierschulen und dem Lehr-Infanterie-Bataillon; A.K.O. vom 3. Mai 1866 (M.W.Bl. S. 171), der Kavallerie-Unteroffizierschule des Militär-Reit-Instituts zu Hannover; A.K.O. vom 17. Mai 1872 (A.V.Bl. S. 253),

der Artillerie-Schießschule und der Versuchs-Abtheilung der Artillerie-Prüfungs-Kommission; A.K.O. vom 9. November 1871 (A.V.Bl. S. 313),

der Militär-Schießschule, der Schloßgarde-Kompagnie und der Garde-Invaliden-Kompagnie;

b. in der Marine:

den in Dienst gestellten Schiffen und Fahrzeugen, den Werft- und Matrosen-Divisionen, den See-Bataillonen, den Matrosen-Artillerie-Abtheilungen (A.K.O. v. 21 August 1883 M.V.Bl. S. 118), den Chefs der Torpedoboots- und Panzer-Fahrzeugs-Flottillen; A.K.O. v. 7. Februar 1888 (M.V.Bl. S. 17).

2. der Divisionsgerichte.

§. 28. Die Divisionsgerichte haben:

1) die höhere Gerichtsbarkeit über alle zum Divisionsverband gehörende Militärpersonen;

2) die niedere Gerichtsbarkeit über alle zum Dienstbereich des Divisions-Kommandeurs gehörende Unteroffiziere, Gemeine und Militär-Unterbeamten, die keinem Regimentsgericht der Division unterworfen sind.

Den Divisionsgerichten gleich gestellt sind die Gerichte der Marine-Stationen der Ostsee und der Nordsee. Es ist ferner verliehen die Gerichtsbarkeit gemäß §. 28 d. G.:

a. dem Chef des Kreuzer-Geschwaders über das Personal des Geschwaders und über die nicht zum Geschwaderverbande gehörigen Schiffe und Fahrzeuge auswärtiger Stationen für die Dauer des Aufenthalts des Geschwaders auf solchen

Stationen, sowie für die Dauer der Kriegsformation der Marine; A.K.O. v. 12. April 1884 (M.V.Bl. S. 63).

b. dem Chef des Schulgeschwaders für die Dauer der Winterreise und zwar vom Verlassen des Heimathshafens bis zur Rückkehr dorthin; A.K.O. vom 15. Mai 1888 (M.V.Bl. S. 109).

3. der Korpsgerichte.

§. 29. Die Korpsgerichte haben:

1) die höhere Gerichtsbarkeit über alle Militärpersonen in dem Bezirk des Generalkommandos, welche nicht der Gerichtsbarkeit der im Korpsbezirk befindlichen Divisionsgerichte unterworfen sind;

2) die niedere Gerichtsbarkeit über alle zu keinem Divisionsverbande gehörenden Unteroffiziere, Gemeine und Militär-Unterbeamte im Bezirk des Generalkommandos, welche nicht der Gerichtsbarkeit eines im Korpsbezirk befindlichen Regimentsgerichts unterworfen sind.

Den Korpsgerichten unterstehen auch die im Korpsbezirk wohnenden zur Disposition gestellten Offiziere, ferner die daselbst dislocirten Truppentheile und abkommandirten einzelnen Mannschaften, soweit sie nicht in einem Divisions- oder Regiments- rc. Verbande stehen, mit Ausnahme der Garde-Regimenter. — Die Artillere-Schießplätze sind den territorialen Armee-Korps unterstellt. Pr.K.M. vom 23. Dezember 1887 (A.V.Bl. S. 334).

§. 30. Wenn Militärpersonen von verschiedenen Armeekorps der gemeinschaftlichen Verübung eines Verbrechens beschuldigt werden, so ist wegen sämmtlicher Angeschuldigten die Gerichtsbarkeit desjenigen kommandirenden

Generals begründet, in dessen Korpsbezirk das Verbrechen begangen ist.

Der §. 30 ist nur anwendbar bei der gemeinschaftlichen Verübung einer Strafthat und kann zur Erläuterung desselben der §. 35 nicht herangezogen werden, weil dieser andere Voraussetzungen hat. — Fehlt es im Falle des §. 35 an einem gemeinsamen Gerichtsherrn, so muß über die verschiedenen Angeschuldigten in gesondertem Verfahren erkannt werden. Entsch. d. Pr.G.A. vom 23. Oktober 1884.

Unter „Verbrechen" sind strafbare Handlungen jeder Art zu verstehen.

4. der Garnisongerichte.

§. 31. Vor die Garnisongerichte gehören ausschließlich alle Vergehungen, die als Exzesse gegen die öffentliche Ruhe und Sicherheit am Orte zu betrachten, oder die gegen besondere, in Beziehung auf die Festungswerke und Vertheidigungsmittel ergangene Anordnungen, oder die im Wacht- oder Garnisondienst verübt sind.

§. 32. Die Garnisongerichte haben außerdem sowohl die höhere als die niedere Gerichtsbarkeit:

1) über alle Militärpersonen, die zum Etat des Gouvernements oder der Kommandantur gehören;
2) über die Festungsarrestaten des Militärstandes, die Militärsträflinge und die Arbeiterabtheilungen;
3) über diejenigen Militärpersonen, deren eigene mit Gerichtsbarkeit versehene Befehlshaber nicht zur Besatzung gehören, sowie über die am Orte befindlichen Militärpersonen, deren Befehlshaber nicht mit Gerichtsbarkeit versehen sind.

In Fällen der Ziff. 3 können mit Geschäften überhäufte Garnisongerichte abgeschlossene kriegsgerichtliche Untersuchungen gegen im Divisionsverbande stehende Militärpersonen durch Vermittelung des General-Auditoriats den zuständigen Divisionsgerichten zum Spruch übersenden. A.K.O. vom 7. Oktober 1868.

Die Gerichtsbarkeit über alle im Marine-, Wacht-, Werft- und Polizeidienst der Station von Personen des Seemanns- und Militärstandes der Station verübten Verbrechen und Vergehen steht dem Marine-Stations-Chef zu. Org.-Rglt. vom 19. Juni 1862 und §. 6 der Instr. vom 30. Oktober 1865 (M.V.Bl. S. 421).

5. Allgemeine Bestimmungen.

§. 33. Treffen mehrere Verbrechen zusammen, von denen das eine zur höreren, das andere zur niederen Gerichtsbarkeit gehört, so gebührt die Kognition über alle Verbrechen dem Militärgericht, welchem die höhere Gerichtsbarkeit zusteht.

Statt Verbrechen ist „strafbare Handlungen" zu lesen.

§. 34. Bei dem Zusammentreffen mehrerer zur niederen Gerichtsbarkeit gehörigen Verbrechen ist, wenn die Strafen zusammengenommen die Grenzen dieser Gerichtsbarkeit übersteigen, die Sache an das mit der höheren Gerichtsbarkeit versehene Gericht abzugeben.

Unter „Verbrechen" sind hier Vergehen und Uebertretungen zu verstehen. Beim Zusammentreffen militärischer Vergehen, welche nur mit Arrest bedroht sind, findet § 34 keine Anwendung; vgl. §. 54 Abs. 2 M.St.G.B.

§. 35. Wenn Militärpersonen, welche nicht sämmtlich der Gerichtsbarkeit eines und desselben Militärgerichts unterworfen sind, gemeinschaftlich ein Verbrechen verüben, so steht die Gerichtsbarkeit dem Militärgericht zu, dessen Gerichtsherr, dem Rang nach, der nächste Befehlshaber aller Angeschuldigten ist.

Werden verschiedene Verbrechen verübt, welche mit einander im Zusammenhang stehen, so findet dasselbe Verfahren statt wie bei gemeinschaftlich verübten Verbrechen.

Statt „Verbrechen" ist „strafbare Handlung" zu lesen. — Vgl. zu diesem Paragraphen auch Note zu §. 30 d. G.

§. 36. In Gouvernementsstädten und Festungen tritt in dem Fall des §. 35. die Kompetenz des Garnisongerichts ein, wenn der gemeinschaftliche höhere Befehlshaber nicht zur Besatzung des Orts gehört.

§. 37. In Straffällen, welche vor die höhere Gerichtsbarkeit gehören, ist die Sache auch bei eintretendem Garnisonwechsel, oder bei Veränderung der dienstlichen Stellung des Angeschuldigten, von dem Militärgericht zu beendigen, bei welchem die Einleitung der förmlichen Untersuchung stattgefunden hat.

Entscheidend für die Anwendung des §. 37 ist die Einleitung der förmlichen Untersuchung (Anklagebeschluß). War diese bereits erfolgt, so verbleibt die Beendigung der Untersuchung auch bei veränderter Dienststellung 2c. des Angeschuldigten dem Gericht, dessen Gerichtsherr die förmliche Untersuchung eröffnet hat; andernfalls ist die Sache an das zuständig gewordene Militärgericht abzugeben.

Abkommandirte Militärpersonen stehen während der Dauer ihres Kommandos unter der Gerichtsbarkeit der Befehlshaber desjenigen Truppentheils, zu dem sie kommandirt sind. Etwaige Bestrafungen derselben sind dem eigentlichen Kommandeur mitzutheilen. R.S.d.Pr.G.A. vom 16. September 1847, Beschl. 6.

§. 38. Der kommandirende General ist befugt, aus dienstlicher Rücksicht den Militärgerichten des Korpsverbandes in Straffällen, welche vor das Korpsgericht gehören, die Untersuchung und die Aburtheilung zu übertragen, wenn besondere Umstände solches erfordern.

Diese Befugniß ist aber keine willkürliche, sondern muß durch dienstliche Gründe oder besondere Umstände, z. B. weite Entfernung ꝛc. geboten sein.

§. 39. Werden bei Truppentheilen, welche ihre Garnison an einem Orte haben, wo sich kein Militärgericht befindet, Verbrechen verübt, die schleunige Maaßregeln erfordern, so ist der daselbst kommandirende Offizier befugt, das Civilgericht des Orts zu requiriren, alle Ausmittelungen vorzunehmen, die am Orte selbst oder sonst im Bezirk des Gerichts erfolgen müssen und keinen Aufschub leiden, bis entweder ein Inquirent von dem kompetenten Militärgericht gesandt, oder der Verbrecher nach dem Sitz des Militärgerichts gebracht werden kann. In den Fällen, wo weder das eine noch das andere zulässig ist, kann von Seiten des kompetenten Militärgerichts auch das Civilgericht zur Führung der Untersuchung requirirt werden.

§. 40. Militärbefehlshaber, denen zur Ausübung ihrer gerichtsherrlichen Befugnisse ein Auditeur oder untersuchungsführender Offizier nicht zugetheilt ist, haben die ihnen zustehenden Untersuchungen durch Requisition des nächsten Militär- oder, bei beträchtlicher Entfernung desselben, des Civilgerichts führen zu lassen.

§. 41. Die Obduktion der Leichname von Militär- oder Civilpersonen gehört vor die Militärgerichte, wenn Verdacht vorhanden ist, daß eine Militärperson an dem Tode des Entleibten Schuld ist. Die äußere Besichtigung des Leichnams einer Militärperson, welche durch Selbstmord oder einen Unglücksfall ums Leben gekommen ist, so wie die Ermittelung der Todesursache, und der Veranlassung zum Selbstmord, gebührt den Militärgerichten. Befindet sich kein Militärgericht am Ort, so ist das Civilgericht um Aufnahme der Verhandlungen zu requiriren.

Die aufgenommenen Verhandlungen sind wie bisher an das General-Auditoriat einzusenden.

Bei zweifellos vorliegendem Selbstmord oder Unglück genügt die Besichtigung des Leichnams, Feststellung der Identität und Ermittelung der Todesursache durch den Auditeur ohne Zuziehung eines Beisitzers. Ebenso sind bei der Feststellung über die Veranlassung eines Selbstmordes informatorische Erhebungen ausreichend und eidliche Vernehmungen nur dann erforderlich, wenn der Sachverhalt anderweitig nicht aufzuklären ist, oder der Verdacht vorliegt, daß der Selbstmord durch strafbares Verschulden eines Dritten herbeigeführt ist. Auch bei solchen eidlichen Vernehmungen ist nur ein Leutnant als Beisitzer erforderlich, so lange sich der Verdacht nicht gegen eine Persönlichkeit richtet, deren Rang andere Beisitzer bedingt. R.S.d.Pr.G.A. vom 6. März 1888.

Bei Selbstmorden von Militärpersonen hat das zuständige Militärgericht auch die nach §. 58 Abs. 2 d. G. vom 6. Februar 1875 vorgeschriebene Mittheilung an das Standesamt zu machen. Pr.K.M. vom 26 Juni 1884.

Die Akten betreff. die Ermittelung der Todesart einer Militärperson, sind auch dann an das General-Auditoriat einzusenden, wenn der Tod durch Zufall oder eine Begebenheit eingetreten ist, bei welcher die Schuld eines Dritten nicht vorliegt. R.S.d.Pr.G.A.

vom 25. August 1853. Die Einsendung der Akten erfolgt durch die betreffenden General-Kommandos.

§. 42. Die Auslieferung eines flüchtigen, im Auslande befindlichen Verbrechers ist von den Militärgerichten bei dem Kriegsministerium in Antrag zu bringen, in sofern hierüber die bestehenden Kartellkonventionen oder andere Bestimmungen nicht besondere Vorschriften enthalten.

Vgl. hierzu das den Militärgerichten mitgetheilte R.S.d.Pr.G.A. vom 8. April 1876.

Kartellkonventionen bestehen zur Zeit nur mit Dänemark (vom 25. Dezember 1820 und laut Art. II des Fried.Vertr. vom 30. Oktober 1864) und mit Oesterreich (vom 12. März 1831 G.S. S. 41). — Von den Kartellkonventionen wesentlich verschieden sind die mit anderen Staaten abgeschlossenen Auslieferungsanträge, die sich nur auf bürgerliche Verbrechen und Vergehen beziehen. Ueber diese sowie über Form und Inhalt der Anträge auf Aus- und Ablieferung der in das Ausland geflüchteten Militärpersonen, welche im Inlande strafrechtlich verfolgt werden, vgl. R.S.d.Pr.G.A. vom 18. Juli 1889, vom 22. Dezember 1891 und vom 3. Februar 1892.

Sind Anträge auf Auslieferung eines im Auslande vermutheten Verbrechers durch Ergreifung desselben oder sonst gegenstandslos geworden, so ist hiervon ohne Verzug dem K.M. Kenntniß zu geben; E.d.K.M. vom 16. Januar 1891 (A.V.Bl. S. 5).

Ueber die im Auslande nachzusuchende Rechtshülfe und die dieserhalb dorthin zu richtenden Schreiben und Anträge vgl. R.S. des Pr.G.A. vom 14. April 1889.

§. 43. Kein Gerichtsherr darf in die Gerichtsbarkeit eines andern eingreifen; es bewirkt jedoch keine Nichtigkeit des Verfahrens, wenn die Untersuchung oder das Erkenntniß durch ein Militärgericht erfolgt ist, welches überhaupt befugt war, in einer zur höheren Gerichtsbarkeit gehörigen Sache die Untersuchung zu führen oder zu erkennen.

Dies findet auch statt, wenn das inkompetente Gericht nur die niedere Gerichtsbarkeit hat, und der vor dieses Gericht gezogene Fall zur niedern Gerichtsbarkeit gehört.

Dritter Abschnitt.

Von den Untersuchungsgerichten.

I. Bestellung des Untersuchungsgerichts.

§. 44. Das Untersuchungsgericht ist von dem Gerichtsherrn zu bestellen, dem die Gerichtsbarkeit über den Angeschuldigten zusteht.

II. Besetzung:

A. In Straffällen, welche vor die höhere Militärgerichtsbarkeit gehören.

§. 45. In den vor die höhere Gerichtsbarkeit gehörenden Straffällen besteht das Untersuchungsgericht aus dem Auditeur als Inquirenten und zwei zur Untersuchung kommandirten Offizieren. Bei Verbrechen der Gemeinen, mit Ausnahme der Hauptverbrechen, d h. der mit Todesstrafe oder lebenswieriger Freiheitsstrafe im Gesetz bedrohten Verbrechen, bedarf es nur der Zuziehung eines Offiziers.

§. 46. Die zu den Untersuchungsgerichten zu kommandirenden Offiziere sollen sein, in Untersuchungen:

1) gegen Gemeine, wenn nicht Hauptverbrechen den Gegenstand derselben bilden,
   ein Leutenant;
2) gegen Gemeine bei Hauptverbrechen, und gegen Unteroffiziere,
   zwei Leutenants;
3) gegen einen Leutenant,
   ein Hauptmann oder Rittmeister und ein Leutenant;
4) gegen einen Hauptmann oder Rittmeister,
   ein Major und ein Hauptmann oder Rittmeister;
5) gegen Offiziere höheren Grades,
   ein Offizier des nächst höheren und ein Offizier des gleichen Dienstgrades des Angeschuldigten, oder in Ermangelung des ersteren, zwei Offiziere von dem Dienstgrade des Angeschuldigten.

Sind Militärpersonen verschiedenen Ranges in einer Untersuchung betheiligt, so wird das Untersuchungsgericht für sämmtliche Angeschuldigte nach der Person desjenigen, der unter ihnen den höchsten Rang hat, bestellt.

§. 47. Betrifft die Untersuchung einen Militärbeamten, so sind die zum Untersuchungsgericht zu kommandirenden Offiziere nach dem Militärrang des Angeschuldigten, wenn aber derselbe keinen bestimmten Militärrang hat, nach dessen bürgerlichen Rangverhältnissen zu ernennen. Außerdem soll bei Dienstverbrechen, wenn die Dienstbehörde darauf anträgt, ein höherer Militärbeamter von dem Dienstzweig des Angeschuldigten zu den Verhandlungen zugezogen werden.

Die Vorschrift dieses Paragraphen bezieht sich nur auf gerichtliche, nicht auf Disziplinar-Untersuchungen gegen Militärbeamte. — Die Zuziehung eines höheren Beamten erfolgt nur auf Antrag der betreffenden Dienstbehörde.

§. 48. Der Auditeur kann durch einen im Richteramt stehenden, oder zum höheren Richteramt qualifizirten Civil-Justizbeamten ersetzt werden.

Der §. 48 bezieht sich nur auf Fälle der höhereren Gerichtsbarkeit; bei standgerichtlichen Untersuchungen ist die Vertretung des Auditeurs durch einen untersuchungsführenden Offizier zulässig; vgl. §. 49 d. G.

B. In Straffällen, welche vor die niedere Gerichtsbarkeit gehören.

§. 49. In den vor die niedere Gerichtsbarkeit gehörenden Straffällen besteht das Untersuchungsgericht aus dem Auditeur oder dem untersuchungsführenden Offizier als Inquirenten und einem Leutenant.

§. 50. In Untersuchungssachen gegen Militär-Unterbeamte bei denjenigen Militärgerichten, wo Actuarien angestellt sind, genügt es, wenn der Auditeur mit Zuziehung des Actuarius die Untersuchung führt.

C. In Untersuchungen, welche durch Civilgerichte geführt werden.

§. 51. Werden Untersuchungen gegen Personen des Soldatenstandes auf Requisition durch die Civilgerichte geführt, so ist unter Berücksichtigung der Rangverhältnisse des Angeschuldigten (§. 46.) ein Offizier zuzuziehen, in sofern dies ohne Schwierigkeit und Kostenaufwand geschehen kann.

Es genügt in solchen Fällen die Zuziehung eines Offiziers, der nach Vorschrift des §. 46 d. G. dem Range des Angeschuldigten entspricht. —

Der §. 51 ist nur dann anzuwenden, wenn sich am Orte des ersuchten Civilgerichts Garnison befindet.

D. Bei gemischten Untersuchungen gegen Militär- und Civilpersonen.

§. 52. Wenn zwischen Militär- und Civilpersonen Beleidigungen oder Thätlichkeiten wechselseitig vorfallen, oder wenn ein Verbrechen von Militär- und Civilpersonen gemeinschaftlich verübt wird, so muß die Untersuchung von einem aus Militär- und Civilgerichtspersonen zusammengesetzten Gericht geführt werden.

Der competente Gerichtsherr ernennt die Militärmitglieder. Der höchste kommandirte Offizier hat in diesem gemeinschaftlichen Untersuchungsgericht den Vorrang.

Die Verhandlungen, welche die Mitangeschuldigten des Militärstandes betreffen, sind zu besonderen Akten zu nehmen.

Nach einer Entscheidung des früheren Pr. Ob. Tribunals vom 5. Mai 1858 sind die Vorschriften der §§. 52, 53 M.St.G.O. durch Art. 147 Ges. v. 3. Mai 1852 nicht aufgehoben.

Der Antrag auf Bestellung eines gemischten Untersuchungsgerichts ist von dem Militärgericht bei der für die betheiligten Civilpersonen zuständigen Staatsanwaltschaft zu stellen.

Die erforderlichen Verfügungen werden von dem Militär- und Civil-Kommissar gemeinschaftlich erlassen.

§. 53. Nach beendigter Untersuchung ist zuerst gegen die angeklagten Militärpersonen von dem Militärgericht zu erkennen. Wenn besondere Umstände ein Anderes erfordern, so ist darüber die Entscheidung des Königs durch das General-Auditoriat einzuholen.

Der §. 53 findet selbstredend nur dann Anwendung, wenn gegen die betheiligten Militärpersonen die förmliche Untersuchung eröffnet wird.

E. Allgemeine Bestimmungen.

§. 54. Die zu den Untersuchungsgerichten zu kommandirenden Offiziere müssen die Eigenschaft vollgültiger Zeugen haben.

Nach Lage der heutigen Gesetzgebung wird nur nahe Verwandschaft oder Schwägerschaft mit dem Angeschuldigten oder eigenes Interesse zur Sache oder zu dem Ausfall der Untersuchung von dem Amte eines Beisitzers ausschließen. — Offiziere, welche sich selbst in gerichtlicher oder ehrengerichtlicher Untersuchung befinden, dürfen nicht als Beisitzer kommandirt werden.

§. 55. Wenn Personen des Soldatenstandes zu vernehmen sind, die einen höheren Rang haben, als der höchste zum Untersuchungsgericht kommandirte Offizier, so ist nach den obwaltenden Umständen und bei Verhandlungen von besonderer Wichtigkeit ein höherer Offizier dabei zuzuziehen, der dem Rang des höchsten unter den zu Vernehmenden entspricht (§. 46.).

§. 56. Ohne dringende Veranlassung darf im Lauf der Untersuchung ein Wechsel in der Person der dazu kommandirten Offiziere nicht stattfinden.

§. 57. Wenn die Vorschriften wegen Besetzung des Untersuchungsgerichts bei einer Verhandlung, aus welcher ein Grund zur Entscheidung hergenommen ist, verabsäumt worden sind, so ist das gesprochene Erkenntniß nichtig (§. 268.).

Jedoch soll, wenn das Erkenntniß rechtskräftig geworden, von Amtswegen die Aufhebung nicht beantragt werden.

III. Von der Ablehnung einzelner Mitglieder des Untersuchungsgerichts.

§. 58. Wenn der Angeschuldigte ein einzelnes Mitglied des Untersuchungsgerichts ablehnt, und der Gerichtsherr die Ernennung eines anderen Mitgliedes verweigert, so hat der kommandirende General über den Antrag zu entscheiden. Weist derselbe den Ablehnungsantrag zurück, so ist, wenn der Angeschuldigte dabei sich nicht beruhigt, die Entscheidung des Königs durch das General-Auditoriat einzuholen.

Wird einem Ablehnungsantrag gegen den Auditeur Folge gegeben, so hängt es von den Dienstverhältnissen des Gerichtsherrn ab, ob er unmittelbar einen andern Auditeur statt des abgelehnten substituiren kann, oder einen andern Gerichtsherrn deshalb zu requiriren hat. Von der erfolgten Substitution ist dem General-Auditoriat durch den Gerichtsherrn ungesäumt Nachricht zu geben.

Ueber die Gründe der Ablehnung vgl. §. 59 d. G. Vgl. ferner §. 60 d. G.

§. 59. Die Ablehnung ist für begründet zu erachten gegen Mitglieder des Untersuchungsgerichts, welche

1) bei dem Ausfall der Untersuchung ein Interesse haben;
2) mit dem Angeschuldigten in offenbarer Feindschaft leben, wofür die rechtliche Vermuthung begründet wird, durch gerichtliche Anschuldigung grober Verbrechen, verübte Thätlichkeit gegen das Leben oder die Gesundheit, ehrenrührige Schmähungen und Prozesse über einen beträchtlichen Theil des Vermögens, in sofern nicht anzunehmen ist, daß die feindseligen Gesinnungen durch Wiederaussöhnung oder durch den Verlauf mehrerer Jahre gehoben worden,
3) in der Sache als Zeugen aufgestellt werden sollen.

Außer diesen Gründen sind aber auch andere, in dienstlichen oder persönlichen Verhältnissen beruhende Einwendungen zu berücksichtigen.

§. 60. In den Fällen des §. 58. sind bis zur erfolgten Entscheidung nur solche Verhandlungen, welche zur Feststellung des Thatbestandes dienen, oder bei denen Gefahr im Verzuge ist, von dem bestellten Untersuchungsgericht vorzunehmen.

Vierter Abschnitt.

Von den Spruchgerichten.

§. 61. Gegen Personen des Soldatenstandes wird

1) in den zur höheren Gerichtsbarkeit gehörenden Straffällen durch ein Kriegsgericht, und

2) in den zur niederen Gerichtsbarkeit gehörenden durch ein Standgericht erkannt.

Das Rechtsmittel der weiteren Vertheidigung findet bei Erkenntnissen der Kriegs- oder Standgerichte nicht statt.

Gegen Militärbeamte wird durch Instanzengerichte erkannt.

Ueber Mitglieder des Sanitäts-Korps und des Maschinen-Ingenieur-Korps wird, da sie Personen des Soldatenstandes sind, kriegs- oder standgerichtlich erkannt. — Ueber die Instanzengerichte des Abs. 3 vgl. §§. 68 ff. d. G.

I. Ueber Personen des Soldatenstandes.

Kriegs- und Standgerichte.

§. 62. Das Kriegs- und das Standgericht ist, der Dienstordnung gemäß, von dem Befehlshaber anzuordnen, dem die Bestellung des Untersuchungsgerichts zustand.

Steht dem betreffenden Befehlshaber ein ausreichendes Personal zur Besetzung des Spruchgerichts nicht zur Verfügung, so ersucht er, falls Garnison am Orte, den nächsten Befehlshaber um Ergänzung der Richter, oder er sucht bei dem zunächst garnisonirenden Truppen-Befehlshaber, der gleiche Gerichtsbarkeit hat, die Abhaltung des Spruchgerichts nach.

1. Bestellung derselben.

§. 63. Wenn ein in Untersuchung befindlicher Offizier, vor der Bestellung des erkennenden Gerichts, wegen besonderer Umstände die Berufung der Mitglieder des Gerichts aus dem Dienstbereich des kompetenten Gerichtsherrn ablehnen sollte, so hat er sich auf dem Dienstwege an den König zu wenden.

Der §. 63 findet nur auf Offiziere als Angeschuldigte Anwendung und beschränkt sich auf den Fall, daß der Angeschuldigte sämmtliche Offiziere aus dem Befehlsbereich seines Gerichtsherrn ablehnen sollte. Der Ablehnungsantrag muß vor der Anordnung des Spruchgerichts an den nächsten Dienstvorgesetzten eingereicht und von diesem weiter gegeben werden.

2. Besetzung: a) des Kriegsgerichts.

§. 64. Ein Kriegsgericht besteht mit alleiniger Ausnahme des im §. 65. gedachten Falles, aus fünf Richterklassen, von denen der Präses eine Klasse bildet, und aus dem Auditeur, als Referenten.

Zu einem Kriegsgericht sind nach dem Grad des Angeschuldigten als Richter zu berufen:

1) über einen Gemeinen:

a. ein Major als Präses,
b. zwei Hauptleute (Rittmeister),
c. zwei Leutenants,
d. drei Unteroffiziere,
e. drei Gefreite oder beziehungsweise drei gemeine Soldaten;

2) über einen Unteroffizier und die übrigen zu dieser Kategorie gehörenden Personen des Soldatenstandes:
   a. ein Major als Präses,
   b. zwei Hauptleute (Rittmeister),
   c. zwei Leutenants,
   d. drei Sergeanten oder beziehungsweise drei Portepee-Unteroffiziere,
   e. drei Unteroffiziere;
3) über einen Premier- oder Sekondeleutenant:
   a. ein Oberstleutenant als Präses,
   b. zwei Majore,
   c. zwei Hauptleute (Rittmeister),
   d. zwei Premier- und
   e. zwei Sekondeleutenants;
4) über einen Hauptmann (Rittmeister):
   a. ein Oberst als Präses,
   b. zwei Oberstleutenants,
   c. zwei Majore,
   d. zwei Hauptleute (Rittmeister),
   e. zwei Premierleutenants;
5) über einen Major oder Oberstleutenant:
   a. ein Generalmajor als Präses,
   b. zwei Obersten,
   c. zwei Oberstleutenants,
   d. zwei Majore,
   e. zwei Hauptleute (Rittmeister);
6) über einen Obersten:
   a. ein Generalleutenant als Präses,

b. zwei Generalmajore,
c. zwei Obersten,
d. zwei Oberstleutenants,
e. zwei Majore.

Bei Verbrechen, die mit Todes- oder lebenswieriger Freiheitsstrafe bedroht sind, müssen mit Ausnahme der Klasse des Präses, auch die Richterklassen der Offiziere mit drei Personen besetzt werden.

Ist ein Offizier des vorgeschriebenen Dienstgrades nicht vorhanden, so kann derselbe durch einen solchen des nächstniederen (nicht höheren) Dienstgrades ersetzt werden; vgl. §. 74.

Daß die Kompagnie- (Eskadron-, Batterie-) Chefs oder derjenige, welcher den Thatbericht unterschrieben, von der Theilnahme an der Spruchverhandlung auszuschließen, ist gesetzlich nicht vorgesehen, doch wird es sich zur Vermeidung eines Ablehnungs-Antrages empfehlen.

§. 65. Zu einem Kriegsgericht über einen General gehören, in sofern der König die Besetzung nicht Selbst bestimmt:

1) außer einem höheren General als Präses,
2) drei Richterklassen, von welchen eine jede aus drei Personen bestehen muß, und zwar dergestalt, daß die unterste Klasse einen Grad geringer und die oberste einen Grad höher steht als der Angeschuldigte.

b) des Standgerichts.

§. 66. Ein Standgericht besteht aus fünf Richterklassen, von denen der Präses eine Klasse bildet, und aus einem Auditeur oder untersuchungsführenden Offizier als Referenten.

§. 67. Zu einem Standgericht sind nach dem Grad des Angeschuldigten zu berufen:

1) über einen Gemeinen:
   a. ein Hauptmann (Rittmeister) als Präses,
   b. zwei Premierleutenants,
   c. zwei Sekondeleutenants,
   d. zwei Unteroffiziere,
   e. zwei Gefreite oder beziehungsweise zwei gemeine Soldaten;

2) über einen Unteroffizier und die übrigen zu dieser Kategorie gehörenden Personen des Soldatenstandes:
   a. ein Hauptmann (Rittmeister) als Präses,
   b. zwei Premierleutenants,
   c. zwei Sekondeleutenants,
   d. zwei Sergeanten oder beziehungsweise zwei Portepee-Unteroffiziere,
   e. zwei Unteroffiziere.

Vgl. hierzu §. 74 und Note dazu.

An Bord der im Kriegszustande befindlichen Schiffe der Kaiserlichen Marine (§. 164 M.St.G.B.) dürfen Mitglieder des Maschinen-Ingenieur-Korps und des Sanitäts-Korps im Range der Unterleutnants zur See als Richter zu den Standgerichten zugezogen werden, wenn die an Bord befindlichen Offiziere nicht ausreichen. A.K.O. vom 12. Februar 1878 (M.V.Bl. S. 35). Ebenso dürfen unter gleichen Verhältnissen die älteren, Offizierdienst thuenden See-Kadetten als Unterleutnants zur See fungiren. A.K.O. vom 14. Dezember 1862 (M.G.S. Bd. VII S. 57). — An Bord der im Auslande befindlichen Schiffe der Kaiserlichen Marine können solche Deckoffiziere, welche dauernd oder vorübergehend zum Offizierdienst verwendet werden, an Stelle fehlender Offiziere im Range von Sek.-

Leutnants als Richter zu Standgerichten herangezogen werden. A.K.O. vom 16. Juni 1891 (M.V.Bl. S. 116).

II. Ueber Militärbeamte.

Instanzengerichte.

A. Gericht der ersten Instanz.

1. In Straffällen, welche vor die höhere Gerichtsbarkeit gehören.

§. 68. In den vor die höhere Gerichtsbarkeit gehörenden Straffällen der Militärbeamten hat der kommandirende General des Armeekorps, zu welchem der Angeschuldigte gehört, das erkennende Gericht zu bestellen.

§. 69. Dasselbe besteht aus fünf Einzelnrichtern, und zwar:

1) einem Stabsoffizier (als Präses),
2) einem Hauptmann (Rittmeister),
3) }
4) } zwei Auditeuren und
5) einem anderen oberen Militärbeamten, wo möglich von dem Dienstzweige des Angeschuldigten.

Von den Auditeuren ist der eine zugleich als Referent zu bestellen. Der Auditeur, welcher die Untersuchung geführt hat, darf in der nämlichen Sache nicht zum erkennenden Richter bestellt werden.

Steht der Angeschuldigte im Rang den Stabsoffizieren gleich, so ist ein General zum Präses zu bestellen und anstatt eines Hauptmanns oder Rittmeisters (ad 2.) ein Stabsoffizier zuzuziehen.

2. In Straffällen, welche vor die niedere Gerichtsbarkeit gehören.

§. 70. In Straffällen, welche vor die niedere Gerichtsbarkeit gehören, hat der zur Untersuchung kompetente Gerichtsherr auch das erkennende Gericht zu bestellen.

§. 71. Dasselbe besteht aus fünf Einzelnrichtern und zwar:

1) einem Hauptmann (Rittmeister) als Präses,
2) einem Leutenant,
3) 4) zwei Militär-Unterbeamten, wo möglich von dem Dienstzweige des Angeschuldigten, oder in deren Ermangelung, zwei Unteroffizieren,
5) dem Auditeur oder untersuchungsführenden Offizier, der zugleich Referent ist.

Die Bestimmung des §. 69., wonach der Inquirent nicht zum erkennenden Richter bestellt werden darf, findet auf Besetzung dieser Spruchgerichte keine Anwendung.

B. Gerichte der zweiten Instanz.

§. 72. Gegen Erkenntnisse der Spruchgerichte über Militärbeamte ist das Rechtsmittel der weiteren Vertheidigung zulässig. Das Erkenntniß zweiter Instanz erfolgt durch das General-Auditoriat.

Die Frist zur Einlegung des Rechtsmittels (Appellation) beträgt 10 Tage vom Tage nach stattgehabter Publikation des Erkenntnisses an gerechnet §. 223 d. G.

III. Allgemeine Bestimmungen.

§. 73. Das Spruchgericht über Mitangeschuldigte des Soldatenstandes ist nach Verschiedenheit ihrer Dienstgrade

zu besetzen. Wegen eines jeden Mitangeschuldigten stimmen nur die seinetwegen bestellten Richterklassen ab, der Präses aber ist nach dem Dienstgrade des höchsten unter den Angeschuldigten zu ernennen, und ist zugleich Präses wegen der übrigen Mitangeschuldigten.

Sind mehrere Mitangeschuldigte von verschiedenen Dienstgraden durch ein Spruchgericht abzuurtheilen, so sind die Richterklassen in der Weise zusammen zu setzen, daß die für jeden Angeschuldigten zuständigen Richter vertreten sind. Nur der Präses ist gemeinsam und muß dem Range des der Charge nach höchsten Angeschuldigten entsprechen. Es stimmen dann über jeden Angeklagten die seinem Range entsprechenden Richterklassen und der Präses. Ist z. B. 1 Sekonde-Leutnant und 1 Unteroffizier angeschuldigt, so besteht das Kriegsgericht aus 1 Oberstleutnant als Präses, 2 Majors, 2 Hauptleuten (Rittmeistern), 2 Premier-Leutnants, 2 Sekonde-Leutnants, 3 Sergeanten und 3 Unteroffizieren. Es urtheilen alsdann über den Sekonde-Leutnant: Die Klassen der Sekonde- und der Premier-Leutnants, der Hauptleute, der Majors und der Präses; über den Unteroffizier: die Klassen der Unteroffiziere, der Sergeanten, der Sekonde-Leutnants, der Hauptleute und der Präses. — Im Interesse der Disziplin empfiehlt es sich dabei, dem gesammten Richterpersonal die Akten vorzulesen, dann das Spruchgericht über den höchsten Angeschuldigten zu bilden, die übrigen Klassen abtreten zu lassen, den Spruch herbeizuführen und das Resultat zu eröffnen, demnächst in analoger Weise mit den anderen Angeklagten zu verfahren.

§. 74. In Ermangelung der zur Besetzung eines Spruchgerichts erforderlichen Offiziere des vorgeschriebenen Dienstgrades kann der fehlende durch den darauf folgenden Dienstgrad ersetzt werden.

Der darauf folgende Dienstgrad ist der nächst niedere. Der Ersatz eines Sekonde-Leutenants durch einen Portepee-Fähnrich ist unzulässig. — Vgl. hierzu Note zu §. 67 d. G. bezüglich der Kaiserlichen Marine.

§. 75. Zu Mitgliedern eines Spruchgerichts dürfen nur Personen bestellt werden, welche die Eigenschaften vollgültiger Zeugen haben. Wer sich selbst in Untersuchung befindet, wer zum Untersuchungsgericht gegen den Angeschuldigten kommandirt gewesen, oder wer als Zeuge in der Sache vernommen ist, soll nicht zum Spruchgericht berufen werden.

Vgl. hierzu Note zu §. 54 d. G.

§. 76. Die Nichtbefolgung der in diesem Abschnitt (§§. 61—71, 73—75) enthaltenen Vorschriften wegen Besetzung der Spruchgerichte hat die Nichtigkeit des Erkenntnisses zur Folge.

Jedoch soll, wenn das Erkenntniß rechtskräftig geworden, von Amtswegen die Aufhebung nicht in Antrag gebracht werden.

Fünfter Abschnitt.

Von den Befugnissen und Pflichten der Militärgerichtspersonen.

I. Des Gerichsherrn.

§. 77. Der Gerichtsherr hat, als Vorstand des Militärgerichts, bei allen Verfügungen desselben die Leitung und Entscheidung. Auf die richterlichen Funktionen des Auditeurs oder untersuchungsführenden Offiziers einzuwirken, steht ihm nur in den durch dieses Gesetzbuch vorgeschriebenen Grenzen zu.

An Verhandlungen der von ihm bestellten Untersuchungs- und Spruchgerichte darf der Gerichtsherr persönlich nicht Theil nehmen. Er ist verpflichtet, die Geschäftsführung des Auditeurs oder des untersuchungsführenden Offiziers zu beaufsichtigen und wahrgenommene Unordnungen oder Gesetzwidrigkeiten dem General-Auditoriat zur Abhülfe und Rüge anzuzeigen, in soweit er hierzu nach den besonderen Dienstvorschriften nicht selbst befugt ist.

Er ist verpflichtet, die Gefängnisse des Gerichts von Zeit zu Zeit zu revidiren oder für deren Visitation zu sorgen.

Alle im Namen des Gerichts zu erlassenden Verfügungen sind von ihm und dem Auditeur oder dem untersuchungsführenden Offizier zu vollziehen.

In Behinderungsfällen gehen seine gerichtsherrlichen Befugnisse auf seinen Stellvertreter im Kommando über.

Der Chef des Generalstabes darf den Gerichtsherrn nicht vertreten. R.S.d.Pr.G.A. vom 21. September 1854.

Abs. 5 findet bei Bezirks-Kommandos nicht Anwendung auf die Adjutanten, weil diese in Behinderungsfällen des Bezirks-Kommandeurs nur die Leitung der Geschäfte, aber nicht das Kommando übernehmen können. Pr.K.M. vom 24. Februar 1882. Nr. 188. 2. A. 1.

II. Des Auditeurs.

§. 78. Der Auditeur ist dem Gerichtsherrn bei Ausübung der gerichtsherrlichen Befugnisse desselben als richterlicher Beamter zugeordnet.

Er hat die Gesetzlichkeit der im Namen des Gerichts zu erlassenden Verfügungen zu vertreten.

In Betreff seiner Pflichten als Gerichtsperson finden die Vorschriften der allgemeinen Landesgesetze Anwendung.

§. 79. Wenn der Auditeur die Anweisungen des Gerichtsherrn in Bezug auf seine richterlichen Pflichten mit den gesetzlichen Vorschriften oder seinen Instruktionen nicht vereinbar hält, so hat er dem Gerichtsherrn dagegen Vorstellungen zu machen.

Verbleibt derselbe bei seiner Verfügung, so hat der Auditeur solche auf die alleinige Verantwortung des Gerichtsherrn zu befolgen, jedoch den Hergang in den Akten zu vermerken und dem General-Auditoriat davon Anzeige zu machen.

III. Des untersuchungsführenden Offiziers.

§. 80. Der untersuchungsführende Offizier ist von dem Gerichtsherrn aus den Subaltern-Offizieren des Truppentheils zu ernennen, und vor Antritt seiner Funktion von dem Gerichtsherrn unter Zuziehung eines Offiziers dahin zu vereidigen:

> daß er die Obliegenheiten des ihm übertragenen Amtes mit Gewissenhaftigkeit und Unparteilichkeit, den Gesetzen gemäß, erfüllen, auch sich davon durch kein Ansehen der Person, keine Leidenschaft oder andere Nebenabsichten abhalten lassen wolle.

Ueber die erfolgte Vereidigung ist eine Verhandlung aufzunehmen und bei den Akten des Gerichts aufzubewahren.

Bei denjenigen Landwehr-Bezirks-Kommandos, denen außer dem Adjutanten ein Subaltern-Offizier nicht zugetheilt ist, ist der Adjutant grundsätzlich als untersuchungsführender Offizier zu bestellen. A.K.O. v. 21. Mai 1879 (A.V.Bl. S. 128).

§. 81. Der untersuchungsführende Offizier hat in dem Umfang seines militärgerichtlichen Wirkungskreises mit dem Auditeur gleiche Befugnisse und Pflichten, auch haben die in diesem Wirkungskreise vor besetztem Gericht von ihm aufgenommenen Verhandlungen die Beweiskraft gerichtlicher Urkunden.

Der Wirkungskreis des untersuchungsführenden Offiziers ist beschränkt auf die Bearbeitung der ihm zugewiesenen standrechtlichen Untersuchungen; zur Aufnahme von Verhandlungen des bürgerlichen Prozeßrechts ist er nicht berechtigt und müssen bezügliche Rechtshülfesachen an das Amtsgericht der Garnison abgegeben werden.

IV. Des Aktuarius.

§. 82. Die bei den Militärgerichten angestellten Aktuarien stehen zunächst unter dem Auditeur.

Wegen ihrer besonderen Amtspflichten sind sie nach den ihnen ertheilten Instruktionen zu beurtheilen.

V. Der zu den Untersuchungsgerichten kommandirten Offiziere.

§. 83. Die zu den Untersuchungsgerichten kommandirten Offiziere haben für die Erhaltung der militärischen Ordnung während der Verhandlungen zu sorgen, auch dahin zu sehen, daß die Aussagen genau in die von ihnen mit zu unterzeichnenden Protokolle aufgenommen werden, und daß der Inhalt derselben überhaupt mit dem wirklichen Hergang übereinstimmt.

Ein direktes Eingreifen in die Verhandlungen durch Befragen, Bedrohen 2c. des zu Vernehmenden ist dem Beisitzer nicht gestattet; vgl. auch §. 84 d. G.

§. 84. Hat ein solcher Offizier (§. 83.) Erinnerungen zu machen, so sind dieselben von ihm dem Inquirenten, jedoch nicht in Gegenwart des zu Vernehmenden, mitzutheilen. Wenn darüber keine Vereinigung stattfindet, so kann der Offizier die Aufzeichnung seiner Erinnerungen am Schluß des Protokolls verlangen und dem Gerichtsherrn davon Anzeige machen.

Wenn es insbesondere bei militärischen Verbrechen, zur näheren Feststellung des Thatbestandes auf genaue Kenntniß und richtige Würdigung der militärischen Verhältnisse wesentlich ankommt, so müssen die zur Untersuchung kommandirten Offiziere in Verbindung mit dem Inquirenten dahin wirken, daß der militärische Gesichtspunkt dabei festgehalten und der zu Vernehmende veranlaßt werde, über die ihnen zur Ermittelung des richtigen militärischen Standpunktes erheblich scheinenden Umstände sofort vollständige Auskunft zu ertheilen.

VI. Der Gerichtsboten.

§. 85. Die Geschäfte der Gerichtsboten sind durch Ordonnanzen zu versehen.

Sechster Abschnitt.

Von dem General-Auditoriat.

§. 86. Das General-Auditoriat ist der oberste Militärgerichtshof. Es ist die Rekursinstanz, so wie die begutachtende Behörde in den, in diesem Gesetzbuch näher bezeichneten Fällen.

Dasselbe bildet die zweite Instanz in Strafsachen der Militärbeamten und ist die vorgesetzte Dienstbehörde der Auditeure und Aktuarien.

§. 87. Das General-Auditoriat hat die Geschäftsführung der Militärgerichte nach den darüber bestehenden besonderen Vorschriften zu beaufsichtigen und etwanigen Beschwerden in militärgerichtlichen Angelegenheiten abzuhelfen, auch die Zweifel über die Kompetenz der Militärgerichte oder über die Anwendung und Auslegung der Militärgesetze zu erledigen, nöthigenfalls zur Entscheidung des Königs zu bringen.

Gegen die rechtlichen Bescheide des General-Auditoriats findet nur der Rekurs an den König statt.

§. 88. Der Geschäftskreis des General-Auditoriats, in soweit derselbe sich nicht aus diesem Gesetzbuch ergiebt, ist durch besondere Instruktionen bestimmt.

Zweiter Titel.

Von dem Verfahren.

Erster Abschnitt.

Von dem Verfahren gegen Personen des Soldatenstandes.

§. 89. Die Militärgerichte haben in Untersuchungssachen von Amtswegen zu verfahren, in sofern nicht Ausnahmen durch die Gesetze ausdrücklich bestimmt sind.

Das Verfahren der Militärgerichte ist das des Inquisitions-Prozesses; sie schreiten von Amtswegen ein, im Gegensatz zum Anklage-Prozeß, bei welchem eine strafrechtliche Verfolgung nur auf erhobene Anklage eintritt. Die hier vorgesehenen Ausnahmen beziehen sich auf strafbare Handlungen, welche nur auf Antrag verfolgt werden. Das M.St.G.B. kennt keine Antragsdelikte.

§. 90. Das Verfahren der Militärgerichte in Strafsachen der Personen des Soldatenstandes ist entweder das kriegsrechtliche oder das standrechtliche (§. 61.).

Erste Abtheilung.

Von dem Verfahren in Straffällen, welche vor die höhere Gerichtsbarkeit gehören.

(Kriegsrechtliches Verfahren).

I. Untersuchungsverfahren.

A. Vorläufige Untersuchung.

§. 91. Wenn der Gerichtsherr von einem in dem Bereich seiner Gerichtsbarkeit verübten Verbrechen Kenntniß erhält, so hat er den ihm zugetheilten Auditeur anzuweisen, den Thatbestand festzustellen.

Der Auftrag des Gerichtsherrn kann sowohl mündlich wie auch schriftlich erfolgen.

§. 92. Bei Feststellung des Thatbestandes ist nach den, diesem Gesetzbuch unter Litt. B. beigefügten Bestimmungen zu verfahren.

1. Thatbericht.

§. 93. Der Feststellung des Thatbestandes muß ein vollständiger Thatbericht (species facti) vorangehen, welcher in der Regel von dem nächsten mit der Disziplinarstrafgewalt über den Angeschuldigten versehenen Vorgesetzten anzufertigen ist.

Von der Einreichung eines vollständigen Thatberichts wird vielfach abgesehen werden können, so namentlich bei Meldungen der Wachen, Ronden u. s. w. über vorgekommene Pflichtwidrigkeiten und sonstige strafbare Handlungen. — Jeder Thatbericht ist möglichst kurz zu fassen und auf die Anführung derjenigen Thatsachen, welche den Thatbestand der strafbaren Handlung bilden, und die Beweise dafür zu beschränken. Demselben ist ein National mit Führungsattest und Strafverzeichniß des Angeschuldigten in doppelter Ausfertigung beizufügen, von denen einer bei den Akten verbleibt, der zweite für die Strafanstalt bestimmt ist.

Befindet sich der Angeschuldigte in Haft, so ist der Thatbericht als „Haftsache“ zu bezeichnen und dem zuständigen Gerichtsherrn direkt einzureichen, den Zwischen-Instanzen aber Meldung zu machen.

2. Haussuchungen.

§. 94. Haussuchungen dürfen von den Militärgerichten nur in Militärgebäuden oder in Wohnungen von Militärpersonen vorgenommen werden.

Gegen Personen einer anderen Gerichtsbarkeit darf die Haussuchung nur durch das kompetente Gericht oder durch die Polizei erfolgen.

3. Zuziehung Sachverständiger: a) im Allgemeinen.

§. 95. Als Sachverständige und Taxatoren sollen vorzugsweise Militärpersonen, in sofern sie dazu geeignet sind, nach vorher erfolgter Vereidigung zugezogen werden.

Von der Zuziehung von Sachverständigen und Taxatoren wird überall da abzusehen sein, wo der Richter in der Lage ist, den gemeinen Werth einer Sache selbst zu beurtheilen und der Beschädigte eine entsprechende Werthangabe macht, die nicht beanstandet wird. — Werden Civilpersonen als Sachverständige zugezogen, so sind diesen auf Verlangen Gebühren nach Maßgabe des Gesetzes vom 30. Juni 1878 (R.G.Bl. S. 173) zu gewähren. – Ein Sachverständiger, welcher als solcher nicht ein für alle Mal vereidigt ist, hat vor Erstattung des Gutachtens einen Eid mit der vorgeschriebenen Eingangs- und Schlußformel dahin zu leisten:

daß er das von ihm erforderte Gutachten unparteiisch und nach bestem Wissen und Gewissen ableisten werde.

§. 79 C.St.P.O. — Ueber ärztliche Gutachten vgl. §. 97 M.St.G.O.

b) der Dollmetscher.

§. 96. Zu Dollmetschern sind nur solche Militärpersonen zu wählen, die als zuverlässig bekannt sind, und die Sprache des zu Vernehmenden geläufig sprechen und, wo möglich, auch schreiben. Der Bestellung zum Dollmetscher muß jedesmal die Vereidigung vorangehen.

Ueber die Remunerirung der Dollmetscher ist das Nähere in dem Kriegsm.Erl. vom 23. Januar 1876 (A.V.Bl. S. 42) vorgesehen.

Der Dollmetscher hat vor Wahrnehmung seiner Funktion einen Eid mit Eingangs- und Schlußformel dahin zu leisten:

daß er treu und gewissenhaft übertragen werde.

Ist der Dollmetscher als solcher ein für alle Mal vereidigt, so genügt die Berufung auf diesen Eid; vgl. §. 191 d. Gerichtsverfass. Ges. f. d. Deutsche Reich.

c) der Aerzte.

§. 97. In Fällen, wo es der Zuziehung von Aerzten oder der Einholung ärztlicher Gutachten bedarf, ist, wenn nicht Gefahr im Verzuge vorhanden ist, statt des Physikus ein Regiments-, Bataillons- oder Stabsarzt, und statt des gerichtlichen Wundarztes ein Kompagnie- oder Eskabronchirurg, der die wundärztlichen Staatsprüfungen bestanden hat, zuzuziehen.

Bei unerheblichen Verletzungen, welche der Richter selbst zu beurtheilen in der Lage ist, bedarf es keines besonderen ärztlichen Gutachtens, event. genügt das Gutachten bezw. Attest eines oberen Militärarztes. –

An Stelle der Kompagnie- oder Eskadronchirurgen sind die Militär-Unterärzte getreten.

4. Suspension vom Dienst.

§. 98. Wird in Folge des gerichtlichen Verfahrens die Suspension des Angeschuldigten vom Dienst nothwendig, so hat der Gerichtsherr solche zu verfügen.

Jeder Vorgesetzte, welcher das Recht hat, einen Offizier mit Arrest zu bestrafen, kann denselben vom Dienst suspendiren, muß aber, wenn dies geschehen, Meldung davon machen; A.K.O. vom 14. April 1822 (M.G.S. Bd. I. S. 189). Der Gerichtsherr bestimmt dann, ob die Suspension fortdauern soll oder nicht. — Während der Dienstsuspension (ebenso während der Untersuchungshaft) erleiden Offiziere den in §. 104 d. Geldverpfl.Reglts. für die Truppen im Frieden vorgesehenen Gehaltsabzug. K.M. vom 9. März 1874.

5. Verhaftung.

§. 99. Ob der Angeschuldigte zu verhaften sei oder dessen Verhaftung fortdauern solle, hat der Gerichtsherr zu bestimmen. Des Diebstahls, des Betruges, der Desertion oder anderer schwerer Verbrechen Angeschuldigte sind bei hinreichenden Verdachtsgründen jederzeit zu verhaften. Andere Angeschuldigte können von der Untersuchungshaft befreit bleiben, wenn nicht zu besorgen ist, daß sie das Verbrechen fortsetzen, die Flucht ergreifen oder die Freiheit zur Erschwerung der Untersuchung mißbrauchen werden.

Die hier aufgeführten Gründe der Verhaftung sind dem aufgehobenen 20. Tit. Theil II A.L.R. entnommen und den Strafandrohungen der heute geltenden Gesetze gegenüber nicht mehr maßgebend. Unter unnöthigen Verhaftungen leidet der militärische Dienst. Die Verhaftung ist begründet bei Verbrechen und mit längeren Freiheitsstrafen bedrohten Vergehen, wenn der Angeschuldigte der Flucht verdächtig erscheint, oder zu befürchten ist, daß er seine Freiheit zur Verdunkelung des Thatbestandes mißbrauchen könnte.

Der Truppentheil ordnet in der Regel die Verhaftung an und der zuständige Gerichtsherr bestimmt, ob dieselbe fortdauern oder aufgehoben werden soll.

Von jeder Verhaftung eines Offiziers und von der Entlassung desselben aus der Untersuchungshaft ist dem höchsten Vorgesetzten desselben unter Angabe des Grundes Meldung zu machen.

§. 100. Mitangeschuldigte in derselben Untersuchungssache sind während der Untersuchung, sofern es die Umstände gestatten, von einander abzusondern. Gefährliche Verbrecher sind stets in einsamer Haft zu halten.

§. 101. Die Befreiung von der Untersuchungshaft gegen Kaution findet bei Personen des Soldatenstandes nicht statt.

Sicheres Geleit kann ausgetretenen Angeschuldigten nur auf Befehl des Königs ertheilt werden.

B. Entscheidung über das weitere Verfahren.

§. 102. Nach dem Erfolg der vorläufigen Untersuchung hat der Gerichtsherr auf den Vortrag des Auditeurs zu bestimmen und darüber eine Verfügung zu den Acten zu geben:

1) ob das Verfahren einzustellen oder fortzusetzen, und ob in letzterem Fall das kriegsrechtliche oder das standrechtliche Verfahren einzuleiten, oder

2) ob der Fall nur disziplinarisch zu rügen sei.

Die Bestimmung des Gerichtsherrn über das weitere Verfahren, auch über die Einstellung desselben, muß schriftlich zu den Akten gebracht werden und wenn die förmliche Untersuchung eingeleitet wird (Anklagebeschluß) enthalten:

a. Stand, Vor- und Zuname sowie Truppentheil des Angeschuldigten,

b. die genaue Bezeichnung der strafbaren Handlungen, welche Gegenstand der Aburtheilung sein sollen, möglichst unter Bezugnahme auf die anzuwendenden Gesetzesstellen,

c. die Bezeichnung des Verfahrens, welches stattfinden soll (kriegsgerichtlich, standgerichtlich u. s. w.).

Der Beschluß muß vom Gerichtsherrn oder dessen Stellvertreter vollzogen werden. R.S.d.Pr.G.A. vom 1. Oktober 1846 (M.G.S. Bd. IV S. 12).

§. 103. Wenn gegen einen General, Brigadekommandeur, Festungskommandanten, Regimentskommandeur, oder gegen einen Flügeladjutanten die Untersuchung einzuleiten ist, so muß in Friedenszeiten unbedingt, im Kriege aber, in sofern die Verhältnisse es gestatten, dazu der Befehl des Königs eingeholt werden.

Diese Vorschrift findet nur auf aktive Offiziere Anwendung, auch sind zweite Festungskommandanten, falls sie nicht Generale, ausgeschlossen. K.M. vom 21. April 1819 und 21. März 1834.

C. Förmliche Untersuchung.

§. 104. Ist die Eröffnung der förmlichen Untersuchung verfügt, so darf das Verfahren nicht mehr eingestellt, sondern es muß in der Sache erkannt werden.

Ergiebt sich im Laufe der Untersuchung, daß dieselbe noch auf andere Verbrechen oder auf Mitschuldige auszudehnen ist, so muß auch hierüber die Entscheidung des Gerichtsherrn eingeholt werden.

Abs. 1 findet keine Anwendung bei denjenigen strafbaren Handlungen, welche nur auf Antrag verfolgt werden. Bei diesen kann, sobald der Strafantrag zurückgenommen wird, auch nach eröffneter Untersuchung das Verfahren eingestellt werden. — Ein einmal zurückgenommener Strafantrag kann nicht wieder aufgenommen werden.

§. 105. Wenn sich im Laufe der Untersuchung zeigt, daß dieselbe zur Kompetenz der niederen Gerichtsbarkeit gehört, so muß die Sache an das kompetente Regimentsgericht abgegeben werden, in sofern nicht im zweiten Abschnitt des ersten Titels Ausnahmen dieserhalb bestimmt sind.

Der in Bezug genommene 2. Abschnitt des I. Titels handelt von dem Verfahren gegen Militärbeamte (§§. 211 — 228); eine Ausnahme von der in §. 105 aufgestellten Regel ist im §. 204 d. G. vorgesehen.

D. Lügen vor Gericht.

§. 106. Wegen Lügen vor Gericht findet keine Disziplinarstrafe statt; dem Angeschuldigten ist aber vorzuhalten, daß harinäckiges Leugnen oder freches Lügen die Erhöhung seiner Strafe zur Folge habe.

E. Verheißung der Gnade.

§. 107. In den Fällen, in welchen nach den allgemeinen Landesgesetzen Veranlassung vorhanden ist, dem Angeschuldigten Begnadigung zu verheißen, muß die Genehmigung des Königs zu dieser Verheißung durch das General-Auditoriat eingeholt werden.

Verheißungen von Begnadigungen sind in den Landesgesetzen nicht mehr vorgesehen, der §. 107 ist daher als aufgehoben zu erachten.

F. Beweiskraft der Aussagen:

1. der Vorgesetzten.

§. 108. Bei militärischen Verbrechen kann in Ermangelung anderer Beweismittel auf den Grund der eidlichen, auf eigener Wahrnehmung beruhenden Aussage des Vorgesetzten — wenn ihn nicht selbst eine Verschuldung bei der Sache trifft oder seine Glaubwürdigkeit nicht durch besondere Umstände geschwächt wird — auf die gesetzliche Strafe erkannt werden.

Der §. 108 findet nur bei militärisch strafbaren Handlungen und zwar bei Verbrechen und Vergehen Anwendung.

2. der Wachtmannschaften und des sonst zur Aufrechthaltung der öffentlichen Ordnung, Ruhe und Sicherheit auftretenden Militärs.

§. 109. Unter denselben Voraussetzungen (§. 108.) kann der eidlichen Aussage einer Person des Soldatenstandes über militärische Verbrechen gleiche Beweiskraft beigelegt werden, wenn der Zeuge das Verbrechen wahrgenommen hat, während er sich in Ausübung des Wachtdienstes oder sonst zur Aufrechthaltung der öffentlichen Ordnung, Ruhe und Sicherheit im Dienst befand, und wenn durch die Aussage nicht derjenige beschuldigt wird, der dem Zeugen während der Ausübung des Dienstes vorgesetzt war.

G. Artikulirtes Verhör und Schluß der Untersuchung.

§. 110. Bei militärischen Verbrechen findet das artikulirte Verhör nicht statt, doch sollen in wichtigen oder verwickelten Fällen dem Angeschuldigten bestimmte Fragen, welche zur näheren Aufklärung der Sache dienen können, vorgelegt und die darauf ertheilten Antworten mit dessen eigenen Worten niedergeschrieben werden.

Das artikulirte Verhör findet auch bei strafbaren Handlungen des bürgerlichen Strafrechts nicht mehr statt.

§. 111. Im Schlußtermin hat der Angeschuldigte, wenn er verhindert sein sollte vor dem Kriegsgericht persönlich zu erscheinen, oder wenn sein Erscheinen mit besonderen Schwierigkeiten verbunden ist, sich zu erklären, ob er selbst einen Stellvertreter ernennen, oder dessen Bestellung dem Gerichtsherrn überlassen wolle.

Zum Stellvertreter darf in Untersuchungssachen wegen militärischer Verbrechen nur eine Militärperson gewählt werden.

Es müssen besondere vom Gerichtsherrn anerkannte Gründe des Nichterscheinens vor dem Spruchgericht vorliegen. Der bloße Wille ist nicht maßgebend und kann jeder Angeklagte event. durch Inhaftnahme gezwungen werden, persönlich zu erscheinen.

Reisen des Angeschuldigten, um persönlich vor dem Kriegsgericht zu erscheinen, sind Dienstreisen und dafür die chargenmäßigen Reisekosten und Tagegelder zu gewähren. K.M. vom 4. September 1876 (A.V.Bl. S. 184).

§. 112. Wird eine bereits abgeschlossene Untersuchung von der niederen an die höhere Gerichtsbarkeit abgegeben (§. 208.), so müssen die Verhandlungen dem Angeschuldigten vor gehörig besetztem Untersuchungsgericht zu seiner nochmaligen Schluß-Erklärung vorgelegt werden.

Das Untersuchungsgericht ist gehörig besetzt, sobald dasselbe aus dem Auditeur als Inquirenten und den dem Range des Angeschuldigten entsprechenden Beisitzern besteht. §. 46 d. G.

§. 113. Bei entstehendem Bedenken, ob die den Angeschuldigten wahrscheinlich treffende Strafart, nach der körperlichen Beschaffenheit desselben, anwendbar sein werde, muß hierüber das Gutachten eines Arztes vor Abschluß der Untersuchung erfordert und zu den Akten gebracht werden.

Vgl. hierzu §. 27 M.St.G.B. und Note dazu.

II. Vertheidigung.

§. 114. Dem Angeschuldigten ist in allen Fällen gestattet, sich selbst, entweder schriftlich oder zum gerichtlichen Protokoll, zu vertheidigen.

Diese Vorschrift gilt sowohl für militärische wie für bürgerliche strafbare Handlungen.

§. 115. Bei gemeinen Verbrechen ist in Friedenszeiten der Angeschuldigte nur dann befugt, sich durch einen Rechtsverständigen schriftlich oder zum gerichtlichen Protokoll vertheidigen zu lassen, wenn dieselben mit einer härteren Strafe als dreijähriger Freiheits-Entziehung bedroht sind.

Unter „Verbrechen" sind hier Vergehen und Verbrechen zu verstehen. Militärgerichte sind nicht befugt, Rechtsanwälte zu Vertheidigern zu bestellen, und muß eine solche Bestellung bei den Civilgerichten beantragt werden. Pr.K.M. vom 9. April 1853. — Auditeure sind zur Uebernahme von Vertheidigungen berechtigt, aber nicht verpflichtet. Vgl. hierzu K.O.d.Pr.G.A. vom 4. März 1870.

§. 116. Ist das gemeine Verbrechen mit Todesstrafe bedroht, so treten in Friedenszeiten wegen der Zuziehung des Vertheidigers die allgemeinen gesetzlichen Vorschriften ein.

Nach den bestehenden allg. gesetzlichen Vorschriften wird in den Fällen des §. 116 dem Angeschuldigten, wenn er sich nicht selbst einen Vertheidiger gewählt hat, ein solcher von Amtswegen bestellt. §. 140 D.St.P.O. — Wegen Bestellung des Vertheidigers ist der Präsident des für den Bezirk zuständigen Landgerichts zu ersuchen.

§. 117. Bei militärischen Verbrechen darf der Angeschuldigte seine Vertheidigung nur dann durch einen Andern, der jedoch eine Militärperson sein muß, führen, wenn das Verbrechen mit mehr als zehnjähriger Freiheitsstrafe oder mit Todesstrafe bedroht ist; wird die Vertheidigung durch einen Anderen geführt, so kann sie nur zum gerichtlichen Protokoll erfolgen.

§. 118. Die Vertheidigung darf mit aller Freimüthigkeit geführt werden, aber nicht in eine absichtliche Verletzung des Dienstansehens ausarten.

Der §. 118 bezieht sich auch auf Vertheidigung durch Rechtsanwälte.

§. 119. Der Vertheidiger kann die Akten im Beisein des Inquirenten an der Gerichtsstelle einsehen. Die Aushändigung der Akten in Untersuchungssachen, welche militärische Verbrechen betreffen, ist unstatthaft. Ist der

Angeschuldigte verhaftet, so kann der Vertheidiger sich mit demselben nur in Gegenwart des Inquirenten besprechen.

In Strafsachen, welche gemeine Verbrechen und Vergehen betreffen, ist es gestattet, dem Vertheidiger mit Genehmigung des Gerichtsherrn die Akten auf einige Tage auszuhändigen.

§. 120. Bei dem artikulirten Verhör und im Schlußtermin ist der Vertheidiger zuzuziehen, wenn er am Sitz des Gerichts anwesend ist. Vor dem Kriegs-Gericht ist die Vertheidigung nur durch den Angeschuldigten selbst oder dessen Stellvertreter zum Protokoll gestattet.

Vgl. Note zu §. 110 d. G. — Aus dem Schlußsatz folgt, daß der Vertheidiger vor dem Kriegsgericht nicht erscheinen darf.

§. 121. In Fällen, wo die Zuordnung eines Vertheidigers oder die schriftliche Vertheidigung durch einen solchen unzulässig ist, hat der Inquirent im Schluß-Termin den Angeschuldigten mit seinen Vertheidigungsgründen besonders zu hören und dieselben zu Protokoll zu nehmen, wenn er nicht selbst schriftlich sich vertheidigen will.

III. Spruchverfahren.

A. Prüfung der Spruchreife der Akten.

§. 122. Nach Berichtigung des Vertheidigungspunktes hat der Auditeur dem Gerichtsherrn über die Spruchreife der Akten Vortrag zu halten.

Werden die Akten spruchreif befunden, so ist das Spruchgericht von dem Gerichtsherrn zu bestellen.

B. Abhaltung der Spruchsitzung.

§. 123. Der Gerichtsherr hat nach genommener Rücksprache mit dem Auditeur das Spruchgericht anzuordnen.

1. Eröffnung der Spruchsitzung.

§. 124. Von dem Präses des Spruchgerichts, der vor der Abhaltung des Kriegsgerichts, wenn ein militärisches Verbrechen den Gegenstand der Untersuchung bildet, mit dem Inhalt der Akten sich vollständig bekannt zu machen hat, ist die Anordnung wegen Eröffnung der Sitzung zu treffen und für die Erhaltung der militärischen Dienstordnung während derselben zu sorgen.

Bei militärischen Verbrechen oder Vergehen hat sich der designirte Präses des Kriegsgerichts vor demselben mit dem Inhalt der Akten bekannt zu machen und sind ihm zu diesem Zweck die Akten rechtzeitig von dem Auditeur zu übersenden. Bilden militärische und gemeine Verbrechen und Vergehen den Gegenstand der Untersuchung, so bedarf es der Information seitens des Präses nur dann, wenn eine militärische Strafthat die schwerste der Untersuchung darstellt oder von besonderer Bedeutung ist.

2. Prüfung der Besetzung des Spruchgerichts.

§. 125. Ist das Richterpersonal versammelt, so hat der Auditeur zu prüfen, ob das Gericht vorschriftsmäßig besetzt ist, etwaige Mängel aber dem Präses anzuzeigen, um deren Abstellung zu bewirken.

Vgl. hierzu R.S.d.Pr.G.A. vom 26. Oktober 1860.

§. 126. Wird das Gericht vorschriftsmäßig besetzt gefunden, so ist der Angeschuldigte oder dessen Stellvertreter vorzulassen, der Zweck der Versammlung durch den

Auditeur bekannt zu machen und der Angeschuldigte oder dessen Stellvertreter zu befragen, ob er Einwendungen gegen die Mitglieder des Gerichts zu machen habe.

3. Einwendungen gegen einzelne Mitglieder des Spruchgerichts.

§. 127. Werden solche Einwendungen erhoben (§§. 59. und 75.), so ist der Betheiligte darüber zu hören und nach einstweiliger Entlassung desselben und des Angeschuldigten, auf den Vortrag des Auditeurs, über den Grund oder Ungrund der Einwendungen von den übrigen Richtern klassenweise, nach Stimmenmehrheit zu entscheiden.

Im Fall die Stimmen gleichgetheilt sind, giebt die Stimme des Präses den Ausschlag.

Bei Prüfung der erhobenen Einwendungen gilt die Bestimmung des §. 59.

Aus dem Hinweis auf die §§. 54 und 75 geht hervor, daß nur solche Einwendungen zu berücksichtigen sind, welche die Ablehnung aus den allegirten Paragraphen begründen.

§. 128. Werden die Einwendungen gegründet befunden, so muß statt des unzulässigen Richters ein anderer Richter bestellt werden. Kann dies nicht sofort geschehen, so ist die Sitzung aufzuheben. Das letztere muß auch geschehen, wenn der Präses oder der Auditeur rekusirt werden sollte.

Wird der Auditeur rekusirt, so gilt die Bestimmung des §. 58. Ueber den Hergang muß ein Protokoll aufgenommen und dasselbe dem Gerichtsherrn vorgelegt werden.

Wird der Auditeur abgelehnt, so hat hierüber der Gerichtsherr und nicht das Spruchgericht zu entscheiden. Es hat daher der Präses die Verhandlung aufzuheben und dem Gerichtsherrn Meldung zu machen, welcher seinerseits nach Maßgabe des §. 58 d. G. verfährt.

4. Vereidigung der Richter und Vorlesung der Akten.

§. 129. Sind gegen die Mitglieder des Gerichts keine Einwendungen gemacht oder die erhobenen erledigt, so hat der Präses die Richter an die Wichtigkeit des Richteramts mit der Ermahnung zu erinnern:

„den Gesetzen gemäß Recht zu sprechen, wie sie es vor Gott und Seiner Majestät dem Könige zu verantworten gedenken, und sich weder durch Ansehen der Person, noch durch eine Nebenabsicht von einem unparteiischen Urtheilsspruch abhalten zu lassen."

Hierauf wird das Richterpersonal durch den Auditeur mit folgendem Eide verpflichtet:

„Ich schwöre zu Gott dem Allmächtigen und Allwissenden, daß ich, der mir übertragenen Richterpflicht eingedenk, in der Untersuchung wider 2c. dergestalt Recht sprechen will, wie es nach meiner gewissenhaften Ueberzeugung, den Akten und Gesetzen gemäß ist 2c."

Soldaten mosaischen Glaubens leisten den gleichen Eid, dessen Schlußformel lautet: So wahr mir Gott helfe! —

§. 130. Nach der Eidesleistung ist der Inhalt der Akten durch den Auditeur vorzulesen.

Daß die Vorhaltung und Vereidung, sowie die Vorlesung der Akten vorschriftsmäßig erfolgt ist, muß in dem Protokoll vermerkt werden.

5. Abschluß mit dem Angeschuldigten.

§. 131. Der Auditeur hat demnächst den Angeschuldigten zu befragen, ob er zur Sache noch etwas anzuführen habe, und dessen Erklärung in das Protokoll aufzunehmen. Hierauf wird dasselbe mit dem Angeschuldigten abgeschlossen und der Letztere aus der Versammlung entlassen.

6. Vortrag des Auditeurs.

§. 132. Nach Entlassung des Angeschuldigten hat der Auditeur dem versammelten Gericht über die Lage der Sache und das anzuwendende Gesetz Vortrag zu halten und in Gemäßheit des §. 138. seinen Antrag zu stellen, wie nach seiner rechtlichen Ueberzeugung zu erkennen sei.

Dem Ermessen des Präses bleibt es anheimgestellt, die aus dem dienstlichen Gesichtspunkte ihm erforderlich scheinenden Bemerkungen dem Antrag des Auditeurs beizufügen.

Der Auditeur muß den festgestellten Thatbestand resumiren, die Belastungs- und Entlastungs-Momente hervorheben, und die anzuwendenden Gesetzesstellen vorlesen und erläutern. — Der Präses darf dem Vortrage des Auditeurs Bemerkungen dienstlicher Natur in objektiver Form hinzufügen, soll sich aber dabei aller subjektiven Auffassungen, welche geeignet sind, das freie Votum der Richter zu beeinflussen, enthalten. Pr.K.M. vom 20. Februar 1873 Nr. 999/1 73 A 1 b. — Ist ein Erkenntniß wegen einer Allerhöchsten Orts nicht gebilligten Rechtsansicht als ungesetzlich aufgehoben, so hat der Referent in dem neuen Kriegsgericht diese Ansicht als maßgebend zu vertreten. Pr.G.A. vom 8. Dezember 1887.

§. 133. Der Vortrag muß den Richtern in schriftlicher Abfassung vorgelesen und zu den Akten gebracht werden, wenn der Auditeur sein Votum auf Todesstrafe, Kassation, Entfernung aus dem Offizierstande, Dienstentlassung, Ausstoßung aus dem Soldatenstande, Ausstoßung oder Entlassung aus der Gendarmerie, auf mehr als dreijährige Freiheitsstrafe oder auf Freisprechung von einem Verbrechen richtet, welches mit einer dieser Strafen bedroht ist.

Die Strafen der Kassation, Entfernung aus dem Offizierstande, Ausstoßung aus dem Soldatenstande und aus der Gendarmerie sind fortgefallen und an Stelle derselben ist die Entfernung aus dem Heere oder der Marine getreten; vgl. §. 32 M.St.G.B.

§. 134. Der Auditeur hat in allen Fällen den wesentlichen Inhalt des Vortrages mit seinem Voto und den demselben zu Grunde gelegten gesetzlichen Vorschriften in das Protokoll aufzunehmen.

§. 135. Sollte einer der Richter über den Inhalt der Akten oder über das anzuwendende Gesetz Zweifel äußern, so muß der Auditeur ihm die erforderliche Aufklärung ertheilen; der ordnungsmäßige Gang der Verhandlung darf dadurch aber nicht gestört werden.

7. Abstimmung.

§. 136. Nach beendigtem Vortrag des Auditeurs hat der Präses die Richter anzuweisen, sich klassenweise abgesondert über die von dem Auditeur ihnen vorzulegenden Fragen (§. 138.) zu berathen und zu einem gemeinschaftlichen Voto in der Klasse zu vereinigen. Die Richter dürfen dabei an dem freimüthigen Ausspruch ihres Urtheils in keiner Art behindert werden.

§. 137. Die Mitglieder verschiedener Klassen dürfen sich über das abzugebende Votum unter einander nicht besprechen.

§. 138. Der Auditeur hat den Richtern die Frage zur Beantwortung vorzulegen:

ob der Angeschuldigte freizusprechen oder zu bestrafen und welche Strafe in letzterem Falle gegen ihn zu erkennen sei?

Hierauf giebt jede Richterklasse, die unterste zuerst, im Beisein des Präses, ihr Votum dem Auditeur ab, der solches in das Protokoll aufnimmt.

Ist das Votum auf Freisprechung gerichtet, so muß der Auditeur die Erklärung darüber erfordern:

a. ob die Freisprechung eine völlige oder vorläufige sein, und

b. im Fall der völligen Freisprechung, ob dieselbe wegen nicht erwiesener Schuld, oder wegen erwiesener Unschuld eintreten solle?

Jeder Richter hat seinen Ausspruch zu unterschreiben.

Der Präses giebt seine Stimme zuletzt ab.

Zu Abs. 1 und die dem Spruchgericht vorzulegenden Fragen vgl. R.E.d.Pr.G.A. vom 30. November 1880. Nur die für den Fall zutreffenden Fragen sind zu stellen. — Wegen Berechnung der Stimmen vgl. §. 142 d. G. — Eine erlittene Untersuchungshaft kann ganz oder theilweise auf die Strafe angerechnet werden §. 60 R.St.G.B. — Nach §. 22 Abs. 3 der V. vom 3. Januar 1849 soll auf vorläufige Lossprechung (Freisprechung vor der Instanz) nicht mehr erkannt werden.

§. 139. Weicht der Ausspruch der Klasse oder eines Richters von dem gutachtlichen Antrag des Auditeurs wesentlich ab, so sind die Gründe dafür anzugeben. Ist der Ausspruch den klaren Vorschriften der Gesetze entgegen, so muß der Auditeur die Ansicht zu berichtigen suchen und, wenn dies ohne Erfolg bleibt, die abweichende Meinung, mit den dafür angegebenen Gründen, in das Protokoll aufnehmen.

Für „wesentlich" ist eine Abweichung nur zu erachten, wenn der richterliche Ausspruch mit dem Antrage des Referenten nicht zu vereinbaren ist: z. B. auf Freisprechung erkannt wird, wenn Bestrafung beantragt war. Eine Nichtübereinstimmung bei der Strafzumessung ist nicht wesentlich. — Bei Berichtigung unzutreffender Rechtsansichten sind die Richter event. auf die Vorschrift des §. 149 d. G. hinzuweisen. R.S.d.Pr.G.A. vom 29. August 1876.

§. 140. Sollte das Spruchgericht durch Stimmenmehrheit die Akten für nicht spruchreif erklären, so ist der Beschluß von dem Auditeur auszufertigen, von dem Präses und dem Auditeur zu unterschreiben, und dem Gerichtsherrn zur weiteren Veranlassung vorzulegen. Hat derselbe gegen die Ausführung des Beschlusses Bedenken, so ist die Sache dem General-Auditoriat zur Verfügung einzusenden. Sind die Bedenken gegen die Spruchreife der Akten erledigt, so muß in der Sache erkannt werden.

Wenn durch Stimmenmehrheit die Akten für spruchreif erklärt werden, so sind die überstimmten Mitglieder des Kriegsgerichts, nach Aufstellung ihrer Bedenken, ihre Stimme hinsichtlich der Strafbarkeit des Angeschuldigten, so wie der Art und des Maaßes der Strafe, nach Lage der Akten, definitiv abzugeben verbunden.

§. 141. Das Spruchgericht, welches für einen Straffall der höheren Gerichtsbarkeit bestellt ist, hat das Urtheil auch dann zu sprechen, wenn sich ergiebt, daß die zu erkennende Strafe die Grenzen der niederen Gerichtsbarkeit, oder der Disziplinarstrafgewalt nicht übersteigt.

Damit ist aber den militärischen Spruchgerichten keineswegs ein Disziplinarstrafrecht zugewiesen, das nur den mit Disziplinarstrafgewalt beliehenen Vorgesetzten zusteht; vgl. R.G.d.Pr.G.A. vom 30. Oktober 1886 und vom 20. Januar 1887.

C. Erkenntnisse.

1. Berechnung der Stimmen.

§. 142. Zu einem gültigen Urtheil ist die unbedingte Stimmenmehrheit erforderlich.

Wenn sich bei Zählung der Stimmen entweder über die Strafbarkeit, oder über die Art, oder das Maaß der Strafe die unbedingte Mehrheit für eine Meinung nicht ergiebt, so ist die Stimme für die härteste Strafe der nächst gelinderen so lange beizuzählen, bis die unbedingte Stimmenmehrheit vorhanden ist.

Hiernach ist auch bei Berechnung der Stimmen in den einzelnen Richterklassen zu verfahren.

Sind die Mitglieder einer aus zwei Personen bestehenden Richterklasse unter sich verschiedener Meinung, so gilt die gelindere für den Ausspruch der Klasse.

2. Ergebniß der Abstimmung.

§. 143. Nach erfolgter Abstimmung hat der Auditeur die Stimmen sorgfältig zu berechnen, das Ergebniß der Abstimmung den Richtern bekannt zu machen, und in das von ihm und dem Präses zu unterschreibende Protokoll zu bringen, zugleich aber in dem Protokoll zu bemerken, daß die Richter von dem Ergebniß der Abstimmung in Kenntniß gesetzt worden.

3. Geheimhaltung der Abstimmung.

§. 144. Nach dem Schluß des Protokolls hat der Präses die Mitglieder des Kriegsgerichts an die Pflicht zu erinnern, die Verhandlungen und das Ergebniß der Abstimmung sorgfältig geheim zu halten.

Hierauf ist die Versammlung durch den Präses zu entlassen, und von demselben über den Ausfall des Kriegsgerichts dem Gerichtsherrn Meldung zu machen.

4. Form und Inhalt des Erkenntnisses.

§. 145. Das Erkenntniß ist von dem Auditeur auszufertigen und muß enthalten:

1) als Eingang, den Vor- und Zunamen des Angeschuldigten, sowie die Charge und Benennung des Truppentheils, in welchem derselbe dient;
2) die Erkenntnißformel, in welcher das Verbrechen, worüber das Urtheil gefällt worden, anzugeben und im Fall der Verurtheilung die Strafe, ihrer Art und Dauer nach, genau zu bezeichnen, auch wo die Verpflichtung, Kosten und Stempel zu zahlen, eintritt, dieselbe auszusprechen, wenn aber das Urheil auf Freisprechung lautet, die Art derselben auszudrücken ist;
3) die nähere Angabe der persönlichen und dienstlichen Verhältnisse des Angeschuldigten, auch ob

derselbe schon früher wegen gleicher oder anderer Verbrechen bestraft worden ist; eine aktenmäßige Darstellung des Sachverhältnisses und die Gründe der Entscheidung, mit Anführung der in Anwendung gebrachten Gesetzesstellen.

Werden mehrere Mitangeschuldigte durch ein Erkenntniß abgeurtheilt, so genügt es nicht, einen derselben näher zu bezeichnen und die übrigen unter dem Kollektivbegriff „und Genossen" zusammenzufassen, sondern es muß im entscheidenden Theil des Erkenntnisses (Tenor) jeder Angeklagte nach Maßgabe des §. 145 Ziff. 1 aufgeführt werden. R.S.d.Pr.G.A. vom 18. Februar 1885. — Liegen mehrere strafbare Handlungen desselben Thäters zur gleichzeitigen Aburtheilung vor, so muß für jede derselben die Einzelstrafe bestimmt und die Gesammtstrafe nach §. 74 R.St.G.B. bezw. §. 54 M.St.G.B. festgesetzt werden. R.S.d.Pr.G.A. vom 8. Juni 1874. — Vgl. auch §. 54 M.St.G.B. und Note dazu.

§. 146. Hinsichtlich der Vollziehung des Erkenntnisses verbleibt es bei dem bisherigen Verfahren.

Das Erkenntniß wird von sämmtlichen Offizieren, welche dem Kriegsgericht beigewohnt haben, und von dem Referenten vollzogen. — Ein standgerichtliches Erkenntniß unterschreibt nur der Präses und der Referent.

§. 147. Weicht die Ausfertigung des Erkenntnisses vom dem Inhalt des Abstimmungsprotokolls ab, so entscheidet das Letztere.

§. 148. Hat der Auditeur auf Grund einer unrichtigen Berechnung der Stimmen oder sonst aus Versehen, das Erkenntniß nicht richtig ausgefertigt, so wird ohne Weiteres vom Gerichtsherrn die Anfertigung einer richtigen Ausfertigung verfügt, und selbige sodann in der im §. 146. angegebenen Art vollzogen.

D. Begnadigungs- oder Milderungsgesuch des Spruchgerichts.

§. 149. Ein Antrag des Spruchgerichts auf Erlaß oder Milderung der erkannten Strafe durch die Gnade des Königs ist nur zulässig, wenn die Mehrzahl der Richterklassen sich bewogen finden sollte, darauf anzutragen.

Ueber den Beschluß muß eine besondere Verhandlung aufgenommen und dem Erkenntniß beigefügt werden.

Die Verhandlung, welche einen Begnadigungsantrag enthält, ist nur vom Präses und dem Referenten zu unterschreiben und muß die Gründe enthalten, welche den Antrag hervorgerufen haben. Unterliegt das Erkenntniß, zu welchem der Gnadenantrag gestellt ist, nicht der Allerhöchsten Bestätigung, so ist dasselbe, falls dazu geeignet, zunächst zu bestätigen und dann vor der Publikation durch das Gen. Auditoriat der Allerhöchsten Entscheidung zuzuführen.

E. Bestätigung des Erkenntnisses.

§. 150. Erkenntnisse der Kriegsgerichte bedürfen zu ihrer Rechtsgültigkeit der Bestätigung.

Einer jeden Bestätigung muß die Begutachtung des Erkenntnisses vorangehen. Vgl. §. 164 d. G.

1. Einsendung der Erkenntnisse zur Bestätigung.

§. 151. Die Einsendung des Erkenntnisses zur Bestätigung erfolgt durch den Befehlshaber, welcher das Spruchgericht bestellt hat, in sofern derselbe die Bestätigung nicht selbst zu ertheilen hat.

§. 152. Wenn das Erkenntniß durch den König zu bestätigen ist, so muß dasselbe durch das General-Auditoriat eingereicht, auch ein, von dem Auditeur anzufertigender und zu unterschreibender Aktenauszug beigefügt werden, welcher in gedrängter Kürze die persönlichen und dienstlichen Verhältnisse des Angeschuldigten, eine aktenmäßige Darstellung des Sachverhältnisses, die Angabe der in Anwendung gebrachten Gesetze und die Erkenntnißformel enthalten muß.

Der Aktenauszug soll eine schnelle und bündige Uebersicht des Straffalles gewähren und sind daher in demselben alle Erörterungen über den Thatbestand und die Beweisführung zu vermeiden. R.S. d.Pr.G.A. vom 21. Dezember 1841 und vom 29. Dezember 1845 (M.St.G. Bd. III S. 39 und 304). — Ueber die Zusätze, welche dem Aktenauszuge zu machen, vgl. R.S.d.P.G.A. vom 24. Juli 1862. Auch sind im Falle realer Konkurrenz die Einsatz- wie die Theilstrafen nebst der Gesammtstrafe anzugeben. R.S.d.Pr.G.A. vom 18. November 1879.

§. 153. In Fällen, wo die Bestätigung nicht durch den Befehlshaber erfolgt, welcher das Spruchgericht bestellt hat, ist bei der Einsendung des Erkenntnisses zur Bestätigung eine beglaubigte Abschrift desselben beizufügen.

Die Einsendung einer beglaubigten Abschrift ist nicht mehr erforderlich. R.S.d.Pr.G.A. vom 31. Mai 1886.

§§. 154–161 sind aufgehoben und an deren Stelle die nachstehenden Bestimmungen der A.K.O. vom 1. Juni 1867 (A.V.Bl. S. 55 ff.) getreten:

„Ich will nach Ihrem Antrage, das den oberen Militärbefehlshabern delegirte Recht zur Bestätigung kriegsrechtlicher Erkenntnisse zur Abkürzung des Geschäftsganges anderweitig regeln, und bestimme daher, was folgt:

1) Meiner Bestätigung bleiben vorbehalten die kriegsrechtlichen Erkenntnisse in den Fällen:

a. wenn auf Todesstrafe oder lebenswierige Freiheitsstrafe erkannt ist,
b. wenn das Erkenntniß gegen einen Offizier ergangen ist, mag dasselbe auf Strafe oder auf Freisprechung lauten,
c. wenn gegen einen Portepee-Fähnrich auf Degradation oder
d. gegen Personen des Soldatenstandes vom Feldwebel abwärts wegen militärischer Verbrechen — sei es auch in Verbindung mit gemeinen Vergehen — auf mehr als zehnjährige Freiheitsstrafe erkannt ist.

2) Der Kriegsminister bestätigt mit Ausnahme der sub 1 bezeichneten Fälle die Erkenntnisse der Kriegsgerichte:
a. wenn gegen Landgendarmen auf mehr als einjährige Freiheitsstrafe,
b. wenn gegen Landgendarmen und gegen andere Personen des Soldatenstandes, als Mitangeschuldigte, in der nämlichen Sache erkannt ist.

3) Der kommandirende General bestätigt die nicht zu Meiner oder des Kriegsministers Bestätigung gehörenden kriegsrechtlichen Erkenntnisse gegen alle Personen des Soldatenstandes seines Armeekorps:
a. wenn auf mehr als einjährige Freiheitsstrafe,
b. wenn wegen Desertion in contumaciam erkannt,
c. wenn gegen Invaliden die Entlassung aus dem Militärverhältniß verhängt ist.

Derselbe hat zugleich das Bestätigungsrecht eines Divisions-Kommandeurs (Nr. 8) bei Erkenntnissen gegen Personen des Soldatenstandes, welche

a. nach den §§. 29 und 30 Theil II. des Militärstrafgesetzbuchs unter der Gerichtsbarkeit des Korpsgerichts stehen, oder

b. der Gerichtsbarkeit der Garnisongerichte im Korpsbezirk unterworfen sind und in keinem Divisionsverbande stehen.

4) Der kommandirende General des Gardekorps bestätigt, gleich dem kommandirenden General eines jeden anderen Armeekorps, die kriegsrechtlichen Erkenntnisse gegen Mannschaften der Truppentheile des Gardekorps, ohne Rücksicht auf deren Dislokation.

5) Der Gouverneur von Berlin bestätigt in den Fällen, in welchen von ihm das Kriegsgericht angeordnet ist, die Erkenntnisse, in dem dem kommandirenden General eines Armeekorps zugestandenen Umfange.

6) Der Oberbefehlshaber der Marine hat innerhalb seines Dienstbereichs das Bestätigungsrecht in demselben Umfang wie der kommandirende General eines Armeekorps.

7) Zur Bestätigung des Divisions-Kommandeurs und der mit gleichen gerichtsherrlichen Rechten versehenen Befehlshaber gelangen die kriegsrechtlichen Erkenntnisse gegen Personen des Soldatenstandes der ihnen untergebenen Truppentheile in allen nach

vorstehenden Bestimmungen unter Nr. 1 bis 6, nicht davon ausgenommenen Fällen.

8) In gleichem Umfang wie der Kommandeur einer Division haben das Bestätigungsrecht innerhalb ihres Dienstbereichs:
   a. der Inspekteur der Besatzungstruppen in Mainz,
   b. der Chef der Landgendarmerie,
   c. der Kommandant des Invalidenhauses zu Berlin,
   d. die Chefs der Marinestationen.

9) Die auf die Bestätigung kriegsrechtlicher Erkenntnisse sich beziehenden allgemeinen Bestimmungen der §§. 162, 163 Theil II. des Militärstrafgesetzbuchs bleiben unverändert in Geltung; auch werden die Vorschriften über das Verfahren bei der Bestätigung in den §§. 164 bis 175 l. c. durch diese Meine Ordre nicht betroffen.

Ich beauftrage Sie wegen Publikation und Ausführung dieser Ordre das Erforderliche zu veranlassen".

Berlin, den 1. Juni 1867.

(gez.) **Wilhelm.**

(gegengez.) von Roon."

An den Kriegs- und Marine-Minister.

Die Bestimmung zu 1, d ist durch A.K.O. vom 11. April 1868 (A.V.Bl. S. 100) dahin deklarirt, daß die Allerh. Bestätigung nur dann eintritt, wenn neben etwaigen Ehrenstrafen und Anrechnung der Untersuchungshaft die Freiheitsstrafe mehr als 10 Jahre beträgt. — Gegen Invaliden darf auf Entlassung aus dem Militärverhältniß nicht mehr erkannt werden. — Zu Ziff. 8. Die Inspektion der Besatzungstruppen in Mainz ist aufgehoben. — Das Bestätigungsrecht im Umfange eines Divisions-Kommandeurs ist ferner ertheilt:

dem Chef des Militär-Reit-Instituts in Hannover und dem Kommandeur des Großherzoglich-Mecklenburgischen Kontingents. — Bei Entscheidung der Frage, welcher Befehlshaber ein kriegsrechtliches Erkenntniß zu bestätigen hat, kommt nur die erkannte, nicht die noch zu verbüßende Strafe in Betracht. R.G.d.Pr.G.A. vom 6. November 1874.

6. Allgemeine Bestimmungen.

§. 162. Bei einem Erkenntniß gegen mehrere Angeschuldigte muß die Bestätigung gleichzeitig über alle durch einen Bestätigungsberechtigten erfolgen; in den Fällen des §. 154. bleibt es jedoch der Bestimmung des Königs vorbehalten, ob die Bestätigung des Erkenntnisses gegen einzelne Mitangeschuldigte durch die betreffenden Befehlshaber erfolgen soll.

An Stelle des cit. §. 154 ist die A.K.O. vom 1. Juni 1867 Ziff. 1, a—d getreten.

§. 163. Wenn außer den Fällen des §. 154. bei einem Erkenntniß gegen mehrere Angeschuldigte die Bestätigung wegen eines derselben dem Kriegsminister zusteht, so hat dieser dem Erkenntniß die Bestätigung auch wegen aller übrigen Mitangeschuldigten zu ertheilen, und ebenso geht das Bestätigungsrecht des Divisions-Kommandeurs auf den kommandirenden General über, wenn dem Letzteren die Bestätigung des Erkenntnisses wegen eines der Mitangeschuldigten zusteht.

Vgl. Note zu §. 162 d. G.

F. Verfahren bei der Bestätigung.

1. Rechtsgutachten.

§. 164. Der Bestätigung des Erkenntnisses muß ein schriftliches Rechtsgutachten zum Grunde liegen.

Dasselbe ist zu erstatten:

1) durch das General-Auditoriat, wenn das Erkenntniß der Bestätigung des Königs oder des Kriegsministers bedarf;
2) durch einen Auditeur, wenn ein Korps- oder Divisions-Kommandeur oder einer der in den §§. 159. und 161. genannten Befehlshaber dasselbe zu bestätigen hat.

Die Begutachtung darf nicht durch den Auditeur erfolgen, der Referent im Kriegsgericht war. Ist dem bestätigenden Befehlshaber nur ein Auditeur zugetheilt und derselbe Referent gewesen, so muß die Begutachtung einem andern Auditeur aus dem Korpsbezirk aufgetragen werden.

Für die allegirten §§. 159 und 161 ist zu lesen A.K.O. vom 1. Juni 1867 Ziff. 5 und 8; vgl. dieselbe.

§. 165. Der Begutachtende hat zu prüfen, ob in dem Verfahren die gesetzlichen Vorschriften beobachtet und ob bei der Entscheidung die Gesetze richtig angewendet sind.

Nach dem Befund der Prüfung muß in dem Gutachten ein bestimmter Antrag gemacht werden.

2. Berücksichtigung des Rechtsgutachtens.

§. 166. Ist der Antrag auf Vervollständigung der Akten gerichtet, so hat der bestätigende Befehlshaber, wenn er dem Antrag beitritt, dieselbe zu veranlassen; tritt er dem Antrag nicht bei, so ist die Sache dem General-Auditoriat einzusenden. In den Fällen, welche zur Begutachtung des General-Auditoriats gehören, haben die Militärgerichte die von demselben für nöthig erachtete Vervollständigung der Akten zu bewirken.

§. 167. Die Bestätigung darf nicht erfolgen, wenn das Erkenntniß in dem Gutachten oder von dem bestätigenden Befehlshaber für ungesetzlich erachtet wird. Vielmehr ist ein solches Erkenntniß zur Prüfung der gegen die Gesetzmäßigkeit desselben erhobenen Bedenken mit den Akten und dem Gutachten dem General-Auditoriat zu übersenden.

Die Einsendung des Erkenntnisses an das General-Auditoriat muß auch dann erfolgen, wenn dasselbe von dem begutachtenden Auditeur für gesetzlich, von dem Gerichtsherrn aber für ungesetzlich erachtet wird.

§. 168. Hält das General-Auditoriat die Bedenken gegen die Gesetzmäßigkeit des Erkenntnisses nicht für begründet, so ist letzteres von ihm dem betreffenden Befehlshaber zur Bestätigung zurückzusenden.

§. 169. Wird dagegen das Erkenntniß vom General-Auditoriat, als gesetzwidrig, zur Aufhebung geeignet befunden, so ist dasselbe unmittelbar dem Könige zur Entscheidung darüber zu überreichen,

ob das Erkenntniß aufzuheben und anderweit in der Sache zu erkennen sei.

§. 170. Erfolgt die Aufhebung des Erkenntnisses, so dürfen zu dem alsdann anzuordnenden Spruchgericht die

Personen, welche bei Abfassung des aufgehobenen Erkenntnisses mitgewirkt haben, nicht zugezogen werden.

Auch der frühere Referent ist ausgeschlossen; R.S.d.Pr.G.A. vom 31. Dezember 1841.

§. 171. Wird das Erkenntniß in dem Rechtsgutachten zwar für gesetzlich erachtet, aber auf Milderung der erkannten Strafe angetragen, so hängt es von dem Ermessen des bestätigenden Befehlshabers ab, ob und in wie weit er den Antrag auf Milderung der Strafe berücksichtigen, oder die erkannte Strafe bestätigen will.

3. Milderungsrecht des bestätigenden Befehlshabers.

§. 172. An die Stelle des aufgehobenen §. 172 ist folgende A.K.O. vom 5. Oktober 1872 getreten:

„Das Milderungsrecht darf, außer dem Falle des §. 88 des Militärstrafgesetzbuchs für das Deutsche Reich weder bis zum Erlaß erkannter Strafen oder bis zur Herabsetzung unter das geringste gesetzliche Maaß noch bis zur Anwendung erkannter Strafarten in andere ausgedehnt werden.

Nur in denjenigen Fällen, wo in jenem Militärstrafgesetzbuche die strafbare Handlung wahlweise mit Arrest oder mit Gefängniß oder Festungshaft bedroht ist, kann der bestätigende Befehlshaber statt des Gefängnisses: Festungshaft oder Arrest, statt der Festungshaft: Arrest und, wo das Gesetz Arrest ohne Bezeichnung des Grades androht, statt des erkannten härteren Arrestgrades einen gelinderen Arrestgrad eintreten lassen.

Auch kann der bestätigende Befehlshaber in dem Falle des §. 75 a. a. O. die erkannte Versetzung in die zweite

Klasse des Soldatenstandes und in den Fällen des §. 40 Abs. 2 Nr. 1 und 2 die erkannte Degradation erlassen."

Baden-Baden, den 5. Oktober 1872.

(gez.) **Wilhelm.**

Von den in der vorstehenden A.K.O. allegirten Gesetzesstellen handelt §. 88 M.St.G.B. von der Strafermäßigung bei Feigheit, §. 75 l. c. von der Fahnenflucht bei freiwilliger Rückkehr innerhalb 6 Wochen und §. 40 Abs. 2 Nr. 1 und 2 von der fakultativ angedrohten Degradation.

4. Unzulässigkeit der Schärfung.

§. 173. Das Erkenntniß darf bei der Bestätigung nicht geschärft werden, weder durch Erhöhung des Strafmaaßes oder der Strafart, noch durch Hinzufügung nicht erkannter Strafbestimmungen.

5. Unzulässigkeit der Bestätigung durch einen nicht kompetenten Befehlshaber.

§. 174. Ist ein kriegsrechtliches Erkenntniß von einem nicht kompetenten Befehlshaber bestätigt worden, so ist die Bestätigung ungültig und das Erkenntniß der kompetenten Behörde zur Bestätigung vorzulegen.

6. Form der Bestätigung.

§. 175. Die Bestätigung muß schriftlich erfolgen, von dem bestätigenden Befehlshaber unterschrieben und so abgefaßt werden, daß daraus bestimmt hervorgeht, wohin das Erkenntniß bestätigt worden ist.

G. Publikation.

§. 176. Die Erkenntnißformel und die Bestätigungsordre sind ungesäumt dem Angeschuldigten vor vollständig besetztem Untersuchungsgericht (§§. 45—47.) von dem Auditeur durch Vorlesung zu publiziren; auch ist ihm gleichzeitig bekannt zu machen, daß das Erkenntniß nunmehr rechtskräftig sei.

Daß die Belehrung über die Rechtskraft erfolgt ist, muß aus der Eröffnungsverhandlung hervorgehen. — Vgl. §. 177 d. G.

§. 177. Dem Angeschuldigten sind auf sein Verlangen die Entscheidungsgründe bekannt zu machen. Auch kann ihm Abschrift des Erkenntnisses mit den Entscheidungsgründen auf seine Kosten ertheilt werden, wenn kein Mißbrauch davon zu besorgen ist; im Fall völliger Freisprechung ist die Erkenntnißformel ihm kostenfrei auszufertigen.

Ueber die stattgehabte Publikation ist ein Protokoll aufzunehmen, auch, daß und wann dieselbe erfolgt sei, unter der Bestätigungsurkunde zu vermerken.

Urtheile, welche die bürgerliche Todesstrafe wegen gemeiner Verbrechen verhängen, werden stets durch die Civilgerichte publizirt (§. 183.).

Zur Ertheilung der Abschrift eines Erkenntnisses mit Gründen an einen Verurtheilten ist die Genehmigung des Gerichtsherrn erforderlich. — Auch die kostenfreie Ausfertigung der Erkenntnißformel im Falle der Freisprechung ist nur auf Antrag zu gewähren. — Abs. 3 ist durch §. 14 M.St.G.B. abgeändert in sofern im Felde jede Todesstrafe durch Erschießen vollstreckt wird und hierbei die Publikation durch Militärgerichte erfolgt.

§. 178. Von jedem rechtskräftigen Erkenntniß muß der Dienstbehörde des Angeschuldigten Mittheilung gemacht werden.

Die Mittheilung erfolgt in der Regel durch Parolebefehl, aber auch durch Zustellung der Acten mit dem Erkenntniß; letzteres muß geschehen behufs Aufstellung der Strafnachricht A, die dem Truppentheile 2c. obliegt.

Ueber die rechtskräftigen Verurtheilungen in Strafsachen sind Register zu führen: Beschl. des Bundesraths vom 16. Juni 1882 (A.V.Bl. S. 137 ff.) und Ausführungsbestimmungen dazu vom 12. Juli 1882 und 31. Juli 1882 (A.V.Bl. S. 160 und 166). Der Bundesrathsbeschuß umfaßt auch die Urtheile der Militär-Gerichte R.S.d. Pr.G.A. vom 18. August 1882.

§. 179. War der Antrag auf Untersuchung von einer Civilbehörde ausgegangen, so ist derselben von dem Ausfall der rechtskräftigen Entscheidung Nachricht zu geben.

Die Benachrichtigung erfolgt durch einfache Mittheilung oder Uebersendung einer Abschrift der Urtheils- und Bestätigungsformel.

H. Vollstreckung.

1. Allgemeine Bestimmungen.

§. 180. Die Vollstreckung des rechtskräftigen Erkenntnisses hat der Befehlshaber zu veranlassen, welchem die Anordnung des Spruchgerichts zustand.

§. 181. Die Vollstreckung muß ohne Verzug und genau nach dem Inhalt der Bestätigungsorder erfolgen.

Ausnahmen sind vorgesehen durch die A.K.O. vom 29. August 1838 (M.G.S. Bd. III S. 121). — Geht die Strafvollstreckung auf die bürgerlichen Behörden über (§. 15 Abs. 3 M.St.G.B.), so ist behufs Berechnung der Strafzeit bei der Ueberweisung des Verurtheilten die Stunde des Beginns der Strafe anzugeben. Pr.K.M. vom 3. Juni 1881 (A.V.Bl. S. 161). War der Angeschuldigte verhaftet, so gilt die Stunde des Kriegsgerichts als Anfang der Strafe; vgl. §. 187 d. G.

2. Umwandlung rechtskräftig erkannter Strafen.

§. 182. Wenn nach Vorschrift der Gesetze eine rechtskräftig erkannte Strafe in eine andere umzuwandeln ist, so geschieht dies durch ein Resolut des kompetenten Militärgerichts.

Umwandlungen bürgerlicher Strafen in militärische finden nicht mehr statt. — Vgl. hierzu auch Note zu §. 27 M.St.G.B.

3. Vollstreckung der Todesstrafe.

183. Zur Vollstreckung der wegen militärischer Verbrechen verwirkten Todesstrafe sind 18 Mann zu kommandiren, welche in drei Gliedern hinter einander dergestalt aufzustellen sind, daß das erste Glied in einer Entfernung von fünf Schritten dem Delinquenten gegenübersteht.

Im Uebrigen sind dabei die in den allgemeinen Landesgesetzen hinsichtlich der Vollstreckung von Todesstrafen besonders vorgeschriebenen Förmlichkeiten zu beachten.

Die Vollstreckung der bürgerlichen Todesstrafe erfolgt durch die Civilgerichte. Der Verurtheilte ist hierzu nach der Bestätigung des Erkenntnisses an das Landes-Justizkollegium, in dessen Gerichtsbezirk er sich befindet, abzugeben und durch dasselbe die Publikation und Vollstreckung des Erkenntnisses zu bewirken.

Abs. 1 und 2 dieses Paragraphen sind aufgehoben und ersetzt für das Heer durch die §§. 1 und 2 der M.Strf.Vollstr.V. vom 9. Februar 1888, für die Marine durch die A.K.O. vom 22. Januar 1889. Vgl. hierzu auch §. 14 M.St.G.B. und Note dazu.

Geht im Frieden die Vollstreckung der Todesstrafe auf die Civilbehörden über, so wird der Verurtheilte behufs Publikation des Urtheils und Strafvollstreckung dem Staatsanwalt des Landgerichts überwiesen, in dessen Bezirk die Verurtheilung erfolgt ist.

4. Vollstreckung der Freiheitsstrafen.

§. 184. Wenn auf Zuchthausstrafe erkannt oder wenn die erkannte Baugefangenschaft als Zuchthausstrafe zu vollstrecken ist, so muß der rechtskräftig Verurtheilte zur Strafvollziehung durch das betreffende Generalkommando der Civil-Behörde überwiesen werden.

Die Strafe der Baugefangenschaft ist aufgehoben. — Die Ueberweisung erfolgt Seitens der betreff. Gen.-Kommand. direkt an die Civil-Strafanstalten. S. §. 5 der M.Strf.Vollstr.V. vom 9. Februar 1888. — Werden Angehörige anderer Bundesstaaten von Preußischen Militärgerichten unter Auflösung des militärischen Dienstverhältnisses zu Freiheitsstrafen verurtheilt, so erfolgt die Strafvollstreckung durch den Bundesstaat, dem der Verurtheilte angehört; Bundesrathsbeschl. vom 19. Februar 1875. Vgl. hierzu Erl. d.K.M. vom 14. Juli 1884 (A.V.Bl. S. 127) und vom 30. Dezember 1884 (A.V.Bl. von 1885 S. 17).

§. 185. Gemeine, gegen welche auf Festungsstrafe erkannt ist, sollen, wenn nicht besondere Gründe dagegen obwalten, gleich nach abgehaltenem Spruchgericht zum vorläufigen Antritt der Strafe zur Festung abgeführt werden.

Statt Festungsstrafe ist zu lesen Gefängniß von mehr als 6 Wochen.

§. 186. Zum Festungsarrest Verurtheilte, sowie diejenigen, gegen welche neben der Freiheitsstrafe auf Degradation, Kassation, Entfernung aus dem Offizierstande, Dienstentlassung, Ausstoßung aus dem Soldatenstande oder Entlassung aus dem Militärverhältniß erkannt ist, dürfen vor eingetretener Rechtskraft des Erkenntnisses zum Antritt der Strafe nicht abgeführt werden.

Für Festungsarrest lies „Festungshaft". — Im Uebrigen vgl. Note zu §. 133. — Zur Strafverbüßung sind gleich nach abgehaltenem Kriegsgericht abzuführen: 1. Gemeine, gegen welche auf mehr als 6 Wochen Gefängniß oder Festungshaft erkannt worden, ohne daß zugleich das militärdienstliche Verhältniß gelöst worden; 2. Unteroffiziere, gegen welche auf gleiche Freiheitsstrafe ohne Degradation erkannt ist. — In allen übrigen Fällen ist die Rechtskraft des Urtheils abzuwarten. — R.S.d.Pr.G.A. vom 25. September 1872.

Der Abs. 2 dieses Paragraphen, welcher von der Vollziehung der körperlichen Züchtigung handelte, ist, nachdem diese Strafe durch Allerhöchsten Erlaß vom 6. Mai 1848 aufgehoben worden, fortgefallen.

§. 187. Allen in Haft befindlichen Angeschuldigten, welche zu einer härteren Freiheitsstrafe als Arrest verurtheilt worden, ist die Strafe vom Tage der Abfassung des Erkenntnisses zu berechnen.

Erfolgt die Verhaftung erst nach Abfassung des Erkenntnisses, so ist die Strafe vom Tage der Verhaftung zu berechnen.

§. 188. Wird gegen einen in Untersuchungshaft befindlichen Angeschuldigten blos auf eine Arreststrafe erkannt, so muß der Verurtheilte gleich nach abgehaltenem Spruchgericht, wenn nicht besondere Umstände dies bedenklich erscheinen lassen, aus der Haft entlassen und die Vollstreckung der Strafe bis nach erfolgter Bestätigung des Erkenntnisses ausgesetzt werden.

Statt „blos auf Arreststrafe" ist zu lesen „Freiheitsstrafe von 6 Wochen und darunter"; R.S.d.Pr.G.A. vom 25. September 1872.

§. 189. Die kommandirenden Generale sind befugt, die Vollstreckung rechtskräftig erkannter Arreststrafen in außergewöhnlichen Fällen auf einige Zeit aussetzen zu lassen, wenn das Interesse des Dienstes es unumgänglich erfordert.

§. 190. Wenn auf Märschen, im Lager oder sonst, den örtlichen Umständen nach, die Anwendung der Arreststrafen gegen Unteroffiziere und Gemeine nicht stattfinden kann, so soll für die Dauer der Strafzeit, statt des gelinden und mittleren Arrestes, Entziehung gewohnter Genüsse, z. B. des Branntweins und des Tabaks, und bei Gemeinen zugleich vorzugsweise Heranziehung zu vorkommenden Arbeiten eintreten, statt des strengen Arrestes aber Anbinden an einen Baum oder an eine Wand dergestalt, daß der Bestrafte sich nicht niederlegen oder setzen kann.

Dieses Anbinden darf jedoch den Zeitraum von drei Stunden täglich nicht übersteigen und muß die Vollstreckung dieser Strafen vor den Augen des Publikums möglichst vermieden werden.

Der §. 190 ist durch die neuere Gesetzgebung als aufgehoben zu erachten; R.G b.PrG.A. vom 25. September 1872. In Friedenszeiten wird der erkannte Arrest vorschriftsmäßig vollstreckt und wenn dies nicht angeht, die Vollstreckung ausgesetzt; im Felde erfolgt Letztere nach Maaßgabe des §. 22 der M.Strf.Vollstr.V. vom 9. Februar 1888. Aufenthalt auf der Wache und bei mittlerem Arrest: Heranziehung zu beschwerlichen Dienstleistungen, bei strengem Arrest: Anbinden bis 2 Stunden täglich. — Vgl. hierzu die §§. 47, 48 Discipl.St.O.

§. 191. Wenn in Kriegszeiten der Vollstreckung der wegen Desertion erkannten Festungsstrafe zeitige Hindernisse entgegenstehen, so kann der Heerführer denselben andere passende Strafen unter dem Vorbehalt der Genehmigung des Königs auf eigene Verantwortung substituiren.

Statt Festungsstrafe ist „Gefängniß" zu lesen; R.S.d.Pr.G.A. vom 25. September 1872.

5. Vollstreckung der Strafe an Besitzern von Orden und Ehrenzeichen.

§. 192. Wenn Besitzer von Orden und Ehrenzeichen

1) zur Ausstoßung aus dem Soldatenstande, Kassation oder Versetzung in die zweite Klasse des Soldatenstandes verurtheilt sind, oder wenn

2) Freiheitsstrafe gegen sie erkannt und der Fall von der Art ist, daß nach den bestehenden Vorschriften die Entscheidung des Königs über den Verlust der Orden und Ehrenzeichen eingeholt werden muß,

so darf die Strafe an dem Verurtheilten nicht eher vollzogen werden, als diese Entscheidung erfolgt ist.

§. 192 ist durch die §§. 32, 39 M.St.G.B. und §. 33 R.St.G.B. aufgehoben; R.S.d.Pr.G.A. vom 25. September 1872.

Ueber Einziehung und Ablieferung der Orden und Ehrenzeichen vgl. §. 23 Ziffer 3—4 der Ml.Strf.Vollstr.V.

6. Vollstreckung der Strafe, wenn auf Ausstoßung aus dem Soldatenstande erkannt ist.

§. 193. Die Urtheile, in denen auf Ausstoßung aus dem Soldatenstande erkannt worden, sind durch das Amtsblatt der Regierung, in deren Bezirk der Verurtheilte seine Heimath hat, oder, wenn er ein Ausländer ist, durch das

Amtsblatt der Regierung, in deren Bezirk der Garnisonort liegt, zur öffentlichen Kenntniß zu bringen.

An Stelle der aufgehobenen Strafe der Ausstoßung ist die Entfernung aus dem Heer oder der Marine getreten. Die Vorschrift des §. 193 bezieht sich nur auf Fälle, in denen auf Zuchthaus erkannt worden ist; R.G.d.Pr.G.A. vom 25. September 1872.

7. **Vermerk über die Vollstreckung zu den Akten.**

§. 194. Zu den Untersuchungsakten muß ein schriftlicher Vermerk gebracht werden, daß das Erkenntniß zur Vollstreckung gelangt ist.

J. Revision der rechtskräftigen Erkenntnisse.

§. 195. Dem General-Auditoriat sind von drei zu drei Monaten die von den kommandirenden Generalen, den Divisionskommandeuren und den in den §§. 159. und 161. genannten Befehlshabern bestätigten rechtskräftigen Erkenntnisse gegen Personen des Soldatenstandes nebst dem dazu gehörigen Gutachten und der Bestätigung zur Prüfung einzusenden.

Die alleg. §§. 159 und 161 sind aufgehoben und ist an deren Stelle die A.K.O. vom 1. Juni 1867 Ziff. 5 und 8 getreten. Vgl. §§. 154—161 d. G.

Zweite Abtheilung.

Von dem Verfahren in Straffällen, welche vor die niedere Gerichtsbarkeit gehören.

(Standrechtliches Verfahren.)

§. 196. Bei dem Verfahren in Strafsachen, welche vor die niedere Gerichtsbarkeit gehören, kommen die Bestimmungen der ersten Abtheilung dieses Abschnitts mit nachfolgenden Abweichungen zur Anwendung.

Siehe hierzu die vom Pr.G.A. erlassene Zusammenstellung der wichtigsten Vorschriften über die Verwaltung der niederen Gerichtsbarkeit vom 24. September 1872.

I. Untersuchungs-Verfahren.

§. 197. Einer vorläufigen Untersuchung bedarf es nicht, wenn die Sache im Disziplinarwege bereits so weit aufgeklärt ist, daß auf den Grund der stattgefundenen Ermittelungen die Einleitung der förmlichen Untersuchung verfügt werden kann.

A. Beweis-Aufnahme.

§. 198. Steht der objektive Thatbestand fest und legt der Angeschuldigte vor Gericht ein freies Geständniß ab, welches die Hauptumstände der That enthält und mit anderen ermittelten Umständen nicht im Widerspruch steht, so bedarf es keiner weiteren Beweisaufnahme.

Zur Erlangung des Geständnisses dürfen auch im standrechtlichen Verfahren keine verfängliche Fragen, Drohungen oder Gewaltmittel angewendet werden.

Den objektiven Thatbestand bilden die im Gesetz vorgesehenen Merkmale einer strafbaren Handlung, daran schließt sich die subjektive Thäterschaft, die Ueberführung des Angeschuldigten.

§. 199. Legt der Angeschuldigte ein zureichendes Geständniß (§. 198.) nicht ab, so muß zur Aufnahme des Beweises geschritten werden.

Als Beweismittel dienen eidliche Aussagen unverdächtiger Zeugen, Urkunden, gerichtliche Einnahme des Augenscheins, Gutachten von Behörden und Sachverständigen u. s. w.

B. Vertheidigung.

§. 200. Die Zuziehung eines Vertheidigers findet nicht statt, das Ergebniß der Verhandlungen ist jedoch bei dem Abschluß der Sache dem Angeschuldigten vorzuhalten, und nachdem er mit seinen Vertheidigungsgründen gehört worden ist, sind diese zu Protokoll zu bringen.

Eines besonderen Schlußtermins bedarf es nicht.

Der Angeschuldigte ist mit dem Inhalte der Einleitungsverfügung bekannt zu machen, ebenso sind ihm die erhobenen Beweise zur Erklärung ꝛc. vorzuhalten.

C. Beweiskraft der Aussagen Vorgesetzter.

§. 201. Bei geringen militärischen Vergehen bleibt es dem Ermessen des kompetenten Militärgerichts überlassen, den Aussagen der Vorgesetzten, welchen die Versicherung der Wahrheit an Eidesstatt beigefügt ist, die Beweiskraft der eidlichen Aussage beizulegen und dieselben von der förmlichen Eidesleistung zu entbinden.

Das kompetente Militärgericht ist das bestellte Untersuchungsgericht. — Der betreffende Vorgesetzte muß die Wahrheit seiner Aussage an Eidesstatt versichern und über die Tragweite einer solchen Versicherung belehrt werden. Eine Bezugnahme auf den Diensteid genügt nicht.

II. Spruchverfahren.

A. Verpflichtung der Richter.

§. 202. Eine Vereidigung der Richter findet nicht statt; denselben ist aber die im §. 129. vorgeschriebene

Ermahnung wegen Erfüllung ihrer Richterpflicht durch den Präses zu ertheilen.

B. Vortrag des Referenten.

§. 203. Der Vortrag des Referenten kann schriftlich oder mündlich gehalten werden. In beiden Fällen sind jedoch der wesentliche Inhalt des Vortrags, das Votum und die demselben zum Grund gelegten Gesetzesstellen in das Protokoll aufzunehmen.

Der Referent muß einen bestimmten Strafantrag stellen und denselben rechtlich begründen. Für die Abstimmung vgl. das R.S. d.Pr.G.A. vom 30. November 1880. Siehe auch §§. 138--140 und Noten dazu.

C. Form und Inhalt des Erkenntnisses.

§. 204. In dem Erkenntniß, welches gleich nach der Abhaltung des Spruchgerichts auszufertigen ist, sind die Hauptumstände, auf denen die Entscheidung beruht, und die zum Grund gelegten Gesetzesstellen anzugeben.

Die Ausfertigung ist von dem Präses und dem Referenten zu unterschreiben und dem Gerichtsherrn zur Bestätigung vorzulegen.

Für Form und Inhalt des Erkenntnisses ist §. 145 maßgebend.

D. Bestätigung des Erkenntnisses.

§. 205. Die Bestätigung des Erkenntnisses erfolgt durch den Befehlshaber, dem die Bestellung des Spruchgerichts zustand, in sofern nicht für einzelne Fälle Ausnahmen von dieser Regel durch besondere Verordnungen bestimmt sind.

§. 206. Bei der Bestätigung sind die Vorschriften der §§. 172. 173. 175. zu befolgen. Der Begutachtung des Erkenntnisses bedarf es nicht, der Befehlshaber hat sich jedoch durch Einsicht der Akten in den Stand zu setzen, die Bestätigung nach seiner gewissenhaften Ueberzeugung ertheilen zu können.

An Stelle des aufgehobenen §. 172 ist die A.K.O. vom 5. Oktober 1872 getreten. Vgl. §. 172, ferner §. 209 d. G.

E. Publikation und Vollstreckung.

§. 207. Die Publikation und Vollstreckung des Erkenntnisses muß sofort nach der Bestätigung desselben erfolgen. Eine Anrechnung der inzwischen etwa erlittenen Haft auf die erkannte Freiheitsstrafe findet nur dann statt, wenn die Bestätigung durch außerordentliche Umstände verzögert worden ist.

III. Abgabe der Sache im Fall der Inkompetenz.

§. 208. Ergiebt sich im Laufe der Untersuchung, oder bei der Aburtheilung, daß die Sache vor die höhere Gerichtsbarkeit gehört, so sind die Verhandlungen an das kompetente Gericht abzugeben.

IV. Erledigung vorkommender Zweifel.

§. 209. Wenn bei dem Verfahren, bei der Aburtheilung oder bei der Bestätigung Zweifel entstehen, so sind zu deren Erledigung die Verhandlungen, im Fall ein Auditeur Inquirent oder Referent ist, an das General-Auditoriat, wenn aber ein untersuchungsführender Offizier

Inquirent oder Referent ist, dem nächsten, mit der höheren Gerichtsbarkeit versehenen Vorgesetzten einzureichen.

V. Revision der rechtskräftigen Erkenntnisse.

§. 210. Die von den untersuchungsführenden Offizieren gegen Personen des Soldatenstandes abgefaßten Erkenntnisse sind mit den Akten, von drei zu drei Monaten, an den mit der höheren Gerichtsbarkeit versehenen Befehlshaber einzusenden und durch einen Auditeur seines Dienstbereichs zu revidiren. Von etwaigen dabei bemerkten Verstößen gegen die Gesetze hat der Auditeur dem Befehlshaber Anzeige zu machen, auch über die wahrgenommene Revision bei dem General-Auditoriat sich auszuweisen.

Zweiter Abschnitt.

Von dem Verfahren gegen Militärbeamte.

§. 211. Die Vorschriften des ersten Abschnitts dieses Titels finden auch auf Militärbeamte mit folgenden Abweichungen Anwendung.

I. Verfahren in erster Instanz.

A. Untersuchungs-Verfahren.

1. bei Amtsverbrechen.

§. 212. Gegen Beamte, welche einem Militärbefehlshaber und gleichzeitig einer Verwaltungsbehörde oder einem Verwaltungsvorgesetzten untergeordnet sind, darf wegen

Verbrechen, bei deren Beurtheilung es auf die besondere Kenntniß der Wissenschaft oder Kunst des Beamten ankommt, oder wodurch administrative Vorschriften verletzt sind, die Einleitung der vorläufigen, so wie der förmlichen gerichtlichen Untersuchung nur auf den Antrag der vorgesetzten Dienstbehörde oder des Verwaltungsvorgesetzten des Angeschuldigten erfolgen.

Der §. 212 ist durch Art. 97 der Preuß. Verf.Urk. vom 31. Januar 1850 für aufgehoben zu erachten. — Militärbeamte werden nach den Vorschriften des 28. Abschnitts (§§. 331—359) R.St.G.B. beurtheilt; „im Felde" greift §. 154 M.St.G.B. Platz. Im Uebrigen unterstehen dieselben den Disziplinargesetzen für richterliche und nicht richterliche Beamte und dem Reichsbeamtengesetz v. 31. März 1873.

2. bei anderen Verbrechen.

§. 213. Ist die Untersuchung wegen anderer als der im §. 212. bezeichneten Verbrechen einzuleiten, so muß der Verwaltungsbehörde oder dem Verwaltungsvorgesetzten durch den Gerichtsherrn von der Einleitung der Untersuchung Nachricht gegeben werden.

Der §. 213 erstreckt sich gegenwärtig auf alle gerichtlichen Untersuchungen gegen Militärbeamte.

3. Verfahren im Fall der Dienstentlassung eines auf Kündigung angestellten Beamten.

§. 214. Wird ein auf Kündigung angestellter Militärbeamter während der Untersuchung aus dem Beamtenverhältniß entlassen, und verbleibt derselbe unter der Militärgerichtsbarkeit, so ist das Verfahren nach Maaßgabe seines Militärverhältnisses fortzusetzen.

Tritt der Entlassene unter die Civilgerichtsbarkeit, so ist die Untersuchung an das zuständige Civilgericht abzugeben. War aber vor der Entlassung bereits ein Erkenntniß in erster Instanz ergangen und publizirt, so hat in den vorstehend genannten Fällen das Militärgericht die Sache nach den Vorschriften dieses Abschnitts fortzusetzen.

4. Amts-Suspension.

§. 215. Die Amtssuspension wegen Amtsverbrechen (§. 212.) zu verfügen, bleibt der Verwaltungsbehörde und beziehungsweise dem Verwaltungsvorgesetzten überlassen.

Muß die Suspension des Beamten wegen anderer Verbrechen eintreten, so ist sie von dem, mit Gerichtsbarkeit über den Angeschuldigten versehenen Militärvorgesetzten und der Verwaltungsbehörde oder dem Verwaltungsvorgesetzten gemeinschaftlich zu verfügen.

Der vorstehende Paragraph ist durch das Reichsbeamtengesetz vom 31. März 1873 (§. 125), sowie durch die bestehenden Disziplinargesetze wesentlich abgeändert. Vgl. Disziplinargesetz vom 7. Mai 1851 und vom 21. Juli 1852.

5. Verhaftung.

§. 216. Wegen Befreiung von der Untersuchungshaft gegen Kaution finden die Bestimmungen der allgemeinen Landesgesetze Anwendung.

Vgl. hierzu §§. 117 ff. C.St.P.O.

6. Beweis.

§. 217. Die Bestimmungen der §§. 108—109. wegen der Beweiskraft finden auf Militärbeamte nicht Anwendung.

7. Artikulirtes Verhör.

§. 218. Ebenso findet die Bestimmung des §. 110. wegen des artikulirten Verhörs in Untersuchungen gegen Militärbeamte keine Anwendung.

8. Vertheidigung.

§. 219. In Ansehung der Vertheidigung treten die Vorschriften der allgemeinen Landesgesetze ein.

Die bezüglichen Vorschriften sind enthalten in den §§. 137 ff. C.St.P.O.

B. Spruchverfahren.

1. Vereidigung der Richter.

§. 220. Die Mitglieder der Spruchgerichte, mit Ausnahme der Auditeure und der untersuchungsführenden Offiziere, haben den Richtereid (§. 129.) zu leisten, der ihnen von dem Referenten abzunehmen ist.

Ueber Besetzung der Spruchgerichte über Militärbeamte siehe §§. 69 und 71 d. G.

2. Abstimmung.

§. 221. Jedes Mitglied des Spruchgerichts hat eine Stimme.

Der Referent hat seine Stimme zuerst abzugeben, demnächst die Stimmen der übrigen Richter und des Präses einzusammeln und in das Protokoll aufzunehmen.

Die bei Erkenntnissen gegen Personen des Soldatenstandes zulässigen Gnadengesuche der Spruchgerichte sind bei Erkenntnissen gegen Militärbeamte unstatthaft.

3. Ausfertigung des Erkenntnisses.

§. 222. Das Erkenntniß ist von dem Referenten in einem Exemplar auszufertigen, mit dem Gerichtssiegel zu versehen und von dem Präses und dem Referenten zu unterschreiben.

4. Publikation und Vollstreckung.

§. 223. Bei der Publikation ist dem Angeschuldigten bekannt zu machen, daß ihm das Rechtsmittel der weiteren Vertheidigung gegen das Erkenntniß innerhalb zehn Tagen freistehe. Befindet sich der Angeschuldigte in Haft und ist gegen denselben auf Festungsarrest erkannt, so muß die Strafe vom Tage der Publication des Erkenntnisses gerechnet werden.

Statt Festungsarrest soll hier gelesen werden: „Freiheitsstrafe von mehr als 6 Wochen". R.S.d.Pr.G.A. vom 25. September 1872.

5. Eintritt der Rechtskraft.

§. 224. Beruhigt sich der Angeschuldigte bei dem Erkenntniß, oder meldet er innerhalb der vorgeschriebenen Frist das Rechtsmittel der weiteren Vertheidigung nicht an, so ist das Erkenntniß rechtskräftig, in sofern dasselbe nicht der Bestätigung bedarf, in welchen Fällen die Rechtskraft erst mit der Publication des bestätigten Erkenntnisses eintritt.

Die Frist zur Einlegung des Rechtsmittels beträgt 10 Tage (§. 223); es genügt, daß in dieser Frist das Rechtsmittel angemeldet wird. Zur Rechtfertigung ist dann eine entsprechende Zeit zu gewähren. — Eine Bestätigung der gegen Beamte ergangenen Erkenntnisse findet nicht statt.

II. Verfahren in zweiter Instanz.

§. 225. Ergreift der Verurtheilte das Rechtsmittel der weiteren Vertheidigung, so sind bei dem ferneren Verfahren die Vorschriften der allgemeinen Landesgesetze über das Verfahren in zweiter Instanz zu befolgen.

§ 226. Das Erkenntniß zweiter Instanz ist von dem General-Auditoriat abzufassen.

§. 227. Wegen des Rechtsmittels der Aggravation und wegen Bestätigung der Erkenntnisse gegen Militärbeamte kommen die in den allgemeinen Landesgesetzen hierüber in Absicht auf Civilbeamte ertheilten Vorschriften zur Anwendung. Die Einreichung dieser Erkenntnisse zur Bestätigung erfolgt durch das General-Auditoriat.

Das Rechtsmittel der Aggravation ist durch die Aufhebung des fiskalischen Prozesses für beseitigt zu erachten. — Wegen Bestätigung vgl. Note zu §. 224 d. G.

III. Abfassung des Erkenntnisses, wenn Militärbeamte und Personen des Soldatenstandes Mitangeschuldigte sind.

§. 228. Wenn Militärbeamte und Personen des Soldatenstandes Mitangeschuldigte in der nämlichen Sache sind, so soll über die Beamten erst dann erkannt werden, wenn das Erkenntniß gegen die mitbetheiligten Personen des Soldatenstandes rechtskräftig geworden ist.

In Injuriensachen ist in diesen Fällen die Vorschrift des §. 233. zu beachten.

Dritter Abschnitt.

Von dem Verfahren bei Beleidigungen.

§. 229. In sofern Beleidigungen Gegenstand des gerichtlichen Verfahrens sind, und nicht die Fälle der §§. 130.

134. und 187. Th. I. dieses Gesetzbuchs vorliegen, findet gegen Militärpersonen das in diesem Gesetzbuch vorgeschriebene Untersuchungsverfahren unter den in diesem Abschnitt angegebenen Modifikationen statt (§. 173. Th. I).

Statt der hier alleg. §§. 130, 134, 187 des aufgehobenen M.St.G.B. vom 3. April 1845 sind die §§. 91, 111, 125 M.St.G.B. für das Deutsche Reich zu setzen. R.S.d.Pr.G.A. vom 24. September 1872. — Der in Bezug genommene §. 173 Th. I M.St.G.B. vom 3. April 1845 verwies Beleidigungen unter Offizieren vor die Ehrengerichte und ist die Bezugnahme durch Aufhebung der betreff. Verordnung II vom 20. Juni 1843 beseitigt.

Die Verfolgung einer Militärperson wegen Beleidigung findet, falls nicht eine strafbare Handlung gegen die militärische Unterordnung vorliegt, nur auf Antrag statt.

I. Unzulässigkeit der Vereidigung des Denunzianten.

§. 230. Die Vereidigung des Denunzianten ist unzulässig.

Als Denunziant ist derjenige zu erachten, der den Strafantrag gestellt hat.

II. Schlußerklärung des Denunzianten.

§. 231. Vor Abfassung des Erkenntnisses ist der Denunziant mit dem Inhalt der Akten zu seiner Erklärung bekannt zu machen.

Ging der Strafantrag von einer Behörde aus (§. 196 R.St.G.B.), so sind dieser die Akten zur Erklärung zu übersenden.

III. Rechtsmittel.

§. 232. Gegen Erkenntnisse wider Personen des Soldatenstandes ist auch in wechselseitigen Injuriensachen weder das Rechtsmittel der weiteren Vertheidigung, noch ein Milderungs- oder Aggravationsgesuch zulässig.

Wechselseitige Injurien sind hier nicht blos solche, welche auf der Stelle erwidert werden, sondern auch solche, die zeitlich und räumlich auseinander liegen; erforderlich sind nur dieselben Parteien. — Zu Aggravation vgl. Note zu §. 227 d. G.

IV. Vollstreckung des Erkenntnisses.

§. 233. In wechselseitigen Injuriensachen zwischen Personen des Soldatenstandes und Personen, welche nicht zum Soldatenstande gehören, ist das Erkenntniß gegen die Ersteren nicht eher zu vollstrecken, als bis gegen die nicht zum Soldatenstande gehörigen Personen rechtskräftig erkannt ist.

Zu „wechselseitigen Injurien" vgl. Note zu §. 232 d. G.

V. Bekanntmachung des Denunzianten mit dem Ausfall des Erkenntnisses.

§. 234. Von dem Ausfall des Erkenntnisses ist dem Denunzianten Nachricht zu geben.

VI. Zurücknahme der Klage.

§. 235. Der Antrag auf Zurücknahme der Klage wegen der, einer Militärperson bei Ausübung ihres Dienstes oder in Beziehung auf denselben zugefügten Beleidigung kann nur mit Genehmigung der vorgesetzten Dienstbehörde geschehen.

VII. Mittheilung an die Dienstbehörden.

§. 236. In Injuriensachen, bei denen Militärpersonen betheiligt sind, ist ihrer Dienstbehörde von der Klage und demnächst von dem rechtskräftigen Erkenntniß Mittheilung zu machen.

VIII. Verjährung.

§. 237. Bei wechselseitigen Injurien unterbricht die rechtzeitig von der einen Partei angebrachte Klage, auch für die andere Partei die Verjährung.

Eine Klageverjährung kommt bei Beleidigungen nicht mehr in Betracht; die Antragsfrist beträgt 3 Monate (§. 61 R.St.G.B.). Statt des §. 237 d. G. ist §. 198 R.St.G.B. anzuwenden.

IX. Verpflichtung des Denunzianten, die Kosten zu tragen.

§. 238. Wird der Antrag auf Bestrafung als unbegründet abgewiesen oder vor der Eröffnung des Erkenntnisses zurückgenommen, so sind die Kosten und Stempel durch ein Resolut des Militärgerichts, welchem die Einleitung der Untersuchung zustand, dem Denunzianten ohne Unterschied, ob derselbe zum Militär- oder Civilstande gehört, aufzuerlegen, in sofern ihm nicht auch in Injuriensachen die Sportelfreiheit zusteht. Gegen dieses Resolut ist der Rekurs an das General-Auditoriat zulässig.

Wegen Sportel- (Kosten-) Freiheit der Militärpersonen vgl. §§. 273, 274 d. G. — Eine Frist für die Einlegung des Rekurses ist im Gesetz nicht vorgesehen indeß durch R.S.d.Pr.G.A. vom 26. Dezember 1836, M.G.S. Bd. II S. 27 bestimmt, daß dieselbe innerhalb vier Wochen nach Zustellung des Resoluts erfolgen müsse.

§. 239. Wird der Antrag auf Bestrafung nach Eröffnung des Erkenntnisses zurückgenommen, so verbleibt es wegen der Kosten bei den Festsetzungen des Erkenntnisses, wenn die Parteien sich hierüber nicht anderweit mit einander vereinigen.

Die Zurücknahme des Strafantrages nach Verkündung eines auf Strafe lautenden Urtheils ist unzulässig. §. 64 R.St.G.B.

§. 240. Erfolgt ein völlig freisprechendes Erkenntniß, so ist darin die Kostenpflichtigkeit des Denunzianten nach den Grundsätzen des §. 238. auszusprechen.

Gegen diesen den Kostenpunkt betreffenden Theil des Erkenntnisses ist der Rekurs an das General-Auditoriat zulässig.

X. Verfahren bei dem Verdacht falscher Denunziationen.

§. 241. Ergiebt sich bei der Untersuchung der Verdacht wissentlich falscher Denunziation, so bleibt dem Denunziaten überlassen, bei dem zuständigen Richter auf Untersuchung und Bestrafung gegen den Denunzianten anzutragen.

Vierter Abschnitt.

Von dem Kontumazialverfahren gegen Deserteure.

I. Untersuchungsverfahren.

§. 242. Wenn die dienstlichen Ermittelungen den Verdacht der Entweichung gegen eine Person des Soldatenstandes begründen (§§. 64—69 M.St.G.B.), so hat der Kommandeur des Truppentheils sofort die geeigneten polizeilichen Maaßregeln zur Wiederergreifung des Abwesenden zu veranlassen und dem mit der höheren Gerichtsbarkeit versehenen Vorgesetzten davon Anzeige zu machen.

Vgl. hierzu Noten zu §§. 4 und 6 M.St.G.B. — Statt der allegirten §§. 64—69 des aufgehobenen Pr.M.St.G.B. vom 3. April 1845 ist zu lesen §§. 64—69 M.St.G.B. für das Deutsche Reich.

§. 243. Die Einleitung der Untersuchung gebührt dem mit der höheren Gerichtsbarkeit versehenen Militärgericht, welchem der Abwesende zuletzt unterworfen war.

§. 244. Ist der Abwesende Offizier oder Portopee-Fähnrich, so muß zur Einleitung der Untersuchung der Befehl des Königs eingeholt werden.

A. Vorläufige Untersuchung.

§. 245. Bei der vorläufigen Untersuchung hat das Gericht die Umstände, welche den Verdacht der Entweichung begründen, näher festzustellen und die nächsten Angehörigen und den Vormund des Abwesenden über den Aufenthalt des Letzteren, unter Bekanntmachung der Folgen seines Ausbleibens, zu vernehmen oder deren Vernehmung zu veranlassen.

§. 246. Zugleich ist bei den Gerichten der Heimath des Abwesenden der Arrestschlag auf dessen Vermögen für den Fiskus in Antrag zu bringen.

Ist der Abwesende ein Ausländer, so findet der Arrestschlag nur statt, wenn er Vermögen im Inlande besitzt.

Die Ersuchen um Vermögensbeschlagnahme, die sich nur auf 3000 Mark und die zur Deckung der Kosten erforderliche Summe erstrecken soll (Ges. vom 11. März 1850) sind an die Amtsgerichte, in den Reichslanden an die Landgerichte zu richten Pr.K.M. vom 11. Juli 1881 Nr. 741/6 A. 2. — Vgl. ferner hierzu Pr.K.M. vom 22. Januar 1892 (A.V.Bl. S. 5).

§. 247. Wird der Aufenthaltsort des Abwesenden im Auslande ermittelt, und besteht mit dem auswärtigen Staat eine Kartellkonvention, so ist auf Grund derselben die Auslieferung in Antrag zu bringen.

Vgl. §. 42 d. G. und Note dazu.

B. Förmliche Untersuchung.

§. 248. Ist innerhalb vier Wochen die Rückkehr des Abwesenden nicht erfolgt, oder ist die Auslieferung desselben nicht zu bewirken gewesen, und der Verdacht der Entweichung hinreichend begründet, so ist der Desertionsprozeß zu eröffnen, und der Abwesende in den Amtsblättern öffentlich vorzuladen.

Wegen der zu benutzenden Amtsblätter vgl. §. 250 d. G.

§. 249. In dieser Vorladung muß ein auf drei Monate hinauszusetzender, vom Tage der Ausgabe der Amtsblätter zu berechnender Termin anberaumt und der Abwesende aufgefordert werden, sich spätestens in demselben einzufinden, mit der Warnung, daß die Untersuchung im Fall des Ausbleibens geschlossen, der Abwesende für einen Deserteur erklärt und auf Konfiskation seines Vermögens erkannt werden würde.

Die angedrohte Vermögens-Konfiskation ist fortgefallen und an Stelle derselben eine Geldbuße von 150 bis 3000 M. getreten. Ges. vom 11. März 1850; die vorgesehene Warnung ist dementsprechend zu erlassen.

§. 250. Die Vorladung ist in das Amtsblatt der heimathlichen Regierung des Abwesenden, so wie der Regierung, in deren Bezirk das untersuchende Militärgericht seinen Sitz hat, einmal einzurücken.

Die Vorladung eines Ausländers ist nur in das Amtsblatt der Regierung einzurücken, in deren Bezirk sich das untersuchende Militärgericht befindet.

§. 251. Von den die Vorladung enthaltenden Amtsblättern ist ein Exemplar zu den Akten zu nehmen.

§. 252. Eine Vertheidigung findet im Kontumazialverfahren nicht statt.

II. Spruch-Verfahren.

§. 253. Ist der Vorgeladene innerhalb der dreimonatlichen Frist nicht zurückgekehrt, oder sein Ausbleiben nicht genügend entschuldigt, so ist durch ein Kriegsgericht, der Verwarnung (§. 249.) gemäß, in contumaciam gegen ihn zu erkennen.

Bei Abmessung der zu verhängenden Geldstrafe ist die Vermögenslage des Abwesenden zu berücksichtigen; R.S.d.Pr.G.A. vom 20. November 1856. — In den Kontumazial-Erkenntnissen gegen abwesende Offiziere ist die Verpflichtung zum Tragen des tarifmäßigen Stempels auszusprechen; R.S.d.Pr.G.A. vom 2. März 1869. — Wegen Bekanntmachung der gegen Offiziere und Mitglieder des Sanitätskorps im Offizierrange wegen Fahnenflucht ergangenen Kontumazial-Erkenntnisse vgl. den E.d.K.M. vom 15. April 1878 und vom 27. April 1892.

§. 254. Bei der Anordnung und Besetzung des Spruchgerichts, so wie bei der Abstimmung, ist nach den

Vorschriften des ersten Abschnitts dieses Titels zu verfahren; es findet jedoch die Zuziehung eines Stellvertreters für den Abwesenden nicht statt.

§. 255. Der Inhalt des bestätigenden Erkenntnisses muß unter Angabe

1) des Namens, des Geburtsorts und der Militärcharge des Verurtheilten, so wie des Truppentheils, bei welchem derselbe gestanden hat,

2) des begangenen Verbrechens,

und

3) der erkannten Strafe

in den Amtsblättern, in welche die Vorladung eingerückt war, durch das kompetente Militärgericht von Amtswegen bekannt gemacht, auch eine Ausfertigung desselben, mit den über das Vermögen des Entwichenen vorhandenen Nachrichten, der Regierung der heimathlichen Provinz zur Einziehung des Vermögens mitgetheilt werden.

Die Vermögenseinziehung ist fortgefallen (vgl. Note zu §. 249) ebenso die Benachrichtigung an die Regierung. Für die Beschlagnahme und Einziehung der im Ungehorsamverfahren erkannten Geldstrafen ist die Vorschrift des früheren M.Strf.Vollstr.Rglts. vom 2. Juli 1873 in Geltung geblieben; Pr.K.M. vom 22. Januar 1892 (A.V.Bl. S. 5). — Die Militärgerichte haben für Einziehung der Geldstrafen von Amtswegen zu sorgen; die eingezogenen Gelder sind an die Kriegszahlungsstelle abzuführen; §. 29 M.Strf.Vollstr.V. vom 29. Februar 1888.

Kontumazial-Erkenntnisse gegen Offiziere und Mitglieder des Sanitätskorps im Offizierrang sind sämmtlichen Generalkommandos mitzutheilen. K.M. vom 29. Januar 1856 und 15. April 1878.

III. Verfahren im Fall des ermittelten Todes.

§. 256. Wird vor der Eröffnung des Desertionsprozesses der Tod des Abwesenden, der die Vermuthung der Desertion gegen sich hat, ermittelt, so ist, wenn er Vermögen hinterläßt, Behufs der Konfiskation seines Vermögens ein gerichtliches Verfahren einzuleiten und nach genauer Erörterung der Umstände, welche die Vermuthung der Desertion begründen, kriegsrechtlich zu erkennen.

Der §. 256 ist durch §. 30 R.St.G.B. aufgehoben.

IV. Verfahren im Fall der Rückkehr des Angeschuldigten.

§. 257. Kehrt der Vorgeladene vor Publikation des Erkenntnisses zurück, so wird das Kontumazialverfahren in das gewöhnliche Untersuchungsverfahren umgeleitet.

§. 258. Kehrt der Verurtheilte erst nach Publikation des Erkenntnisses zurück, so ist das gewöhnliche Untersuchungsverfahren zu eröffnen und in dem neuen Erkenntniß das frühere Kontumazialurtheil aufzuheben. Wird der Zurückgekehrte in dem neuen Erkenntniß wegen Desertion gestraft, so verbleibt es bei der Konfiskation des Vermögens, soweit dasselbe bereits eingezogen ist, und nur das noch nicht eingezogene Vermögen ist wieder freizugeben; wird der Angeschuldigte aber in dem neuen Verfahren freigesprochen, so ist die Konfiskation des Vermögens mit der Wirkung aufzuheben, daß auch das bereits eingezogene Vermögen ihm zurückzugeben ist. Eine öffentliche Bekanntmachung des Erkenntnisses, durch welches das Kontumazial-urtheil aufgehoben wird, findet nur dann statt, wenn auf völlige Freisprechung erkannt ist.

Statt Vermögens-Konfiskation ist zu setzen „erkannte Geldstrafe".

V. Verbindung des Verfahrens gegen mehrere Deserteure.

§. 259. Ist von einem Militärgericht gegen mehrere Abwesende der Desertions-Prozeß einzuleiten, so kann die Vorladung in einer und derselben Edittal-Citation erfolgen, auch von einem Kriegsgericht über die Angeschuldigten erkannt werden; es sind jedoch wegen jeden einzelnen Desertionsfalles besondere Akten anzulegen.

Fünfter Abschnitt.

Von der Restitution gegen militärgerichtliche Erkenntnisse und von der Nichtigkeitsbeschwerde gegen dieselben.

I. Restitution.

A. Restitutionsgründe.

§. 260. Ein rechtskräftig Verurtheilter oder vorläufig Freigesprochener kann nur alsdann auf Restitution und folglich auf eine neue Untersuchung und Entscheidung antragen:

1) wenn er seine Unschuld durch neue, in der bisherigen Untersuchung nicht aufgenommene Beweismittel darthun will, oder

2) wenn er auf den Grund eines, zu seinem Nachtheil verfälschten Dokuments oder bestochener Zeugen verurtheilt oder nur vorläufig freigesprochen worden ist.

§. 261. Ein so begründetes Restitutionsgesuch findet auch alsdann noch statt, wenn der Verurtheilte die Strafe schon abgebüßt hat.

B. Verfahren.

§. 262. Das Restitutionsgesuch ist bei dem Militärgericht anzubringen, bei welchem das Erkenntniß ergangen ist.

Das Gericht hat den Imploranten mit dem Gesuch umständlich zu Protokoll vernehmen zu lassen, und wenn dasselbe substanzirt erscheint, die Instruktion der angegebenen Beweismittel zu bewirken, demnächst aber die Verhandlungen dem General-Auditoriat zu übersenden.

Aus §. 262 Abs. 2 folgt, daß das zuständige Militärgericht ein Restitutionsgesuch, welches den Voraussetzungen des §. 260 nicht entspricht, zurückweisen kann.

§. 263. Der Antrag auf Restitution hemmt die Vollstreckung des Erkenntnisses nur, wenn dasselbe auf Todesstrafe oder insoweit es auf körperliche Züchtigung lautet.

Die Strafe der körperlichen Züchtigung ist abgeschafft.

§. 264. Hält das General-Auditoriat das Restitutionsgesuch für unbegründet, so weist dasselbe den Antrag durch ein Resolut zurück, welches dem Gericht, bei welchem das Restitutionsgesuch angebracht worden, mit den Akten zugeschickt und von diesem dem Imploranten publizirt wird. Gegen ein solches Resolut ist nur der Rekurs an den König zulässig.

§. 265. Erachtet dagegen das General-Auditoriat das Restitutionsgesuch für zulässig, so überreicht dasselbe das angefochtene Erkenntniß mittels gutachtlichen Berichts dem Könige zur Aufhebung.

C. Erkenntniß.

§. 266. Wird das angefochtene Erkenntniß aufgehoben, so muß jedesmal bei dem Gericht, bei welchem die Untersuchung geschwebt hat, unter Berücksichtigung der Vorschrift des §. 170. von Neuem erkannt werden, in sofern keine besondere Bestimmung des Königs dieserhalb erfolgt.

§. 267. Die Bestätigung des neuen Erkenntnisses erfolgt durch denjenigen, von welchem das frühere Erkenntniß bestätigt worden ist.

II. Nichtigkeitsbeschwerde.

§. 268. Wird von dem Angeschuldigten ein Erkenntniß nach Eintritt der Rechtskraft als nichtig angefochten, so tritt in den Fällen der §§. 57. 76. das in den §§. 262. bis 267. angegebene Verfahren ein.

Sechster Abschnitt.

Von der Umwandlung der durch Civilbehörden verhängten Geldbußen in Freiheitsstrafen.

I. Verfahren.

§. 269. Geldbußen, welche von den Civilbehörden in den zu ihrer Kompetenz gehörenden Fällen wider Militärpersonen verhängt sind, müssen durch das betreffende Militärgericht eingezogen und an die Civilbehörde abgeliefert werden.

Kann die Geldbuße nicht erlegt werden, so ist dieselbe von den Militärgerichten (§. 182.) in verhältnißmäßige Freiheitsstrafe umzuwandeln.

Von der Vollstreckung der Strafe ist der Civilbehörde Nachricht zu geben.

Der §. 269 bezieht sich auf die im §. 3 Abs. 2 d. G. bezeichneten Fälle, in denen Civilbehörden zur Straffestsetzung gegen Militärpersonen zuständig sind. — Abs. 2 ist aufgehoben, da eine Umwandlung in eine Militärstrafe nicht mehr stattfindet.

Vgl. auch §. 28 Ziff. 1 der M.Strf.Vollstr.V. vom 9. Februar 1888.

§. 270. Bei Umwandlung der Geldbußen in militärische Freiheitsstrafen ist nach den Bestimmungen des §. 67. Theil I. dieses Gesetzbuchs zu verfahren; doch darf, in sofern nicht durch besondere Gesetze ein Anderes bestimmt ist, die Dauer der militärischen Freiheitsstrafe, welche an die Stelle einer Geldbuße oder auch mehrerer gleichzeitig zur Vollstreckung kommender Geldbußen tritt, eine zweijährige Freiheitsstrafe niemals übersteigen.

Umwandlungen in militärische Freiheitsstrafen finden nicht mehr statt und ist §. 270 aufgehoben.

II. Revision der Umwandlungs-Resolute.

§. 271. Resolute wegen Umwandlung von Geldbußen in Freiheitsstrafen sind mit den durch die Truppenbefehlshaber bestätigten kriegsrechtlichen Erkenntnissen von drei zu drei Monaten an das General-Auditoriat zur Revision einzusenden.

III. Bestätigung derselben durch den König.

§. 272. Uebersteigt bei Offizieren die, statt der Geldbuße zu verhängende Freiheitsstrafe eine 14tägige Arreststrafe, so ist das Resolut durch das General-Auditoriat zur Bestätigung des Königs einzureichen.

Vgl. hierzu Note zu §. 270 d. G. — Durch Wegfall der Strafumwandlung ist auch §. 272 als wegfällig zu erachten.

Siebenter Abschnitt.

Von den Kosten.

I. Kosten.

§. 273. Von den der Militärgerichtsbarkeit unterworfenen Personen haben in den vor die Militärgerichte gehörenden Strafsachen die Kostenfreiheit:

a. alle Militärpersonen des Soldatenstandes von den Portepee-Unteroffizieren abwärts;

b. die Militär-Unterbeamten.

§. 274. Diese Kostenfreiheit (§. 273.) steht auch allen Offizieren zu, mit Ausnahme der pensionirten Offiziere, welche nicht blos von einer Pension von 150 Thalern (450 Mark) jährlich oder darunter subsistiren. Ausgeschlossen bleibt diese Kostenfreiheit hinsichtlich sämmtlicher, der Militärgerichtsbarkeit unterworfenen Offiziere nur in Injuriensachen.

Die mit Pension verabschiedeten Offiziere stehen nicht unter Militärgerichtsbarkeit, Ges. vom 3. Mai 1890. — Der betreffende Passus bezieht sich nur auf die mit Pension zur Disposition gestellten Offiziere.

§. 275. In Untersuchungssachen gegen die der Militärgerichtsbarkeit unterworfenen Personen, welche nicht zu den in den §§. 273. 274. genannten gehören, ist die Kostenpflichtigkeit nach den Bestimmungen der allgemeinen Landesgesetze zu beurtheilen.

§. 276. Wenn gegen einen Angeschuldigten, dem die Kostenfreiheit nach §§. 273. 274. zusteht, vor dessen Eintritt in den Dienststand eine Untersuchung bei den Civilgerichten geführt wird und auf die Militärgerichte übergeht (§. 10.), so ist seine Kostenpflichtigkeit bis zu diesem Zeitpunkte nach den Gesetzen zu beurtheilen, welchen er bis dahin unterworfen war.

Der vorstehende Paragraph ist nach Lage der gegenwärtig geltenden Gesetzgebung als aufgehoben zu erachten.

§. 277. In den gemeinschaftlich von Militär- und Civilgerichten geführten Untersuchungen findet für die mitangeschuldigten Militärpersonen eine solidarische Verpflichtung, die Kosten zu tragen, nicht statt.

Sofern dergleichen Militärpersonen nach den Vorschriften dieses Abschnitts in Kosten verurtheilt werden müssen, sind ihnen nur diejenigen zur Last zu legen, welche auf ihren Antheil fallen.

II. Stempel.

§. 278. Offiziere und obere Militärbeamte, auch wenn erstere zur Kostenzahlung nicht verurtheilt worden, sind nach den Vorschriften der allgemeinen Stempelordnung zur Bezahlung der Stempel verpflichtet.

Die in Bezug genommene Stempelordnung ist das Stempelgesetz vom 7. März 1822 (Pr.Ges.S. S. 57 ff.). Der festzusetzende Stempelbetrag ist entweder der Werthstempel von 30 Mark oder ein Ausfertigungsstempel in Höhe von 50—150 Pfg.

III. Gebühren.

A. der Zeugen und Sachverständigen.

§. 279. Militärpersonen können als Zeugen oder als Sachverständige in militärgerichtlichen Untersuchungen weder Gebühren noch Versäumnißkosten, sondern nur, wenn sie zum Zweck der Vernehmung ihren Aufenthaltsort verlassen müssen, die bei Kommandos ihnen zustehenden Kompetenzen oder beziehungsweise Diäten und Reisekosten fordern.

Zeugen und Sachverständige vom Civilstande erhalten auf Verlangen Gebühren, sowie Reise-, Zehrungs- und Versäumnißkosten, nach den bei den Civilgerichten geltenden Grundsätzen.

Für die Gewährung der Entschädigung an Zeugen und Sachverständige des Civilstandes ist die Gebühren-Ordnung vom 30. Juni 1878 (R.G.Bl. S. 173 ff.) maßgebend.

B. des Vertheidigers.

§. 280. Alle Offiziere und obere Militärbeamten sind zur Bezahlung der Defensionsgebühren verpflichtet, wenn sie eine Justizperson zum Vertheidiger wählen.

IV. Vorschuß baarer Auslagen.

§. 281. Baare Auslagen, welche als solche in den über die unerläßlichen Kosten in Untersuchungssachen bestehenden allgemeinen Vorschriften bezeichnet werden, sind von dem Truppentheil, zu welchem der Angeschuldigte gehört, vorzuschießen, und wenn der Verurtheilte nicht kostenpflichtig oder die Wiedereinziehung nicht zu bewirken ist, durch die Generalmilitärkasse zu erstatten.

In Rechtshülfe-Sachen zwischen Militär- und Civilgerichten findet eine Erstattung der baaren Auslagen nicht statt. Pr.K.M. vom 30. August 1845 (M.G.S. Bd. III S. 301).

Die im gegenseitigen Verkehr der Militärgerichte der selbstständigen Reichs-Militär-Kontingente erwachsenen Kosten der Rechtshülfe sind, soweit sie in baaren Auslagen bestehen, auf die betreffenden Fonds desjenigen Kontingents zu übernehmen, dem das ersuchte Gericht angehört. Pr.K.M. vom 21. Mai 1886 (A.V.Bl. S. 170).

V. Festsetzung der Kosten und baaren Auslagen.

§. 282. Die Festsetzung der Kosten und baaren Auslagen erfolgt von dem Militärgericht, bei welchem die Untersuchung geführt worden ist. Wird gegen die Festsetzung Beschwerde erhoben, so hat das General-Auditoriat darüber zu entscheiden.

VI. Ablieferung der eingezogenen Kosten und Geldstrafen.

A. der Gerichtskosten.

§. 283. Die Kosten, welche von Offizieren, denen sonst die Kostenfreiheit zusteht, in Injuriensachen zu entrichten sind, fließen zum Invalidenfonds, und sind von den Militärgerichten an die nächste Regierungshauptkasse für Rechnung der Generalmilitärkasse abzuführen.

Die bei dem General-Auditoriat entstehenden Kosten sind an die Gebührenkasse des General-Auditoriats einzusenden.

Siehe hierzu Erlaß des Pr.K.M. vom 28. März 1854 und des Pr.G.A. vom 27. Juni 1882.

B. des reservirten Portos.

§. 284. Das in kostenpflichtigen Untersuchungen reservirte Porto ist nach erfolgter Einziehung an die Postverwaltung abzuliefern.

Porto wird nicht mehr reservirt; milit. Postsendungen gehen portofrei, daher ist §. 284 aufgehoben.

C. der Geldstrafen.

§. 285. Die von den Militärbehörden durch Erkenntnisse, Resolute oder im Wege der Disziplin sowohl gegen Militär- als Civilpersonen verhängten Geldstrafen sind in der bisherigen Art zu verrechnen.

Die Vorschrift des §. 285 ist ersetzt durch §. 28 d. M.Strf.-Vollstr.V. vom 9. Februar 1888.

VII. Kosten im Kontumazialverfahren gegen Deserteure.

§. 286. Kosten und baare Auslagen in dem Kontumazialverfahren gegen Deserteure sind von den Militärgerichten bei derjenigen Regierung zu liquidiren, deren

Hauptkasse das konfiszirte Vermögen des Deserteurs zugesprochen wird.

§. 286 beruhte auf zur Zeit nicht mehr bestehenden Zahlungseinrichtungen und ist als aufgehoben zu betrachten. Die bezüglichen Kosten 2c. trägt jetzt der Truppentheil, dem der Fahnenflüchtige angehört.

VIII. Sporteltaxe.

§. 287. Sämmtliche Militärgerichte haben die Kosten, wo solche in kostenpflichtigen Untersuchungssachen eintreten, nach der Sporteltaxe zu liquidiren, welche diesem Gesetzbuch unter Litt. C. beigefügt ist.

Beilage Litt. A.

Klassifikation*)

der zum Preußischen Heere und zur Marine gehörenden Militärpersonen nach ihren verschiedenen Dienst- und Rangverhältnissen.

A. Personen des Soldatenstandes.

Zu den Personen des Soldatenstandes gehören:

in der Armee	in der Marine

I. die Offiziere

1) des aktiven Dienststandes der Armee, der Marine und der Land- und Seewehr;
2) die in §. 1 Nr. 3 der Militär-Strafgerichtsordnung bezeichneten inaktiven Offiziere.

Die Offiziere zerfallen in vier Hauptklassen:

1) Generalität.	1) Flaggoffiziere oder Admirale.
a. Feldmarschall,	a. Admiral mit Generals-Rang,
b. General der Infanterie oder Kavallerie,	b. Vice-Admiral mit Generalleutenants-Rang,
c. Generalleutenant,	c. Contre-Admiral mit Generalmajors-Rang.
d. Generalmajor.	

*) Die hier gegebene Klassifikation ist nicht die ursprünglich der M.St.G.O. vom 3. April 1845 als Anlage B beigefügte, sondern nach Maßgabe der A.B. vom 29. Dezember 1867 (B.G.Bl. S. 185) und späterer Gesetze zusammengestellt. — Vgl. auch die A.B. vom 29. Juni 1880 betreffend die Klasseneintheilung der Militärbeamten des Reichsheeres und der Marine (A.B.Bl. S. 169).

2) Stabsoffiziere.

in der Armee	in der Marine
a. Oberst,	a. Kapitän zur See mit Obersten- oder Oberstleutenants-Rang.
b. Oberstleutenant,	b. Korvetten-Kapitän mit Majors-Rang.
c. Major.	
3) Hauptleute und Rittmeister.	3) Kapitän-Leutenants mit Hauptmanns-Rang.

4) Subalternoffiziere.

a. Premier-Leutenant,	a. Leutenant zur See mit Premier-Leutenants-Rang.
b. Sekonde-Leutenant. (Feldwebelleutenants bei den Kadettenkorps, Oberjäger des reitenden Feldjägerkorps.)	b. Unterleutenants zur See mit Sekond-Leutenants-Rang.

II. die Unteroffiziere.

Dieselben sind:

1) solche, die das Portepee tragen.

a. Die Oberfeuerwerker, die Feldwebel, die Wachtmeister (einschließlich der Oberwachtmeister bei der Gendarmerie), die Vicefeldwebel und Vicewachtmeister, die Sergeanten (Verwalter) bei den Kadettenkorps, sofern sie das silberne Portepee tragen,

b. die Portepeefähnriche,

c. die Wallmeister, die Zeugfeldwebel und die Obermeister bei den technischen Instituten der Artillerie,

d. die reitenden Feldjäger,

a. Die Deckoffiziere der Marine. Dieselben rangiren vor den übrigen Unteroffizieren der Marine mit Portepee.

Zu denselben gehören:

1) Deckoffiziere I. Klasse:
   aa. der Obersteuermann,
   bb. der Oberfeuerwerker,
   cc. der Oberbootsmann,
   dd. der Obermaschinist,
   ee. der Obermeister;
2) Deckoffiziere II. Klasse:
   aa. der Steuermann,
   bb. der Feuerwerker,
   cc. der Bootsmann,

in der Armee	in der Marine
e. die Stabs-Roßärzte,	dd. der Maschinist,
f. die Stabshautboisten, die Stabshornisten und die Stabstrompeter,	ee. der Meister;
g. diejenigen Gendarmen, welche vor ihrem Eintritt in die Gendarmerie das Portepee besaßen und es daher auch behalten haben.	b. die Feldwebel der Flotten-Stammdivisionen und Werftdivision,
	c. die Seekadetten mit Portepeefähnrichs-Rang,
	d. die Marine-Stabswachtmeister,
	e. die Zeugfeldwebel.

2) solche, welche das Portepee nicht tragen.

Zu denselben gehören:

in der Armee	in der Marine
a. die Feuerwerker,	a. mit Sergeantenrang:
b. die Sergeanten, auch die Sergeanten (Verwalter) bei den Kadettenkorps, sofern sie nicht das silberne Portepee tragen,	aa. Steuermannsmaate, bb. Feuerwerksmaate, cc. Bootsmannsmaate, dd. Maschinistenmaate, ee. Meistersmaate, ff. Ober-Lazarethgehülfen, gg. Stabssergeanten, hh. Zeugsergeanten, } I. Klasse,
c. die Unteroffiziere (Oberjäger bei den Jägern),	b. mit Unteroffiziersrang:
d. die Gendarmen,	aa. dieselben Chargen II. Klasse unter aa—ee.,
e. die Oberpioniere, soweit solche noch vorhanden sind,	bb. die Lazarethgehülfen.
f. die Regiments- und Bataillons-Tamboure, die Pauker, die etatsmäßigen Trompeter, Hautboisten der Infanterie und Hornisten bei den Jägern, sowie diejenigen außeretatsmäßigen Hauptboisten, Hornisten und Trompeter, welchen die Unteroffiziercharge besonders verliehen ist,	
g. die Zeugsergeanten,	

in der Armee

h. die Unter-Roßärzte und Fahnenschmiede,
i. die Militär-Oberbäcker,
k. die Ober-Lazarethgehülfen u. die Lazarethgehülfen, und
l. die Militär-Eleven der Militär-Roßarztschule, welche Unteroffiziere in der Armee waren.

in der Marine

III. die Gemeinen.

Zu denselben gehören:

in der Armee

1) die Obergefreiten bei der Artillerie,
2) die Gefreiten,
3) die Schießer bei den Milit. Bäckerabtheilungen,
4) die Unter-Lazareth-Gehülfen,

Dieselben (ad 1, 2, 3, 4) sind indeß in allen gemeinschaftlichen Dienstverhältnissen Vorgesetzte der Gemeinen.

5) die gemeinen Soldaten,
6) die Zöglinge der Unteroffizierschulen,
7) die Spielleute, soweit sie nach A. II. 1 f und 2 f nicht zu den Unteroffizieren gehören,
8) die Militär-Eleven der Militär-Roßarztschule mit Ausschluß der unter A. II. 2. l genannten,
9) die Militär-Bäcker,

in der Marine

1) mit Gefreitenrang
a. die Matrosen,
b. die Maschinisten-Applikanten,
c. die Heizer,
d. die Handwerker,

I. Klasse.

(Auch hier findet zwischen Gefreiten und Gemeinen dasselbe Dienstverhältniß statt wie im Heere.)

2) mit Gemeinenrang
a. die Matrosen II. III. IV. Klasse,
b. die Schiffsjungen im dritten Dienstjahre,
c. die Maschinisten-Applikanten II. Klasse,
d. die Heizer II. III. IV. Klasse,
e. die Handwerker II. III. IV. Klasse und die Lehrlinge,
f. die Kadetten.

in der Armee	in der Marine
10) die Militär-Krankenwärter und Krankenträger,	
11) die Militärhandwerker, welche gleich den Soldaten Sold beziehen.	

IV. die Mitglieder des Sanitätskorps.

1) Mit Offizicrcharge.

1) der Generalstabsarzt der Armee im Range eines Generalmajors,	1) Generalarzt der Marine im Range eines Kapitäns zur See oder Korvetten-Kapitäns,
2) die Korps-General-Aerzte im Range von Obersten und Oberstleutenants,	2) die Ober-Stabs- und Marineärzte I. Klasse im Range eines Korvetten-Kapitäns oder Kapitän-Leutenants,
3) die Ober-Stabsärzte im Range eines Majors oder Hauptmanns,	3) die Stabs- und Marineärzte II. Klasse im Range des Kapitän-Leutenants,
4) die Stabsärzte im Range der Hauptleute,	4) Marine- (Assistenz-) Aerzte im Range des Leutenants und Unterleutenants zur See.
5) die Assistenzärzte im Range eines Premier- oder Sekonde-Leutenants.	

2) Mit Unteroffizierrang.

Die Unterärzte und die einjährig freiwilligen Aerzte im Range der Unteroffiziere mit Portepee.

V. die Mitglieder des Maschinen-Ingenieurkorps.

B. Militärbeamte.

Von den für das Bedürfniß der Armee und der Marine oder zu militärischen und maritimen Zwecken angestellten, nicht zum Soldatenstande gehörigen Personen sind nur die in dem nachstehenden Verzeichniß aufgeführten als Militärpersonen zu betrachten.

Dieselben zerfallen nach ihren Dienst- und Rangverhältnissen in zwei Klassen, nämlich in:

1) obere, im Offizierrang stehende,
2) untere Militär- und Marinebeamte,

theils ohne einen bestimmten Militärrang, theils mit einem solchen.

I. Zu den oberen Militär- und Marinebeamten gehören, und zwar:

1) ohne einen bestimmten Militärrang.

in der Armee

a. der General-Auditeur der Armee und die Räthe des General-Auditoriats,
b. die Auditeure und Militärgerichts-Aktuarien,
c. bei den Militär-Intendanturen:
  aa. die Intendanten, Intendanturräthe u. Assessoren,
  bb. die Referendarien,
  cc. die Sekretäre, Registratoren, Sekretariats- und Registratur-Assistenten,
d. der evangelische und der katholische Feldprobst der Armee und die Militär-Prediger sowie die katholischen Militär-Geistlichen,
e. der Ober-Stabsapotheker und der Ober-Feldlazareth-Inspektor,
f. der Plankammer-Inspektor,
g. der Inspektor des Festungs-Modellhauses (in Berlin),

in der Marine

a. die Marine-Auditeure und Marinegerichts-Aktuarien,
b. bei der Marine-Intendantur,
  aa. der Marine-Intendant u. die Marine-Intendantur-Räthe und Assessoren,
  bb. die Marine-Intendantur-Referendarien,
  cc. die Marine-Sekretäre, die Registratoren, die Sekretariats- und Registratur-Assistenten, die Rendanten, Kontroleure und die Werft-Sekretäre,
c. die Marine-Geistlichen beider Konfessionen,
d. die Marine-Ingenieure, und zwar
  aa. die Direktoren,
  bb. die Oberingenieure,
  cc. die Ingenieure,
  dd. die Unter-Ingenieure des Schiffs-, Maschinen- und Hafenbaues.

in der Armee	in der Marine
h. die Fortifikations-Sekretäre und Bureau-Assistenten,	
i. die bei einzelnen Truppentheilen angestellten Stallmeister,	
k. die Zahlmeister,	
l. der Registrator in der Kanzlei des Chefs des Generalstabes der Armee,	
m. die Ingenieur-Geographen,	
n. die Korps- und Ober-Roßärzte (K.O. v. 24. Juni 1872),	
o. außerdem im Kriege und während des mobilen Zustandes der Truppen;	
1) die oberen Beamten der Feld-Kriegskasse bis einschließlich der Kassen-Assistenten,	
2) der Oberdrucker der Metallographie,	
3) die oberen Feld-Magazin-Beamten bis einschließlich der Magazin-Assistenten,	
4) die oberen Feld-Postbeamten bis einschließlich der Feld-Postsekretäre,	
5) die oberen Feld- und Etappen-Telepraphenbeamten,	
6) die oberen Beamten des Feld-Eisenbahnwesens,	
7) die oberen Feldlazareth-Beamten bis einschließlich der Sekretäre,	
8) die Feldapotheker.	

2) mit einem bestimmten Militärrang

in der Armee	in der Marine
	1) die Ober-Zahlmeister mit dem Range der Kapitän-Leutenants, 2) die Zahlmeister mit dem Range eines Leutenants z. S., 3) die Unter-Zahlmeister im Range der Unterleutenants z. See.

II. Untere

Militärbeamte	Marinebeamte
1) ohne einen bestimmten Militärrang	
a. die Militär-Küster, b. die unter dem Ingenieur vom Platz in den Festungen stehenden Unterbeamten, c. die Zeughaus-Büchsenmacher, sowie die bei den Truppentheilen — mit der Verpflichtung, ihnen sowohl ins Feld als beim Garnisonwechsel zu folgen — vertragsmäßig angenommenen Handwerker, welche nicht gleich den Soldaten Sold beziehen, d. alle bei den mobilen Truppen, bei der Feld-Administration oder in anderer Art angestellten Personen für die Dauer dieser Anstellung, soweit sie nicht sub B. I. 1 Littr. o. aufgeführt sind.	a. die Marine-Küster, b. die Marine-Zeichner, c. die Werkmeister, d. die Magazin-Aufseher, e. die Büchsenmacher, f. die Schleusenmeister u. deren Gehülfen, g. der Dockmeister, h. die Werftbureau-Assistenten. i. die etatsmäßigen Bauschreiber, k. die Schleusenwärter, l. die Dockwärter, m. die Werft-Portiers, n. die Bureau- u. Kassendiener, o. die Magazin-Hülfsaufseher.

2) mit einem bestimmten Militärrang.

in der Armee	in der Marine
	Die Marine-Verwalter im Range der Deckoffiziere.

Anmerk. Diejenigen Beamten der Militär- und Marine-Verwaltung, welche nicht in der vorstehenden Klassifikation unter Litt. B. aufgeführt sind, gehören nicht zu den Militär-Personen.

Beilage Litt. B.

Vorschriften

über

die Feststellung des Thatbestandes verübter Verbrechen.

---

§. 1. Ein wesentliches Erforderniß jeder Untersuchung ist die Aufnahme des Thatbestandes, d. h. die Feststellung derjenigen Umstände, welche es gewiß oder doch höchst wahrscheinlich machen, daß ein Verbrechen begangen worden ist.

Verhalten des Gerichts:

a. Im Allgemeinen.

§. 2. Die Ausmittelung des Thatbestandes erfordert vorzügliche Sorgfalt. Der Inquirent muß in der Regel da, wo es möglich ist, durch eigene sinnliche Wahrnehmung sich von den die That bezeichnenden Umständen überzeugen; wenn dies aber nicht geschehen kann, die über den Thatbestand vorhandenen Beweismittel aufnehmen. In soweit der Erfolg der That und der dadurch angerichtete Schaden das Strafmaaß bestimmt, sind dabei in der Regel Sachverständige zuzuziehen.

§. 3. Der Thatbestand muß festgestellt werden, wenn auch der Verbrecher ein vollständiges Bekenntniß abgelegt hat.

b. Wenn das Verbrechen keine Spuren zurückgelassen hat.

§. 4. Bei Verbrechen, die ihrer Natur nach keine in die Sinne fallenden Spuren zurücklassen (wie dies z. B. in der Regel bei der Insubordination durch Worte, Zeichen oder Gebärden der Fall ist), oder deren Spuren durch die Länge der Zeit verloren gegangen sind, muß der Inquirent bemüht sein, die Existenz des Verbrechens durch Aufnahme der darüber vorhandenen Beweismittel ins Licht zu stellen.

§. 5. Hat eine That, welche gewöhnlich Spuren zu hinterlassen pflegt, keine zurückgelassen, so ist der Grund dieser Ausnahme zu ermitteln und alles dasjenige durch aufzunehmende Beweismittel zu ersetzen, was der sinnlichen Darstellung abgeht.

c. Wenn das Verbrechen Spuren zurückgelassen hat.

§. 6. Sind dagegen Spuren des Verbrechens wirklich vorhanden, so muß dafür gesorgt werden, daß deren Dasein und Beschaffenheit sich aus den Akten zuverlässig ergebe.

d. Bei körperlichen Verletzungen.

§. 7. Bei körperlichen Verletzungen ist das Attest eines Militär-Oberarztes (oder anderen approbirten Arztes) und eines als Wundarzt approbirten Militärchirurgus (oder anderen approbirten Wundarztes) oder zweier approbirten Wundärzte, zu den Akten zu bringen. Dieses Attest wird von beiden Sachverständigen gemeinschaftlich unter ihrer Unterschrift, wenn sie aber verschiedener Meinung sind, von einem Jeden besonders ausgestellt.

Ist die körperliche Verletzung nicht erheblich, so genügt das Attest eines als Wundarzt approbirten Militärchirurgus oder andern approbirten Wundarztes, in sofern dasselbe nicht etwa verdächtig oder übertrieben erscheint.

Statt Militär-Chirurgus ist „Unterarzt oder Assistenzarzt“ zu lesen. — Die Ausstellung eines ärztlichen Attestes ist nur bei schweren oder gefährlichen Körperverletzungen erforderlich; bei leichteren wird in der Regel die Angabe des Verletzten und der richterliche Augenschein genügen.

§. 8. Dem auszustellenden Attest über die vorgefundenen Verletzungen müssen die Sachverständigen jedesmal ihr Gutachten darüber beifügen, ob der Beschädigte an seiner Gesundheit oder an seinen Gliedmaßen einen bleibenden Nachtheil zu befürchten habe, oder ob die Verletzung lebensgefährlich gewesen sei.

Bei schweren Körperverletzungen (§. 224 R.St.G.B.) ist in dem Gutachten auszusprechen, ob eine der im §. 224 l. c. vorgesehenen Folgen eingetreten ist, oder der Eintritt einer derselben zu befürchten steht.

§. 9. So lange der Verwundete lebt, und das Wundattest nicht etwa so verdächtig ist, daß eine zweite ärztliche Untersuchung stattfinden muß, ist eine gerichtliche Besichtigung und Untersuchung der erhaltenen Verletzungen nicht erforderlich; doch muß der Verwundete gerichtlich über die an ihm verübte That, soweit es geschehen kann, sorgfältig vernommen werden.

§. 10. Ist bei Frauenzimmern die Besichtigung der Geburtstheile nothwendig, so muß statt des Wundarztes ein vereidigter Geburtshelfer oder eine vereidigte Hebeamme zugezogen werden. Sind jedoch die Geburtstheile so verletzt, daß eine Heilung derselben nothwendig wird, so ist ein approbirter Wundarzt zuzuziehen.

e. Bei erfolgter Tödtung.

§. 11. Hat eine Beschädigung den Tod des Verletzten zur Folge, so geschieht die Besichtigung des Leichnams im Beisein des besetzten Untersuchungsgerichts durch einen Militär-Oberarzt oder Physikus und durch einen als Wundarzt approbirten Militärchirurgus oder durch einen andern vereidigten Wundarzt.

Wenn der zugezogene Arzt und Wundarzt kein Militär-Oberarzt, Physikus, oder zu gerichtlich-chirurgischen Handlungen vereidigter Wundarzt ist, so muß zu den Akten vermerkt werden, daß derselbe approbirter Arzt oder Wundarzt sei.

Zu „Militär-Chirurgus" vgl. Note zu §. 7.

§. 12. Wenn eine Militärperson nicht unter den Augen ihrer Hausgenossen oder anderer unbescholtener Personen auf natürliche Weise stirbt, sondern durch Gewalt, Zufall, Selbstmord oder auf unbekannte Art ums Leben kommt, so muß dies von denjenigen, die einen solchen Vorfall entdecken, dem nächsten vorgesetzten Befehlshaber angezeigt; und die Beerdigung bis nach erfolgter gerichtlicher Besichtigung des Leichnams ausgesetzt werden.

§. 13. Sobald der vorgesetzte Befehlshaber eine solche Anzeige erhält, so ist er verpflichtet, ohne den geringsten Zeitverlust die zur Rettung des vielleicht Scheintodten erforderlichen Maaßregeln zu treffen, dem am Orte anwesenden Auditeur, oder, wenn ein solcher nicht am Orte befindlich ist, dem nächsten Civilrichter sogleich von dem Vorfalle Nachricht zu geben, ihm dabei die obwaltenden Umstände kürzlich anzuzeigen und zu veranstalten, daß, wenn die Rettungsmittel nichts fruchten, der Körper bis zur Ankunft des Richters durch zuverlässige Personen von der Stelle, an welcher er gefunden ist, erhoben und dergestalt aufbewahrt werde, daß er nicht durch Ungeziefer, andere Thiere oder durch Fäulniß schneller als gewöhnlich zerstört werden könne.

§. 14. Nimmt der requirirte Richter aus den ihm mitgetheilten Umständen wahr, daß es nach den Vorschriften des §. 21. einer förmlichen Obduktion bedürfe, so muß er bewirken, daß die schleunigst zu veranlassende Besichtigung an Ort und Stelle durch die erforderlichen Sachverständigen (§. 11.) im Beisein des besetzten Untersuchungsgerichts erfolge.

§. 15. Erhellt dagegen aus den mitgetheilten Umständen die Nothwendigkeit der Zuziehung der Sachverständigen nicht, so muß der Richter zur Vermeidung überflüssiger Kosten allein sich sofort an Ort und Stelle verfügen.

Ist nach den mitgetheilten Umständen zweifellos Selbstmord oder Unglücksfall anzunehmen, so bedarf es zur gerichtlichen Leichenschau und zu den weiteren Ermittelungen der Zuziehung eines Beisitzers nicht. R.S.d.Pr.G.A. vom 6. März 1888.

§. 16. Sobald der Richter an Ort und Stelle kommt, muß er die Umstände, unter welchen der todte Körper gefunden oder dessen Tod erfolgt ist, sorgfältig untersuchen und zu Protokoll verzeichnen. Findet er, daß noch einige Hoffnung übrig bleibt, den vielleicht Scheintodten ins Leben zurückzubringen, und ist zur Rettung desselben bis dahin kein Arzt oder Chirurgus herbeigeholt, so muß er dies ohne Zeitverlust veranstalten.

Verfahren, wenn der Tod ohne Schuld eines Dritten erfolgt ist.

§. 17. Ergiebt sich bei dieser Untersuchung, daß der Tod durch Selbstmord, Zufall oder irgend eine Begebenheit bewirkt ist, bei welcher die Schuld eines Dritten nicht zum Grunde liegt, so bedarf es blos einer äußeren Besichtigung des Leichnams von Seiten des Richters, ohne Zuziehung der Sachverständigen.

Nach erfolgter Besichtigung ertheilt der Richter die Erlaubniß zur Beerdigung des Leichnams.

Vgl. Note zu §. 15 Beilage Litt. B.

§. 18. Ist das nächste Militärgericht, bei welchem ein Auditeur sich befindet und das nächste Civilgericht von dem Orte, wo der Leichnam gefunden worden, gleich weit entfernt, so ist der betreffende Auditeur zur Besichtigung des Leichnams verpflichtet.

§. 19. Ist in dem Fall des §. 17 die Besichtigung des Leichnams von Seiten eines Civilrichters erfolgt, so sind die darüber aufgenommenen Verhandlungen an den requirirenden Befehlshaber abzugeben, welcher sodann dieselben im Dienstweg an den mit der höheren Gerichtsbarkeit versehenen Militärbefehlshaber befördert, unter welchem der Verstorbene gestanden hat.

Wenn ein Auditeur die Besichtigung vorgenommen hat, so übergiebt er selbst die darüber sprechenden Verhandlungen dem betreffenden Gerichtsherrn.

§. 20. Insofern über die Veranlassung des Selbstmordes einer Militärperson Zweifel, oder solche Umstände obwalten, daß eine nähere Ermittelung nöthig erscheint, muß diese der kompetente Gerichtsherr verfügen. Sämmtliche die Selbstentleibung betreffende Verhandlungen sind sodann dem kompetenten Generalkommando und von diesem, wenn dasselbe die Verfügungen, zu welchem es sich durch selbige in Bezug auf die Handhabung der Disziplin etwa veranlaßt finden sollte, getroffen hat, dem General-Auditoriat zur Reposition einzusenden.

Bei Selbstmorden und wenn ein Unfall den Tod herbeigeführt hat, bedarf es zur Feststellung des Thatbestandes der Vereidigung der Zeugen nicht; R.S.d.Pr.G.A. vom 6. März 1888; vgl. auch Note zu §. 15 Beilage Litt. B. — In den Akten, betreffend die Todesermittelung einer Militärperson, ist zu vermerken, daß die Todesanzeige an das Standesamt erfolgt ist.

Verfahren, wenn der Tod durch die Schuld eines Dritten erfolgt ist.

§. 21. Entsteht bei der äußeren Besichtigung des Leichnams der geringste Verdacht, daß der Tod durch Vergiftung oder durch Schuld eines Dritten bewirkt worden, so muß die Obduktion nach den darüber bestehenden gesetzlichen Vorschriften durch Sachverständige im Beisein des besetzten Untersuchungsgerichts geschehen. Hierbei kann der Militär-Oberarzt oder Physikus durch einen besonders zu vereidigenden Arzt, und der Wundarzt durch einen zweiten Arzt ersetzt werden.

Die Militärgerichte sind nur dann zuständig, die Obduktion vorzunehmen, wenn Verdacht vorliegt, daß der Tod durch Verschulden einer Militärperson herbeigeführt ist; §. 41 des M.St.G.O. — Vgl. §§. 87—91 C.St.P.O. als geltendes Landesgesetz.

§. 22. Ist der Inquirent, welcher die Obduktion dirigirt, mit dem Militär-Oberarzt oder dessen Stellvertreter darüber verschiedener Meinung, ob es der Obduktion bedürfe, so muß dieselbe geschehen, sobald auch nur einer von ihnen dafür stimmt.

Anerkenntniß des Leichnams.

§. 23. Die Leiche muß vor der Obduktion denen, die den Verstorbenen gekannt haben, und wo möglich dem vermuthlichen oder geständigen Thäter zum Anerkenntniß vorgelegt werden. Sollte dies nicht möglich sein, so muß sich der Inquirent auf alle Art vergewissern, daß in Betreff der Leiche weder ein Irrthum noch eine Verwechselung vorgefallen sei.

§. 24. Ist die Leiche eines in Folge einer tödlichen Verletzung Gestorbenen über die Seite geschafft und dadurch der weiteren Nachforschung und Besichtigung entzogen worden; so sind statt der sonst erforderlichen Obduktion besonders diejenigen Thatsachen, durch welche die Wegschaffung der Leiche bewirkt worden, zu ermitteln.

War die Leiche bereits begraben, so ist die Ausgrabung in Gegenwart des Untersuchungsgerichts zu veranlassen und der Ortspolizeibehörde hiervon Kenntniß zu geben.

f. bei Diebstählen.

§. 25. Bei Diebstählen durch Einsteigen oder Erbrechen, welche Spuren hinterlassen haben, muß der Inquirent, wenn die gebrauchte Gewalt nicht auf andere Art erwiesen werden kann, an Ort und Stelle den Augenschein von den hinterlassenen Spuren einnehmen und den Befund zu Protokoll verzeichnen.

Feststellung des Werths der gestohlenen Sachen.

§. 26. Der Werth des Entwendeten ist, wenn die entwendeten Sachen herbeigeschafft werden können und der Werth derselben auf die Bestimmung der Strafe von Einfluß ist, in der Regel durch Sachverständige auszumitteln.

Die Schätzung solcher Sachen aber, welche zum gewöhnlichen Gebrauch dienen, kann von dem Inquirenten selbst, oder, wenn dieser sich dessen enthalten will, in Ermangelung eines dazu bestimmten Sachverständigen, von jedem Hausvater geschehen, und zwar, wenn dieser glaubwürdig ist, ohne dessen Vereidigung.

In der Regel wird die Werthangabe des Geschädigten und das richterliche Ermessen zur Werthschätzung ausreichen. Der Werth des Entwendeten ist nur Strafzumessungsgrund.

§. 27. Können die entwendeten Sachen nicht herbeigeschafft werden, oder sind Geldsummen entwendet worden, so ist der Bestohlene verbunden, den gemeinen Werth der gestohlenen Sachen zur Zeit der Entwendung anzugeben.

Der eidlichen Bestärkung dieser Angabe des Bestohlenen bedarf es nicht, wenn gegen dessen Glaubwürdigkeit kein Zweifel obwaltet, der Verbrecher des Diebstahls geständig ist und gegen die Werthangabe keine Einwendungen hat.

Fehlt es an einer von diesen Voraussetzungen, so ist der Bestohlene verbunden, die Werthangabe eidlich (oder, wenn er einer Relegionspartei angehört, welche die Eidesleistungen für unzulässig hält, nach seinen Religions-Grundsätzen an Eides Statt) zu erhärten.

Eidliche Bestärkung des Diebstahls.

§. 28. Daß der Bestohlene die Entwendung selbst eidlich erhärte, ist in der Regel nicht erforderlich.

Diese Vorschrift fällt fort, da der Bestohlene jetzt als Zeuge vernommen und vereidet wird.

§. 29. Hat jedoch der Inquirent 'gegründete Vermuthungen, daß die Entwendung nur vorgespiegelt werde, so muß er den angeblich Bestohlenen zur näheren Bescheinigung der vorgegebenen Entwendung, und wenn dessen Angaben durch die aufgenommenen Bescheinigungsmittel einigermaßen unterstützt werden, oder jene Vermuthungen minder erheblich sind, zur eidlichen Bestärkung seiner Anzeige anhalten.

Weigert sich der angeblich Bestohlene, die Entwendung eidlich (oder an Eides Statt) zu erhärten, so fällt der Grund zur Fortsetzung der Untersuchung weg.

Abs. 2 muß als aufgehoben gelten, da nach geltendem Recht jede strafbare Handlung im öffentlichen Interesse verfolgt wird.

§. 30. Der von dem Bestohlenen über die Größe des Diebstahls zu leistende Eid ist dahin zu fassen:

daß er die gestohlene Sache, ihrem wahren Werthe nach, mindestens auf so hoch schätze.

Diese Vorschrift ist veraltet. Ist eine Werthermittelung erforderlich, so erfolgt dieselbe in der Zeugen-Aussage.

g. beim Raube.

§. 31. Beim Raube muß der Inquirent an Ort und Stelle sich durch den Augenschein von den hinterlassenen Merkmalen unterrichten, und den Befund zum Protokoll niederschreiben.

Einer Ausmittelung des Werths der geraubten Sachen bedarf es nicht. Die erlittene Gewalt aber muß der Beraubte in Ermangelung anderer Bescheinigungsmittel eidlich erhärten.

Zu Raub vgl. §§. 249—252 R.St.G.B.

§. 32. Ist beim Raube Jemand körperlich beschädigt worden, so kommen die, in Absicht des Thatbestandes bei körperlichen Verletzungen gegebenen Vorschriften (§§. 7 ff.) zur Anwendung.

§. 33. Beim Straßenraube muß der Inquirent zugleich durch Besichtigung des Orts der begangenen That oder durch Vernehmung der darüber etwa vorhandenen Zeugen sich zu vergewissern suchen, daß der Raub wirklich an einem solchen Orte verübt worden ist, welcher nach den Strafgesetzen zum Begriff des Straßenraubes gehört.

Ueber den Begriff „Straßenraub“ siehe §. 250 Ziff. 3 R.St.G.B.

h. bei Brandstiftungen.

§. 34. Ist in einem zu militärischen Zwecken benutzten Gebäude Feuer entstanden, so steht der erste Angriff und die Einziehung der ersten Nachrichten der betreffenden Militärbehörde zu, welche, wenn sich dabei Anzeichen einer vorsätzlichen oder fahrlässigen Brandstiftung ergeben, die aufgenommenen Verhandlungen sofort an das kompetente Gericht abzugeben hat. Das Gericht ist aber schuldig und befugt, auf Abgabe der Verhandlungen zu dringen, wenn es Veranlassung hat, eine vorsätzliche oder fahrlässige Brandstiftung zu vermuthen, und die Abgabe der Akten verzögert wird.

Findet sich nach Lage dieser Akten in Bezug auf die Feststellung des Thatbestandes noch etwas zu erinnern, so hat der Inquirent solches sofort nachzuholen, die Brandstelle erforderlichen Falls in Augenschein zu nehmen, dabei die Entfernung der Brandstelle von andern Gebäuden, die Beschaffenheit derselben und die Gefahr zu erörtern, in welche die Einwohner oder andere nebenstehende Gebäude oder Gegenstände durch die Brandstiftung gerathen sind, und besonders auf diejenigen Umstände sein Augenmerk zu richten, durch welche die Entstehungsart des Feuers erklärt werden kann.

§. 35. Der Betrag des Schadens, welcher durch die Brandstiftung an unbeweglichen und beweglichen Gegenständen entstanden ist, muß nach vorgängiger Ausmittelung des Zustandes, in welchem sich die Sache vor dem Brande befunden hat, durch Sachverständige oder Zeugen ins Licht gesetzt werden.

Wenn der Werth der Gebäude aus schon vorhandenen Taxen erhellt, so sind diese so lange zum Grunde zu legen, bis entweder der Eigenthümer Verbesserungen oder der Brandstifter die Entwerthung nach erfolgter Aufnahme der Taxe nachgewiesen hat.

i. bei Tumulten, zu deren Stillung kommandirtes Militär eingeschritten ist.

§. 36. Bei Tumulten, zu deren Stillung kommandirtes Militär eingeschritten ist, wird der Thatbestand durch die amtliche Darstellung des kommandirenden Befehlshabers festgestellt.

Derselbe hat darin über folgende Gegenstände Auskunft zu ertheilen:

über die Veranlassung seines Einschreitens, über den an die zusammengelaufene Volksmenge erlassenen Befehl, ob er ihn zu wiederholen genöthigt gewesen, und die Wirkung desselben, ob eine thätliche Widersetzung Statt gefunden, worin sie bestanden, ob von Seiten der Tumultuanten ein Angriff mit

Waffen oder anderen Werkzeugen erfolgt ist, ob mit Steinen oder anderen Gegenständen geworfen worden, ob und welchen Gebrauch er von den Waffen, insbesondere von der Schußwaffe, gemacht, und wie er den Auflauf gedämpft hat, endlich ob und was für Beschädigungen an Personen oder Sachen erfolgt sind.

Sind mehrere Befehlshaber in Thätigkeit gewesen, so geht die Darstellung von dem obersten von ihnen aus, die Berichte der übrigen werden beigelegt, in soweit dieselben der Zeit oder dem Orte nach selbstständig gehandelt haben. Die nähere Bezeichnung der Beschädigungen an Personen und Sachen, soweit es nöthig ist, erfolgt von der Polizeibehörde, wird dem kommandirenden Befehlshaber zugestellt und bildet einen Theil seiner Darstellung.

k. bei Münzverbrechen.

§. 37. Bei Münzverbrechen ist, wenn es auf ein sachverständiges Gutachten darüber, ob die in Beschlag genommene Münze falsch sei, ankommt, dieses Gutachten jedesmal von der General-Münzdirektion unter Zusendung der in Beschlag genommenen Münze einzuholen.

Die Requisition wegen Einholung eines solchen Gutachtens ist offen an die nächste Regierung zur weiteren Beförderung zu übersenden. Auch sind die falschen Münzen nach rechtskräftig abgeurtheilter Sache an die Behörde abzugeben.

An Stelle der nicht mehr geltenden Vorschrift des §. 37 ist §. 92 E.St.P.O. getreten.

l. bei Kassenverbrechen.

§. 38. Bei Kassenverbrechen dient der von der vorgesetzten Kassenbehörde gezogene Defekt zur Feststellung des Thatbestandes.

m. bei Fälschung öffentlicher Papiere.

§. 39. Bei Verfälschung öffentlicher Papiere ist diejenige Behörde, welche dergleichen in Umlauf gesetzt hat, zur Abgabe eines schriftlichen Gutachtens über die Falschheit oder Aechtheit der in Beschlag genommenen Papiere aufzufordern.

§. 40. Bei Verfälschung Preußischer Staatspapiere kann die Hauptverwaltung der Staatsschulden der Feststellung des Thatbestandes sich unterziehen. Die Gerichte müssen deshalb die Hauptverwaltung der Staatsschulden von jeder zu ihrer Kenntniß kommenden Verfälschung dieser Art, oder von den Thatsachen, welche den Verdacht einer solchen begründen, sowie von allen derartigen Anklagen und Anzeigen unter Beifügung der in Beschlag genommenen, anscheinend falschen Staatspapiere ungesäumt in Kenntniß setzen. Dadurch wird jedoch die Verpflichtung der Gerichte, namentlich außerhalb Berlin, zum gesetzlich vorgeschriebenen Verfahren nicht ausgeschlossen.

§. 40 ist durch veränderte Organisation der bez. Behörde und die neuere Gesetzgebung aufgehoben. Maßgebend ist §. 92 C.St.P.O.

n. beim Bankerut.

§. 41. In Konkursen über das Vermögen von Militärpersonen muß das den Konkurs dirigirende Civilgericht die aus den Konkurs-Akten sich ergebenden Thatsachen, aus welchen auf einen strafbaren Bankerut geschlossen werden kann, dem kompetenten Militärgericht mittheilen.

Zur Eröffnung einer Untersuchung wegen Bankeruts aber ist es hinreichend, wenn eine Insuffizienz des Vermögens dargethan worden und die Entstehung der Schuldenlast sich nur durch ein betrügliches, muthwilliges oder unbesonnenes Benehmen erklären läßt. Ueber den Betrag der Insuffizienz bedarf es keiner weitläufigen Erörterung, sondern es ist genug, wenn der Inquirent die aus den Konkursakten darüber gesammelten Nachrichten zusammenstellt und dem Angeschuldigten zur Erklärung vorlegt.

Abs. 2 ist aufgehoben; an Stelle desselben sind die §§. 209 bis 214 der Konkursordnung vom 10. Februar 1877 (R.G.Bl. S. 390 ff.) getreten.

Beilage Litt. C.

Strafprozeßkosten-Taxe.*)

Nr.		Mk.	Pf.
1	Für einen Termin, in welchem eine wesentliche Verhandlung Statt gefunden . . .	3—6	—
2	Für einen Termin, in welchem keine wesentliche Verhandlung stattgefunden	1	50
3	Für eine schriftliche Verfügung, welche im Lauf der Untersuchung nöthig und expedirt wird . . . . Die Expedition der Verfügungen ist jedoch möglichst zu vermeiden.	—	50—200

*) Die im Gesetz in Thalern und Silbergroschen ausgeworfenen Beträge sind nach Mark und Pfennigen deutscher Reichswährung abgeändert.

Nr.		Mk.	Pf.
	Für nicht expedirte Verfügungen werden blos Schreibgebühren (Nr. 10) genommen.		
	Für Anzeigen und für Berichte, welche zur Kontrolle des Geschäftsgangs dienen, oder von den vorgesetzten Behörden erfordert werden, imgleichen für Berechnungen von Kosten und Verfügungen zu deren Einziehung, darf nichts angesetzt werden.		
4	Für die Anfertigung der Fragstücke zum Schlußverhör, einschließlich der Schreibgebühren	3—15	—
5	Für die Abfassung des Erkenntnisses, einschließlich der Terminsgebühren	6—60	—
6	Für jede Ausfertigung des Erkenntnisses .	3	—
7	Für Anfertigung des Aktenauszuges . . .	3—6	—
8	Für ein rechtliches Gutachten, Behufs der Bestätigung des Erkenntnisses	3—15	—
9	Für jeden Bogen Reinschrift	—	30
10	Für jeden Bogen Abschrift	—	20
11	Für Emballage der Akten	—	50—100
12	Für das Heften der Akten für jeden Band	—	50
13	Für Inrotulation der Akten:		
	a) für jedes General-Volumen	1	—
	b) für jedes Spezial-Volumen	—	50
14	Für Insinuationen, wobei es eines Empfangsbekenntnisses bedarf	—	30
15	Für die Vertheidigung.		
	Der Vertheidiger erhält:		
	a) für die Information aus den Akten und den Unterredungstermin	3—9	—
	b) für jeden anderen Termin	3—4	—
	c) für einen schriftlichen Antrag	—	50—300
	d) für die Vertheidigung, (nach Verhältniß der Wichtigkeit und Weitläufigkeit der Sache, sowie nach Maaßgabe der Gründlichkeit der Vertheidigung)	6—30	—
	e) Schreibgebühren für den Bogen . . .	—	20
	f) Diäten auf Reisen über eine Viertelmeile täglich	6	—
16	Für Diäten und Reisekosten der Militär-Justizbeamten.		
	Auf Reisen erhalten die Militär-Justizbeamten die reglementsmäßig ihnen zustehenden Diäten und Reisekosten.		

III.

Disziplinar-Strafordnung

für das Heer.

Disziplinar-Strafordnung
für das Heer.

Allerhöchste Verordnung über die Disziplinar-Strafordnung für das Heer vom 31. Oktober 1872.

Die beifolgende, von der hierzu von Mir berufenen Immediat-Kommission entworfene Disziplinar-Strafordnung für das Heer habe Ich heute vollzogen und beauftrage Sie, behufs Bekanntmachung derselben die erforderlichen Anordnungen zu treffen. Zugleich bestimme Ich, daß, wenn gegen einen Regiments-Kommandeur oder einen höheren Befehlshaber im Disziplinarwege Arrest verhängt wird, Mir davon in einem jeden einzelnen Falle sofort Meldung gemacht werden soll. — Sie haben auch wegen Publikation dieser Meiner Ordre das Weitere zu veranlassen.

Wilhelm.

An den Kriegsminister. Graf v. Roon.

Disziplinar-Strafordnung für das Heer.

Erster Abschnitt.

Umfang der Disziplinarstrafgewalt.

§. 1. Der Disziplinarbestrafung unterliegen:

1) Handlungen gegen die militärische Zucht und Ordnung und gegen die Dienstvorschriften, für welche die Militärgesetze keine Strafbestimmungen enthalten;

2) diejenigen militärischen Vergehen, deren Bestrafung im Disziplinarwege in leichteren Fällen durch das Einführungsgesetz zum Militär-Strafgesetzbuche für das Deutsche Reich vom 20. Juni 1872 §. 3. ausdrücklich gestattet ist.*)

Vergl. hierzu Note zu §. 92 M.St.G.B.

---

*) Diese militärischen Vergehen sind:

1) Eigenmächtige Entfernung und eigenmächtige Urlaubsüberschreitung, wenn die unerlaubte Abwesenheit höchstens sieben Tage, im Felde höchstens drei Tage gedauert hat. M.St.G.B. für das Deutsche Reich §. 64.

2) Verletzung der dem Vorgesetzten schuldigen Achtung im Dienste oder in Beziehung auf eine Diensthandlung, einschließlich der lauten Beschwerdeführung oder der Widerrede gegen einen Verweis. §. 89 Abs. 1 l. c.

3) Belügen des Vorgesetzten auf Befragen in dienstlichen Angelegenheiten. §. 90 l. c.

4) Beleidigung eines Vorgesetzten oder im Dienstrange Höheren, wenn dieselbe nicht eine verleumderische oder nicht durch Verbreitung von Schriften, Darstellungen oder Abbildungen begangen ist. §. 91 Abs. 1. l. c.

5) Ungehorsam gegen einen Befehl in Dienstsachen durch Nichtbefolgung oder durch eigenmächtige Abänderung oder Ueberschreitung desselben (§. 92 l. c.), wenn nicht durch den Ungehorsam ein erheblicher Nachtheil verursacht oder die Gefahr eines erheblichen Nachtheils herbeigeführt ist. §. 93 ibid.

6) Mißbrauch der Dienstgewalt durch Borgen von Geld oder Annahme von Geschenken von einem Untergebenen ohne Vorwissen des gemeinschaftlichen Vorgesetzten. §. 114 l. c.

7) Vorschriftswidrige Behandlung eines Untergebenen oder Beleidigung desselben, wenn die Beleidigung nicht eine verleumderische ist. §. 121 Abs. 1. l c

8) Vorsätzliche und rechtswidrige Beschädigung, Zerstörung oder Preisgebung eines Dienstgegenstandes. §. 137 l. c.

§. 2. Der Disziplinarstrafgewalt sind unterworfen:
1) alle zum Heere gehörenden Militärpersonen;
2) die Offiziere à la suite, wenn und insolange sie zu vorübergehender Dienstleistung zugelassen sind, sowie in Bezug auf solche disziplinarisch strafbare Handlungen gegen die militärische Unterordnung, welche sie begehen, während sie die Militäruniform tragen;
3) alle Personen, welche während eines Krieges sich in irgend einem Dienst- oder Vertragsverhältnisse bei dem kriegführenden Heere befinden, oder sonst sich bei demselben aufhalten oder ihm folgen;
4) die Kriegsgefangenen.

Vgl. hierzu §. 30 und zu Ziff. 3 u. 4 §. 38 der D.St.O.

---

9) Verletzung der Dienstpflichten als Befehlshaber einer militärischen Wache, eines Kommandos oder einer Abtheilung, oder als Schildwache oder als Posten, durch eigenmächtiges Verlassen seines Postens oder durch eine andere Handlung, welche entweder ihn außer Stand setzt, den ihm obliegenden Dienst zu versehen, oder als ein Zuwiderhandeln gegen die ihm in Bezug auf jenen Dienst ertheilten Vorschriften sich darstellt; insofern durch die Pflichtverletzung kein Nachtheil verursacht oder im Felde nicht die Gefahr eines erheblichen Nachtheils herbeigeführt ist. §. 141 l. c.

10) Verlassen der Wache ohne Erlaubniß während des Wachtdienstes. §. 146 l. c.

11) Verlassen des angewiesenen Platzes ohne Erlaubniß bei einem Kommando oder auf dem Marsche. §. 146 l. c.

12) Trunkenheit im Dienst, sowie nach erfolgter Befehligung zum Dienste durch Trunkenheit veranlaßte Untauglichkeit zur Ausführung einer Dienstverrichtung. §. 151 l. c.

Zweiter Abschnitt.

Von der Disziplinarbestrafung der zum Soldatenstande gehörenden Militärpersonen des aktiven Dienststandes.

I. Disziplinarstrafen.

§. 3. A. Für Offiziere.

1) Verweis:
   a. einfacher, — ohne Zeugen oder im Beisein eines Vorgesetzten;
   b. förmlicher, — vor versammeltem Offizierkorps;
   c. strenger, — durch Parolebefehl, mit Eintragung der Veranlassung in die Parolebücher.
2) Stubenarrest bis zu vierzehn Tagen.

B. Für Unteroffiziere.

1) Verweis:
   a. einfacher, — im Beisein eines Vorgesetzten;
   b. förmlicher, — vor versammelten Offizieren und Unteroffizieren der Kompagnie, Eskadron oder Batterie;
   c. strenger, durch Parolebefehl mit Eintragung der Veranlassung in die Parolebücher.
2) Die Auferlegung gewisser Dienstverrichtungen außer der Reihe, z. B. Strafwachen.
3) Arreststrafen:
   a. Kasernen-, Quartier- oder gelinder Arrest bis zu vier Wochen;
   b. mittlerer Arrest bis zu drei Wochen.

C. Für Gemeine mit Einschluß der Obergefreiten und Gefreiten.

1) Kleinere Disziplinarstrafen:
   a. die Auferlegung gewisser Dienstverrichtungen außer der Reihe, z. B. Strafexerziren, Strafwachen, Strafdienst in der Kaserne, den Ställen, den Montirungskammern oder auf den Schießständen, Erscheinen zum Rapport oder zum Appell in einem bestimmten Anzuge;
   b. die Entziehung der freien Verfügung über die Löhnung und die Ueberweisung derselben an einen Unteroffizier zur Auszahlung in täglichen Raten bis auf die Dauer von vier Wochen;
   c. die Auferlegung der Verpflichtung, zu einer bestimmten Zeit vor dem Zapfenstreich in die Kaserne oder in das Quartier zurückzukehren, bis auf die Dauer von vier Wochen.
2) Arreststrafen:
   a. Kasernen-, Quartier- oder gelinder Arrest bis zu vier Wochen;
   b. mittlerer Arrest bis zu drei Wochen;
   c. strenger Arrest bis zu vierzehn Tagen.

   Außerdem:
3) für Obergefreite und Gefreite:
   die Entfernung von dieser Charge, und
4) für Gemeine der zweiten Klasse des Soldatenstandes, nach fruchtloser Anwendung der vorstehend erwähnten Strafen:
   die Einstellung in eine Arbeiter-Abtheilung.

D. Für die Mitglieder des Sanitäts-Korps.

Nach Maßgabe ihres Militärranges die vorstehend aufgeführten Strafen.

Zu B Ziff. 3b: mittlerer Arrest darf gegen Portepee-Unteroffiziere nicht angewendet werden. §. 4 Abs. 3 Disziplin.St.O. — Zu C Ziff. 1a: die nur beispielsweise aufgeführten Strafen sind nicht erschöpfend und gehört hierher namentlich auch der Arbeitsdienst in jeder Form. — Zu C Ziff. 1b: die Entziehung der freien Verfügung über die Löhnung ist auch gegen Gefreite und Obergefreite als Zusatzstrafe neben Arrest zulässig. Pr.K.M. vom 20. Februar 1882 Nr. 425/2 A. 2. — Die Verhängung des strengen Arrestes als Disziplinarstrafe ist unabhängig von der in §. 22 Abs. 3 M.St.G.B. vorgesehenen Einschränkung.

§. 4. Bloße Zurechtweisungen oder Rügen sind als Disziplinarstrafen nicht anzusehen.

Arreststrafen dürfen nicht unter vierundzwanzig Stunden verhängt werden.

Gegen Unteroffiziere, welche das Portepee tragen, darf mittlerer Arrest nicht verhängt werden.

II. Zuständigkeit zur Verhängung von Disziplinarstrafen.

1. Der Militärbefehlshaber.

A. Im Allgemeinen.

§. 5. Die Disziplinarstrafgewalt steht nur solchen Offizieren zu, denen der Befehl über eine Truppen-Abtheilung, über ein abgesondertes Kommando, über eine Militärbehörde, oder über eine militärische Anstalt, mit

Verantwortlichkeit für die Disziplin, übertragen ist, und erstreckt sich auf die Untergebenen dieses Befehlsbereichs.

Unteroffiziere haben niemals Disziplinarstrafgewalt. §. 7 D.St.O. Eine Uebertagung der letzteren ist unzulässig.

§. 6. Die Disziplinarstrafgewalt ist nicht an die Charge, sondern an die Funktion geknüpft und geht von selbst auf den Stellvertreter im Kommando, sofern er Offizier ist, über.

Der Stellvertreter des Landwehrbezirks-Kommandeurs hat jedoch, insofern er Subalternoffizier ist, nur die im §. 8 sub 2. und §. 9. angegebenen Strafbefugnisse.

Der Landwehrbezirks-Adjutant ist nicht Stellvertreter des Bezirks-Kommandeurs im Sinne des Abs. 2, hat daher auch keine Disziplinarstrafgewalt. Pr.K.M. vom 24. Februar 1882 Nr. 188/2 A. 1.

§. 7. Diejenigen Offiziere, welche sich nicht in einer der im §. 5. erwähnten dienstlichen Stellungen befinden, und die Unteroffiziere haben keine Disziplinarstrafgewalt.

Indessen ist jeder Offizier und Unteroffizier berechtigt, die nach dem Dienstgrade oder dem Patent oder dem Dienstalter unter ihm stehenden Personen des Soldatenstandes nöthigenfalls vorläufig zu verhaften oder ihre vorläufige Verhaftung zu bewirken. Eine solche Verhaftung aber muß von ihm sofort einem mit Disziplinarstrafgewalt versehenen Vorgesetzten des Verhafteten gemeldet werden.

§. 8. Jeder mit Disziplinarstrafgewalt versehene Befehlshaber ist berechtigt:

1) gegen Offiziere einfache und förmliche Verweise, sowie
2) gegen Unteroffiziere und Gemeine die für dieselben nach §. 3. B. 1, 2 und C. 1 zulässigen Disziplinarstrafen

zu verhängen.

B. Insbesondere.

§. 9. Der Chef einer Kompagnie, Eskadron oder Batterie ist berechtigt, außer den im §. 8 erwähnten Disziplinarstrafen

1) gegen Unteroffiziere und Gemeine:
   Kasernen-, Quartier- oder gelinden Arrest bis zu acht Tagen;
2) gegen Unteroffiziere, die nicht das Portepee tragen, und gegen Gemeine:
   mittleren Arrest bis zu fünf Tagen, und
3) gegen Gemeine:
   strengen Arrest bis zu drei Tagen

zu verhängen.

Die Disziplinastrafgewalt eines Kompagnie- 2c. Chefs ist verliehen:

a. dem zweiten Artillerie-Offizier vom Platz in Spandau über das Anschieß-Kommando. A.K.O. vom 7. Februar 1878 (A.V.Bl. S. 41);
b. den zur Führung der Stamm- und Lehr-Kompagnie und der Offizier-Abtheilung bestimmten Direktionsmitgliedern der Militär-Schießschule. A.K.O. vom 14. Februar 1880 (A.V.Bl. S. 51);
c. den Offizieren der Festungs-Gefängnisse, denen Abtheilungen unterstellt sind. A.K.O. vom 31. August 1881 (A.V.Bl. S. 241);

d. dem Führer der Versuchs-Kompagnie der Gewehr-Prüfungs-Kommission. A.K.O. vom 13. Januar 1887 (A.V.Bl. S. 35).

§. 10. Der Kommandeur eines nicht selbstständigen Bataillons beziehungsweise einer solchen Artillerie-Abtheilung ist berechtigt, außer den im §. 8. erwähnten Disziplinarstrafen

1) gegen Unteroffiziere und Gemeine:
Kasernen-, Quartier- oder gelinden Arrest bis zu vierzehn Tagen;

2) gegen Unteroffiziere, die nicht das Portepee tragen und gegen Gemeine:
mittleren Arrest bis zu zehn Tagen, und

3) gegen Gemeine:
strengen Arrest bis zu sieben Tagen

zu verhängen.

Gegen die ihm untergebenen Offiziere darf derselbe zwar Stubenarrest verhängen, muß jedoch hiervon sofort dem ihm vorgesetzten Regiments-Kommandeur zur Bestimmung der Dauer des Arrestes Meldung machen.

Gleiche Disziplinarstrafgewalt haben:

a. der erste Artillerie-Offizier vom Platz in Spandau über das Anschieß-Kommando daselbst. A.K.O. vom 7. Februar 1878 (A.V.Bl. S. 41);

b. der Kommandeur der Lehr-Abtheilung und der Vorstand der Versuchs-Abtheilung der Militär-Schießschule. A.K.O. vom 14. Februar 1880 (A.V.Bl. S. 51);

c. die etatsmäßigen Stabsoffiziere der Infanterie über die Oekonomie-Arbeiter des Regiments und die zur Regiments-Handwerksstätte kommandirten Mannschaften. A.K.O. vom 24. April 1884 (A.V.Bl. S. 85);

d. der zweite Stabsoffizier bezw. der älteste Hauptmann des Pionier-Bataillons über die Oekonomie-Handwerker und die zur Bataillons-Handwerksstätte kommandirten Mannschaften. A.K.O. vom 17. Juli 1886 (A.V.Bl. S. 208);

e. der Direktor der Festungsbauschule zu Berlin. A.K.O. vom 26. Juni 1886 (A.V.Bl. S. 197);

f. der Direktor der Militär-Telegraphen-Schule. A.K.O. vom 13. Januar 1887 (A.V.Bl. S. 35);

g. die Kommandanten der Invalidenhäuser zu Karlshafen und Stolp. A.K.O. vom 12. November 1891 (A.V.Bl. S. 252).

Vergl. auch zu §. 10 die §§. 12 und 13 d. V.

§. 11. Der Kommandeur eines Regiments oder selbstständigen Bataillons, der Landwehrbezirks-Kommandeur und jeder andere mit den gerichtsherrlichen Befugnissen eines Regiments-Kommandeurs versehene Befehlshaber ist berechtigt, außer den im §. 8. erwähnten Disziplinarstrafen

1) gegen Offiziere:
   a. strengen Verweis,
   b. Stubenarrest bis zu sechs Tagen;

2) gegen Unteroffiziere und Gemeine:
   Kasernen-, Quartier- oder gelinden Arrest bis zu vier Wochen;

3) gegen Unteroffiziere, die nicht das Portepee tragen, und gegen Gemeine:
   mittleren Arrest bis zu drei Wochen, und

4) gegen Gemeine:
   strengen Arrest bis zu vierzehn Tagen

zu verhängen.

Auch ist derselbe berechtigt:

5) Obergefreite und Gefreite von dieser Charge zu entfernen.

Dem Regiments-Kommandeur gleiche Disziplinarstrafgewalt haben:

a. die Kommandeure der Unteroffizier-Schulen. A.K.O. vom 3. Mai 1866 (M.W.Bl. S. 171);

b. die einem Gouverneur oder einem ersten Festungs-Kommandanten unterstellten (zweiten) Kommandanten innerhalb des ihnen bestimmten Wirkungskreises, mit Ausnahme des Kommandanten von Berlin, dem eine höhere Strafgewalt verliehen ist. A.K.O. vom 9. Januar 1868 (A.V.Bl. S. 45); vgl. auch Note zu § 14 d. V.;

c. der Kommandeur der Leib-Gendarmerie innerhalb seines Befehlsbereichs. A.K.O. vom 1. April 1880 (A.V.Bl. S. 106).

d. der Präses der Gewehr-Prüfungs-Kommission. A.K.O. vom 23. November 1882 (A.V.Bl. von 1883 S. 73);

e. der Kommandeur des Lehr-Infanterie-Bataillons zu Potsdam;

f. die Direktoren der Gewehr- und Munitionsfabriken über die Militärpersonen ihres Befehlsbereichs. A.K.O. vom 31. August 1891 (A.V.Bl. S. 219).

§. 12. Die detachirten Stabsoffiziere, Hauptleute und Rittmeister sind berechtigt, außer den im §. 8. erwähnten Disziplinarstrafen

1) gegen Offiziere:
   a. strengen Verweis,
   b. Stubenarrest bis zu drei Tagen;

2) gegen Unteroffiziere und Gemeine:
   Kasernen-, Quartier- oder gelinden Arrest bis zu vierzehn Tagen;

3) gegen Unteroffiziere, die nicht das Portepee tragen und gegen Gemeine:
mittleren Arrest bis zu zehn Tagen, und

4) gegen Gemeine:
strengen Arrest bis zu sieben Tagen

zu verhängen.

Detachirte Subaltern-Offiziere haben in gleichem Umfange die Disziplinarstrafgewalt über die ihnen untergebenen Unteroffiziere und Gemeinen. Gegen die ihnen untergebenen Offiziere aber dürfen sie Arreststrafen nicht verhängen.

Jede von einem detachirten Offizier über einen Offizier verhängte Disziplinarbestrafung muß dem Vorgesetzten des Letzteren angezeigt werden.

Die im Abs. 3 vorgesehene Meldung von der Bestrafung eines Offiziers bezweckt nur die erforderliche Kontrolle.

§. 13. Als detachirt sind Truppen-Abtheilungen anzusehen, welche von ihrem nächsthöheren Befehlshaber örtlich soweit getrennt sind, daß sie die täglichen Befehle desselben nicht unmittelbar empfangen können, insofern sie nicht unter den Befehl eines anderen, die Stelle dieses Vorgesetzten einnehmenden Befehlshabers getreten sind.

§. 14. Die dem Kommandeur eines Regiments oder selbstständigen Bataillons und die dem Landwehrbezirks-Kommandeur vorgesetzten Befehlshaber, sowie die Gouverneure und Kommandanten sind in Betreff aller ihnen untergebenen Unteroffiziere und Gemeinen innerhalb derselben Grenzen zur Verhängung von Disziplinarstrafen berechtigt, wie der Kommandeur eines Regiments (§. 11.).

Dem kommandirenden General steht außerdem die Befugniß zu, Gemeine der zweiten Klasse des Soldatenstandes einer Arbeiter-Abtheilung zu überweisen (§. 3. C. 4.).

Offiziere seines Befehlsbereichs darf: *)

1) der kommandirende General bis zu vierzehn Tagen,
2) der Divisions-Kommandeur, der Gouverneur, sowie der Kommandant einer großen Festung (für welchen mindestens das Gehalt eines Brigade-Kommandeurs etatsmäßig ist) bis zu zehn Tagen,
3) der Brigade-Kommandeur und der Kommandant eines offenen Ortes, sowie einer der übrigen Festungen, bis zu acht Tagen

mit Stubenarrest bestrafen.

Es ist ferner die Disziplinarstrafgewalt über die Militärpersonen ihres Dienstbereichs verliehen und zwar:

a. die eines kommandirenden Generals:

bem Kriegs-Minister; zugleich ist demselben das Personal der Train-Inspektion, der Inspektionen der Infanterie-Schulen und der Gewehrfabriken in disziplinarer Beziehung direkt unterstellt; A.K.O. vom 3. August 1885 (A.V.Bl. S. 170);

b. die eines Divisions-Kommandeurs:

dem Gouverneur des Invalidenhauses zu Berlin; A.K.O. vom 12. November 1891 (A.V.Bl. S. 252);

---

*) Der ursprüngliche Text des Abs. 3 zu Ziff. 2 und 3 ist abgeändert durch A.K.O. vom 31. Dezember 1888 (A.V.Bl. von 1889, S. 5).

dem Kommandanten von Berlin; A.K.O. vom 9. Januar 1868 (A.V.Bl. S. 45);

dem Inspekteur der Feld-Artillerie den Offizieren und Mannschaften seines Stabes gegenüber; A.K.O. vom 1. Mai 1889 (A.V.Bl. S. 106);

den Departements-Direktoren des Kriegs-Ministeriums; A.K.O. vom 3. August 1885 (A.V.Bl. S. 170);

c. die eines Brigade-Kommandeurs:

dem Chef der Remonte-Abtheilung im Kriegs-Minist.; A.K.O. vom 3. August 1885 (A.V.Bl. S. 170);

dem Inspekteur der Kriegsschulen; A.K.O. vom 28. Januar 1875 (A.V.Bl. S. 36);

dem Chef der Landesaufnahme; A.K.O. vom 14. August 1875 (A.V.Bl. S. 183);

dem Inspekteur der Gewehr- und Munitionsfabriken; A.K.O. vom 31. August 1891 (A.V.Bl. S. 219);

dem Präses des Ingenieur-Komites dem Personal und den Schülern der Festungsbauschule gegenüber die Befugniß eines Ingenieur-Inspekteurs; A.K.O. vom 26. Juli 1886 (A.V.Bl. S. 197).

§. 15. Die Zuständigkeit der höheren Militärbefehlshaber vom Bataillons- oder Abtheilungs-Kommandeur aufwärts zur Disziplinarbestrafung tritt ein, wenn die zur Disziplinarbestrafung geeignete Handlung:

1) unter ihren Augen, oder
2) gegen ihre dienstliche Autorität, oder
3) von Militärpersonen verschiedener Truppentheile ihres Befehlsbereichs begangen, oder
4) ihnen zur Entscheidung oder zur Bestimmung der Strafe gemeldet, oder
5) von dem niederen Befehlshaber unbestraft gelassen ist.

§. 16. Die Zuständigkeit der Gouverneure und der Kommandanten tritt gegen alle am Orte befindliche Offiziere und Mannschaften ein, wenn die zur Disziplinarbestrafung geeignete Handlung:

1) als Exzeß gegen die allgemeine Sicherheit, Ruhe und Ordnung zu betrachten, oder
2) gegen eine besondere, in Beziehung auf die Festungswerke und Vertheidigungsmittel bestehende Anordnung, oder
3) gegen eine von ihnen erlassene militärpolizeiliche Vorschrift, oder sonst gegen ihre dienstliche Autorität, oder
4) im Wacht- oder sonstigen Dienste des Platzes, oder
5) von einem Offizier, Unteroffizier oder Gemeinen begangen ist, von deren eigenen, mit Disziplinarstrafgewalt versehenen Vorgesetzten Keiner in dienstlicher Eigenschaft am Orte ist.

In den Orten, in welchen zwei Kommandanten sich befinden, hat der zweite Kommandant nur dann Disziplinarstrafgewalt, wenn er die Dienstgeschäfte des ersten Kommandanten stellvertretend wahrnimmt.

Ein Gleiches gilt von dem Kommandanten in den Orten, in welchen derselbe sich unter einen Gouverneur befindet.

Der mit Wahrnehmung der Geschäfte des Garnison-Aeltesten von Münster beauftragte höhere Offizier hat in diesem Verhältniß die Disziplinarstrafgewalt des Kommandanten einer kleineren Festung. A.K.O. vom 20. Februar 1872; vgl. auch §. 14 Abs. 3 Ziff. 3 d. B. Wegen der Disziplinarstrafgewalt der Kommandanten der Schieß-

und Uebungsplätze zu Jüterbog, Hagenau, Wesel und Darmstadt siehe auch A.K.O. vom 15. Oktober 1891 (A.V.Bl. S. 241) und bezüglich der Truppen-Uebungsplätze zu Arys und Senne die A.K.O. vom 31. März 1892 (A.V.Bl. S. 74). — Ueber die Disziplinarstrafgewalt des Kommandanten von Berlin vgl. Note zu §. 14 d. V.

Durch A.K.O. vom 20. Juni 1878 (A.V.Bl. S. 145) ist Abs. 2 und 3 des §. 16 wesentlich abgeändert und bestimmt:

1) In denjenigen Festungen, wo neben dem Gouverneur ein Kommandant angestellt ist, sind dem Letzteren die Angelegenheiten des Garnisondienstes in der vom Gouverneur zu bestimmenden und nach Umständen zu verändernden Begrenzung als Wirkungskreis zuzutheilen. Die Verantwortlichkeit des Gouverneurs wird hierdurch nicht berührt; er behält über die dem Kommandanten übertragenen Angelegenheiten die obere Aufsicht und zu selbstständigen Anordnungen im Bereiche der letzteren die Berechtigung. Auch darf er dem Wirkungskreise des Kommandanten andere, zum Garnisondienst nicht gehörende Dienstzweige zeitweise oder dauernd hinzufügen.

2) Für den nach 1 sich bestimmenden Wirkungskreis sind dem, einem Gouverneur unterstellten Festungs-Kommandanten in Aenderung des §. 16 der Diszipl.St.O. die Disziplinar-Strafbefugnisse eines Regiments-Kommandeurs übertragen.

3) Die ad 1 u. 2 getroffenen Bestimmungen finden sinngemäße Anwendung auch auf solche Festungen, in welchen neben dem ersten Kommandanten noch ein zweiter Kommandant angestellt ist.

§. 17. Die Zuständigkeit der Garnison- und Kontonnements-Aeltesten und in größeren Lagern oder Bivouaks der Lager-Kommandanten tritt gegen alle am Orte befindliche Offiziere und Mannschaften in den im §. 16. sub 3 und 5 genannten Fällen ein.

Die genannten Militärbefehlshaber üben diese Disziplinarstrafgewalt in demselben Umfange, wie über ihre eigenen Untergebenen, aus.

Wenn im Kriege Offiziere zu Kantonnements-, Etappen- oder Lager-Kommandanten ernannt werden, erstreckt sich ihre Zuständigkeit auch auf die im §. 16. sub 1. und 4. genannten Fälle.

§. 18. Für den Umfang der Disziplinargewalt der in den §§. 9. bis 17. nicht ausdrücklich genannten Befehlshaber und für die Fälle, in denen ausnahmsweise Einzelnen der dort genannten Befehlshaber eine andere, als die daselbst angegebene Disziplinarstrafgewalt verliehen ist, sind die in den betreffenden besonderen Erlassen und Instruktionen ertheilten Bestimmungen maßgebend.

§. 19. Wenn außer den Fällen der §§. 16. und 17. von mehreren der Disziplinarstrafgewalt verschiedener Truppenbefehlshaber unterworfenen Offizieren oder Mannschaften gemeinschaftlich eine zur Disziplinarbestrafung geeignete strafbare Handlung begangen wird, so steht die Bestimmung der Strafe gegen alle Betheiligte dem nächsten gemeinschaftlichen Befehlshaber, oder wenn ein solcher sich nicht in dienstlicher Eigenschaft am Orte befindet, dem Gouverneur oder Kommandanten und in Ermangelung desselben dem Garnison- oder Kantonnements-Aeltesten zu.

§. 20. Nach den Bestimmungen der §§. 8. bis 19. regelt sich der Umfang der Disziplinarstrafgewalt der Militärbefehlshaber auch in dem Falle, wenn Truppenabtheilungen, welche aus ihrem ordentlichen Verbande zeitweilig ausgeschieden sind, mit anderen kombinirt und einem gemeinsamen Befehlshaber unterstellt werden.

Ueber Offiziere und Mannschaften, welche von ihrem Truppentheile zu einem anderen oder zu einer Militärbehörde oder militärischen Anstalt abkommandirt sind, üben nach Maßgabe der Bestimmungen der §§. 8. bis 19. diejenigen Militärbefehlshaber die Disziplinarstrafgewalt aus, denen die Abkommandirten in dem neuen Dienstverhältniß unterstellt sind.

Diejenigen Mannschaften, welche den einer Militärbehörde oder militärischen Anstalt angehörenden, bezw. zu derselben kommandirten Offizieren als Burschen zugetheilt werden, sind zu den abkommandirten Mannschaften im Sinne des vorstehenden §. 20 Abs. 2 zu rechnen. Diese Mannschaften unterstehen daher während der Dauer des bezüglichen Verhältnisses, insofern den Chefs oder Direktoren der betreffenden Behörde 2c. eine bestimmte Disziplinarstrafgewalt beiwohnt, in disziplinarischer Hinsicht — und ebenso in Ansehung der Befugniß zur Urlaubsertheilung, — grundsätzlich diesen Chefs oder Direktoren und nicht dem Truppentheil, welchem sie angehören bezw. attachirt sind. K.M. vom 31. März 1877 (A.V.Bl. S. 61).

Bezüglich der disziplinaren Unterstellung der zum Militär-Telegraphen-Dienst kommandirten Militärpersonen vgl. A.K.O. vom 7. April 1881, mitgetheilt durch das K.M. unter Nr. 321/4. 81. Jng.

Die im Interesse ihrer Civilversorgung zu Civilbehörden kommandirten oder beurlaubten Militärpersonen bleiben rücksichtlich militärischer Disziplinarvergehen der Militärbehörde unterworfen, der auch die Strafvollstreckung zusteht. Pr.K.M. vom 10. Oktober 1891 (A.V.Bl. S. 233).

§. 21. Die Militärbefehlshaber sind berechtigt, über Mitglieder des Sanitäts-Korps nach Maßgabe des Militärranges derselben Disziplinarstrafen unter den gleichen Voraussetzungen und innerhalb derselben Grenzen zu verhängen, innerhalb deren sie nach den Bestimmungen der §§. 8. bis 20. gegen die übrigen ihnen untergebenen Personen des Soldatenstandes zur Verhängung von Disziplinarstrafen zuständig sind.

2. Der im Vorgesetzten-Verhältniß stehenden Mitglieder des Sanitäts-Korps.

§. 22. Von den im Vorgesetzten-Verhältniß stehenden Mitgliedern des Sanitäts-Korps im Offizierrange üben:

1) der Generalstabsarzt der Armee die Disziplinarstrafgewalt eines Divisions-Kommandeurs;
2) die Korps-General-Aerzte diejenigen eines Regiments-Kommandeurs;
3) die Chef-Aerzte der Lazarethe diejenige eines nicht detachirten Kompagnie-Chefs aus.

Den hier nicht genannten, im Vorgesetzten-Verhältniß stehenden Mitgliedern des Sanitäts-Korps im Offizierrange steht nur insoweit Disziplinarstrafgewalt zu, als sie ihnen durch besondere Erlasse oder Instruktionen verliehen ist.

Die Zuständigkeit der im Vorgesetzten-Verhältniß stehenden Mitglieder des Sanitäts-Korps im Offizierrange zur Verhängung von Disziplinarstrafen über Personen des Soldatenstandes ist auf die Aerzte, Lazarethgehülfen und militärischen Krankenwärter ihres Dienstbereichs beschränkt. Nur die Chef-Aerzte der Feldlazarethe sind außerdem berechtigt, über die zu diesen Lazarethen gehörenden, beziehungsweise in dieselben aufgenommenen Mannschaften des Trains und über die Kranken vom

Stande der Unteroffiziere und Gemeinen, nach Maßgabe des Militärranges dieser Personen, Disziplinarstrafen zu verhängen.

Die §§. 6., 7. und 20. finden auf die Mitglieder des Sanitäts-Korps analoge Anwendung.

Die Divisions- und die Marine-Stations-Aerzte haben die Disziplinarstrafgewalt eines nicht selbstständigen Bataillons-Kommandeurs; §. 16 der A.B. vom 6. Februar 1873, betreffend Organisation des Sanitäts-Korps. — Vgl. auch §§. 17, 19, 20 der geb. A.B.

Dritter Abschnitt.

Von der Disziplinarbestrafung der zum Soldatenstande gehörenden Militärpersonen des Beurlaubtenstandes.

§. 23. Auf die Personen des Beurlaubtenstandes kommen die Strafvorschriften dieser Verordnung nur in der Zeit durchweg zur Anwendung, während welcher sie sich im Dienst befinden.

Außerhalb dieser Zeit tritt Disziplinarbestrafung nur ein: wegen Zuwiderhandlungen gegen die zum Zwecke der Aufrechterhaltung der militärischen Kontrolle ertheilten Dienstvorschriften, sowie wegen derjenigen militärischen Vergehen, deren Bestrafung im Disziplinarwege in leichteren Fällen auch bei Personen des Beurlaubtenstandes durch das Militär-Strafgesetzbuch für das Deutsche Reich vom 20. Juni 1872 und den §. 3. des Einführungsgesetzes zu demselben ausdrücklich gestattet ist.

Dies ist der Fall:

1) wenn Personen des Beurlaubtenstandes des Ungehorsams gegen einen in Gemäßheit der Dienstordnung ertheilten Befehl durch Nichtbefolgung oder durch eigenmächtige Abänderung oder Ueberschreitung desselben sich schuldig machen;
2) wenn Personen des Beurlaubtenstandes im dienstlichen Verkehr mit dem Vorgesetzten oder in der Militäruniform:
   a. die dem Vorgesetzten schuldige Achtung verletzen, insbesondere laut Beschwerde oder gegen einen Verweis Widerrede führen;
   b. auf Befragen in dienstlichen Angelegenheiten dem Vorgesetzten wissentlich die Unwahrheit sagen;
   c. einen Vorgesetzten oder im Dienstrange Höheren beleidigen;
3) wenn Personen des Beurlaubtenstandes im dienstlichen Verkehr mit dem Untergebenen oder in der Militäruniform:
   a. einen Untergebenen beleidigen oder einer vorschriftswidrigen Behandlung desselben sich schuldig machen,
   b. von dem Untergebenen ohne Vorwissen des gemeinschaftlichen Vorgesetzten Geld borgen oder Geschenke annehmen.

Vgl. hierzu §§. 24, 26, 28 der Disziplin.St.O. sowie §. 6 und 7 des Kontr.G. vom 15. Februar 1875. — Die im Disziplinarwege verhängten Arreststrafen vollstreckt die Militärbehörde; ist aber innerhalb 3 Meilen vom Aufenthaltsort des Bestraften keine Militär-Arrestanstalt, so sind Arreststrafen unter 8 Tagen auf Ansuchen durch die Civilbehörden zu vollstrecken. Die Kosten sind aus Militärfonds zu erstatten. §. 7 Kontr.G. vom 15. Februar 1875.

§. 24. Die Befugniß, über Personen des Beurlaubtenstandes nach Maßgabe der Bestimmungen dieser Verordnung Disziplinarstrafen zu verhängen, steht den Landwehrbezirks-Kommandeuren und deren Stellvertretern, sowie eintretenden Falls den ihnen vorgesetzten höheren Militärbefehlshabern, und zwar in dem in den §§. 11. 6. und 14. angegebenen Umfange, zu.

Die Gouverneure, Kommandanten und Garnison-Aeltesten dürfen die ihnen nach den §§. 14. und 17. zustehende Disziplinarstrafgewalt nur dann gegen Personen des Beurlaubtenstandes ausüben, wenn die letzteren in der Militäruniform einer der im §. 23. Nr. 2 und 3a bezeichneten strafbaren Handlungen sich schuldig machen.

Die den Bezirks-Kommandos Berlin I., Breslau und Köln zugetheilten Stabsoffiziere und Hauptleute haben innerhalb ihres Geschäftsbereichs den Mannschaften des Beurlaubtenstandes gegenüber die Disziplinar-Strafgewalt eines Bezirks-Kommandeurs. A.K.O. vom 9. Mai 1876 (A.V.Bl. S. 129). — Die Adjutanten des Bezirks-Kommandos sind nicht Stellvertreter ihrer Kommandeure und haben keine Disziplinar-Strafgewalt. Pr.K.M. vom 24. Februar 1882; s. Note zu §. 6 d. Disziplinar.St.O.

§. 25. Besteht der Ungehorsam (§. 23. Nr. 1) in der Nichtbefolgung der Einberufungsordre zu einer Uebung, so darf nur dann die Bestrafung im Disziplinarwege erfolgen, wenn entweder der Einberufene nur zu spät sich an dem ihm bestimmten Orte gestellt hat, oder wenn die Umstände sonst eine milde Beurtheilung zulassen.

§. 26. Ist eine zur Disziplinarbestrafung geeignete Handlung von im Dienst befindlichen Mannschaften des Beurlaubtenstandes während der Dauer einer Kontrolversammlung oder während eines anderen Dienstes, für welchen die Verpflegungskompetenz nicht gewährt wird, begangen, so darf die deshalb zu verhängende Arreststrafe die Dauer von drei Tagen gelinden oder mittleren Arrest nicht übersteigen.

Erachtet der zur Disziplinarbestrafung berechtigte Militärbefehlshaber eine Arreststrafe von solcher Dauer nicht für ausreichend, so hat er die Einleitung der gerichtlichen Untersuchung zu veranlassen.

§. 27. Die über Mannschaften des Beurlaubtenstandes wegen der im §. 23. aufgeführten, außer dem Dienst von ihnen begangenen militärischen Vergehen im Disziplinarwege zu verhängende Strafe darf das Maß von drei Tagen gelinden oder mittleren Arrest in folgenden Fällen nicht übersteigen:

1) wenn der Ungehorsam (§. 23. Nr. 1) besteht:
   a. in der Nichtbefolgung der Berufung zur Kontrolversammlung oder zu einem anderen Dienst, für welchen die Verpflegungskompetenz nicht gewährt wird,
   b. in der Abweichung von dem vorgeschriebenen Dienstwege bei Anbringung von Gesuchen in militärischen Dienstangelegenheiten;

2) wenn der Beurlaubte bei Verübung eines der im §. 23. Nr. 2 genannten Vergehen sich nicht in der Militäruniform befunden hat.

Erachtet der zur Disziplinarbestrafung berechtigte Militärbefehlshaber eine Arreststrafe von solcher Dauer nicht für ausreichend, so hat er die Einleitung der gerichtlichen Untersuchung zu veranlassen.

§. 28. Zuwiderhandlungen gegen die zum Zwecke der Aufrechthaltung der militärischen Kontrole ertheilten Dienstvorschriften über Meldung des Aufenthaltsorts und der Wohnung in diesem Orte, sowie über Meldung einer jeden Veränderung des Aufenthaltsorts oder der Wohnung werden an Mannschaften des Beurlaubtenstandes wahlweise mit Geldbuße von ein Dritttheil bis zu zwanzig Thalern (einer bis zu sechzig Mark) oder mit Haft von einem bis zu acht Tagen geahndet.

Die Festsetzung dieser Strafen geschieht durch das Landwehrbezirks-Kommando; die Vollstreckung auf Requisition desselben durch die Civilbehörde des Aufenthaltsorts des Bestraften.

Wegen Vollstreckung der hier gedachten Strafen durch die Civilbehörden siehe den Erl. d.K.M. und des M.d.J. vom 27. Juli 1874; K.M. Nr. 586. 8. M.O.D. 3. Desgl. beim Verzuge des Bestraften vor der Strafvollstreckung in einen anderen Landwehrbezirk; K.M. und M.d.J. vom 12. Januar 1875; K.M. Nr. 394. 12. M.O.D. 3.

§. 29. Auf die zum Beurlaubtenstande gehörenden Offiziere finden die Bestimmungen der §§. 26. und 27. mit der Maßgabe Anwendung, daß die über sie zu verhängende Disziplinarstrafe, insofern sie in Arrest besteht, das Maß von sechs Tagen Stubenarrest nicht übersteigen darf.

In den Fällen des §. 28. ist gegen Offiziere keine andere Strafe, als Subenarrest bis zu der vorangegebenen Dauer zulässig. Die Vollstreckung dieser Strafe liegt dem Landwehrbezirks-Kommandeur ob.

§. 30. Die in diesem Abschnitt über Disziplinarbestrafung der Offiziere des Beurlaubtenstandes ertheilten Vorschriften finden auf die Offiziere gleichmäßig Anwendung, welche mit Pension zur Disposition gestellt, sowie auf diejenigen, welche mit dem Vorbehalt der gesetzlichen Dienstverpflichtung aus dem aktiven Dienste entlassen sind.

Durch A.K.O. vom 31. Mai 1877 (A.V.Bl. S. 108) ist bestimmt, daß die Befugniß der Landwehr-Bezirks-Kommandeure zur Verhängung von Disziplinarstrafen sich nicht auf die mit Pension zur Disposition gestellten Stabsoffiziere ihres Bezirks erstreckt, und bezüglich dieser nur die Brigade-Kommandeure, unbeschadet der für die höheren Vorgesetzten aus §. 15 d. V. sich ergebenden Rechte, zuständig sind.

§. 31. Auf die zum Beurlaubtenstande gehörenden Mitglieder des Sanitäts-Korps kommen unter Berücksichtigung des Militärranges derselben die in den §§. 23. bis 30. enthaltenen Bestimmungen gleichfalls zur Anwendung.

Vierter Abschnitt.

Von der Disziplinarbestrafung der Militärbeamten.

§. 32. Die Militärbefehlshaber sind berechtigt, über Militärbeamte als Disziplinarstrafen Warnungen und einfache Verweise, sowie:

1) über untere Militärbeamte die gegen Unteroffiziere, welche das Portepee tragen, zulässigen Arreststrafen (§. 3. B. 3. §. 4.);

2) über obere Militärbeamte:
   a. Geldbuße bis zu zehn Thalern (30 Mark),
   b. Stubenarrest bis zu vierzehn Tagen

zu verhängen.

Der Stubenarrest darf jedoch über diejenigen oberen Militärbeamten, welche sowohl unter einem Militärbefehlshaber, als auch unter einem Verwaltungsvorgesetzten (oder einer Verwaltungsbehörde) stehen, nur in der Zeit verhängt werden, während welcher sie unter den Kriegsgesetzen stehen (§. 9. des Militär-Strafgesetzbuchs für das Deutsche Reich vom 20. Juni 1872).

Die Militärbeamten sind Reichsbeamte und unterliegen als solche den Bestimmungen der §§. 72 ff. d. G. vom 31. März 1873, betr. die Rechtsverhältnisse der Reichsbeamten.

§. 33. Die Militärbefehlshaber üben die Disziplinarstrafgewalt über die Militärbeamten nach Maßgabe des Militärranges der Letzteren innerhalb derselben Grenzen aus, innerhalb deren sie nach den Bestimmungen der

§§. 8. bis 20. zur Verhängung von Disziplinarstrafen gegen Personen des Soldatenstandes zuständig sind.

Zur Verhängung von Geldbußen sind nur diejenigen Militärbefehlshaber befugt, welche Offiziere mit Stubenarrest, unter Bestimmung der Dauer desselben, bestrafen dürfen. Die kommandirenden Generale dürfen Geldbuße bis zum höchsten zulässigen Betrage; die übrigen Befehlshaber nur bis zum Betrage von drei Thalern (neun Mark) verhängen.

§. 34. Militärbeamte, welche sowohl unter einem Militärbefehlshaber, als auch unter einem Verwaltungsvorgesetzten (oder einer Verwaltungsbehörde) stehen, sind bei Verletzung der Dienstvorschriften, welche die Grundlage ihrer Amtswirksamkeit bilden, ausschließlich der Disziplinarbestrafung des Verwaltungsvorgesetzten (oder der Verwaltungsbehörde) unterworfen.

Alle andern zur Disziplinarbestrafung geeigneten Handlungen solcher Militärbeamten gehören zur Zuständigkeit des ihnen vorgesetzten Militärbefehlshabers. Hierdurch wird jedoch die Mitaufsicht der Verwaltungsvorgesetzten (oder der Verwaltungsbehörden) über die sittliche Führung des Beamten und die Befugniß, auch ihrerseits dieserhalb, wo nöthig, im Disziplinarwege einzuschreiten, nicht ausgeschlossen.

Wo die Grenzen dieser beiden Unterordnungs-Verhältnisse zweifelhaft sein sollten, müssen bei Ausübung der Disziplinarstrafgewalt die für die betreffenden Militärbeamten ertheilten besonderen Dienstvorschriften und Instruktionen berücksichtigt werden.

§. 35. **Die Disziplinarstrafgewalt der Verwaltungsvorgesetzten (oder der Verwaltungsbehörden) über die im doppelten Unterordnungs-Verhältniß stehenden Militärbeamten regelt sich nach besonderen Bestimmungen.**

Vergl. hierzu das R.Ges. vom 31. März 1873 betr. Rechtsverhältnisse der Reichsbeamten. Pr.G. v. 7. Mai 1851 (Pr.G.Samml. S. 218) und vom 21. Juli 1852 (Pr.G.Samml. S. 465).

§. 36. Auf die zum Beurlaubtenstande gehörenden Militärbeamten kommen die in den §§. 23. bis 30. ertheilten Bestimmungen nach Maßgabe ihres Militärranges zur Anwendung.

§. 37. Die Befugniß der Mitglieder des Sanitäts-Korps im Offizierrange zur Verhängung von Disziplinarstrafen über die zu ihrem Dienstbereich gehörenden Militärbeamten regelt sich nach den besonderen Vorschriften und Erlassen.

Vgl. Note zu §. 35 Discipl.St.O.

Fünfter Abschnitt.

Von der Disziplinarbestrafung der im §. 2. unter Nr. 3 und 4 genannten Personen.

§. 38. Auf die im §. 2. unter Nr. 3 genannten Personen finden die für Personen des Soldatenstandes in dieser Verordnung ertheilten Vorschriften Anwendung. Gehören sie nicht zum Soldatenstande, so ist bei der

Wahl der Strafart die Bildungsstufe, auf welcher dieselben stehen und ihre Stellung im bürgerlichen Leben zu berücksichtigen.

Sechster Abschnitt.

Von der Ausübung der Disziplinarstrafgewalt und von der Vollstreckung der Disziplinarstrafen.

I. Ausübung der Disziplinarstrafgewalt.

§. 39. Jeder mit Disziplinarstrafgewalt versehene Militärvorgesetzte (§§. 5., 22.) muß mit strenger Unparteilichkeit verfahren, und wenn die strafbare Handlung nicht mit Gewißheit aus seiner eigenen Wahrnehmung oder aus einer dienstlichen Meldung, oder aus dem Geständniß des Beschuldigten hervorgeht, sowie überhaupt, wenn er über die Schuld oder den Grad der Strafbarkeit zweifelhaft ist, den Hergang der Sache durch mündliche oder schriftliche Verhandlungen aufzuklären suchen.

§. 40. Die Art und das Maß der Disziplinarstrafe hat der Militärvorgesetzte innerhalb der Grenzen seiner Disziplinarstrafgewalt, unter möglichster Schonung des Ehrgefühls des zu Bestrafenden, mit Berücksichtigung der Eigenart und der bisherigen Führung desselben, sowie der Natur der zu bestrafenden Handlung und des durch dieselbe mehr oder minder gefährdeten Dienstinteresses zu bestimmen.

Wenn Militärpersonen mit Funktionen betraut sind, die über ihre Charge hinausgehen, so ist bei der Wahl der Strafart auf diese Funktionen Rücksicht zu nehmen.

§. 41. Ein und dieselbe strafbare Handlung darf nur von einem Vorgesetzten bestraft und dafür nicht mehr als eine Disziplinarstrafe auferlegt werden. Dies schließt jedoch die Befugniß nicht aus, mit einer Arreststrafe

1) gegen Obergefreite und Gefreite die Entfernung von ihrer Charge,
2) gegen Gemeine:
   a. die Entziehung der freien Verfügung über die Löhnung und die Ueberweisung derselben an einen Unteroffizier zur Auszahlung in täglichen Raten,
   b. insofern sie sich in der zweiten Klasse des Soldatenstandes befinden, die Einstellung in eine Arbeiter-Abtheilung

zu verbinden.

Die zu Ziff. 1 und 2 erwähnten Strafen sind nur neben Arrest als Disziplinarstrafe zulässig; dabei ist aber die Entfernung von der Charge neben einer gerichtlich erkannten Freiheitsstrafe nicht ausgeschlossen. — Wird ein Gefreiter oder Obergefreiter im Beurlaubtenverhältniß von einem Civilgericht wegen eines entehrenden Verbrechens oder Vergehens (§. 37 Abs. 2 Ziff. 2 M.St.G.B.) bestraft, so kann derselbe bei seiner Wiedereinziehung zum Dienst von seiner Charge entfernt werden. Pr.K.M. vom 28. Mai 1874.

Der Begriff „Gemeine" bei Ziff. 2a umfaßt auch Gefreite und Obergefreite. Pr.K.M. vom 20. Februar 1882 Nr. 425. 2. A. 2.

Die Einstellung in eine Arbeiter-Abtheilung unter den angegebenen Verhältnissen kann auch neben einer gerichtlich erkannten Freiheitsstrafe erfolgen, doch soll bei längeren Strafen abgewartet werden, ob Besserung eingetreten ist. Pr.K.M. vom 23. Januar 1874 Nr. 329. 1. 74 A. 1b. — Vgl. ferner über Einstellungen in die Arbeiter-Abtheilungen die Erlasse d. Pr.K.M. v. 10. April 1874 Nr. 692. 3. 74 A. 1b; vom 18. Mai 1876 Nr. 385. 5. 76. A. 1; vom 26. Mai 1877 Nr. 514. 4. 77 A. 2 und vom 18. November 1877 Nr. 996. 10. A. 2.

§. 42. Wird nach erfolgter Disziplinarbestrafung dasselbe Disziplinarvergehen von dem Bestraften wieder verübt, so ist, wenn nicht Gründe für eine mildere Beurtheilung vorhanden sind, eine härtere Strafe als bei der Vorbestrafung zu verhängen.

Die Straferhöhung ist auch nach vorhergegangenen ungleichartigen Disziplinarvergehen zulässig, sobald der Thäter gezeigt hat, daß er sich der militärischen Disziplin nicht fügen will.

§. 43. Wenn ein nicht mit der höchsten Strafbefugniß versehener Militärvorgesetzter zwar eine Disziplinarstrafe für zulässig, die ihm zustehende Strafbefugniß aber nicht für ausreichend erachtet, so hat er dem nächsthöheren Vorgesetzten von dem Straffalle zur weiteren Verfügung Meldung zu machen.

Entstehen bei einem mit Disziplinarstrafgewalt versehenen Militärvorgesetzten Bedenken darüber, ob eine strafbare Handlung disziplinarisch oder gerichtlich zu bestrafen sei, so muß der Fall dem nächsthöheren Vorgesetzten vorgetragen werden, welcher darüber Bestimmung zu treffen, oder nöthigenfalls behufs Einholung höherer Entscheidung weiter zu berichten hat.

§. 44. **Strafbare Handlungen der Militärpersonen, welche nur der Disziplinarbestrafung unterliegen (§. 1. Nr. 1), dürfen drei Monate nach der Verübung nicht mehr mit Strafe belegt werden.**

Ausgenommen hiervon sind die im §. 28. unter Strafe gestellten Handlungen.

Die hier gedachte dreimonatliche Verjährungsfrist ist die der Strafverfolgung und bezieht sich nur auf solche der Disziplinarstrafgewalt unterliegenden Handlungen, welche nicht gleichzeitig gerichtlich verfolgt werden können; §. 3 Abs. 2 d. E G. zum M.St.G.B. — Stellt sich im Laufe einer gerichtlichen Untersuchung heraus, daß die zu rügende Handlung nur disziplinarisch zu strafen, so ist die Disziplinar-Bestrafung nicht ausgeschlossen, wenn auch die gerichtliche Untersuchung länger als drei Monate gedauert hat. Pr.K.M. vom 3. April 1874 Nr. 463. 3. 74 A. 1b.

§. 45. **Ist eine strafbare Handlung, welche gerichtlich hätte bestraft werden sollen, nur mit einer Disziplinarstrafe geahndet worden, so ist dadurch die Strafbarkeit nicht getilgt, sondern — wenn inzwischen nicht nach den Vorschriften der Strafgesetze die Verjährung eingetreten ist — die gerichtliche Untersuchung einzuleiten.**

Die hier vorgesehenen strafbaren Handlungen sind nicht die im §. 3 Abs. 2 des E.G. zum M.St.G.B. gedachten, sondern solche des militärischen und bürgerlichen Strafrechts, die nur durch einen Richterspruch erledigt werden dürfen. — Die Verjährung ist die der Strafverfolgung nach §. 67 R.St.G.B.

II. Vollstreckung der Disziplinarstrafen.

§. 46. **Die Vollstreckung der Disziplinarstrafen muß, sofern die Umstände es gestatten, gleich nach deren Festsetzung erfolgen.**

Ist die Strafe von einem höheren Militärvorgesetzen verhängt, so bleibt es seinem Ermessen überlassen, die Vollstreckung derselben entweder selbst anzuordnen, oder dem nächsten Vorgesetzten des zu Bestrafenden zu übertragen.

§. 47. Beim Kasernen- oder Quartier-Arrest kann der zu Bestrafende zwar zum Dienst herangezogen werden, er darf aber außerdem die Kaserne oder das Gebäude, in welchem er sein Quartier hat, nebst den dazu gehörigen Hofräumen nicht verlassen.

Für die Vollstreckung aller anderen Arreststrafen sind die bestehenden Bestimmungen über die Vollstreckung gerichtlich erkannter Arreststrafen maßgebend.

Wenn im Felde der über Unteroffiziere und Gemeine verhängte gelinde, mittlere oder strenge Arrest den örtlichen Verhältnissen nach weder in einem Ortsgefängniß noch in einem anderen zur Arrestvollstreckung geeigneten Lokale verbüßt werden kann, so ist, insofern die Strafvollstreckung aus dienstlichen Gründen keinen Aufschub erleidet, statt der genannten Arreststrafen für die Dauer der Strafe dem Verurtheilten während seiner dienstfreien Zeit der Aufenthalt auf einer Wache als Arrestat, ohne Entziehung seiner Kompetenzen, anzuweisen.

Hiermit wird verbunden,

1) wenn die verhängte Arreststrafe in mittlerem Arrest besteht: die Heranziehung zu beschwerlichen Dienstverrichtungen außer der Reihe,
2) wenn die verhängte Arreststrafe in strengem Arrest besteht: Anbinden zwei Stunden täglich.

Im ursprünglichen Text war in Abs. 2 Ziff. 2 hinter „Anbinden" noch eingefügt: „oder Gewehr- oder Satteltragen"; diese Strafe ist durch A.K.O. vom 4. August 1887 (A.V.Bl. S. 241) aufgehoben.

§. 48. Das Anbinden des Arrestaten geschieht auf eine der Gesundheit desselben nicht nachtheilige Weise, in aufrechter Stellung, den Rücken nach einer Wand oder einem Baume ꝛc. gekehrt, dergestalt, daß er sich weder setzen noch niederlegen kann.

Zweistündiges Anbinden in Verbindung mit dem Aufenthalt des Arrestaten auf der Wache (§. 47.), steht einem eintägigen strengen Arreste gleich. Am vierten, achten und demnächst an jedem dritten Tage fällt das Anbinden fort.

Die Strafvollstreckung erfolgt unter militärischer Aufsicht an einem vor den Augen des Publikums möglichst geschützten Orte.

Abs. 2 des ursprünglichen Textes, welcher die Vollstreckung des Gewehr- oder Satteltragens behandelte und die Bezugnahmen auf diese Strafart in Abs. 3 sind in Folge der A.K.O. vom 4. August 1887 fortgefallen; vgl. hierzu Note zu §. 47 Diszipl.St.O.

§. 49. An den nicht im Dienst befindlichen Mannschaften des Beurlaubtenstandes sind Arreststrafen, unter Aufnahme derselben in die Militärverpflegung des betreffenden Landwehrbezirks-Kommandos, in einem Militär-Arrestlokale zu vollstrecken. Die militärische Einkleidung des zu Bestrafenden ist hierbei in der Regel nicht erforderlich.

Ist innerhalb drei Meilen vom Aufenthaltsorte des zu Bestrafenden ein Militär-Arrestlokal nicht vorhanden, so können Arreststrafen unter acht Tagen auf Requisition des Landwehrbezirks-Kommandos durch die Civilbehörden in einem bürgerlichen Gefängniß vollstreckt werden.

Arreststrafen, welche zur Uebung eingezogene Mannschaften des Beurlaubtenstandes während der Uebung oder vorher verwirkt haben, sind, soweit dies die Erhaltung der Disziplin zuläßt, erst nach Ablauf der Uebungszeit zu vollstrecken.

Abs. 2 ist abgeändert durch §. 7 Abs. 2 des Kontr.G. vom 15. Februar 1875, danach ist in dem gegebenen Falle die Strafvollstreckung durch die Civilbehörden obligatorisch. — Abs. 3 gilt auch für die Ersatz-Reservisten. G. vom 11. Februar 1888.

§. 50. Wird eine Militärperson des Beurlaubtenstandes, welche in ihren Civilverhältnissen zu den im unmittelbaren oder im mittelbaren Staatsdienste stehenden Beamten gehört, disziplinarisch mit Arrest bestraft, so ist ihrer nächstvorgesetzten Dienstbehörde sogleich nach Verhängung der Strafe davon Nachricht zu geben.

§. 51. Die Militär- und die Verwaltungs-Vorgesetzten haben von der, gegen eine ihnen untergebene Militärpersonen verhängten Disziplinarstrafe sich gegenseitig Mittheilung zu machen.

Siebenter Abschnitt.

Von der Beschwerdeführung über Disziplinarbestrafung.

§. 52. Beschwerden über eine von dem zuständigen Militärvorgesetzten verhängte Disziplinarstrafe dürfen nur von einem Vorgesetzten des Bestraften oder von diesem selbst, und im letzteren Fall erst nach der Strafvollstreckung und ohne Mitwirkung eines Dritten, in der für dienstliche Beschwerden vorgeschriebenen Form angebracht werden.

Vgl. hierzu A.K.O. vom 6. März 1873 betr. Vorschriften über den Dienstweg und die Behandlung von Beschwerden der Militärpersonen des Heeres und der Marine, sowie der Civilbeamten der Militär- und Marine-Verwaltung. (A.V.Bl. S. 64 ff.) Siehe am Schluß dieses Buches.

§. 53. Wird die Beschwerde (§. 52.) für begründet erachtet, so ist der hierauf bezügliche Bescheid in die Strafbücher, in welche die Strafe eingetragen worden, unter Löschung derselben, seinem Inhalte nach aufzunehmen und dem Beschwerdeführer davon Kenntniß zu geben.

Unbegründete Beschwerden unterliegen, insofern nicht nach §. 152. des M.St.G.B. für das Deutsche Reich vom 20. Juni 1872 gerichtliche Verfolgung geboten ist, der Disziplinarbestrafung.

Nach dem allegirten §. 152 M.St.G.B. tritt gerichtliche Verfolgung ein: wenn eine Beschwerde wider besseres Wissen auf unwahre Behauptungen gestützt ist; wenn Beschwerden wiederholt und leichtfertig unter unwahren Behauptungen, oder solche unter Abweichung von dem vorgeschriebenen Dienstweg angebracht werden.

Achter Abschnitt.

Von der Beaufsichtigung der Militärvorgesetzten in Absicht auf die richtige Anwendung der Disziplinarstrafen.

§. 54. Die höheren Militärvorgesetzten haben die gerechte und zweckentsprechende Anwendung der den niederen Vorgesetzten zustehenden Strafbefugnisse und die vorschriftsmäßige Strafvollstreckung sorgfältig zu überwachen.

Sie haben zu diesem Behuf die Strafbücher, welche bei den Truppentheilen, den Militärbehörden und den militärischen Anstalten, deren Vorsteher mit Disziplinarstrafgewalt bekleidet sind, geführt werden müssen, und welche den Grund, die Art und das Maß der Strafe, sowie den Namen des Vorgesetzten, welcher die Strafe verhängt hat, auszuweisen haben, genau zu kontroliren.

Wenn sich die Waffen-Vorgesetzten der Artillerie und Pioniere vom Brigade-Kommandeur bezw. Pionier-Inspekteur aufwärts auf Grund des nach §. 54 Abs. 2 Diszipl.St.O. den höheren Militär-Vorgesetzten zustehenden Aufsichtsrechts zum Erlaß allgemeiner Anweisungen über die Handhabung der Disziplinarstrafgewalt veranlaßt finden, so haben sie sich vorher des Einverständnisses des betreffenden kommandirenden Generals zu versichern. Dies Einverständniß ist betreffendenfalls auf dem Waffen-Instanzenwege herbeizuführen. A.K.O. vom 4. Januar 1883 (A.V.Bl. S. 13).

§. 55. Finden die höheren Militärvorgesetzten, daß

1) eine von dem niederen Vorgesetzten verhängte Disziplinarstrafe ihrer Art oder ihrer Dauer nach unzulässig, oder
2) der Strafende zu deren Verhängung nicht befugt gewesen ist,

so ist von ihnen die Strafe abzuändern oder aufzuheben.

Außer den hier aufgeführten Fällen ist ein materielles Eingreifen des höheren Vorgesetzten in die Disziplinar-Strafbefugnisse der unterstellten Befehlshaber nicht gestattet. Ziff. 1 handelt von objektiv unzulässigen Strafen und Ziff. 2 von der subjektiven Unfähigkeit des Befehlshabers.

Schlußbestimmungen.

§. 56. Die Befugniß der Militärvorgesetzten zur Verhängung von Disziplinarstrafen in Gemäßheit der Bestimmungen dieser Verordnung tritt auch in dem Falle ein, wenn die Militärperson, welche die Disziplinarstrafe verwirkt hat, einem anderen Kontingente des Deutschen Heeres angehört.

Vgl. hierzu §. 20 Discipl.St.O.

§. 57. Diese Disziplinar-Strafordnung tritt mit dem 15. November d. J. in Kraft. Von diesem Tage ab sind alle hiermit nicht in Einklang stehenden Bestimmungen über die Disziplinarbestrafung im Heere aufgehoben.

Ueber die Handhabung der Disziplin in den Militär-Strafanstalten bleiben besondere Bestimmungen vorbehalten.

Berlin, den 31. Oktober 1872.

(L. S.) **Wilhelm.**

Graf v. Roon.

IV.

Verordnung

über die

Ehrengerichte der Offiziere im Preußischen Heere.

Vom 2. Mai 1874.

Verordnung
über die
Ehrengerichte der Offiziere im Preußischen Heere.
Vom 2. Mai 1874.

Ich befehle hierdurch, unter Aufhebung aller bisherigen Bestimmungen über das ehrengerichtliche Verfahren, daß von jetzt ab die von Mir am heutigen Tage vollzogene Verordnung über die Ehrengerichte der Offiziere im Preußischen Heere in Kraft treten soll. Die Wahl der Ehrenräthe für die Ehrengerichte über Hauptleute, Rittmeister und Subaltern-Offiziere hat jedoch da, wo ein Ehrenrath schon besteht, erst am 1. September d. J. oder an einem der nächstfolgenden Tage zum ersten Male stattzufinden und sind diejenigen ehrengerichtlichen Untersuchungen, in welchen das förmliche Verfahren bereits angeordnet ist, möglichst beschleunigt da zu Ende zu führen, wo sie eingeleitet wurden. Sollten in einzelnen Fällen über die Zuständigkeit der Ehrengerichte oder über die Auslegung und Anwendung der Vorschriften über die Behandlung der ehrengerichtlichen Angelegenheiten Zweifel entstehen, so haben die kommandirenden Generale dieselben zu erledigen, nöthigen Falls darüber unmittelbar Meine Entscheidung einzuholen. Das Kriegs-Ministerium hat hiernach die weitere Bekanntmachung an die Armee zu veranlassen.

Berlin, den 2. Mai 1874.

Wilhelm.

An das Kriegs-Ministerium.

Ich will, daß die heute von Mir vollzogene Verordnung über die Ehrengerichte der Offiziere in Meinem Heere in dem Geiste verstanden und angewendet wird, der Mein Heer von Alters her ausgezeichnet hat.

Ich erwarte daher von dem gesammten Offizierkorps Meines Heeres, das ihm, wie bisher so auch in Zukunft, die Ehre das höchste Kleinod sein wird; dieselbe rein und fleckenlos zu erhalten, muß die heiligste Pflicht des ganzen Standes, wie des Einzelnen bleiben. Die Erfüllung dieser Pflicht schließt die gewissenhafte und vollständige Erfüllung aller anderen Pflichten des Offiziers in sich. Wahre Ehre kann ohne Treue bis in den Tod, ohne unerschütterlichen Muth, feste Entschlossenheit, selbstverleugnenden Gehorsam, lautere Wahrhaftigkeit, strenge Verschwiegenheit, wie ohne aufopfernde Erfüllung selbst der anscheinend kleinsten Pflichten nicht bestehen. Sie verlangt, daß auch in dem äußeren Leben des Offiziers sich die Würde ausdrücke, die aus dem Bewußtsein hervorgeht, dem Stande anzugehören, dem die Vertheidigung von Thron und Vaterland anvertraut ist. — Der Offizier soll bestrebt sein, nur diejenigen Kreise für seinen Umgang zu wählen, in denen gute Sitte herrschend ist, und darf am wenigsten an öffentlichen Orten aus dem Auge lassen, daß er nicht blos als gebildeter Mann, sondern auch als Träger der Ehre und der gesteigerten Pflichten seines Standes auftritt. Von allen Handlungen, welche dem Ruf des Einzelnen oder der Genossenschaft nachtheilig werden können, besonders von allen Ausschweifungen, Trunk und Hazardspiel, von der Uebernahme solcher Verpflichtungen, mit denen auch nur der Schein unredlichen Benehmens verbunden sein könnte, vom hazardmäßigen Börsenspiel, von der Theilnahme an Erwerbsgesellschaften, deren Zweck nicht unantastbar und deren Ruf nicht tadellos ist, sowie überhaupt von jedem Streben nach Gewinn auf einem Wege, dessen Lauterkeit nicht klar erkennbar ist, muß der Offizier sich weit abhalten. Sein Ehrenwort darf er nie leichtsinnig verpfänden.

Je mehr anderwärts Luxus und Wohlleben um sich greifen, um so ernster tritt an den Offizierstand die Pflicht heran, nie zu vergessen, daß es nicht materielle Güter sind, welche ihm die hochgeehrte Stellung im Staate und in der Gesellschaft erworben haben und erhalten werden. Nicht nur, daß die kriegerische Tüchtigkeit des Offiziers durch eine verweichlichende Lebensweise beeinträchtigt werden könnte, sondern völlige Erschütterung des Grundes und Bodens, worauf der Offizierstand steht, ist die Gefahr, welche das Streben nach Gewinn und Wohlleben mit sich bringen würde.

Je eifriger die Offizierkorps treue Kameradschaft und richtigen Korpsgeist pflegen, um so leichter werden sie Ausschreitungen vorbeugen, auf Abwege gerathende Kameraden in die richtigen Bahnen zurückleiten, unnütze Händel und unwürdige Zänkereien vermeiden.

Niemals darf das berechtigte Selbstgefühl des Offiziers in Mangel an Achtung oder in Ueberhebung gegen andere Stände ausarten. Je mehr der Offizier seinen Beruf liebt und je höher er dessen Zwecke auffaßt, um so mehr wird er ermessen, in wie hohem Grade das volle Vertrauen aller Stände zum Offizierstande eine Bedingung für die erfolg- und ruhmreiche Lösung der letzten und höchsten Aufgabe des Heeres ist.

Ich habe das Vertrauen zu den Offizieren des Beurlaubtenstandes und zu den verabschiedeten Offizieren, welchen ich die Beibehaltung der äußeren Zeichen des Standes bewilligt habe, daß, wie sie fortdauernd Antheil an der Standesehre haben, sie der Verpflichtung, für die Wahrung dieser Ehre zu sorgen, auch in ihren bürgerlichen Verhältnissen stets eingedenk bleiben werden.

Dafür, daß in den Offizierkorps des stehenden Heeres und des Beurlaubtenstandes ein geläutertes Ehrgefühl sich lebendig erhalte, sind Mir zunächst die Regiments-Kommandeure und diejenigen Befehlshaber, welche gleichen Pflichten obliegen, verantwortlich. Sie vor allen besitzen in den ihnen für die Heranbildung der jüngeren Offiziere zu Gebote stehenden Mitteln die Möglichkeit, auf die Erhaltung des Geistes, welcher allein ein Heer groß macht, weit über den Bereich und die Dauer ihrer eigenen Wirksamkeit hinaus Einfluß zu üben. Dieser Pflicht werden sie besonders dann mit Erfolg genügen, wenn sie die jüngeren Offiziere ernstlich anhalten, den wohlgemeinten Weisungen ihrer älteren Kameraden nachzukommen, und wenn sie ebenso diese nicht im Zweifel darüber lassen, daß es eine wesentliche Pflicht der älteren Offiziere ist, ihre jüngeren Kameraden zu überwachen und zu sich heranzubilden.

Wenn in dieser Art durch Erziehuug, Beispiel, Belehrung, Warnung und Befehl entsprechend gewirkt wird, müssen Vorkommnisse, welche den in der Verordnung über die Ehrengerichte angeordneten Spruch der Standesgenossen erheischen, immer seltener werden.

Die Bestimmungen dieser Verordnung haben den Zweck, die Pflege der bewährten Ueberlieferungen ritterlichen Sinnes im Offizierstande zu fördern und gewähren die Mittel, da, wo einen Offizier der Vorwurf trifft, er habe Schaden an seiner Ehre gelitten oder wo er selbst dies befürchtet, im geordneten Wege einzuschreiten.

Hierbei sollen die Ehrenräthe die Organe der Kommandeure bilden, während diesen die Leitung der Ehrengerichte und die Verantwortung für die richtige Behandlung der in ihrem Dienstbereich vorkommenden ehrengerichtlichen Angelegenheiten ausschließlich obliegt. Auch sollen die Ehrenräthe denjenigen ihrer Kameraden, welche an sie in Ehrensachen sich wenden, mit kameradschaftlichem Rath zur Seite stehen. Indem Ich die Zusammensetzung der Ehrenräthe der Offizierkorps von der Wahl der Kameraden abhängig gemacht habe, ist es nicht allein Meine Absicht, den Kommandeuren für die oft schwierigen Geschäfte in Ehrensachen besonders geeignete Organe zu geben, sondern auch die, solche Offiziere für diese Funktionen zu finden, welche das Vertrauen ihrer Kameraden in so hohem Grade besitzen, daß sie mit Erfolg als deren berufene Rathgeber in Ehrensachen wirken können. Ich setze voraus, daß kein Offizier sich bei der Wahl von andern als mit dieser Meiner Absicht übereinstimmenden Beweggründen wird leiten lassen.

Die Ehrengerichte aber haben die doppelte Aufgabe, sowohl durch ihren Spruch die Ehre des Einzelnen von unbegründeten Verdächtigungen, insoweit ihm andere standesgemäße Wege hierzu nicht offen stehen, zu reinigen, als auch zur Wahrung der Ehre des Standes gegen diejenigen Mitglieder desselben, deren Benehmen dem richtigen Ehrgefühl und den Verhältnissen des Offizierstandes nicht entspricht, einzuschreiten. Die Fälle, in denen ein solches Einschreiten erforderlich werden kann, lassen sich nicht erschöpfend voraus bestimmen; sie im Einzelnen zu erkennen, soll Mein vorstehend ausgesprochener Wille einen Anhalt geben.

Zugleich halte Ich hierbei Mich versichert, daß die Befehlshaber, in richtiger Würdigung der zur Wahrung der Disziplin und zur Aufrechthaltung ihrer Autorität ihnen verliehenen Strafbefugnisse solche Fälle, welche im Disziplinarwege füglich erledigt werden können, nicht zum ehrengerichtlichen Verfahren verweisen werden, um die gewichtige Bedeutung eines ehrengerichtlichen Spruchs nicht herabzudrücken.

Bei allen Verhandlungen der Ehrenräthe und der Ehrengerichte soll neben den Rücksichten auf die Erhaltung der Standesehre der Sinn wechselseitigen Wohlwollens walten. Das Verfahren soll auf Erörterung der Anschuldigungspunkte sich beschränken und nicht auf Nebendinge eingehen oder durch unnöthige Förmlichkeiten erschwert und aufgehalten werden. Auch ist hierbei stets ernstlich darauf zu halten, daß innere Angelegenheiten eines Offizierskorps nicht weiter aus dessen Kreis hinausgetragen werden, als unumgänglich nöthig ist.

In dem Vertrauen, daß edle Sitte und guter Ton in den Offizierkorps Meines Heeres sich heimisch erhalten, und Privatstreitigkeiten und Beleidigungen der Offiziere unter einander immer seltener vorkommen werden, habe Ich das durch die Verordnung II. vom 20. Juli 1843 vorgeschriebene Verfahren außer Kraft gesetzt. Nur soll für den Offizier, welcher mit einem anderen Offizier in eine die Ehre berührende Privatzwistigkeit geräth, die Verpflichtung fortbestehen, seinem Ehrenrath und zwar spätestens, wenn er eine Herausforderung zum Zweikampf erläßt oder erhält, hiervon Anzeige zu machen, oder durch einen Kameraden Anzeige machen zu lassen. Der Ehrenrath hat alsdann sofort und möglichst noch vor Vollziehung des Zweikampfes dem Kommandeur Meldung zu erstatten und da, wo die Standessitte es irgend zuläßt, einen Sühneversuch vorzunehmen; falls dieser aber nicht gelingt, dahin zu wirken, daß die Bedingungen des Zweikampfes zur Schwere des Falles in keinem Mißverhältniß stehen. Kommt es zum Zweikampf, so hat der Präses des Ehrenrathes oder ein Mitglied desselben sich als Zeuge auf den Kampfplatz zu begeben und darauf zu achten, daß bei Vollziehung des Zweikampfes die Standessitte gewahrt wird.

Auf ehrengerichtlichem Wege soll wegen eines Zweikampfes nur dann gegen Offiziere eingeschritten werden, wenn der Eine oder der Andere der Betheiligten bei dem Anlaß oder dem Austrag der entstandenen Privatstreitigkeit gegen die Standesehre gefehlt hat. — Dies muß insbesondere in dem immerhin möglichen Falle geschehen, wenn ein Offizier in frevelhafter Weise einem Kameraden ohne jede Veranlassung eine schwere Beleidigung zugefügt haben sollte. Denn einen Offizier, welcher im Stande ist, die Ehre eines Kameraden in frevelhafter Weise zu verletzen, werde Ich ebensowenig in Meinem Heere dulden, wie einen Offizier, welcher seine Ehre nicht zu wahren weiß.

Die Regiments-Kommandeure und die ihnen gleichstehenden Befehlshaber haben dafür Sorge zu tragen, daß jeder neu ernannte Offizier des stehenden Heeres und des Beurlaubtenstandes von dieser meiner Ordre Kenntniß erhält. Auch ist durch gelegentliches Vorlesen bei Versammlungen der Offizierkorps Mein hier ausgesprochener Wille den Offizieren Meines Heeres öfter in Erinnerung zu bringen.

Berlin, den 2. Mai 1874.

Wilhelm.

An das Kriegs-Ministerium.

Verordnung
über die
Ehrengerichte der Offiziere im Preußischen Heere.

I. Zweck der Ehrengerichte.

§. 1. Die Ehrengerichte der Offiziere haben zum Zweck, die gemeinsame Ehre der Genossenschaft, sowie die Ehre des Einzelnen zu wahren.

Ihre Aufgabe ist es:

1) gegen diejenigen Offiziere, deren Benehmen dem richtigen Ehrgefühl oder den Verhältnissen des Offizierstandes nicht entspricht, auf dem durch gegenwärtige Verordnung bezeichneten Wege einzuschreiten und, wo es zur Erhaltung der Reinheit der Ehre des Offizierstandes nöthig, auf die Entfernung unwürdiger Mitglieder aus der Genossenschaft anzutragen; sowie
2) die Offiziere von unbegründeten Verdächtigungen ihrer Ehrenhaftigkeit zu reinigen, insofern andere standesgemäße Wege hierzu nicht vorhanden sind.

II. Zuständigkeit der Ehrengerichte.

§. 2. Zur Beurtheilung der Ehrengerichte gehören:

a. alle Handlungen und Unterlassungen von Offizieren, welche dem richtigen Ehrgefühl oder den

Verhältnissen des Offizierstandes zuwider sind und daher die gemeinsame Ehre der Genossenschaft gefährden oder verletzen;

b. diejenigen Fälle, in welchen Offiziere zum Schutz ihrer eigenen Ehre auf einen ehrengerichtlichen Spruch antragen.

§. 3. Ist eine zur Zuständigkeit der Ehrengerichte gehörende Handlung oder Unterlassung zugleich in den Strafgesetzen mit Strafe bedroht und dieserhalb ein gerichtliches Verfahren eingeleitet, so darf erst nach Beendigung desselben ehrengerichtliches Einschreiten erfolgen.

In einem solchen Falle dürfen, wenn gerichtlich auf Freisprechung erkannt ist, diejenigen Thatsachen, welche in dem gerichtlichen Verfahren zur Erörterung gekommen sind, nur noch insoweit dem Spruch eines Ehrengerichts unterstellt werden, als dieselben an sich eine Verletzung der Ehre des Offizierstandes enthalten.

Ist dagegen eine gerichtliche Verurtheilung erfolgt, so bleibt lediglich demjenigen Befehlshaber, welcher ein ehrengerichtliches Verfahren anzuordnen berechtigt ist, überlassen, darüber Entscheidung zu treffen, ob außerdem noch ein ehrengerichtlicher Spruch zu fällen sei.

Von dem ehrengerichtlichen Verfahren sind ausgeschlossen alle diejenigen Handlungen, welche ein militärisches oder bürgerliches Strafgesetz verletzen und gerichtliche Entscheidung erfordern und solche, welche disziplinarisch erledigt werden können. Glaubt der zur Einleitung eines ehrengerichtlichen Verfahrens zuständige Befehlshaber oder der Ehrenrath, daß die zu seiner Kenntniß gelangte Handlung eines Offiziers eine Standespflicht und zugleich ein Strafgesetz verletzt, so ist zunächst die gerichtliche Untersuchung herbeizuführen und das ehrengerichtliche Verfahren bis zur Beendigung derselben auszusetzen. Erfolgt in ersterer Freisprechung, so sind die abgeurtheilten Thatsachen dem nachfolgenden Ehrengericht nur in soweit zu unterstellen, als durch sie zugleich eine Standespflicht verletzt ist. Nach einer gerichtlichen Verurtheilung greift die Vorschrift des §. 3 Abs. 3 d. V. Platz. In diesen Fällen findet eine mehrfache Bestrafung wegen derselben Handlung nicht statt; das Objekt der gerichtlichen Untersuchung ist ein anderes als das der ehrengerichtlichen.

§. 4. Den Ehrengerichten sind unterworfen:

1) alle Offiziere des aktiven Dienststandes;
2) alle Offiziere des Beurlaubtenstandes (Reserve und Landwehr), mit Einschluß der unter Vorbehalt der Dienstverpflichtung aus dem aktiven Dienste entlassenen Offiziere;
3) die Offiziere à la suite der Armee;
4) die zur Gendarmerie übergetretenen Offiziere;
5) die mit Pension zur Disposition gestellten, und die unter Verleihung der Befugniß, Militäruniform zu tragen, verabschiedeten Offiziere.

Die mit Pension verabschiedeten Offiziere, denen das Recht die Militär-Uniform zu tragen, nicht verliehen ist, stehen nicht unter den Ehrengerichten.

III. Bildung der Ehrengerichte.

§. 5. An der Bildung von Ehrengerichten Theil zu nehmen sind nur diejenigen Offiziere berechtigt, welche:

1) Mitglieder von Offizierkorps sind, oder
2) auf Grund der nachstehenden Vorschriften (§. 13.) besonders dazu gewählt werden.

Alle übrigen Offiziere sind den Ehrengerichten unterstellt, ohne zur thätigen Theilnahme an denselben berechtigt zu sein.

Inactive Offiziere, welche im activen Heere in einer Offizierstelle wieder Verwendung gefunden haben, sind für die Dauer dieses Dienstverhältnisses in Beziehung auf die Theilnahme an der Bildung der Ehrengerichte und auf die Unterstellung unter dieselben als Offiziere des activen Dienststandes anzusehen. (§§. 5, 10, 13) A.K.O. vom 27. Juni 1890 (A.V.Bl. S. 157).

§. 6. Mitglieder eines Offizierkorps im Sinne der gegenwärtigen Verordnung sind:

1) bei den Offizierkorps des aktiven Dienststandes: alle Offiziere, welche im Etat eines Regiments, eines selbstständigen Bataillons oder einer selbstständigen Abtheilung stehen, sowie diejenigen, welche die Uniform eines solchen Truppentheils tragen, insofern sie nicht durch Abkommandirung in den Etat eines anderen Truppentheils getreten sind;

2) *) bei den Offizierkorps des Beurlaubtenstandes: der Bezirks-Kommandeur, die bei den Bezirks-Kommandos im aktiven Dienst wieder angestellten Offiziere, die Bezirks-Offiziere und alle Reserve- und Landwehr-Offiziere eines Landwehr-Bezirks ohne Unterschied der Waffengattung.

Zu den am Schluß der Ziff. 1 gedachten Offizieren gehören auch die dem Truppentheil aggregirten und die à la suite desselben gestellten Offiziere. — Solche, welche zu einer militärischen Behörde

*) Ziff. 2 des §. 6 d. V. ist in der vorstehenden Weise abgeändert durch A.K.O. vom 27. Juni 1890 (A.V.Bl. S. 157).

oder Anstalt abkommandirt sind, bleiben Mitglieder des Offizier-Korps des Truppentheils, dessen Uniform sie tragen, soweit besondere Ausnahmen nicht vorgesehen sind.

Offiziere der Landwehr zweiten Aufgebots sind im Sinne des §. 6 d. V. Mitglieder des Offizier-Korps ihres Landwehr-Bezirks und als solche dem Ehrengericht unterstellt. Von der Theilnahme an der Offizierswahl können sie auf ihren Antrag von dem Bezirks-Kommandeur dauernd befreit werden. Mil. Erg. Best. zu dem Ges. vom 11. Februar 1888 I. Ziff. 4 (A.V.Bl. S. 127 Anl.). — Die zu den Bezirks-Kommandos kommandirten activen Offiziere unterstehen dem Ehrengericht des Truppentheils dem sie selbst angehören, nicht dem des Beurlaubtenstandes.

§. 7. Die Ehrengerichte zerfallen in:

1) Ehrengerichte über Hauptleute oder Rittmeister und Subalternoffiziere; sie werden durch Offizierkorps gebildet, und in

2) Ehrengerichte über Stabsoffiziere; sie werden durch besonders dazu gewählte Stabsoffiziere gebildet.

Tritt die Nothwendigkeit ein, gegen einen General oder einen in einer Generalsstellung stehenden Stabsoffizier, oder einen von Mir ernannten Kommandanten, oder einen Mir direkt unterstellten Offizier, oder einen Adjutanten der Prinzen Meines Hauses oder eines deutschen Fürsten, oder gegen einen außerhalb des Verbandes Meines Heeres abkommandirten Stabsoffizier ehrengerichtlich einzuschreiten, so werde Ich das Nöthige jedes Mal besonders bestimmen.

A. Bildung der Ehrengerichte über Hauptleute oder Rittmeister und Subalternoffiziere.

§. 8. Ehrengerichte über Hauptleute oder Rittmeister und Subalternoffiziere bestehen:

bei einem jeden Regiment,
bei einem jeden selbstständigen Bataillon,
bei einer jeden selbstständigen Abtheilung, und
in einem jeden Landwehr-Bataillonsbezirk.

Das gesammte Offizierkorps (§. 6.) bildet das Ehrengericht.

In Betreff anderer als der im §. 8 gedachten Truppentheile, der militärischen Behörden und Anstalten vgl. §. 19 d. B.

§. 9. Hat das Offizierkorps eines Landwehr-Bataillons mehr als 120 Mitglieder, so kann es durch den Landwehrbezirks-Kommandeur in so viel Ehrengerichte getheilt werden, daß jedes derselben zwischen 60 und 120 Mitglieder zählt.

Dasselbe gilt von den später errichteten Landwehr-Regimentern (Berlin, Breslau, Köln).

§. 10. Hauptleute oder Rittmeister und Subalternoffiziere sind, sofern sie Mitglieder eines Offizierkorps sind (§. 6.), dem Ehrengericht dieses Offizierkorps unterworfen.

Sind Offiziere der vorgedachten Charge nicht Mitglieder eines Offizierkorps, so werden sie auf Antrag ihrer direkten Vorgesetzten durch den kommandirenden General desjenigen Armeekorps, in dessen Territorialbezirk sie garnisoniren, dem Ehrengerichte eines Offizierkorps seines Befehlsbereichs unterstellt. Diese Zutheilung entweder alljährlich oder nur im gegebenen Falle zu beantragen, bleibt den gedachten Vorgesetzten überlassen.

Als Territorialbezirk des Gardekorps werden im Sinne der gegenwärtigen Verordnung die Städte Berlin, Potsdam, Charlottenburg und Spandau angesehen.

Während des Kriegszustandes geht die Befugniß, Offiziere einem Ehrengerichte ihres Befehlsbereichs zu unterstellen, auf diejenigen Befehlshaber über, welche berechtigt sind, ein ehrengerichtliches Verfahren anzuordnen (§. 28.)

Die in Abs. 1 erwähnten Offiziere sind dem Ehrengericht der Stabsoffiziere unterworfen, wenn sie an einem ehrengerichtlichen Verfahren gegen einen Stabsoffizier als Mitbeschuldigte betheiligt sind; §. 13 Abs. 7 d. V.

§. 11. Hauptleute oder Rittmeister und Subalternoffiziere der im §. 4. unter Nr. 5. aufgeführten Kategorien sind im Frieden dem Ehrengerichte desjenigen Landwehr-Bataillons, in dessen Bezirk sie ihren Wohnsitz haben, unterstellt; während des Kriegszustandes wird auch hinsichtlich dieser Offiziere in der im §. 10. angegebenen Weise verfahren.

§. 12. Das Ehrengericht eines Offizierkorps des aktiven Dienststandes wird von dem an der Spitze desselben stehenden (Regiments-, Bataillons-, Abtheilungs-) Kommandeur; das Ehrengericht eines Offizierkorps des Beurlaubtenstandes von dem Landwehr-Bezirks-Kommandeur geleitet.

Wo in der gegenwärtigen Verordnung vom „Kommandeur" die Rede ist, sind darunter die hier genannten Kommandeure zu verstehen.

Ueber das Verhältniß des im §. 11 gedachten Kommandeurs zum Ehrenrath und zum Ehrengericht vgl. die §§. 23—25, 27, 29, 34, 35, 40—42, 46, 50, 56, 59, 60, 61 d. V.

B. Bildung der Ehrengerichte über Stabsoffiziere.

§. 13. In dem Territorialbezirk eines jeden Armeekorps wird über sämmtliche in demselben ihre Garnison, oder, — sofern sie den im §. 4. unter Nr. 5. bezeichneten Kategorien angehören — ihren Wohnsitz habende Stabsoffiziere ein aus einem General und neun Stabsoffizieren bestehendes Ehrengericht über Stabsoffiziere gebildet.

Der General wird von dem kommandirenden General aus den aktiven Generalen seines Befehlsbereichs bestimmt; er nimmt zu dem Ehrengericht die Stellung des Kommandeurs (§. 12.) ein und verkehrt mit dem kommandirenden General direkt.

Die übrigen Mitglieder des Ehrengerichts und zugleich für einen Jeden derselben ein Stellvertreter, werden auf Anordnung des kommandirenden Generals zu gleichen Theilen aus den im Territorialbezirk des Armeekorps garnisonirenden Obersten, Oberstleutenants und Majors des aktiven Dienststandes, jedesmal auf ein Jahr, durch relative Stimmenmehrheit der Art gewählt, daß sämmtliche wahlberechtigte Stabsoffiziere an der Wahl aller dieser neun Mitglieder des Ehrengerichts und deren Stellvertreter Theil nehmen. Bei Stimmengleichheit entscheidet das Dienstalter der Charge. Die Stabsoffiziere der Landgendarmerie sind in Bezug auf die Berechtigung zur Theilnahme an der Bildung der Ehrengerichte über Stabsoffiziere denjenigen des aktiven Dienststandes gleich zu achten.*)

Die Mitglieder des Ehrengerichts und deren Stellvertreter sind nach Ablauf der Wahlperiode wieder wählbar.

Die Wahl erfolgt am 1. September jeden Jahres oder an einem der nächstfolgenden Tage.

Während des Kriegszustandes ist jeder mit den Gerechtsamen eines kommandirenden Generals betraute Befehlshaber zur Bildung eines Ehrengerichts über Stabsoffiziere innerhalb seines Befehlsbereichs in derselben Weise berechtigt.

Offiziere niederen Grades sind den Ehrengerichten über Stabsoffiziere in den Fällen unterworfen, in welchen sie mit Stabsoffizieren gemeinsam betheiligt sind.

Bezüglich der inaktiven Offiziere, welche im Heere wieder Verwendung in einer aktiven Dienststelle gefunden haben, vgl. Note zu §. 5.

Die A.V. sieht nicht vor wie es zu halten, wenn im Laufe des Jahres ein Mitglied des Ehrengerichts und dessen Stellvertreter ausscheidet. In diesem Falle dürfte auf Antrag durch den kommandirenden General eine Neuwahl zu veranlassen sein. Vgl. §. 13 d. V.

*) Der Schlußsatz des Abs. 3 des §. 13 ist durch A.K.O. vom 5. November 1891 (A.V.Bl. S. 246) hinzugefügt.

IV. Vom Ehrenrath.

§. 14. Bei jedem Ehrengericht wird ein Ehrenrath gebildet. Derselbe hat unter der Leitung des Kommandeurs als dessen Organ die Geschäfte des Ehrengerichts zu führen.

Das älteste Mitglied des Ehrenraths ist Präses des Ehrenraths.

Bei dem Ehrengericht der Stabsoffiziere ist derjenige Oberst Präses des Ehrenraths welcher bei der Wahl des Ehrengerichts die meisten Stimmen erhalten hat. §. 21 d. V.

§. 15. Der Ehrenrath eines Ehrengerichts über Hauptleute oder Rittmeister und Subalternoffiziere besteht aus:

einem Hauptmann oder Rittmeister,
einem Premierleutenant und
einem Sekondleutenant.

Derselbe wird aus den Mitgliedern des Ehrengerichts jedesmal auf Ein Jahr durch relative Stimmenmehrheit derart gewählt, daß das gesammte Offizierkorps den Sekondleutenant, die Stabsoffiziere, Hauptleute und Premierleutenants den Premierleutenant, die Stabsoffiziere und Hauptleute den Hauptmann wählen. Gleichzeitig wird für jedes Mitglied des Ehrenraths in derselben Weise ein Stellvertreter gewählt.

Die nach Verlauf des Jahres ausscheidenden Mitglieder des Ehrenraths sind wieder wählbar.

Sind eine oder zwei Chargen im Offizierkorps nicht vertreten, so werden für sie aus der nächst niederen Charge ein zweites und nöthigen Falls noch ein drittes

Mitglied des Ehrenraths und deren Stellvertreter gewählt. Ist die niedrigste Charge nicht vertreten, so wird das für dieselbe bestimmte Mitglied des Ehrenraths und dessen Stellvertreter aus der nächst höheren Charge gewählt.

Beförderung in eine höhere Charge bewirkt das Ausscheiden des betreffenden Mitgliedes aus dem Ehrenrath.

Tritt bei der Wahl eines Mitgliedes des Ehrenraths Stimmengleichheit ein, so entscheidet die Stimme des den Wahlakt leitenden Kommandeurs bezw. dessen Stellvertreters. A.K.O. vom 12. Oktober 1876 und K.M. vom 30. Oktober 1876 Nr. 731. 10. A. 2. — Vgl. auch §. 18 d. V.

§. 16. Haben Bataillone oder Abtheiluugen eines Infanterie- oder Artillerieregiments verschiedene Garnisonen, so wird für jedes einzeln garnisonirende Bataillon, beziehungsweise jede solche Abtheilung ein besonderer Ehrenrath gebildet.

Der Ehrenrath eines detaschirten Bataillons (Abtheilung ꝛc.) tritt zu dem Regiments-Kommandeur als Kommandeur des Ehrengerichts in ein gleiches Verhältniß wie der Ehrenrath im Regimentsstabsquartier. Der Kommandeur des detaschirten Bataillons ꝛc. hat keine dienstlichen Beziehungen zu diesem Ehrenrath.

§. 17. Die Wahl des Ehrenraths hat am 1. September jeden Jahres oder an einem der nächstfolgenden Tage, möglichst in gemeinsamer Vereinigung der wahlberechtigten Offiziere stattzufinden.

Den Wahlakt leitet der Kommandeur; die Wahl erfolgt durch Abgabe, beziehungsweise Einsendung von Stimmzetteln.

An der Wahl des Ehrenraths für einzeln garnisonirende Bataillone oder Abtheilungen nehmen nur deren Offiziere Theil.

Siehe hierzu Note zu §. 15 d. V.

§. 18. Ersatzwahlen für den Ehrenrath im Laufe des Jahres finden nur dann statt, wenn ein Mitglied und auch dessen Stellvertreter fehlt.

§. 19. Auch bei denjenigen Truppentheilen, welche kein eigenes Ehrengericht zu bilden berechtigt sind, sowie bei Militärbehörden und militärischen Anstalten kann, nach Maßgabe der §§. 15., 17. und 18. für Hauptleute oder Rittmeister und Subalternoffiziere ein Ehrenrath gebildet werden, wenn der Befehlshaber oder Vorstand derselben es für nöthig hält. Dieser Ehrenrath tritt zu dem betreffenden Truppenbefehlshaber, beziehungsweise zu dem Vorstande der Behörde oder der Anstalt in dasselbe Verhältniß wie der Ehrenrath eines Ehrengerichts (§. 14.) zu dem Kommandeur.

Ueber das weitere Verfahren bezüglich des §. 19 vgl. §. 25 d. V.

§. 20. Während des Kriegszustandes können die im §. 28. bezeichneten Befehlshaber mehrere Truppentheile, die zu schwach sind, um einen eigenen Ehrenrath zu bilden, einen gemeinsamen Ehrenrath bilden lassen.

§. 21. Der Ehrenrath eines Ehrengerichts über Stabsoffiziere besteht aus:

einem Obersten,
einem Oberstleutenant und
einem Major.

Derselbe wird jedesmal aus denjenigen Mitgliedern des Ehrengerichts gebildet, welche bei ihrer Wahl als solche (§. 13.) die meisten Stimmen erhalten haben.

§. 22. Jeder Offizier hat das Recht, Handlungen und Unterlassungen jedes anderen Offiziers des Deutschen Heeres oder der Marine, welche die Ehre desselben oder die des Standes gefährden oder verletzen, zur Kenntniß des Ehrenraths oder des direkten Vorgesetzten des Bezichtigten zu bringen.

§. 23. Der Ehrenrath hat die Pflicht, sobald Handlungen oder Unterlassungen, welche die Ehre eines Offiziers gefährden oder verletzen können, zu seiner Kenntniß kommen, dem ihm vorgesetzten Kommandeur davon Meldung zu machen. Der Kommandeur entscheidet dann nach Anhörung des Ehrenraths, ob und auf welchem Wege die Sache weiter zu verfolgen ist.

§. 24. Hält der Kommandeur Ermittelungen zur Feststellung des Thatbestandes für nöthig, so hat der Ehrenrath dieselben in seinem Auftrage vorzunehmen und ihm nach seiner Bestimmung über das Ergebniß mündlich oder schriftlich zu berichten.

Dasselbe gilt von Vorgängen, mit deren Feststellung der Kommandeur den Ehrenrath ohne vorherige Anzeige desselben beauftragt.

Befinden sich die Mitglieder des Ehrenrathes nicht an einem Orte, so hat der Kommandeur die Berechtigung, den Ehrenrath, wenn es ihm geboten erscheint, an einem von ihm zu bestimmenden Orte zur Erledigung der demselben übertragenen Geschäfte zusammentreten zu lassen.

Reisen des Ehrenraths sollen möglichst vermieden werden; lassen sich solche nicht umgehen, so erhalten die Mitglieder des Ehrenamts für die Reisetage und die unumgänglich nothwendigen Aufenthaltstage die reglementsmäßigen Reisekosten und Tagegelder nach Maßgabe der V. vom 15. Juli 1873 (A.V.Bl. S. 206) Pr.K.M. vom 30. November 1878 Nr. 327. 8. M.O.D. 3.

§. 25. Die von einem bei den im §. 19. bezeichneten Truppentheilen, Militärbehörden oder militärischen Anstalten fungirenden Ehrenrath aufgenommenen Verhandlungen werden durch dessen Vorgesetzten an denjenigen Kommandeur zur weiteren Beschlußfassung abgegeben, welcher das zuständige Ehrengericht zu leiten hat (§. 12.).

§. 26. Jeder den Ehrengerichten unterstellte Offizier hat das Recht, auf einen ehrengerichtlichen Spruch gegen sich selbst anzutragen; sowie die Pflicht, jedem Ehrenrath Rede zu stehen und demselben Auskunft zu ertheilen.

V. Von dem ehrengerichtlichen Verfahren.

§. 27. Findet der Kommandeur, daß die Handlung oder Unterlassung eines Offiziers ehrengerichtlichen Spruch erfordert, so hat derselbe nach Feststellung des Thatbestandes die Entscheidung des Befehlshabers, welcher berechtigt ist, ein ehrengerichtliches Verfahren über den Bezichtigten anzuordnen (§. 28.), auf dem Instanzenwege einzuholen.

Dem hiernach zu erstattenden Berichte hat der Kommandeur:

a) die bisherigen Verhandlungen nebst einem Gutachten des Ehrenraths, — zu welchem auch die Zwischen-Instanzen ihr Gutachten abzugeben haben — und

b) einen Personalbericht (nicht Qualifikationsbericht) des Bezichtigten beizufügen, welcher zugleich über die Führung desselben das für den Zweck Nothwendige enthalten muß.

Kann der Kommandeur den Personalbericht zu b. nicht selbst aufstellen, so ist derselbe im Wege der Requisition zu beschaffen.

§. 28. Das ehrengerichtliche Verfahren über einen Hauptmann, Rittmeister oder Subalternoffizier anzuordnen, ist nur der mit Gerichtsbarkeit über Offiziere betraute direkte Befehlshaber desjenigen Truppentheils berechtigt, dessen Ehrengericht der Bezichtigte unterstellt ist (§. 10.).

Die Anordnung des ehrengerichtlichen Verfahrens über einen Stabsoffizier steht nur dem kommandirenden General (§. 13) zu, und während des Kriegszustandes dem nächsten mit gleichen Gerechtsamen betrauten, dem bezichtigten Stabsoffizier direkt vorgesetzten Befehlshaber.

Vor Anordnung eines ehrengerichtlichen Verfahrens über einen Regiments-Kommandeur oder im Range eines solchen stehenden Stabsoffiziers ist jedesmal Meine Entscheidung einzuholen.

Nach Abs. 1 sind für die Einleitung einer ehrengerichtlichen Untersuchung über die dort gedachten Chargen zuständig:

Der Divisions-Kommandeur über die ihm unterstellten Offiziere der Infanterie und Kavallerie,

der kommandirende General über die zum Korps gehörigen Offiziere der Jäger, Artillerie, Pioniere und des Trains.

Bei der Garde ist bezüglich der Garde-Jäger der Kommandeur der ersten Garde-Infanterie-Division und bezüglich der Garde-Schützen der Kommandeur der zweiten Garde-Infanterie-Division zuständig. Ueber die Offiziere der Eisenbahn-Regimenter steht die fragliche Berechtigung dem kommandirenden General des Garde-Korps zu.

Sind Offiziere mit angeschuldigt, welche verschiedenen, oder Ehrengerichten verschiedener Armee-Korps oder solchen des Heeres und der Kaiserlichen Marine unterstellt sind, so findet das im §. 32 d. V. vorgesehenen Verfahren Anwendung.

§. 29. Auf den Bericht des Kommandeurs (§. 27.) entscheidet der Befehlshaber, welcher berechtigt ist, das ehrengerichtliche Verfahren anzuordnen, ob ein solches stattfinden soll. Derselbe setzt, falls der Offizier, über welchen das Verfahren eingeleitet werden soll, nicht zu seinem Befehlsbereich gehört, dessen direkte Vorgesetzte hiervon sofort in Kenntniß.

Zugleich hat derselbe darüber Bestimmung zu treffen, ob der Bezichtigte vom Dienst zu suspendiren ist oder ob es bei der von dem Kommandeur etwa bereits verhängten Suspension vom Dienst das Bewenden behalten soll. Gehört der Bezichtigte nicht zu seinem Dienstbereich, so hat er die Suspension desselben vom Dienst, wenn er dieselbe für erforderlich erachtet, bei dessen zuständigen Vorgesetzten zu beantragen.

Die nach Vorstehendem von dem Befehlshaber (§. 28.) zu treffenden Entscheidungen erfolgen schriftlich. Es ist darin, wenn das ehrengerichtliche Verfahren angeordnet wird, so bestimmt als möglich auszusprechen, wegen welchen Verstoßes gegen die Standespflichten die ehrengerichtliche Untersuchung stattfinden soll.

Ueber die Entscheidung ist ein schriftlicher Beschluß zu den Akten zu bringen, in welchem die Handlung, welche Gegenstand des ehrengerichtlichen Spruchs sein soll, möglichst bestimmt anzugeben und der von dem zuständigen Befehlshaber oder dessen Stellvertreter zu vollziehen ist.

Die die Einleitung aussprechende Verfügung darf nur den thatsächlichen Gegenstand der Untersuchung bezeichnen, nicht aber die dadurch begangene Verschuldung ihrer Schwere nach in der Art qualifiziren, daß die Einleitung der ehrengerichtlichen Untersuchung wegen der aus den und den Umständen sich ergebenden Gefährdung oder Verletzung 2c. der Standesehre angeordnet ist. Es entspricht dies der Bestimmung des §. 29 d. V. um so weniger, als darin zugleich eine gewisse Beeinflussung des Ehrengerichts liegt, dessen Urtheil über das Maß der in dem Thatbestande sich darstellenden Verschuldung dadurch vorweg bestimmt wird. A.K.O. vom 27. Januar 1880.

Ein jeder Disziplinar-Vorgesetzter, welcher berechtigt ist, einen Offizier mit Arrest zu bestrafen, darf denselben vom Dienst suspendiren. A.K.O. vom 14. April 1822 (M.G.S. Bd. 1 S. 189). — Untersuchungshaft ist im ehrengerichtlichen Verfahren nicht zulässig.

§. 30. Ein Rekurs gegen die Entscheidung des im §. 28. bezeichneten Befehlshabers ist nur dann zulässig, wenn durch dieselbe der Antrag eines Offiziers auf ein ehrengerichtliches Verfahren gegen sich selbst abgelehnt wird.

In diesem Falle ist Meine Entscheidung auf dem Instanzenwege einzuholen.

§. 31. Das ehrengerichtliche Verfahren findet in der Regel bei demjenigen Ehrengericht statt, dem der Angeschuldigte unterworfen ist (§§. 10. 13.).

Beantragt derselbe jedoch aus erheblichen Gründen die Ueberweisung der Angelegenheit an ein anderes Ehrengericht, oder erscheint dem das ehrengerichtliche Verfahren anordnenden Befehlshaber, weil zahlreiche Mitglieder des Ehrengerichts zu nahe von dessen Gegenstand berührt sind, um unbefangen urtheilen zu können, oder aus anderen erheblichen Gründen eine Abweichung von der Regel geboten, so kann der gedachte Befehlshaber die Sache an ein anderes Ehrengericht seines Befehlsbereichs verweisen.

Darüber, ob die von dem Angeschuldigten vorgebrachten Ablehnungsgründe für erheblich zu erachten, entscheidet der nach §. 28 d. V. zuständige Befehlshaber. — Von der Verweisung an ein anderes Ehrengericht ist dem Angeschuldigten Nachricht zu geben; §. 49 d. V.

§. 32. Wenn gegen Offiziere, welche nicht einem und demselben Ehrengericht unterworfen sind, wegen einer gemeinsamen Handlung oder Unterlassung ein ehrengerichtliches Verfahren anzuordnen ist, so wird von ihrem nächsten gemeinschaftlichen Vorgesetzten, dem die Anordnung eines ehrengerichtlichen Verfahrens zusteht (§. 28.), das Ehrengericht eines dritten Offizierkorps zur Abhaltung des Ehrengerichts über sämmtliche Angeschuldigte bestimmt.

Unterstehen die Betheiligten Ehrengerichten verschiedener Armeekorps oder Ehrengerichten des Heeres und der Marine, so haben die betreffenden kommandirenden Generale, beziehungsweise der kommandirende General und der Chef der Admiralität, darüber sich zu verständigen, ob ein ehrengerichtliches Verfahren stattfinden und welchem Ehrengericht dasselbe übertragen werden soll.

Findet hierüber keine Einigung statt, so ist durch den Aeltesten derselben Meine Entscheidung einzuholen.

§. 33. Ist das ehrengerichtliche Verfahren angeordnet, so darf es vor Beendigung durch einen ehrengerichtlichen Spruch nicht wieder eingestellt werden. Auch wird die Zuständigkeit des mit dem Verfahren beauftragten Ehrengerichts durch Versetzung oder Verabschiedung des Angeschuldigten nicht aufgehoben.

Voraussetzung des §. 33 ist, daß das förmliche ehrengerichtliche Verfahren durch einen bezüglichen Einleitungsbeschluß angeordnet war.

§. 34. Der Kommandeur ist für die Leitung des Verfahrens verantwortlich. Von ihm erhält der Ehrenrath, dem die Führung der Untersuchung obliegt, die nöthigen Direktiven.

Die Untersuchung wird schriftlich geführt. Dieselbe muß sich, unter sorgfältiger Vermeidung jeder Weiterung, auf die Klarstellung der wesentlichen Thatsachen beschränken.

Die ehrengerichtliche Untersuchung wird analog der militärgerichtlichen geheim und schriftlich geführt. Der Ehrenrath fungirt dabei als Untersuchungsgericht; ein Mitglied desselben führt das Protokoll; die Aussagen der zu Vernehmenden sind klar aber möglichst kurz in direkter Redeform nieder zu schreiben und zu vollziehen. Bei jeder Vernehmung ist der Zweck eines ehrengerichtlichen Verfahrens im Auge zu behalten und muß neben den Rücksichten auf die Standesehre auch der Sinn wechselseitigen Wohlwollens vorwalten. Daraus folgt, daß der Ehrenrath sich nicht auf die Belastung des Angeschuldigten beschränken darf, sondern auch diejenigen Thatsachen feststellen muß, die denselben entlasten oder geeignet sind, die Handlung des Thäters in einem milderen Lichte erscheinen zu lassen. — Vgl. auch §. 36 d. V.

§. 35. Der Kommandeur veranlaßt die Vorladung des Angeschuldigten und der Zeugen. Sind sie am Orte anwesend, so geschieht ihre Vernehmung durch denjenigen Ehrenrath, der die Untersuchung führt, anderenfalls durch einen dazu requirirten, ihrem Aufenthaltsort nahen Ehrenrath oder durch ein Militär- oder Civilgericht.

Ehrenräthe, durch welche Vernehmungen zu bewirken sind, werden durch eine Requisition des Kommandeurs an ihren Vorgesetzten, Militärgerichte durch eine Requisition an den Gerichtsherrn dazu veranlaßt. Civilgerichte werden zu demselben Zweck durch ein Militärgericht requirirt.

Nach der Beilage I soll die Vorladung des Angeschuldigten durch den Ehrenrath erfolgen, während Abs. 1 des §. 35 d. V. bestimmt, daß dieselbe durch den Kommandeur zu veranlassen sei. Maßgebend dürfte die letztere Vorschrift sein. — Sind auswärtige Zeugen zu vernehmen, so ist, falls am Wohnorte derselben ein Ehrenrath befindlich, in erster Reihe dieser zu ersuchen.

§. 36. Die Vernehmungen durch den Ehrenrath geschehen protokollarisch. Zur Giltigkeit derselben ist die

Anwesenheit sämmtlicher Mitglieder des Ehrenraths oder deren Stellvertreter erforderlich.

Der Angeschuldigte wird vor seiner Vernehmung von dem ihm zur Last Gelegten in Kenntniß gesetzt. Zeugen, welche Deutsche Offiziere sind, werden nicht vereidigt, sondern versichern die Richtigkeit ihrer Aussage auf Ehre und Pflicht. Ist die Vereidigung anderer Zeugen nothwendig, so geschieht dieselbe stets durch ein dazu zu requirendes Militär- oder Civilgericht.

Der Ehrenrath ist nicht zuständig, Zeugen zu vereidigen; ist die eidliche Bekräftigung einer Zeugen-Aussage erforderlich, so muß diese durch ein ersuchtes Militär- oder Civilgericht erfolgen. Deutsche Offiziere sind als Zeugen in ehrengerichtlichen Untersuchungen von der Eidespflicht entbunden und haben die Richtigkeit ihrer Aussage nur auf Ehre und Pflicht zu versichern.

§. 37. In die Akten des Ehrengerichts darf, so lange die Sache nicht erledigt ist, nur dem Angeschuldigten oder dessen Vertheidiger, — und zwar nur im Beisein eines Mitgliedes des Ehrenraths — sowie den vorgesetzten Militärbehörden Einsicht gestattet werden.

Den zu requirirenden Behörden darf nur dasjenige mitgetheilt werden, was zur Erledigung der Requisition erforderlich ist. — Erst nach Beendigung der Sache kann die Mittheilung der Akten an andere Behörden mit — nur in unabweislichen Fällen zu ertheilender — Genehmigung des Befehlshabers erfolgen, dem die Anordnung des ehrengerichtlichen Verfahrens zustand.

§. 38. In Fällen, bei denen dem ehrengerichtlichen Verfahren eine gerichtliche Untersuchung vorhergegangen ist, können die Akten der letzteren dem ersteren, soweit sie für dessen Zwecke ausreichen, zu Grunde gelegt werden.

§. 39. Bei Verschiedenheit der Ansichten innerhalb des Ehrenraths über das zu beobachtende Verfahren entscheidet der Kommandeur.

Derselbe ermächtigt den Ehrenrath, die Akten zu schließen, sobald er weitere Ermittelungen nicht erforderlich erachtet.

§. 40. Kommen im Laufe einer ehrengerichtlichen Untersuchung neue Handlungen oder Unterlassungen des Angeschuldigten zur Sprache, welche nach der Ansicht des Kommandeurs ein ehrengerichtliches Verfahren erfordern, so ist von ihm im Instanzenwege bei dem Befehlshaber, welcher das ehrengerichtliche Verfahren angeordnet hat die Ausdehnung der Untersuchung auf diese Anschuldigungspunkte zu beantragen und nach dessen Entscheidung weiter zu verfahren.

Der §. 40 bezieht sich nur auf solche Fälle, in denen von dem zuständigen Befehlshaber ein ehrengerichtliches Verfahren wegen einer bestimmten Handlung bereits förmlich eröffnet war und sich im Laufe der Untersuchung neue Thatsachen ergeben, welche ein ehrengerichtliches Einschreiten gegen denselben Angeschuldigten erheischen.

§. 41. Bei dem Schluß der Untersuchung ist der Angeschuldigte durch den Ehrenrath darauf aufmerksam zu machen, daß und in welcher Weise er sich vertheidigen darf.

Es ist ihm gestattet, dem Ehrenrath seine Vertheidigung zu Protokoll zu geben oder eine selbst verfaßte Vertheidigungsschrift einzureichen, auch demnächst vor versammeltem Ehrengericht mündlich seine Vertheidigung zu wiederholen oder zu ergänzen.

Auch kann der Angeschuldigte sich durch einen anderen Offizier, der aber eine niedere Charge als er selbst nicht bekleiden darf, schriftlich vertheidigen lassen.

Zur Einreichung einer Vertheidigungsschrift ist eine Präklusivfrist von acht Tagen zu bewilligen, die nur mit Genehmigung des Kommandeurs verlängert werden darf.

Die Vertheidigung kann erfolgen: zu Protokoll vor dem Ehrenrath, durch eine selbstverfaßte und zu den Akten einzureichende Vertheidigungsschrift und endlich durch schriftliche Vertheidigung eines anderen Offiziers von gleicher oder höherer Charge als der Angeschuldigte.

Der erwählte Vertheidiger darf die Akten vorher einsehen; vgl. §. 37 d. V. — Derselbe ist von der späteren Spruchsitzung ausgeschlossen; §. 46 d. V.

Da der Angeschuldigte berechtigt ist, persönlich vor dem Spruchgericht zu erscheinen (§. 50 Abs. 2), so muß ihm Zeit und Ort desselben so rechtzeitig mitgetheilt werden, daß er in der Lage ist, dies Recht auszuüben.

§. 42. Sodann wird in einer dazu von dem Kommandeur zu berufenden Versammlung der Mitglider des Ehrengerichts zum Spruch geschritten. Zweck derselben ist, die Mitglieder des Ehrengerichts über die Sache vollständig zu unterrichten, ihnen die Möglichkeit zu geben, durch Austausch der Ansichten ihre Ueberzeugung zu klären und diese in einem Spruch zum Ausdruck zu bringen.

Welche Mitglieder des Offizierkorps stimmberechtig und welche von der Theilnahme an einem Ehrengericht auszuschließen sind, ist in den §§. 43 Abs. 2 und 46 Abs. 3 d. V. vorgesehen.

§. 43. Zur Spruchsitzung eines Ehrengerichts über Hauptleute oder Rittmeister und Subalternoffiziere werden alle stimmberechtigte Mitglieder des Ehrengerichts so eingeladen, daß auch auswärtige Mitglieder die Möglichkeit erhalten, an derselben Theil zu nehmen.

Stimmberechtigt sind alle Mitglieder des Offizierkorps einschließlich der Stabsoffiziere und des Kommandeurs (§. 6.).

Offiziere des Beurlaubtenstandes, welche in ehrengerichtlichen Angelegenheiten zum Zweck der Abhaltung des Spruchgerichts ihren Wohnort verlassen müssen, erhalten die verordnungsmäßigen Tagegelder und Reisekosten (V. vom 15. Juli 1873 A.V.Bl. S. 207). Zur möglichsten Kostenersparniß sind indeß die Spruchgerichte möglichst bei solchen Gelegenheiten abzuhalten, wo die Offiziere sich ohnedies aus dienstlicher Veranlassung im Bezirks-Stabsquartier zu versammeln haben; Pr.K.M. vom 30. November 1878 Nr. 327. 8. 78. M.O.D. 3 und vom 28. Januar 1881 Nr. 289. 1. M.O.D. 3.

§. 44. Bei einem Infanterie- oder Artillerie-Regiment, welches verschiedene Garnisonen hat, findet zuerst in derjenigen Garnison, in welcher sich der Ehrenrath befindet, der die Untersuchung geführt hat, eine Spruchsitzung statt. Demnächst werden die Akten den anderen Bataillonen oder Abtheilungen zugeschickt, um dort ebenfalls zum Spruch zu schreiten. Der Kommandeur kann sich in solchen Fällen in die Garnisonen dieser Bataillone und Abtheilungen begeben, um der Spruchsitzung beizuwohnen.

§. 45. Zur Spruchsitzung eines Ehrengerichts über Stabsoffiziere werden die Mitglieder desselben, beziehungsweise die nöthigen Stellvertreter an einem Orte vereinigt.

§. 46. Etwaige Anträge auf Ausschließung einzelner Mitglieder des Ehrengerichts von der Abstimmung sind von dem Angeschuldigten (§. 31.) so zeitig anzubringen, daß darüber noch vor der Spruchsitzung von dem zur Anordnung des ehrengerichtlichen Verfahrens berechtigten Befehlshaber entschieden werden kann.

Die Entscheidung ist eine endgiltige.

Außerdem sind durch den Kommandeur von der Theilnahme am Spruch des Ehrengerichts auszuschließen: Ankläger, Zeugen, Vertheidiger, nahe Verwandte und Schwäger des Angeschuldigten, sowie diejenigen, welche sich selbst in einer gerichtlichen oder ehrengerichtlichen Untersuchung befinden. Zu den nahen Verwandten werden nur gezählt: der Vater, die Söhne, Brüder, rechte Onkel, rechte Neffen und die rechten Geschwisterkinder.

Mitglieder des Ehrengerichts, welche hiernach von der Theilnahme an dem Spruch nicht ausgeschlossen, an dem Orte, wo die Spruchsitzung stattfindet, anwesend und weder krank noch durch den Dienst verhindert sind, dürfen sich der Betheiligung am Spruch des Ehrengerichts nicht entziehen.

Die in Gemäßheit des §. 46 von der Theilnahme an der Spruchsitzung ausgeschlossenen Offiziere sind vor derselben durch den Kommandeur in geeigneter Weise zu benachrichtigen. — Siehe auch §. 50 d. V. und Beil. VII dazu.

§. 47. Zu einem giltigen Spruch ist die Theilnahme von mindestens neun stimmfähigen Mitgliedern, den Kommandeur mit inbegriffen, erforderlich.

Können voraussichtlich nicht mindestens neun Mitglieder des Ehrengerichts in der Spruchsitzung anwesend sein, so ist die Untersuchung nach der darüber einzuholenden Bestimmung desjenigen Befehlshabers, welcher das ehrengerichtliche Verfahren angeordnet hat, einem anderen Ehrengericht seines Dienstbereichs zum Spruch zu überweisen.

Dies muß auch dann geschehen, wenn zur Spruchsitzung des Ehrengerichts eines Landwehr-Bataillons nicht neun stimmberechtigte Mitglieder desselben im Stabsquartier sich in nächster Zeit vereinigen lassen.

§. 48. Während des Kriegszustandes können diejenigen Befehlshaber, welche ein ehrengerichtliches Verfahren anzuordnen berechtigt sind, mehrere einzelne zu schwache Offizierkorps ihres Dienstbereichs zur Fällung eines ehrengerichtlichen Spruchs zusammentreten lassen.

§. 49. Von jeder von der Regel abweichenden Bestimmung oder Zusammensetzung eines Ehrengerichts zur Fällung des Spruchs ist dem Angeschuldigten Nachricht zu geben, um ihn in den Stand zu setzen, noch vor der Spruchsitzung seine Gründe für etwaige Ablehnung einzelner Mitglieder desselben zur Kenntniß des Befehlshabers zu bringen, welcher eine solche Anordnung getroffen hat.

§. 50. Die Mitglieder des Ehrengerichts werden nicht vereidigt, sie sind aber vor der Abstimmung von dem Kommandeur aufzufordern, als Ehrenmänner, ohne Leidenschaft, nach Pflicht und Gewissen und mit Erwägung der einwirkenden besonderen Verhältnisse, ihre Stimme abzugeben.

Demnächst sind die Akten vom Ehrenrath vollständig vorzulesen. Hieran schließt sich die Vertheidigung an

(§. 41.), bis zu deren Beendigung der Angeschuldigte in der Spruchsitzung gegenwärtig sein darf.

Nachdem sodann eine vom Kommandeur zu leitende, durch Vortrag eines schriftlichen Gutachtens des Ehrenraths zu eröffnende Berathung stattgefunden hat, giebt jedes Mitglied des Ehrengerichts dem Ehrenrath seine Stimme mündlich ab. Der Ehrenrath hat über die ganze Verhandlung ein Protokoll zu führen. In demselben muß die Abstimmung jedes einzelnen Mitgliedes ersichtlich gemacht und die betreffende Stelle des Protokolls von diesem selbst unterschrieben werden.

Wenn Mitglieder des Ehrengerichts an der Abstimmung Theil zu nehmen verhindert sind, so sind dieselben unter Angabe des Hinderungsgrundes am Schluß des Protokolls namhaft zu machen.

Die Abstimmung erfolgt nach Maßgabe des §. 54 d. V. — Vgl. auch Beil. VI z. V.

§. 51. Der Spruch des Ehrengerichts kann lauten:

1) auf Unzuständigkeit, wenn das Ehrengericht der Ansicht ist, daß der Fall sich überhaupt nicht zur ehrengerichtlichen Behandlung eigne, oder daß ein anderes Ehrengericht das zuständige sei;
2) auf Vervollständigung der Untersuchung, wenn das Ehrengericht eine solche, um sich eine bestimmte Ueberzeugung bilden zu können, für nöthig und möglich hält;
3) auf Freisprechung, wenn das Ehrengericht der Ueberzeugung ist, daß die dem Angeschuldigten

zur Last gelegte Gefährdung oder Verletzung der Standesehre nicht stattgefunden habe;

4) auf Schuldig der Gefährdung der Standesehre unter Beantragung der Ertheilung einer Warnung, wenn das Ehrengericht der Ueberzeugung ist, daß der Angeschuldigte durch das ihm zur Last fallende Verhalten nicht unwürdig geworden ist, im Dienst belassen zu werden;

5) auf Schuldig der Verletzung der Standesehre und Beantragung der Entlassung mit schlichtem Abschied, wenn das Ehrengericht der Ueberzeugung ist, daß der Angeschuldigte in seiner Dienststellung nicht belassen werden kann;

6) auf Schuldig der Verletzung der Standesehre unter erschwerenden Umständen unter Beantragung der Entfernung aus dem Offizierstande, wenn das Ehrengericht der Ueberzeugung ist, daß der Angeschuldigte dem Offizierstande ferner anzugehören unwürdig geworden ist.

Der Spruch eines Ehrengerichts ist kein Straferkenntniß im gewöhnlichen Sinne, sondern eine gutachtliche, der Entscheidung des obersten Kriegsherrn unterbreitete Aeußerung, an welche sich ein bestimmter, der thatsächlichen Feststellung entsprechender und nach Maßgabe des §. 51 d. V. zu stellender Antrag knüpft. Weder Gutachten noch Antrag ist für die Allerhöchste Entscheidung bestimmend.

Eine ehrengerichtliche Sitzung darf nur mit einem gültigen Spruch abschließen und dieser kann lauten auf: Unzuständigkeit, Vervollständigung der Untersuchung, Freisprechung oder Schuldig der Gefährdung bezw. Verletzung der Standesehre. Wenn nur eine Minderheit für Unzuständigkeit oder Vervollständigung der

Untersuchung gestimmt hat, so sind die überstimmten Mitglieder des Ehrengerichts verpflichtet, ihre Stimmen nach Maßgabe der §§. 51, 53 d. V. über Schuld oder Nichtschuld des Angeschuldigten abzugeben; §§. 54 Abs. 4, 55, 56 Abs. 2 d. V.

S. zu § 51 auch die A.K.O. vom 31. Januar 1885.

§. 52. Die Entlassung mit schlichtem Abschied hat den Verlust der Dienststelle, die Entfernung aus dem Offizierstande außerdem noch den Verlust des Offiziertitels zur unmittelbaren Folge.

Nach einer unter dem 28. März 1882 mitgetheilten Allerhöchsten Bestimmung ist wegen Orden und Ehrenzeichen in dem Ueberreichungsbericht des General-Kommandos in jedem Falle die Allerhöchste Entscheidung einzuholen. Wird bei einem auf Entfernung aus dem Offizierstande bezw. Verlust des Offiziertitels lautenden ehrengerichtlichen Spruch die Belassung der Orden 2c. genehmigt, so ist damit die Belassung der Kriegsdenkmünzen mit verstanden. Besitzt der Bestrafte nur Kriegsdenkmünzen, so sind ihm dieselben zu belassen, falls nicht ausdrücklich eine andere Bestimmung ergeht.

§. 53. Bei inaktiven Offizieren (§. 4. Nr. 5) tritt an die Stelle der Entlassung mit schlichtem Abschied der Verlust des Rechts, die Militäruniform zu tragen; an die Stelle der Entfernung aus dem Offizierstande außerdem noch der Verlust des Offiziertitels.

Vergl. Note zu §. 52.

§. 54. Die Abstimmung geschieht derart, daß zuerst der Ehrenrath, dann sämmtliche übrige anwesende Mitglieder des Ehrengerichts nach ihrem Dienstalter von unten an, zuletzt der Kommandeur, ihre Stimme dem Ehrenrath abgeben.

Haben mehrere Handlungen oder Unterlassungen desselben Offiziers den Gegenstand der Untersuchung gebildet, so ist gegen den Angeschuldigten, falls er für schuldig befunden wird, stets nur auf eine der in den §§. 51., 53. angegebenen Strafen anzutragen.

Hat das Ehrengericht über mehrere Offiziere einen Spruch zu fällen, so wird zuerst die Abstimmung über Einen abgeschlossen und dann die über den Andern begonnen.

Jedes Mitglied des Ehrengerichts ist verpflichtet, ein den Bestimmungen der §§. 51., 53. entsprechendes Votum abzugeben. Ist die Ansicht vertreten, daß das Ehrengericht nicht zuständig sei, oder daß die Verhandlungen zu vervollständigen seien, so ist zuerst hierüber abzustimmen.

§. 55. Hält die Mehrheit der Stimmenden das Ehrengericht für nicht zuständig, so ist auf dem Instanzenwege Meine Entscheidung einzuholen.

Ist nur eine Minderheit der Stimmenden dieser Ansicht, so sind dieselben dennoch verpflichtet, über Schuld oder Nichtschuld des Angeschuldigten nach Maßgabe der §§. 51., 53. ihre Stimme abzugeben.

§. 56. Hält die Mehrheit der Stimmenden dafür, daß die Untersuchung zu vervollständigen sei, so ist das hiernach Erforderliche durch den Kommandeur zu veranlassen und die definitive Abstimmung, bis dies geschehen, auszusetzen.

Ist nur die Minderheit der Stimmenden dieser Ansicht, so sind dieselben dennoch verpflichtet, über Schuld oder Nichtschuld des Angeschuldigten nach Maßgabe der §§. 51., 53. ihre Stimme abzugeben.

§. 57. Ein gültiger Spruch des Ehrengerichts entsteht, wenn mehr als die Hälfte der Stimmenden ein gleichlautendes Votum abgegeben haben. Ist dies nicht der Fall, so werden die für die härteste Ansicht abgegebenen Stimmen der oder den nächst milderen bis zur Erlangung der absoluten Stimmenmehrheit zugezählt und gilt alsdann das auf diese Weise erlangte Ergebniß als Spruch des Ehrengerichts.

Bei Stimmengleichheit entscheidet die Stimme des Kommandeurs.

§. 58. Das Ergebniß der Abstimmung wird dem Ehrengericht sofort mitgetheilt. Die Mitglieder desselben werden sodann zur Verschwiegenheit über die Verhandlungen bis nach erfolgter Bekanntmachung des Spruchs an den Angeschuldigten mit dem Hinzufügen aufgefordert, daß, wer hiergegen handelt, eine Pflicht des Offizierstandes verletzt; das Protokoll wird geschlossen und die Versammlung entlassen.

§. 59. Demnächst läßt der Kommandeur durch den Ehrenrath den Spruch des Ehrengerichts in Form eines Erkenntnisses ausfertigen.

Die Ausfertigung muß außer dem Spruch des Ehrengerichts die nöthigen Nachrichten über die persönlichen Verhältnisse des Angeschuldigten, eine Darstellung des Sachverhalts und die Angabe der Entscheidungsgründe enthalten. Dieselbe wird, nebst den Akten und einem kurzen Aktenauszug durch denjenigen Befehlshaber, der das Ehrengericht angeordnet hatte, im Instanzenwege Meiner Entscheidung unterbreitet.

Die Befehlshaber, durch deren Hand die Ausfertigung des Spruchs des Ehrengerichts hierbei geht, haben sich darüber, ob sie demselben beitreten oder nicht, eingehend zu äußern und zugleich ihre etwaigen wesentlichen Ausstellungen gegen die formelle Behandlung der Sache zu Meiner Kenntniß zu bringen.

Lautet der Spruch das Ehrengerichts auf Vervollständigung der Untersuchung, so bedarf es einer Ausfertigung in Form eines Erkenntnisses nicht und genügt die Wiedergabe des bezüglichen ehrengerichtlichen Beschlusses ohne Gründe, aus welchen jedoch hervorgehen muß, nach welcher Richtung hin die Vervollständigung erfolgen soll.

§. 60. Die Entscheidung, welche Ich auf Grund des Mir vorgelegten Spruchs des Ehrengerichts treffe, ist dem Angeschuldigten gleichzeitig mit demselben bekannt zu machen.

Lautet Meine Entscheidung auf Freisprechung oder auf eine Warnung, so erfolgt die Bekanntmachung durch den Kommandeur in Gegenwart des Ehrenraths; in allen andern Fällen erfolgt dieselbe durch den Ehrenrath.

Der Erlaß des K.M. vom 20. Juli 1848, betreffend die Publikation ehrengerichtlicher Erkenntnisse, ist durch diese V. aufgehoben und nunmehr lediglich nach vorstehendem §. 60 zu verfahren. Dazu ist ergänzend bestimmt, daß wenn der Angeschuldigte mit dem Kommandeur bezw. dem Ehrenrath nicht an einem Orte wohnt, zur Vermeidung von Reisekosten, in denjenigen Fällen, in welchen der Spruch auf Freisprechung oder Warnung lautet, derselbe dem Verurtheilten mittels Uebersendung beglaubigter Abschriften des Erkenntnisses und der dazu ergangenen Allerh. Entscheidung durch die Post seitens des Kommandeurs zu eröffnen ist. Darüber, daß dies geschehen, ist eine Bescheinigung (Behändigungsschein) zu den Akten zu bringen. — In allen anderen Fällen ist die Publikation durch Requisition des dem Aufenthaltsort des Angeschuldigten am nächsten befindlichen Ehrenraths, eventuell des nächsten Militärgerichts mündlich zu Protokoll zu veranlassen. A.K.O. vom 5. Februar 1878.

Ist ein ehrengerichtlicher Spruch einem Offizier des Beurlaubtenstandes durch den Ehrenrath zu eröffnen und letzterer ist nicht in seinen sämmtlichen Mitgliedern (einschließlich der Stellvertreter) im Stabsquartier des Bezirks-Kommandos vertreten, wohl aber steht daselbst ein Linien-Truppentheil in Garnison, so ist dieses vom Kommandeur des betreffenden Landwehr-Bataillons um Publikation zu ersuchen. Pr.K.M. vom 27. Oktober 1881 Nr. 307. 10. M.O.D 3.

§. 61. Nach der Bekanntmachung an den Angeschuldigten erfolgt durch den Kommandeur die Mittheilung des Spruchs des Ehrengerichts nebst Meiner Entscheidung (§. 60.) und, wenn es gewünscht wird, der Akten an diejenigen Militär-Vorgesetzten des Angeschuldigten, welche bei dem Ehrengericht nicht mitgewirkt haben. Ist der Angeschuldigte ein inaktiver (§. 4. Nr. 5) oder ein dem Beurlaubtenstande angehöriger Offizier, der zugleich als Beamter im Reichs- oder Staatsdienst angestellt ist, so ist eine Abschrift der Ausfertigung des Spruchs des Ehrengerichts und Meiner Entscheidung der ihm vorgesetzten Dienstbehörde zu übersenden und auf Verlangen nähere Auskunft über die Veranlassung des Spruchs zu ertheilen.

Außerdem ist dem Offizierkorps, welches den ehrengerichtlichen Spruch gefällt hat, von Meiner Entscheidung Kenntniß zu geben; auch kann auf besonderen Antrag denjenigen Offizieren, die an der Untersuchung als Ankläger oder Zeugen Theil genommen haben, und denjenigen Behörden, von denen etwa die Anschuldigung ausgegangen ist, vom dem Ausgang der Sache Kenntniß gegeben werden.

Nach einer unter dem 24. Juni 1880 mitgetheilten Allerhöchsten Deklaration zu Abs. 1 des §. 61 soll sich die Benachrichtigung an die Civil-Dienstbehörde eines inaktiven oder dem Beurlaubtenstande angehörigen Offiziers, gegen welchen ein ehrengerichtlicher Spruch ergangen ist in der Regel auf die Ertheilung einer Abschrift des Spruchtenors (ohne Gründe) und der Allerh. Entscheidungs-Ordre beschränken. Wird nähere Auskunft über die Veranlassung des Spruchs erfordert, so ist eine Angabe des als Resultat der Untersuchung thatsächlich festgestellten Sachverhalts aber auch dann nicht in der Form einer Abschrift des betreffenden Inhalts der Spruchausfertigung zu ertheilen. Eine Mittheilnng der Gründe der vom Ehrengericht getroffenen Entscheidung ist zu vermeiden.

Die ehrengerichtlichen Untersuchungen sind kosten- und stempelfrei zu bearbeiten und die etwa entstehenden baaren Auslagen vom Militärfiskus zu übernehmen. Pr.K.M. vom 29. Juli 1874 Nr. 509 7. 74 M.O.D. 3.

§. 62. Gegen einen ehrengerichtlichen Spruch, über welchen Ich Entscheidung getroffen habe, ist nur mit Meiner Genehmigung ein weiteres Verfahren zulässig und behalte Ich Mir vor, darüber eintretenden Falls das Weitere zu bestimmen.

Gegeben Berlin, den 2. Mai 1874.

Wilhelm.

Beilage I.

Bestimmungen
über die
Vernehmung des Angeschuldigten.

Die Vorladung des Angeschuldigten erfolgt, nach seitens des Kommandeurs erhaltenem Auftrage, durch den Ehrenrath.

Wenn die Suspension des Angeschuldigten vom Dienst nicht eingetreten ist, so ist dem direkten Vorgesetzten desselben von der geschehenen Vorladung Kenntniß zu geben.

Vor der Vernehmung ist der Angeschuldigte zur Aussage der Wahrheit zu ermahnen.

Die Aussage ist in direkter Redeform niederzuschreiben.

Ist die Einleitung der (förmlichen) ehrengerichtlichen Untersuchung angeordnet, so ist dem Angeschuldigten durch Vorlesen der bezüglichen Verfügung bekannt zu machen, welche strafbaren Handlungen ihm zur Last gelegt werden und den Gegenstand der Untersuchung bilden sollen.

Nachdem durch Aufnahme der Beweise der Thatbestand völlig klargestellt ist, ist der Angeschuldigte mit dem Ergebniß der Untersuchung durch Mittheilung des wesentlichen Inhalts der Akten bekannt zu machen und zu befragen, ob er noch etwas zur Sache anzuführen habe oder die Akten für geschlossen halte. Gleichzeitig ist ihm zu eröffnen, bei welchem Ehrengericht über ihn gesprochen werden soll, und er darüber zu vernehmen, ob er Einwendungen gegen Mitglieder des Ehrengerichts zu erheben hat.

Schließlich ist der Angeschuldigte nach Anleitung des §. 41 der Verordnung darüber zu belehren, daß und in welcher Weise er sich vertheidigen darf. Daß dies geschehen, ist in dem Schlußprotokoll zu vermerken.

Beilage II.

Muster zur Vorladung von Zeugen.

Ort und Datum.

An
den Kaufmann Herrn N.
Wohlgeboren.
hier.
Straße Nr.

In der Untersuchungssache wider den Sekond-Leutenant B. ist Ihre Vernehmung als Zeuge erforderlich und werden Sie daher zu dem am 7. d. Mts. Vormittags 10 Uhr in der Wohnung des Hauptmanns P. — Straße Nr. . . . anberaumten Termin unter der Verwarnung vorgeladen, daß im Falle ihres Nichterscheinens die gesetzlichen Folgen eintreten würden.

Das Gericht
des xten . . . . . Regiments Nr. . .

v. N.
Oberst und Regiments-Kommandeur.

v. Z.
Sekond-Leutenant und untersuchungsführender Offizier.

(Wird dieser Vorladung keine Folge geleistet, so ist die Gestellung des Zeugen durch das Gericht, bei welchem derselbe seinen ordentlichen persönlichen Gerichtsstand hat, zu veranlassen.)

Beilage III.

Bestimmungen
über die
Vernehmung von Zeugen durch den Ehrenrath.

Offiziere, welche als Zeugen vernommen werden, versichern die Richtigkeit ihrer Aussagen auf Ehre und Pflicht; alle anderen Zeugen haben ihre Aussagen erforderlichen Falls durch Ableistung des vorgeschriebenen Eides zu bekräftigen. Die Vereidigung geschieht durch ein Militär- (Regiments- zc.) Gericht oder dazu zu requirirendes Civil-Gericht.

Vor der Vernehmung ist der Zeuge zur Aussage der Wahrheit zu ermahnen, auf die Heiligkeit des Eides zu verweisen, vor dem Meineide zu verwarnen, mit den allgemeinen Zeugenfragen bekannt und besonders darauf aufmerksam zu machen, daß der von ihm zu leistende Zeugeneid sich auch auf die Beantwortung der allgemeinen Zeugenfragen erstrecke. Demnächst ist der Zeuge zur Sache zu vernehmen und hierbei darauf zu achten, daß er nur über ihm bekannte Thatsachen aussagt. Betrifft die Aussage Thatsachen, die er nicht aus eigener Wahrnehmung kennt, so ist derselbe darüber zu befragen, wie und auf welche Weise ihm dieselben bekannt geworden sind.

Die Aussage ist in direkter Redeform niederzuschreiben.

Am Schluß hat der Zeuge zur Ableistung des Eides sich zu erbieten.

Wird ein bereits vereidigter Zeuge nochmals vernommen, so braucht er den Zeugeneid nicht zum zweiten Mal zu leisten, sondern nur am Schluß der Vernehmung zu erklären, daß er die Richtigkeit seiner neuen Aussage auf den bereits geleisteten Zeugeneid versichert.

Sind mehrere Zeugen zu vernehmen, so dürfen ihnen gemeinschaftlich nur die allgemeinen Zeugenfragen vorgelegt werden, dagegen ist ein Jeder zur Sache selbst allein zu vernehmen.

Bei Requisitionen an Gerichte um Vernehmung von Zeugen ist in der Requisition genau anzugeben, über welche Punkte die Vernehmung erfolgen soll, sowie ob die Zeugen nur pro informatione oder eidlich zu vernehmen sind.

Beilage IV.

Muster zu einem Protokoll über die Vernehmung des Angeschuldigten.

Verhandelt (Ort und Datum).

Auf Befehl des Königlichen Obersten und Kommandeurs des xten . . . . Regiments, Herrn v. N., erscheint heute vor dem unterzeichneten Ehrenrath der Sekond-Leutenant B. und läßt sich, mit der wider ihn erhobenen Anklage bekannt gemacht, zur Aussage der Wahrheit ermahnt, vernehmen, wie folgt:

Zur Person: Ich heiße Gustav B., bin . . Jahre alt, evangelisch, Sohn des Majors B., auf dem Gymnasium zu H. gebildet, am . . . ten . . . . 18 . . als dreijährig Freiwilliger in das xte . . . . . . Regiment Nr. . . . eingetreten, am . . ten . . . . 18 . . zum Portepeefähnrich und am . . ten . . . . 18 . . zum Offizier befördert.

(Es folgen nunmehr die von dem Angeschuldigten erforderten Angaben; ob und an welchem Feldzuge er Theil genommen; ob und welche Orden oder Ehrenzeichen er besitze; ob und wie er bereits gerichtlich, ehrengerichtlich oder disziplinarisch bestraft worden sei.)

Zur Sache:

ꝛc. ꝛc.

Vorgelesen, genehmigt und unterschrieben.

B.

Geschehen wie oben.

Der Ehrenrath des . . . .

NN.	NN.	NN.
Hauptmann (Rittmeister).	Premier-Leutenant.	Sekond-Leutenant.

Beilage V.

Muster eines Protokolls über die Vernehmung eines Zeugen.

Verhandelt (Ort und Datum).

In der Untersuchungssache wider den Sekond-Leutenant B. vom xten . . . . . . Regiment erscheint heute, um als Zeuge vernommen zu werden, der Kaufmann R.

Mit dem Gegenstand seiner Vernehmung bekannt gemacht, zur Aussage der Wahrheit ermahnt und besonders darauf hingewiesen, daß der von ihm zu leistende Zeugeneid sich auch auf die ihm bekannt gemachten allgemeinen Zeugenfragen erstrecke, sagt derselbe Folgendes aus:

Zur Person: Ich heiße Wilhelm R., bin 40 Jahre alt, evangelisch, befinde mich im Genuß der bürgerlichen Ehrenrechte und verneine die allgemeinen Zeugenfragen.

Zur Sache:

2c. 2c.

Vorgelesen, genehmigt und unterschrieben.

R.

Kaufmann.

Geschehen wie oben.

Der Ehrenrath.

NN.	NN.	NN.
Hauptmann (Rittmeister).	Premier-Leutenant.	Sekond-Leutenant.

Beilage VI.

Muster zu einer ehrengerichtlichen Spruchverhandlung.

Verhandelt (Ort und Datum).

Auf Befehl des Königlichen Obersten und Kommandeurs des xten . . . Regiments Nr. . . ., Herrn v. N., versammelte sich heute in B. das Offizier-Korps des Regiments, um in der ehrengerichtlichen Untersuchung wider den Sekond-Leutenant B. des xten . . . Regiments Nr. . . . den Spruch zu fällen.

Nach vollständiger Verlesung der Akten, sowie der von dem Ehrenrath verfaßten schriftlichen Darstellung des Sachverhaltes und des motivirten Gutachtens fand die gemeinsame Berathung unter Leitung des Herrn Regiments-Kommandeurs statt. Derselbe ermahnte sodann die Mitglieder des Ehrengerichts, nach Pflicht und Gewissen, ohne Leidenschaft als Ehrenmänner ihre Stimme abzugeben, worauf die Einzelnen in der bestimmungsmäßigen Reihenfolge ihr Votum wie folgt abgaben:

1. Hauptmann (Rittmeister) v. F. als Präses des Ehrenraths: Schuldig der Verletzung der Standesehre unter Beantragung der Entlassung mit schlichtem Abschied.

(Unterschrift.)

2. Premier-Leutenant v. D. als Mitglied des Ehrenraths: wie vor.

(Unterschrift.)

3. Sekond-Leutenant v. C. als Mitglied des Ehrenraths: wie vor.

(Unterschrift.)

(Hierauf folgen die Stimmabgaben sämmtlicher anwesenden Mitglieder des Ehrengerichts nach ihrem Dienstalter von unten an, zuletzt der Kommandeur.)

Das Resultat der erfolgten Abstimmung ergab hiernach, daß von 38 anwesenden Offizieren

36 auf Entlassung mit schlichtem Abschied,
2 auf Warnung

votirten.

Es lautet also der Spruch des Ehrengerichts dahin:

daß der Angeschuldigte der Verletzung der Standesehre schuldig und deshalb seine

„Entlassung mit schlichtem Abschiede"

zu beantragen ist.

Demnächst wurde die Sitzung geschlossen, nachdem den Mitgliedern des Ehrengerichts die Geheimhaltung des Spruchs bis nach erfolgter Publikation desselben zur Pflicht gemacht war.

Der Ehrenrath
des xten .... Regiments Nr. ...

NN.	NN.	NN.
Hauptmann (Rittmeister) und Präses.	Premier-Leutenant.	Sekond-Leutenant.

Beilage VII.

Namentliche Liste

derjenigen Offiziere des xten ...... Regiments Nr. ...., welche an dem Ehrengericht über den Sekond-Leutenant B. des xten ...... Regiments Nr. ... nicht Theil genommen haben.

Abkommandirt:

1. Hauptmann (Rittmeister) G. zum .....
2. Premier-Leutenant S. zur .....

Krank:

Sekond-Leutenant Z. .....

Beurlaubt:

1. Major D. ....
2. Sekond-Leutenant N. .....

Beilage VIII.

Muster zur Ausfertigung eines ehrengerichtlichen Spruchs.

In der ehrengerichtlichen Untersuchung wider den Sekond-Leutenant B. des xten ...... Regiments Nr.... hat das Ehrengericht des genannten Regiments in der Spruchsitzung vom .. ten .... 18 . . dahin erkannt:

daß der Sekond-Leutenant B. wegen unpassenden Benehmens an öffentlichem Orte der Verletzung der Standesehre für schuldig zu erachten und beantragt

Entlassung mit schlichtem Abschiede.

Gründe.

(Hier sind die persönlichen Verhältnisse des Angeschuldigten, eine Darstellung des Sachverhaltes und die Entscheidungsgründe genau anzuführen.

Die Vollziehung der Ausfertigung des Spruchs erfolgt am Schluß durch den Ehrenrath in folgender Art:)

(Ort und Datum.)

Der Ehrenrath
des xten .... Regiments.

NN.	NN.	NN.
Hauptmann (Rittmeister) und Präses.	Premier-Leutenant.	Sekond-Leutenant.

Beilage IX.

Muster zu einem Akten-Auszug.

Akten-Auszug

zur ehrengerichtlichen Untersuchungssache wider den Sekond-Leutenant B. vom xten ...... Regiment Nr. ...

Der Sekond-Leutenant B. ist durch den vom Ehrengericht des x ten Regiments gefällten Spruch vom ...ten März d. J. wegen

unpassenden Benehmens an einem öffentlichen Orte

der Verletzung der Standesehre für schuldig erachtet und deshalb

die Entlassung desselben mit schlichtem Abschiede vom Ehrengericht beantragt worden.

Spruch: einstimmig (oder 36 Stimmen wie vor und 2 Stimmen auf Warnung).

Sekond-Leutenant B. ist 1848 zu B., Provinz Sachsen, geboren, Sohn eines Majors a. D., auf dem Gymnasium zu H. gebildet, am 15. April 1867 in das xte ... Regiment Nr. ... eingetreten, am 14. November 1867 zum Portepeefähnrich und am 9. Februar 1869 zum Offizier befördert. An den Feldzügen 1870/71 hat er Theil genommen und ist mit dem Eisernen Kreuz II. Klasse dekorirt. In Untersuchung hat sich derselbe früher nicht befunden, ist aber disziplinarisch bestraft worden wie folgt:

1. Mit ..... wegen ..... u. s. w.

2. Mit u. s. w. .....

(Wortlaut des Führungs-Attestes.)

Die Verurtheilung beruht auf folgender thatsächlicher Feststellung:

(Hierauf folgt eine genaue aktenmäßige Darstellung der dem Angeschuldigten zur Last fallenden strafbaren Handlungen, wie solche durch dessen eigenes Geständniß und sonstige Beweise als festgestellt anzusehen sind.

Unterzeichnet wird der Akten-Auszug vom
Ehrenrath
in gleicher Weise, wie die Ausfertigung des ehrengerichtlichen Spruchs.)

Beilage X.

Bemerkungen über Anlegung der Akten.

Die Akten müssen über Alles, was in der Untersuchung geschehen ist, vollständige Auskunft geben. Deshalb ist es insbesondere auch nothwendig, daß die Konzepte der an Behörden ꝛc. erlassenen Schreiben und Requisitionen zu den Akten gebracht werden, oder doch wenigstens der Inhalt derselben darin vermerkt wird.

Die erste Seite eines jeden Blattes der Akten erhält eine fortlaufende Ziffer.

Die Akten sind zu heften und mit einem vom Ehrenrath zu vollziehenden Inhaltsverzeichnisse zu versehen.

Erkenntniß und Akten-Auszug sind den Akten nicht beizuheften, sondern lose mit einzusenden.

V.

Vorschriften

über den

Dienstweg und die Behandlung von Beschwerden

der

Militär-Personen des Heeres und der Marine, sowie der Civil-Beamten der Militär- und Marine-Verwaltung.

Vorschriften

über den

Dienstweg und die Behandlung von Beschwerden der Militär-Personen des Heeres und der Marine, sowie der Civil-Beamten der Militär- und Marine-Verwaltung.

(A.V.Bl. S. 63 ff.)

Ich lasse Ihnen hierbei die von Mir gegebenen „Vorschriften über den Dienstweg und die Behandlung von Beschwerden der Militär-Personen des Heeres und der Marine, sowie der Civil-Beamten der Militär- und Marine-Verwaltung" zugehen und beauftrage Sie, dieselben innerhalb der Armee und der Marine zur Nachachtung bekannt zu machen. Auch will Ich Sie ermächtigen, etwa nothwendig werdende Erläuterungen dieser Vorschriften zu geben.

Berlin, den 6. März 1873.

Wilhelm.

v. Stosch. v. Kameke.

An den
Kriegsminister und den Chef der Admiralität.

Erster Abschnitt.

Allgemeine Anordnungen.

Verpflichtung zur Innehaltung des vorgeschriebenen Beschwerdeweges.

§. 1. 1) Offizieren, Unteroffizieren und Gemeinen, sowie den Militär-Aerzten und den Beamten der Militär- und Marine-Verwaltung, welche Grund zu einer Klage gegen Vorgesetzte zu haben glauben, ist es gestattet, wider diese Vorgesetzten Beschwerde zu führen. Der Weg, welchen eine Beschwerde zu gehen hat, wird in den nachstehenden Bestimmungen vorgeschrieben. Wo sich eine noch nähere Bezeichnung des Beschwerdeweges als nothwendig herausstellt, ist eine entsprechende Ergänzung seitens der Kommandeure von Truppen resp. Marinetheilen 2c. (Regimentern, selbstständigen Bataillonen, Kadettenhäusern, Unteroffizier-Schulen, Direktoren von Instituten 2c.) für ihren Dienstbereich zu geben.

2) Die Abweichung von dem vorgeschriebenen Beschwerdewege wird an Personen des Soldatenstandes, welche im aktiven Dienste sich befinden, gerichtlich, an solchen Personen, die dem Beurlaubtenstande angehören, disziplinarisch oder gerichtlich geahndet (§. 152. des Deutschen Militär-Strafgesetzbuches und §. 27. der Disziplinar-Strafordnung).

Gegen Militär-Beamte ist der Dienst-Vorgesetzte befugt, wegen der Wahl eines unrichtigen Beschwerdeweges nach Maßgabe des §. 1. Nr. 1 der Disziplinar-Strafordnung oder auch der Disziplinar-Vorschriften für die richterlichen und nicht richterlichen Beamten einzuschreiten.

Aus gleicher Veranlassung kann gegen Civil-Beamte der Militär- oder Marine-Verwaltung auf Grund der auf sie anwendbaren gesetzlichen Bestimmungen vorgegangen werden.

3) Die Bestrafung des Anbringers von Beschwerden unter Abweichung von dem vorgeschriebenen Dienstwege ist unabhängig von dem Gegenstande, sowie von der materiellen Untersuchung und Erledigung der Beschwerde selbst. Die hierüber gepflogenen Verhandlungen unterliegen daher nur dann der Kenntnißnahme durch die Gerichte, wenn die Beschwerde selbst eine gerichtliche Untersuchung gegen den Beschwerdeführer erfordert. In diesem Falle ist damit eventuell zugleich das in der Abweichung vom vorgeschriebenen Dienstwege enthaltene Vergehen zu beurtheilen.

Als „Klagen über Vorgesetzte" sind solche über wirkliche oder vermeintliche Beeinträchtigungen seitens der Vorgesetzten zu verstehen, deren Prüfung und Entscheidung dem Disziplinar-Vorgesetzten zusteht. Es fallen daher nicht hierher Anzeigen und Meldungen solcher Handlungen, welche nach den bestehenden Gesetzen gerichtliche Untersuchung erfordern und die zur Entscheidung des zuständigen Gerichtsherrn gebracht werden müssen. Schritte zur

Beseitigung solcher Beschuldigungen zu thun, ist dem Vorgesetzten nicht gestattet. §. 117 M.St.G.B. K.M. vom 4. Dezember 1874 Nr. 279, 11. 74. A. Ib. — Vgl. auch §. 2.

Bezeichnung der Beschwerden, für deren Behandlung diese Vorschriften gelten.

§. 2. Die nachfolgenden Vorschriften beziehen sich nur auf solche Beschwerden, welche

1) gegen militärische Vorgesetzte der Personen des Soldatenstandes und der Beamten der Militär- oder Marine-Verwaltung, sowie seitens dieser Beamten gegen ihre Dienstvorgesetzten anzubringen sind, und
2) zum Gegenstande haben
   a. eine von dem zuständigen Militärbefehlshaber oder Verwaltungs-Vorgesetzten verhängte Disziplinar-Strafe,
   b. Handlungen des Vorgesetzten, durch welche der Beschwerdeführer persönlich, oder in seinem berechtigten Standesbewußtsein, in seinen dienstlichen Gerechtsamen und Befugnissen verletzt wird.

Zu dem Begriff „Vorgesetzter" im Sinne dieser Vorschriften vgl. §. 4.

Ausschluß der Anwendbarkeit dieser Vorschriften.

§. 3. Ausgeschlossen ist die Anwendung dieser Vorschriften über den Dienstweg und Behandlung von Beschwerden, sofern es sich um Hebung von Meinungsverschiedenheiten in Bezug auf Zuständigkeit materieller Kompetenzen handelt. Wenn jedoch in solchen Fällen der Vorgesetzte, dessen Entscheidung der Untergebene anfechten will, diesem die Erlaubniß zum Anrufen einer höheren Instanz verweigert, so kann diese Weigerung das Betreten des Beschwerdeweges in Gemäßheit des §. 2. sub 2b. rechtfertigen.

Erläuterung des Begriffs „Vorgesetzter".

§. 4. Als ein Vorgesetzter (§. 2. sub 1.), gegen den Beschwerden im Sinne dieser Vorschriften erhoben werden dürfen, ist nur anzusehen:

a. Derjenige, welcher in Folge gesetzlicher Vorschriften, reglementarischer Anordnungen oder allgemeiner militärischer Grundsätze resp. bei Offizieren durch Rang oder Patent die Befugniß besitzt, für den Beschwerdeführer oder dessen Befehlsbereich Befehle oder Rügen zu ertheilen, oder Anordnungen zu treffen;

b. ein jeder Offizier, welcher sich verpflichtet fühlt, gegen einen jüngeren Kameraden dienstlich einzuschreiten.

Fristen vor und zur Anbringung, sowie zur Entscheidung von Beschwerden.

§. 5. 1) Beschwerden, welche in Gemäßheit des §. 2. sub 2 der Erledigung auf Grund der nachfolgenden Bestimmungen zuzuführen sind, dürfen **nicht früher als am nächsten Morgen** nach dem

Stattfinden desjenigen Vorfalles eingeleitet werden, welcher zur Beschwerde Veranlassung gegeben hat. Eine Ausnahme von dieser Vorschrift ist zulässig, wenn durch Innehaltung derselben die Entscheidung wesentlich erschwert werden, oder eine Verzögerung erleiden würde, welche in Berücksichtigung des Spezialfalles bedenklich erscheint.

Vor Beendigung des Dienstes darf der Beschwerdeweg niemals betreten werden.

2) Zur Anbringung der Beschwerde wird dem Beschwerdeführer eine Frist von drei Tagen gegeben, welche mit dem Morgen des sub 1. bezeichneten, oder des Tages nach vollendeter Strafverbüßung beginnt. Innerhalb dieses Zeitraumes muß der Entschluß zur Beschwerdeführung gefaßt und zur Kenntniß der die Entscheidung vermittelnden oder treffenden Instanz gebracht sein.

Die vollständige Herbeischaffung des Materials und die etwa erforderliche Formulirung der Beschwerdeschrift muß demnächst so bald als möglich erfolgen.

3) Jede Beschwerde soll so schnell entschieden werden, als die für ihre Beurtheilung unerläßliche Sorgfalt es gestattet. Die Entscheidung über die Beschwerde ist, sofern nicht wegen derselben gerichtliche Strafe eintreten muß, unabhängig davon, ob etwa wegen Nichtbeachtung des vorgeschriebenen Dienstweges gegen den Beschwerdeführer einzuschreiten ist. (§. 1. sub 3.)

Ein Widerspruch hinsichtlich des für die Anbringung einer Beschwerde zulässigen Zeitpunktes ist zwischen vorstehendem §. 5 Ziff. 1 und Kriegs-Art. 22 nicht vorhanden. Die Bestimmung, daß die Beschwerde nicht früher als am nächsten Morgen nach dem Vorfall, welcher zur Beschwerde Veranlassung geboten, angebracht werden darf, ist lediglich als eine Präzisirung des im qu. Kriegs-Art. ausgesprochenen allgemeinen Grundsatzes anzusehen und ist Seitens der Vorgesetzten dafür zu sorgen, daß bei der durch A.K.O. vom 31. Oktober 1872 angeordneten Verlesung der Kriegs-Artikel, sowie bei sonstiger geeigneter Veranlassung die Mannschaften auch über den Beschwerdeweg 2c. spezieller instruirt werden. Pr.K.M. vom 26. Mai 1882 Nr. 216. 5. A 2.

Der in Ziff. 2 vorgesehenen dreitägigen Frist wird, wenn die die Entscheidung vermittelnde oder treffende Instanz außerhalb der Garnison des Beschwerdeführers ihren Sitz hat, genügt, sobald die Beschwerde bezw. die Eingabe, welche den Entschluß zu derselben enthält, nachweislich innerhalb der dreitägigen Frist zur Post gebracht ist. Pr.K.M. vom 20. April 1892 (A.V.Bl. S. 110).

Meldung vom Betreten des Beschwerdeweges.

§. 6. Von dem Beschreiten des Beschwerdeweges hat der Beschwerdeführer seinem nächsten Vorgesetzten direkte Meldung zu erstatten, insofern die Beschwerde nicht gegen diesen selbst gerichtet ist.

Ist Letzteres der Fall, so erfolgt die betreffende Mittheilung durch die Person, welche die Entscheidung vermittelt (§. 14. und §. 21.) oder falls eine solche nicht eingesetzt ist, durch den zur Entscheidung berufenen Vorgesetzten.

Weitere Meldung auf dem Instanzenwege bleibt, soweit sie nöthig ist, Sache des von Einleitung der Beschwerde in Kenntniß gesetzten Vorgesetzten.

Abmahnung von der Beschwerdeführung.

§. 7. Ein Offizier, welchem auf dienstlichem Wege Anzeige davon gemacht wird, daß ein im Range der Unteroffiziere oder Gemeinen stehender Untergebener beabsichtige, Beschwerde über einen Vorgesetzten zu führen, ist berechtigt, sich über etwaige Grundlosigkeit der Beschwerde zu äußern und verpflichtet, den Beschwerdeführer darauf aufmerksam zu machen, daß er durch Anbringung einer an sich unbegründeten oder einer leichtfertigen Beschwerde sich strafbar mache.

Die gleichen Befugnisse stehen einem jeden Vorgesetzten zu, welcher dienstlich Kenntniß davon erlangt, daß ein ihm untergebener Offizier oder Beamter sich beschweren wolle.

Eine anderweite Einwirkung auf den Untergebenen behufs Zurückziehung der Beschwerde ist untersagt und gegen Personen des Soldatenstandes nach Maßgabe des §. 117. des Deutschen Militär-Strafgesetzbuches strafbar.

Das den Offizieren zustehende Recht der Abmahnung erstreckt sich nur auf Beschwerden nach Maßgabe des §. 2 d. V., nicht auf Anzeigen und Meldungen über gerichtlich strafbare Handlungen.

Erste Beschwerde-Instanz.

§. 8. 1) In erster Instanz entscheidet über eine Beschwerde in der Regel der nächste mit Disziplinar-Strafgewalt versehene Vorgesetzte Desjenigen, gegen welchen die Beschwerde gerichtet ist.

2) Beschwerden von Offizieren über Vorgesetzte des eigenen Truppen- resp. Marinetheils, wozu auch

die Institute ꝛc. zu rechnen, welche einen eigenen Offizierkorps-Verband bilden, sind jedoch zur Entscheidung des Kommandeurs resp. Direktors desselben auch dann zu bringen, wenn nach Passus 1 schon einer seiner Untergebenen zuständig wäre. Beschwerden von Offizieren an Bord werden dem Schiffs-Kommandanten unterbreitet, sofern die Beschwerde nicht gegen diesen selbst gerichtet ist.

3) Beschwerden gegen Offiziere der Artillerie, des Ingenieur-Korps, der Pionier-Bataillone, des Eisenbahn-Bataillons und des Trains, werden von den Waffen-Vorgesetzten, im mobilen Verhältnisse jedoch von dem mobilen Truppen-Befehlshaber dieser Offiziere entschieden.

4) Falls die Beschwerden der Militär-Beamten, die im doppelten Unterordnungs-Verhältnisse stehen, das Gebiet der Militär-Disziplin berühren (§. 1. Nr. 1 der Disziplinar-Strafordnung), so entscheidet der Militär-Vorgesetzte; in allen anderen Fällen der betreffende administrative Dienst-Vorgesetzte.

Der Militär-Vorgesetzte ist berechtigt, vor seiner Entscheidung das Gutachten der dem Beschwerdeführer vorgesetzten Verwaltungs-Behörde einzuholen.

5) Personen des Soldatenstandes, welche in Stellen von Beamten der Militär- oder Marine-Verwaltung Verwendung finden, halten bezüglich ihrer aus dem Beamten-Verhältnisse hervorgehenden Beschwerden den Instanzenweg für Beamte inne. Im

Uebrigen gelten auch für diese Personen die betreffenden Vorschriften des II. Abschnittes.

6) Beschwerden gegen solche Offiziere, welche Seiner Majestät dem Kaiser und Könige direkt unterstellt sind, werden, nach vorheriger Meldung an die Vorgesetzten (§. 6.) durch eine Immediat-Eingabe des beschwerdeführenden Offiziers oder Beamten, resp. des Kompagnie- ꝛc. Chefs für eine im Range der Unteroffiziere oder Gemeinen stehende Person des Soldatenstandes, direkt der Allerhöchsten Entscheidung zugeführt.

7) Beschwerden gegen den Direktor der Kriegs-Akademie, den Inspekteur der Jäger und Schützen, den Train-Inspekteur, den Inspekteur der Infanterie-Schulen und den Chef des Militär-Reit-Instituts werden der Allerhöchsten Entscheidung unterbreitet.

Beschwerden gegen Vorgesetzte, für welche das Kriegs-Ministerium resp. die Kaiserliche Admiralität die nächste vorgesetzte Instanz bildet, sind der Entscheidung des Kriegs-Ministers resp. des Chefs der Admiralität unterworfen.

Mittheilung der getroffenen Entscheidung.

§. 9. 1) Die Entscheidung über eine Beschwerde ist dem Beschwerdeführer, so wie dem höchsten der von der Beschwerde dienstlich in Kenntniß gesetzten Vorgesetzten desselben, und dem Verklagten mitzutheilen.

2) Die Mittheilung an den Kläger muß die Angaben enthalten, daß die Beschwerde geprüft, ob sie begründet oder unbegründet gefunden und ersteren Falles, daß sieden Vorschriften gemäß dienstlich erledigt sei. Bildet eine persönliche, Verletzung den Gegenstand der Beschwerde und wird sie begründet befunden, so ist einem beschwerdeführenden Offiziere oder oberen Beamten statt der letzten Angabe die Erklärung zu geben, daß Remedur eingetreten sei.

Uebrigens sollen hinsichtlich der Form dieser Erklärungen dem entscheidenden Vorgesetzten ganz bestimmte Vorschriften nicht gegeben, vielmehr muß ihm überlassen werden, dieselbe zu wählen, daß dabei die Autorität des verklagten Vorgesetzten möglichst gewahrt wird.

3) Ob es nach Lage der Sache erforderlich und mit den Dienstverhältnissen vereinbar erscheint, weitere Mittheilungen dem Kläger oder dem Verklagten zu machen, um demselben ein Urtheil über die Art der Erledigung zu gestatten, hängt vom Ermessen des entscheidenden Vorgesetzten ab. Mit jeder die Beschwerde als unbegründet zurückweisenden Entscheidung ist jedoch, auch wenn eine Bestrafung nicht erforderlich ist (cfr. §. 12. sub 1), die Belehrung des Klägers zu verbinden.

4) Ordnungs-Strafen, welche, gegen Beamte verhängt, Gegenstand der Beschwerde geworden sind, müssen schriftlich aufgehoben werden, wenn die Beschwerde für begründet erachtet wird.

Fernere Beschwerde-Instanzen.

§. 10. 1) Gegen die getroffene Entscheidung kann von beiden Theilen, innerhalb drei Tagen nach Mittheilung derselben, Berufung an die nächst höhere Instanz, und so fort, ohne Umgehung einer Instanz, bis zur Allerhöchsten Stelle hinauf erhoben werden.

2) Die Berufung wird in Gestalt einer Beschwerde gegen den Vorgesetzten, der die letzte Entscheidung getroffen hat, auf dem für die Beschwerdeführung geordneten Wege, und zwar stets in schriftlicher Form eingelegt.

3) Bezüglich der Anzeige von dem Weiterführen einer in der unteren Instanz entschiedenen Beschwerde gelten die Bestimmungen des §. 6.

4) Ueber die Form der Beschwerde an Allerhöchster Stelle ist die Bestimmung im §. 8 sub 6 maßgebend.

Beschwerden mehrerer Personen.

§. 11. Haben mehrere Personen aus gleicher Veranlassung Beschwerde zu führen, so ist die Anbringung der gemeinsamen Klage im Namen aller Betheiligten nur den zwei Rang- oder Dienst-Aeltesten, bei Beschwerden der Gemeinen zwei derselben gestattet.

Maßregeln gegen unbegründete Beschwerdeführung.

§. 12. 1) Beschwerden, welche von Seiten des entscheidenden Vorgesetzten für unbegründet erachtet werden, weil sie von falschen Voraussetzungen oder unrichtigen dienstlichen Anschauungen ausgehen, sind zurückzuweisen.

Die Anbringung solcher Beschwerden an den Beschwerdeführer durch Disziplinar-Strafe oder Rüge zu ahnden, bleibt dem Ermessen des entscheidenden Vorgesetzten und falls dieser zur Ausübung einer Disziplinar-Strafgewalt nicht befugt ist, dem höchsten der zur Disziplinar-Bestrafung des Betreffenden kompetenten, von der Sache dienstlich in Kenntniß gesetzten Vorgesetzten überlassen.

Die Entscheidung, ob Bestrafung einzutreten hat, wird sich darnach richten, ob die Aufrechthaltung der Zucht und Ordnung im Heere oder der Marine und in der Verwaltung ein derartiges Einschreiten gegen den Kläger erforderlich und die Lage der gesetzlichen Bestimmungen ein Strafverfahren angängig erscheinen läßt.

2) Sind Beschwerden leichtfertiger Weise auf unwahre Behauptungen gestützt, so liegt eine, erforderlichen Falls nach Maßgabe der Disziplinar-Strafvorschriften resp. der bürgerlichen Strafgesetze zu ahndende Uebereilung des Beschwerdeführers vor.

3) Im Wiederholungsfalle sind derartige Beschwerden ebenso wie die wider besseres Wissen auf unwahre Behauptungen gestützten, an Personen des Soldatenstandes auf Grund des §. 152. des Deutschen Militär-Strafgesetzbuches gerichtlich zu ahnden. Gegen Beamte

ist eintretenden Falles auf Grund der gegen sie anwendbaren Gesetze einzuschreiten.

4) Die Wiederaufnahme einer in unterer Instanz als unbegründet zurückgewiesenen Beschwerde ist als Wiederholungsfall im Sinne des §. 152. a. a. O. zwar nicht anzusehen, jedoch von dem betreffenden Disziplinar-Vorgesetzten des Beschwerdeführers (cfr. sub 1) in der Regel zu strafen resp. verschärft zu strafen, wenn der in höherer Instanz entscheidende Vorgesetzte der früheren Entscheidung hat beitreten müssen.

Zweiter Abschnitt.

Der Beschwerdeweg und die Behandlung von Beschwerden der Personen des Soldatenstandes.

A. Beschwerden der Offiziere, der Mitglieder des Sanitäts-Offizier-Korps, sowie der Maschinen-Ingenieure.

1. Der Weg dienstlicher Vermittelung zur Beseitigung der Beschwerde.

Anordnung des Vermittelungs-Versuchs.

§. 13. Offiziere, Mitglieder des Sanitäts-Offizier-Korps und Maschinen-Ingenieure sind verpflichtet, bevor sie ihre etwaigen Beschwerden der Entscheidung des kompetenten Vorgesetzten zuführen, in Verhandlungen einzutreten, welche dem zu verklagenden Vorgesetzten die Gelegenheit geben, unbewußt oder in der Uebereilung zugefügtes Unrecht sofort abzustellen. Diese Verhandlungen bilden den Weg der dienstlichen Vermittelung und werden, sofern diese erfolglos bleibt, der erste Schritt auf dem Beschwerdewege.

Wahl des Vermittlers.

§. 14. 1) Die Führung der Vermittelungs-Verhandlungen hat eine dritte Person als Vermittler zu übernehmen. Sie hat dem betreffenden Vorgesetzten Kenntniß davon zu geben, daß und durch welche Handlung er seinem Untergebenen, nach dessen Ansicht, Grund zur Beschwerde gegeben habe.

2) Der Vermittelung hat sich zu unterziehen:

a. Bei Beschwerden der Offiziere und bei den gegen Offiziere gerichteten Beschwerden ein Offizier;

b. bei Beschwerden der Militär-Aerzte über ärztliche Vorgesetzte ein Militär-Arzt;

c. bei Beschwerden der Maschinen-Ingenieure über technische Vorgesetzte ein Offizier oder Maschinen-Ingenieur.

Grundsätzlich ist als Vermittler eine im Range nahe unter dem Verklagten stehende Person, und soweit als möglich ein zu demselben Truppen-Verbande, Behörde 2c. wie der Beschwerdeführer und der Verklagte gehörender direkter Vorgesetzter des Beschwerdeführers zu wählen.

3) Demgemäß fällt die Vermittelung innerhalb der eigenen Kompagnie, Eskadron, Batterie,

resp. Bataillon oder Abtheilung, oder auf einem Seiner Majestät Schiffe, dem nächsten direkten Vorgesetzten des Beschwerdeführers und, wenn dieser Vorgesetzte selbst der Verklagte ist, dem in der Anciennetät ihm zunächst stehenden unbetheiligten Offiziere der bezeichneten Truppen-Abtheilung oder des Schiffes zu.

4) Befindet sich der hiernach zur Vermittelung Bestimmte nicht in der Garnison des zu Verklagenden, so ist die Vermittelung demjenigen Offiziere aus der betreffenden Garnison zu übertragen, welcher nach dem Grundsatze des Passus 2 für diesen Zweck in Anspruch zu nehmen ist.

5) Hat ein außerhalb des Truppen- oder Marinetheiles stehender Hauptmann, Stabs-Offizier oder höherer Vorgesetzter Anlaß zur Beschwerde gegeben, so fällt die Aufgabe des Vermittlers dem Regiments- resp. selbständigen Bataillons-Kommandeur, ist dieser aber selbst Beschwerdeführer, dem nächsten direkten Vorgesetzten oder einem dem Range des verklagten Vorgesetzten möglichst nahestehenden Offizier aus dessen Garnison, — in der Marine einem anderen Kommandeur eines Marinetheils der betreffenden Station — zu.

An die Stelle des Regiments- rc. Kommandeurs tritt bei detachirten Bataillonen oder Abtheilungen der höchstkommandirende Offizier dieser Truppen-

Abtheilung als Vermittler innerhalb seines Garnison-Ortes.

6) Für die Beschwerden der zum betreffenden Zeitpunkte weder im Truppen-Verbande, noch im Verbande eines anderen Offizier-Korps stehenden Offiziere, z. B. der Generalstabs-Offiziere, Artillerie- und Ingenieur-Offiziere der Plätze, der Adjutanten höherer Stäbe, der zu den Landwehr-Bezirks-Kommandos gehörenden, der einzeln abkommandirten, sowie der in Ableistung einer Freiheitsstrafe auf einer Festung befindlichen Offiziere ꝛc., hat ein zu derselben Behörde oder zu demselben Dienstbereiche gehörender Offizier, oder wenn ein solcher nicht vorhanden ist, ein Stabs-Offizier aus der Garnison des Verklagten zu vermitteln. Letztere Anordnung greift auch Platz, wenn ein beurlaubter Offizier eine Beschwerde außerhalb der Garnison seines Truppentheils führen muß.

7) Generale wählen als Vermittler ihrer Beschwerden womöglich einen andern General.

8) Ist die Beschwerde gegen den Kommandanten des eigenen Schiffes gerichtet, so hat der erste Offizier den Vermittelungs-Versuch zu übernehmen und nur in dem Falle, daß dieser selbst der Beschwerdeführer ist, der auf ihn folgende älteste See-Offizier. Ist die Beschwerde gegen den Kommandanten eines anderen Schiffes, oder gegen einen Vorgesetzten außerhalb des eigenen Schiffes

zu erheben, so fällt die Rolle des Vermittlers dem Kommandanten des eigenen Schiffes zu.

Bei Beschwerden eines Kommandanten gegen einen höheren Vorgesetzten übernimmt ein anderer und zwar, wenn er vorhanden ist, ein älterer Schiffs-Kommandant die Vermittelung.

9) Offiziere des Beurlaubtenstandes haben, auch während sie zum Dienste nicht einberufen sind, die Vorschriften dieser Verordnung zu beachten, mit der Maßgabe jedoch, daß sie als Vermittler bei Beschwerden gegen ihren Landwehr-Bezirks-Kommandeur sich einen Hauptmann, und in Ermangelung eines solchen, einen älteren Subaltern-Offizier des Beurlaubtenstandes aus ihrem Bataillons-Bezirke zu wählen haben.

10) Hat ein Militär-Arzt oder ein Maschinen-Ingenieur Veranlassung zu einer Beschwerde über einen militärischen Vorgesetzten, so fällt die Rolle des Vermittlers demjenigen Offiziere zu, welcher sie zu übernehmen haben würde, wenn der Beschwerdeführer gleichfalls Offizier wäre.

Bei Beschwerden gegen militärärztliche Vorgesetzte ist die Vermittelung einem dem Range des Verklagten möglichst gleichstehenden Militär-Arzte des Truppen- resp. Marinetheils, oder wenn der Verklagte nicht im eigenen Truppen-Verbande steht, dem Regiments-Arzte resp. in der Marine dem ältesten Arzte der betreffenden Division zu übertragen. Von einer solchen ihm übertragenen Vermittelung hat der Regiments- rc. Arzt seinem Truppen-Kommandeur Meldung zu erstatten. Befindet sich der Beschwerdeführer mit dem zu verklagenden ärztlichen Vorgesetzten nicht in derselben Garnison, so wählt er aus der Garnison des Verklagten einen diesem im Range möglichst nahestehenden Vermittler.

In Ermangelung eines ärztlichen Vermittlers von entsprechendem Range darf als solcher auch ein Offizier dieses Ranges gewählt werden.

Militär-Aerzte des Beurlaubtenstandes haben auch während ihrer Beurlaubung nach den Vorschriften dieser Verordnung sich zu richten. Sie wählen als Vermittler ihrer Beschwerden nach Maßgabe der Bestimmungen sub 2 und 10 einen Offizier oder Militär-Arzt.

Bei Ziff. 5 Abs. 1 ist vor „Stabs-Offizier" das Wort „Hauptmann" eingeschoben und im Abs. 2 der frühere Schlußsatz: „Bei Beschwerden" u. s. w. fortgefallen. Pr.K.M. vom 9. Februar 1874 (A.V.Bl. S. 30).

Ablehnung der Uebernahme einer Vermittelung.

§. 15. Der nach Vorstehendem zum Vermittler Gewählte darf die Uebernahme dieser Thätigkeit nur dann ablehnen, wenn er entweder die Beschwerde in allen Punkten für vollkommen unbegründet, oder die Verletzung des Beschwerdeführers für eine so schwere hält, daß er eine Beseitigung derselben im Wege der Vermittelung nicht für thunlich erachtet. Neben der Ablehnung der Uebernahme einer vermittelnden Thätigkeit hat der Betreffende im ersteren Falle von der Einreichung der Beschwerde abzurathen, im letzteren dem Kläger die direkte Eingabe der Beschwerde anheim zu stellen.

Thätigkeit des Vermittlers.

§. 16. Die Thätigkeit des Vermittlers beginnt damit, daß er sich durch den Beschwerdeführer genau über die einzelnen Beschwerdepunkte unterrichten läßt. Er ist berechtigt, die schriftliche Niederlegung dieser Punkte und des dieselben begründenden Thatbestandes zu fordern, und auch verpflichtet, diese vom Beschwerdeführer etwa selbstständig bewirkte schriftliche Formulirung der Beschwerde anzunehmen.

Der Vermittler hat selbst zu ermessen, ob er dem Verklagten die schriftliche Darstellung zur Kenntniß vorlegen darf, ohne den Zweck der Vermittelung zu gefährden. Sofern er diese Frage verneinen muß, ist der Einblick in die Klageschrift dem Verklagten vorzuenthalten.

Auch hat der Vermittler die Befugniß, dem Beschwerdeführer seine Ansicht über nicht genügende Begründung der Klage kund zu geben.

Wird die Einleitung einer solchen durch den Vermittler als nicht genügend begründet bezeichneten Beschwerde dennoch vom Beschwerdeführer begehrt, so bringt der Vermittler das durch die Verhandlung gewonnene Material womöglich mündlich zur Kenntniß des Verklagten, spricht demselben auf Befragen offen seine Ansicht zur Sache aus und nimmt dessen Entscheidung darüber entgegen, ob derselbe beabsichtigt, die Veranlassung zur Beschwerde aufzuheben, oder dieselbe dem kompetenten Vorgesetzten zur weiteren Beschlußfassung zuführen zu lassen.

Ebenso ist seitens des Vermittlers zu verfahren, wenn er die Klage für begründet erachtet. Das Resultat der Vermittelung ist dem Beschwerdeführer mitzutheilen.

Verfahren nach erfolgter Vermittelung.

§. 17. Einer erfolglos gebliebenen Vermittelung muß der Regel nach die förmliche Beschwerde folgen. Will der Beschwerdeführer jedoch, bewogen durch die im Laufe der Verhandlungen gewonnene Einsicht, seine Klage zurückziehen, so ist dies statthaft, sofern nicht derjenige Vorgesetzte, gegen welchen die Beschwerde gerichtet werden sollte, deren Weiterführung ausdrücklich verlangt.

Der Vermittler holt eintretenden Falles die erforderliche Aeußerung des Vorgesetzten ein.

2. Der Weg der Beschwerde.

Anbringung der Beschwerde.

§. 18. Der Beschwerdeführer hat, falls durch den Vermittelungs-Versuch die Beilegung seiner Klage nicht erreicht wird, sowie im Falle der Ablehnung der Vermittelung durch den Vermittler (§. 15.) seine Beschwerde, wenn er sie weiter verfolgt, bei dem zur Entscheidung derselben kompetenten Vorgesetzten mündlich oder schriftlich selbst vorzutragen und gleichzeitig Meldung zu erstatten, ob die Vermittelung versucht ist und welchen Erfolg sie gehabt hat.

Muß auf Verlangen des Verklagten (§. 17.) die Beschwerde nach erfolgloser Vermittelung weiter geführt werden, so übernimmt der Vermittler den Vortrag. In denjenigen Fällen, in welchen die Vertretung des Klägers dem Kommandeur des Truppentheils, des Instituts 2c., dem Schiffs-Kommandanten resp. dem ältesten Truppen-Arzt obliegt, hat dieser die Beschwerde bei dem entscheidenden Vorgesetzten anzubringen, welchem es in allen vorgedachten Fällen überlassen bleibt, die Klagepunkte sich von dem Beschwerdeführer schriftlich einreichen zu lassen. Die Beschwerdeschrift muß ruhig gehalten sein und darf in der Darstellungsweise die Rücksichten auf den Vorgesetzten nicht außer Acht lassen.

Eine Beschwerdeschrift, welche hiergegen verstößt, wird zur Umarbeitung zurückgegeben, auch gegen den Verfasser nach Umständen, unbeschadet des Urtheils über die Beschwerdepunkte selbst, dienstlich eingeschritten.

Pflichten des entscheidenden Vorgesetzten.

§. 19. Erachtet der angerufene Vorgesetzte die Beschwerde nicht ohne Weiteres auf Grund der eigenen Ausführungen des Klägers für unbegründet, so hat derselbe vor der Entscheidung den Verklagten mündlich oder schriftlich zu hören. Nach dem Ermessen des Vorgesetzten darf dem Beklagten die Beschwerdeschrift zugestellt werden, wenn dies zur schnelleren Aufklärung der Sachlage zweckmäßig erscheint und sich eine Verschärfung der Gegensätze aus solcher Mittheilung nicht besorgen läßt.

B. Beschwerden der Unteroffiziere und Soldaten, sowie der Unter-Aerzte.

Bezeichnung des Beschwerdeweges.

§. 20. 1) Unteroffiziere und Gemeine, sowie die Unter-Aerzte, welche sich über einen Vorgesetzten beschweren wollen, machen hiervon ihrem Feldwebel oder Wachtmeister mündliche Meldung; an Bord Seiner Majestät Schiffe aber dem ältesten Unteroffizier ihrer Division. Bei Detachements, bei welchen nur ein Offizier sich befindet, erhält an Stelle des Feldwebels der älteste Unteroffizier des Detachements diese Meldung.

Durch den Feldwebel ꝛc. ist der betreffende Korporalschafts- ꝛc. Unteroffizier mit der Mittheilung zu versehen, daß einer seiner Untergebenen den Beschwerdeweg beschritten habe.

2) Beschwerden gegen den Feldwebel ꝛc. werden direkt bei dem Kompagnie- ꝛc. Chef, Kommandoführer, resp. an Bord bei dem Offizier der Division, angebracht.

3) Will der Feldwebel ꝛc. über seinen eigenen Kompagnie- ꝛc. Chef sich beschweren, so zeigt er dies dem ältesten Offizier der Kompagnie, resp. an Bord der Division an.

Der älteste Unteroffizier eines Detachements, bei dem nur ein Offizier sich befindet, hat diesem schriftlich das seinerseits etwa beabsichtigte Betreten des Beschwerdeweges zu melden, demnächst aber seine, sowie die etwa sonst über diesen Offizier eingehenden Beschwerden dem nächsten direkten Vorgesetzten des Kommandoführers einzureichen.

4) Mannschaften des Beurlaubtenstandes haben Beschwerden, welche Militär-Dienstangelegenheiten betreffen und zu denen sie während ihrer Beurlaubung sich veranlaßt fühlen, ihrem Landwehr-Bezirks-Feldwebel, wenn aber die Beschwerde gegen diesen gerichtet ist, ihrem Landwehr-Bezirks-Kommandeur mündlich oder schriftlich vorzutragen. Im Uebrigen gelten auch für diese Mannschaften alle Vorschriften dieser Verordnung. Ist die Beschwerde gegen den Bezirks-Kommandeur gerichtet, so gelangt sie durch den Bezirks-Feldwebel an den Adjutanten des Bezirks-Kommandos, der sie unter Benachrichtigung des Bezirks-Kommandeurs dem Brigade-Kommandeur zur Entscheidung vorlegt.

Weiteres Verfahren behufs Anbringung der Beschwerde.

§. 21. 1) Einen Einfluß auf die weitere Verfolgung der Beschwerde hat der Feldwebel ꝛc. nicht auszuüben, sondern lediglich seinem Kompagnie- ꝛc. Chef oder Kommandoführer Meldung von der ihm ausgesprochenen Absicht des Beschwerdeführers zu erstatten.

Ist die Beschwerde gegen den Kompagnie- 2c. Chef selbst gerichtet, so erfolgt diese Meldung des Feldwebels 2c. bei dem ältesten Offizier der Kompagnie 2c.

2) Beschwerden von Unter-Aerzten über ärztliche Vorgesetzte werden zur Entscheidung des vorgesetzten Stabs Arztes resp. Regiments-Arztes durch den Kompagnie- 2c. Chef gebracht.

3) Unteroffiziere, Gemeine und Unter-Aerzte, welche aus dem Truppen-Verbande abkommandirt und in einen neuen derartigen Verband nicht eingetreten sind, bringen etwaige Beschwerden bei ihrem nächsten zu derjenigen Behörde 2c. gehörenden Vorgesetzten an, zu welcher sie im Kommando-Verhältnisse stehen. Hat dieser Vorgesetzte selbst den Grund zur Beschwerde gegeben, so wird sie möglichst in Form mündlicher Meldung direkt zur Kenntniß des nächst höheren unmittelbaren Vorgesetzten derselben Behörde gebracht, gleichviel, ob dieser selbst die Entscheidung zu fällen und oder dieselbe nur herbeizuführen hat.

Diesen Weg haben auch die Militär-Pharmazeuten zur Erledigung ihrer Beschwerden inne zu halten.

Zu Ziff. 3. Für die zur Probedienstleistung bei einer Civilbehörde abkommandirten Unteroffiziere, wie für die auf bestimmte Zeit von ihren Truppentheilen beurlaubten Mannschaften gelten im Allgemeinen dieselben Vorschriften über die Beschwerdeführung wie für die bei der Truppe anwesenden Mannschaften. Jedoch sind Abweichungen in geeigneten Fällen zulässig und ist namentlich gestattet, daß statt der im §. 20 Ziff. 1 vorgesehenen mündlichen Meldung eine schriftliche nachgelassen und zur Erlangung der erforderlichen Erklärungen des Beschwerdeführers ein zweckentsprechender Weg eingeschlagen wird, bei dem jedoch eine Betheiligung der Civilbehörde ausgeschlossen bleibt. Pr.K.M. vom 13. Juni 1878 Nr. 951. 5. A. 2.

Entscheidung der Beschwerden.

§. 22. 1) Der entscheidende Vorgesetzte hat Beschwerdeführer und Verklagten persönlich zu hören. Ist dies nicht ausführbar, oder scheint ihm sonst zur Feststellung des Thatbestandes eine schriftliche Auslassung zweckmäßig, so kann er Unteroffiziere und Soldaten protokollarisch vernehmen lassen. Falls der Verklagte ein Offizier ist, muß derselbe in diesem Falle zum Berichte aufgefordert werden.

2) Entsprechend der im §. 14. sub 5 und 8 und im §. 18. getroffenen Anordnung fällt die Vertretung der Unteroffiziere rc. eines Truppen- resp. Marinetheils dem Kommandeur desselben, resp. an Bord dem Schiffs-Kommandanten, zu, welcher sie nach Ermessen direkt und mündlich oder schriftlich und dann auf dem Instanzenwege zu führen hat.

Beschwerden von Unteroffizieren oder Mannschaften über einen Hauptmann oder Subaltern-Offizier dürfen jedoch durch den eigenen Kompagnie-

ꝛc. Chef direkt der Entscheidung erster Instanz zugeführt werden. Nur beim Betreten des Weges der Berufung an eine höhere Instanz müssen auch derartige Klagen durch den Truppen-Kommandeur gehen.

3) Legen Unteroffiziere, Gemeine oder Unter-Aerzte Berufung gegen die Entscheidung einer untern Instanz ein, so ist die bezügliche protokollarische Erklärung und Begründung vom Kompagnie- ꝛc. Chef und falls dieser betheiligt ist, vom ältesten Offizier aufzunehmen.

Bestimmungen für die Marine.

§. 23. Für Personen des Soldatenstandes resp. für die Militär-Beamten der Marine treten, sofern in dem Vorangegangenen nicht bereits Bezug auf die Marine genommen ist, am Lande im Sinne dieser Bestimmungen an Stelle:

des Kompagnie-Chefs resp. des Bataillons-Kommandeurs —
der Abtheilungs-Kommandeur;
des Regiments-Kommandeurs —
der Matrosen- resp. Werft-Divisions-Kommandeur;
des Divisions-Kommandeurs —
der Stations-Chef;
des kommandirenden Generals —
der Chef der Admiralität.

An Bord in Stelle des Feldwebels —
der älteste Unteroffizier der Division;
an Stelle des Kompagnie-Chefs —
der älteste Offizier der Division;
an Stelle des Bataillons-Kommandeurs —
der Erste Offizier;
an Stelle des Regiments-Kommandeurs —
der Kommandant.

Dritter Abschnitt.

Der Beschwerdeweg für Beamte der Militär- und Marine-Verwaltung.

Vermittelung.

§. 24. Den Militär- sowie den Civil-Beamten der Militär- und Marine-Verwaltung ist es freigestellt, bei Beschwerden gegen Militär- oder administrative Vorgesetzte sich des im II. Abschnitt bezeichneten Weges der dienstlichen Vermittelung zu bedienen. Es wird sich dieser Weg in allen denjenigen Fällen empfehlen, wo durch das Betreten desselben die Beilegung der Beschwerde erwartet werden darf. Die Wahl des Vermittlers bleibt innerhalb der Grundsätze des II. Abschnittes, eintretenden Falles dem Beschwerdeführer überlassen.

Beschwerdeweg.

§. 25. Wird der Vermittelungs-Versuch nicht unternommen, so ist die Beschwerde schriftlich formulirt zur

Entscheidung des nächsten kompetenten Dienst-Vorgesetzten zu bringen.

Die in den einzelnen Verwaltungs-Vorschriften (Dienst-Instruktionen) angegebenen Details über den Beschwerdeweg der Beamten bleiben in Kraft, sofern sie mit den im I. und III. Abschnitte dieser Verordnung festgestellten Grundsätzen im Einklange stehen.

Eine Berufung gegen die getroffene Entscheidung muß stets bei dem nächsten Dienst-Vorgesetzten Desjenigen eingelegt werden, welcher in erster Instanz entschieden hat.

Entscheidung des Dienst-Vorgesetzten.

§. 26. Für die Anhörung des verklagten Theiles sind die im II. Abschnitt getroffenen Anordnungen maßgebend.

Militär-Vorgesetzte, welche vermeinen, vor der Beschlußfassung über die Beschwerde eines ihnen allein unterstellten Militär- oder Marine-Beamten das Urtheil einer technischen Behörde einholen zu sollen, sind berechtigt, dies in der im §. 8. sub 4 angegebenen Weise direkt zu thun.

Für die Beschwerde der Zahlmeister ist die etwa zum Gutachten aufzufordernde Behörde die Korps- resp. die Stations-Intendantur, für Beschwerden der Roßärzte der Korps-Roßarzt, für die der Büchsenmacher die Gewehr-Revisions-Kommission.

In Abs. 3 war im ursprünglichen Text als begutachtende Behörde bei Beschwerden der Roßärzte die Militär-Roßarzt-Schule genannt. Dies ist durch E.d.Pr.K.M. vom 19. Juni 1880 Nr. 298 6. A 2. abgeändert und dafür der Korps-Roßarzt bezeichnet.

Sachregister.

(Die angeführten Ziffern bedeuten die Seitenzahlen.)

A.

G.

L.

M.

T.

FSC
www.fsc.org
MIX
Papier | Fördert
gute Waldnutzung
FSC® C083411

Kolibri 360 GmbH
Ferdinand-Jühlke-Straße 7
99095 Erfurt, Deutschland
produktsicherheit@kolibri360.de